DESCRIPTION HISTORIQUE DE L'ITALIE,
EN FORME DE DICTIONNAIRE.

A UTRECHT, Chez GUILLAUME van de WATER
et JACQUES van POOLSUM. MDCCLXXVI

DESCRIPTION HISTORIQUE DE L'ITALIE,

EN FORME DE DICTIONNAIRE;

1°. Contenant la Géographie tant ancienne que moderne, l'état des Royaumes, Républiques, Principautés, Etats & Villes qui composent cette Contrée;

2°. L'esprit de leur Gouvernement tant civil que politique;

3°. Le Génie des Habitans, leurs Mœurs, leurs Usages & leur Commerce;

4°. Un détail circonstancié des Monumens antiques, Amphithéâtres, Colonnes, Obélisques, Pyramides, Statues, Vases & autres Raretés;

5°. La Description des Eglises, Palais & Edifices publics; les Bibliothèques & précieuses Collections qu'elles renferment;

6°. Un détail des Peintures en Mosaïques & Tableaux répandus dans les Eglises & Galeries des Princes; l'Historique de leurs Sujets, & le Nom des Artistes qui les ont produit.

Par M. de L. M. de l'Académie de S. Luc à Rome.

Ouvrage enrichi d'une Carte Géographique de l'Italie, & de quarante Planches en Taille-douce.

TOME SECOND.

A AVIGNON,

Chez CHAMBEAU, Impr. Libr. près le Collège.

M. DCC. XC.

DESCRIPTION
HISTORIQUE
ET GÉOGRAPHIQUE
DE L'ITALIE,
EN FORME DE DICTIONNAIRE.

MAC

MACERATA, Ville dans l'Etat Ecclésiastique, & Capitale de la Marche d'Ancone, est située sur le sommet d'une montagne, d'où l'on découvre la Mer Adriatique. C'est à Macerata que réside le Gouverneur ou Président de la Province. On y compte environ dix mille habitans, mais la Ville est peu commerçante : elle est assez bien bâtie. La porte *Pie* est un arc de triomphe bâti par le Cardinal de ce nom : son buste en bronze est au-dessus de l'arcade. Il y a quelques Eglises qui méritent d'être vues, telle que la Cathédrale, dédiée à saint Julien, l'Eglise des Jésuites, celle des Barnabites, & une très-belle Chapelle toute revêtue de marbre, appartenante aux

Tome II.   A

Confreres de la Miséricorde. Entre Tolentin & Macerata, la plaine est fertile & bien cultivée, mais beaucoup moins qu'entre *Macerata & Racanati*. La cultivation y est dans sa plus grande activité ; tout ce canton semble être un lieu de plaisance appartenant au même maître ; ce sont des grains de toute espece, des prés, des prairies artificielles, des vignes, des arbres fruitiers, des potagers de toute sorte, des plantations de mûriers, de peupliers : le tout arrosé par plusieurs rivieres & ruisseaux.

MADONA DEL MONTE, NOTRE-DAME DU MONT, Bourg près de Milan, en grande réputation à cause d'une Notre-Dame qui a opéré plusieurs miracles ; il s'y fait, à cause de cela beaucoup de pélerinages, & quelque commerce de chapelets & de médailles.

MADONA DELLA VITTORIA, est une superbe Eglise de Rome, située dans la Place des *Thermes*. Rien n'est au-dessus de la beauté des marbres & des peintures dont elle est ornée : la Chapelle du Cardinal *Cornaro*, dont le Cavalier Bernin a donné le dessein, est d'une magnificence étonnante. Cette Eglise est bâtie dans le même endroit où étoient autrefois les Jardins de Saluste. *Voyez* ROME.

MADONA DI MONTE DI BERRICO, Eglise célebre des Religieux Servites, à deux milles environ de Vicence. On y arrive sous un long portique couvert à l'imitation de celui de Bologne. En sortant de Vicence, on trouve un arc de Palladio, décoré de quatre colonnes d'ordre Corinthien, portant un petit Attique sur leur entablement, au-dessus duquel sont les figures de N. S. & de Saint Vincent, & le lion de Saint Marc au milieu. Cet arc fait l'ouverture d'un escalier de deux cens quatre-vingt-dix marches, qui conduit à la Madona. Les faces de l'Eglise sont revêtues de marbre, ornées d'architecture, de sculpture. Les ornemens y sont prodigués au dedans. On voit dans le réfectoire des Religieux la Cene de Paul Véronese : la vue du Vicentin du couvent des Servites, est frappante.

MADONA DI SAN LUCA, Eglise célebre, à une

lieue de Bologne; sur une montagne à laquelle on arrive par une galerie en portiques, formée de sept cens arcades: ces portiques immenses furent bâtis aux dépens du Bolonois, dont les habitans se cotiserent. Cette galerie passe à moitié chemin sur une arcade sous laquelle traverse la grande route. Il y a sur cette arcade un pavillon décoré en dehors d'un ordre Ionique, & en dedans d'un ordre Dorique, par Bibiena. En sortant du pavillon, on commence à monter sous cette galerie jusqu'au sommet du Mont Guardi, ou se trouve l'Eglise; elle attire un concours immense d'Etrangers. Les *ex voto* d'or & d'argent couvrent les murs; des présens qu'on avoit accumulés, on a rebâti l'Eglise plus magnifiquement qu'elle ne l'étoit auparavant, sur les desseins de Viani. Le portrait de la Vierge, faussement attribué à Saint Luc, étant de *Luca-Santo* est montré aux Etrangers avec une solemnité singuliere & avec un grand respect. Lorsqu'on porte cette image en procession dans Bologne, elle est accompagnée du Sénat & de tous les Corps de Justice & de Métiers, chacun se prosterne devant elle.

On appelle la montagne ou est située cette Eglise, la montagne des Fourmis.

MAGGIO ALLEGRO. (le Mai joyeux.) On célebre en Italie le retour du mois de Mai, par des jeux, des chants & des danses. Dans une grande partie de ce pays, les jeunes filles s'assemblent & vont chanter de maison en maison des couplets dont le refrain est toujours, *Allegro Maggio Allegro*. Ces chansons renferment des vœux, tels que, puissiez-vous toujours jouir des plaisirs de la jeunesse; puissiez-vous vivre jusqu'à cent deux ans; que Madonne de Lorette vous comble de graces, &c.

MAGLIANO, Ville & Capitale de la Terre de Sabine, dans les Etats de l'Eglise. C'est la résidence de l'Evêque de Sabine, & le titre en est réservé à un des six Cardinaux Evêques. Son territoire est très-fertile en bleds & en vins. Cette Ville est sur une montagne près du Tibre, à douze lieues N. E. de Rome.

MAGNA, (la Vallée de) dans la Toscane, près des frontieres de l'Etat de Gênes, a environ onze lieues de long sur six de large ; elle comprend *Pontremole*, qui est le principal endroit, & qui appartient au Grand-Duc. Le Marquisat de Poldinovo, qui a son Souverain particulier, & la partie de *Minuxiano*, qui dépend de la République de Lucques, sont dans la même Vallée. Ce fut à Magna qu'en 1737 on fit l'échange des actes de cession entre l'Empereur, le Roi d'Espagne & celui de Naples.

MAJEUR. *Voyez* LAC MAJEUR.

MALAMOCCO, petite Ville à cinq milles de Venise, dans les Lagunes : elle est très-peuplée ; en y arrivant de Chiogia, on commence à appercevoir le clocher de Saint Marc, & les principales tours de Venise. Elle est au Midi de cette Ville.

MALTE, (l'Isle de) située sur la mer Méditerranée, à vingt-cinq lieues de la côte de Sicile, fut donnée par Charles V, en 1530, aux Chevaliers de Saint Jean de Jérusalem, que les Turcs venoient de chasser de l'Isle de Rhodes, qu'ils avoient défendue avec une valeur dont l'histoire n'offre point d'exemple. Ils prirent alors le nom de Chevaliers de Malte. Cette Isle est habitée non-seulement par des Chevaliers ; mais par un grand nombre de Grecs & de Latins : on y compte environ cinquante mille personnes : l'air y est très-sain, & il n'y a point ou presque point de bêtes venimeuses. Il y a une tradition qui attribue cette propriété à saint Paul, qui, dit-on, y aborda après son naufrage. Le bois y est très-rare, les habitans fort laborieux, malgré les chaleurs excessives qu'il y fait. Malte est située sur un rocher, & ce rocher est très cultivé, il est couvert en partie par la terre qu'on porte de Sicile ; on y brûle, quand on ne peut pas se procurer du bois, de gros chardons & la fiente des animaux. La langue Maltoise est un mélange d'Arabe corrompu, d'Italien & même d'ancien Africain ou Carthaginois ; il est très-difficile à entendre. Le commerce des Maltois est très-borné, à cause de la stérilité du pays, qui, malgré tous les soins

MAL

au cultivateur, ne rapporte que quelques fruits, des raisins & du millet, cette Isle releve de la Sicile, & le grand Maître de l'Ordre de Malte, qui en est le Souverain, fait présent tous les ans d'un Faucon au Viceroi de Sicile, en reconnoissance de l'hommage qui est dû au Roi de Naples.

La Ville de Malte, Capitale de l'Isle, est divisée en trois parties, qui sont la Cité Valette, qui porte le nom du grand Maître qui la fit bâtir; le Bourg & l'Isle de Saint-Michel, ou de la Sangle. La premiere renferme le Palais du grand Maître de l'Ordre, l'Arsenal, l'infirmerie, l'Eglise du Prieuré de S. Jean, & les Auberges des Chevaliers des différentes Langues. Le Bourg qui est la partie la plus ancienne, se nomme plus communément la Cité victorieuse, parce qu'en 1565, il soutint un siege de quatre mois contre Soliman II qui fut obligé de se retirer honteusement: il renferme le Palais de l'Inquisition, un Arsenal, le Bagna, ou le logement des esclaves; les Grecs y ont aussi une Eglise, qui est la plus ancienne de celles qui sont dans le Bourg. Les rues de Malte sont très-régulieres & bien alignées; la plupart des maisons sont bâties en pierres de taille; le rocher sur lequel est située Malte, sert de pavé à toutes les rues; aussi n'y peut-on pas rester l'été, à cause de la chaleur excessive du soleil qui se conserve dans ce rocher. Les hauts des maisons sont autant de plates-formes, à la mode de Turquie, fabriquées d'une sorte de ciment que la pluie ne peut caver ni percer tant il est dur; de ces plates-formes l'eau descend, au moyen d'un tuyau dans une citerne qui est pratiquée au dessous de chaque maison, taillée dans le roc. Malte est dans une situation très-forte & presqu'imprenable, nonseulement par ses fortifications, qui sont couvertes d'un nombre infini de gros canons: mais encore plus par le courage invincible de deux mille Chevaliers qui y font leur résidence.

Lorsque le grand Maître de l'Ordre est mort, le Conseil rompt les Sceaux; on ferme le Port de la Ville, & on procede à l'élection du Lieutenant du

Magistere ; le corps du grand Maître exposé dans la principale salle du Palais, sur un lit de parade, au côté droit duquel est une armure complette, posée sur une table couverte d'un tapis de drap noir ; les obséques finies, les Baillis, les Commandeurs & les Chevaliers des sept Langues, qui composent l'Ordre de Malte, se rendent à l'Eglise de S. Jean, où ils entendent la Messe du Saint-Esprit : chaque Langue se retire ensuite dans sa Chapelle ; & là, elles choisissent chacun trois Electeurs ; ces vingt-un Electeurs, joint à trois autres, qu'on choisit pour représenter l'Angleterre, s'assemblent dans un Conclave, où, après avoir procédé à l'élection d'un Triumvirat, les Balotages se font selon la coutume, pour donner treize Adjoints aux Triumvirs ; c'est alors que ces seize nouveaux Electeurs nomment le nouveau Grand Maître à la pluralité des voix.

L'Ordre de Malte reconnoît le Pape pour son Supérieur spirituel immédiat ; l'Evêque ne peut être nommé que de l'aveu du Souverain Pontife. On a vu un Grand Maître venir réclamer le secours & les foudres du Pape contre la mutinerie des Chevaliers. Cet Ordre est Religieux & Militaire. Plusieurs Cardinaux & Prélats portent la Croix de Malte, soient qu'ils aient des Bénéfices de cet Ordre, soit parce qu'ils ont exercé des Charges à Malte, soit parce qu'ils sont de famille Papale. Le Grand Maître envoie ordinairement la Croix à ces derniers.

MANTOUE, *Mentova* & LE MANTOUAN. Le Duché de Mantoue a environ cinquante milles de longueur du levant au couchant, c'est-à-dire, du Ferrarois au Crémasque, & quarante de largeur du nord au midi. Il appartient à l'Empereur.

Mantoue, qu'on croit être plus ancienne que Rome de trois cens ans, eut les Toscans ou Etruriens pour Fondateurs. Elle eut le sort des autres Villes d'Italie, elle acquit sa liberté après l'expulsion des Barbares, Othon II, qui la protégeoit, la donna à Canosa, qui la transmit à la Comtesse Mathilde sa bru. Elle passa aux Visconti, & leur fut enlevée par les Bonacorsi, dont le dernier Passerino Bonacorsi fut tué par Louis

Gonzague, qui fut reconnu Souverain par les Mantouans en 1328. Ce fut en 1530 que l'Empereur Charles V. l'érigea en Duché. Ferdinand-Charles ayant été mis au ban de l'Empire, & dépouillé pour cause de félonie, Mantoue fut livrée au pillage des Impériaux. L'Empereur Joseph conserva ce Duché jusqu'en 1740, qu'il passa à l'héritiere de la Maison d'Autriche.

Mantoue, Capitale de ce Duché a été très-florissante sous la domination des Gonzagues; elle étoit fort commerçante, & sa population alloit de cinquante à soixante mille ames : à peine y en compte-t-on aujourd'hui dix mille. Les Juifs y font tout le commerce, & achevent de la ruiner. Elle eut beaucoup à souffrir dans la guerre de 1733; elle fut prise par les François, & maltraitée. Elle conserve encore des monumens de son ancienne splendeur. Elle est située sur le Mincio, dans un lac formé par cette riviere : cette position en rend l'air très-mal sain en été & en automne. Elle est assez bien bâtie : & malgré le siege qu'elle soutint contre les armées combinées de France & de Sardaigne, elle est encore bien fortifiée. Le mauvais air ne contribue pas peu à la rendre déserte dans l'été. Elle a huit portes, dix-huit Paroisses & quatorze Couvens; c'étoit assez considérable pour son ancienne population, & c'est trop pour la population actuelle.

La Cathédrale, *il Domo*, est sur le plan de Jules Romain; elle a sept nefs en colonnades d'ordre Corinthien, cannelées, supportant un second ordre de pilastres composites, dont les entre-deux sont les fenêtres & des niches. Cet Architecte l'a décorée de quelques-uns de ses tableaux; l'un est J. C. appellant Saint Pierre & Saint André à l'Apostolat; l'autre, la conversion de Saint Paul. On y admire la tentation de Saint Antoine, par Paul Véronese, & le miracle de Saint Eloi, qui rajuste avec un signe de croix le pied d'un cheval qu'il avoit coupé pour le ferrer.

On voit à Saint André des peintures de fresque de Jules Romain, & les tombeaux du Mantouan, Poëte & Général de l'Ordre des Carmes, & du Montegna,

Maître du Correge. A Saint Agnès, ou montre un bel *Ecce Homo*, du Dolci; dans l'Eglise des Dominicains, le tombeau de Pierre Strozzi; aux Théatins, une Annonciation, un Saint-Jean au désert, & un S. François, de Louis Carrache; & le martyre de Sainte Marguerite, d'Annibal Carrache; dans l'Eglise de Sainte Ursule, le martyre de cette Sainte, par L. Carrache; dans l'Eglise des Jésuites, la Transfiguration, de Rubens; S. François Regis, de Crepi. Les autres Eglises ont aussi des morceaux précieux. On ne doit point oublier celle de S. Gilles, où reposent les os du Tasse. Dans le Palais Ducal, qui fut mis au pillage lors de la prise de Mantoue, en 1630, il y avoit des curiosités d'un prix infini; tout fut dévasté. On peut en juger par ce trait. Le Général Colalto, fit pendre un Soldat qui avoit fait un butin de huit mille ducats, & qui les avoit perdus au jeu la nuit même. Les peintures furent transportées à Prague; la Reine Christine les acquit, & le Duc d'Orléans les acheta de cette Reine, avec les statues antiques. Le Palais du T est un des édifices les plus singuliers; il a la forme de cette lettre; l'architecture en est de Jules Romain, qui a passé dans ce Château la plus grande partie de sa vie, & qui l'a enrichi d'un très-grand nombre de peintures. Dans les plafonds, il a peint la chûte de Phaëton, l'histoire de Psyché, Jules César: la chûte des Géans. Il y a de grands tableaux du même Peintre. Polypheme & Acis, le combat des Horaces, Vénus retenant Mars, qui poursuit un jeune homme, la continence de Scipion, &c. Il y a beaucoup de peintures à fresque qui dépérissent. Ce Château est abandonné. Ce Peintre est enterré dans l'Eglise de S. Barnaba des Servites. Près de cette Eglise est la maison qu'occupoit ce grand Artiste; elle est décorée d'une architecture rustique & d'une belle statue de Mercure; elle est située vis-à-vis le Palais Gonzague, construit sur le plan de Jules Romain: il y a employé, au lieu de colonnes, des figures colossales qui portent sur leurs têtes un ordre Dorique, surmonté d'un entablement; on y voit dans un des plafonds un beau Ganimede, du Tintoret. A deux milles de Mantoue est la Virgilienne, lieu destiné à la Ménagerie ; on prétend que Virgile venoit y étudier dans une grotte qui n'y est plus. La Virgiliana étoit une maison de plaisance des Ducs. Mantoue paroit avoir été une Ville très-ornée ; les rues sont larges & bien alignées : il y a d'assez belles places. Elle est entourée d'un lac très-poissonneux ; les environs sont très-fertiles ; mais le lac rend les abords de la Ville fort difficiles, par les marais qu'il forme de tous côtés. Elle est séparée de la terre par deux cens toises de lac du côté de Crémone, & par cinq cents pieds d'eau du côté de Vérone. En général le Mantouan est fertile ; les habitans sont très-propres aux armes & aux sciences, leur commerce principal est la soie : ils ont des moulins pour la travailler qui sont fort curieux. On préfere les chevaux du Mantouan à ceux de Naples : l'Impératrice y entretient beaucoup de haras. Les Juifs ont un quartier séparé à Mantoue ; ils supportent le plus grand poids des impositions. Le commerce y est bien déchu : en général on s'apperçoit par-tout que Mantoue a tout perdu en perdant ses Souverains. Le Pô, qui traverse ce pays, lui procure de grands avantages, quelquefois aussi il y fait de grands ravages par ses débordemens.

Le Mantouan a produit des hommes célebres. Virgile dit lui-même qu'il naquit à Mantoue, & la chante souvent comme sa patrie : l'opinion commune est qu'il étoit originaire de Pitola ou Andès, Village du Mantouan. André Montagna, Maître du Correge, inventeur de la Gravure en Italie, étoit né à Mantoue. Jean-Baptiste Mantouan, Général des Carmes ; est très-connu par ses Poésies latines ; il a fait des Eglogues à l'imitation de Virgile son compatriote. Jules Romain étoit de Mantoue ; il y mourut en 1546 : il est enterré, comme on l'a dit, dans l'Eglise de Saint-Barnaba, mais on ignore dans quel endroit. Louis de Gonzague a été mis au rang des Saints : la Comtesse Mathilde, la bienfaitrice du Saint Siége, (*Voyez* POLIRONE.) On trouve dans quelque endroits de Mantoue des monumens élevés à Virgile; mais de peu de prix. Dans une salle du Palais de la *Guistizia*, d'une grandeur immense, on voit une statue en pied de ce grand Poëte, & son buste sur la *porta Virgiliana*, l'une des huit de Mantoue.

Il y a plusieurs Fauxbourgs au-delà du lac, ceux de Cérès & de Saint George, la Virgiliana & la Fortessa, le Château ou Palais du T, est hors des murs, dans une isle du lac, & forme une espece de Fauxbourg.

Le Mantouan comprend *Marmirvolo*, qui est à douze lieues de Mantoue, *Pittola* ou *Andès*, *Goito*, sur le Menzo, *Castiglione & Solfarino*, Principautés, *Viadana*; *Dosolo*, *San Benedetto di Polirone*, riviere sur le Pô, *Roncoferrato*, *Bozolo*, *Sabionetta Guastalla* & *Novellata*.

MARAIS PONTINS; *Paludi Pontini*, sont un espace d'environ huit lieues de long sur deux de larges, situé dans la Campagne de Rome, le long de la mer, que les inondations empêchent de cultiver. On évalue cette surface marécageuse & déserte de quarante-huit mille arpens de Paris; on prétend que cette surface étoit autrefois couverte de plus de trente Villes ou Bourgades, dont il ne reste aucun vestige. Ce terrein a été sans doute bouleversé par quelque grand tremblement de terre. Dans les temps de la République, les campagnes Pontines étoient très-fertiles; du tems de Pompée, on essayoit de dessecher les Marais Pontins: c'est donc dans les temps intermédiaires qu'est arrivé le bouleversement de ces campagnes. D'autres prétendent que ces Marais sont occasionnés par les eaux qui descendent des montagnes, & qui coulent avec peu de pente par le fleuve Amaseno, l'Offente, la Cavatella, Cavata, la Teppia: ces eaux entraînent beaucoup de sables, s'engorgent & sortent de leurs lits. Les rivieres principales qui reçoivent ces eaux sont la Teppia, la Cavata, Fosso di Cisterna: toutes ces eaux ont une direction au travers des Marais Pontins. On a tenté plusieurs fois de les dessecher, & on se dispose à y travailler encore: ces Marais produisent des exhalaisons putrides & funestes. Du temps de Pline, on attribuoit la mauvaise qualité de certains vents aux exhalaisons de ces Marais qu'ils entraînoient ; d'autres pensent que cette infection de l'air vient de la mauvaise qualité même des eaux. Les pêcheurs de ces Marais & les habitans des bords sont écrouelleux, sujets aux obstructions & aux fievres. On prétend que ce pays est délicieux par sa situation, par la fertilité de ses campagnes, en bleds, en huiles, en fruits & en vins. Appius Claudius fit passer sa fameuse route à travers ces marais ; il reste des vestiges des travaux qu'il y fit en les traversant. On voit les restes de plusieurs canaux anciens dans différentes directions qui répondent à différens points de la voie appienne qui servoit de digue pour rassembler les eaux dans les canaux d'écoulement, qui les portoient ensuite à la mer. L'opinion que ces Marais se sont formés par les inondations auxquelles la négligence & les malheurs des temps ont donné lieu, paroît la plus probable. Les Papes se sont souvent occupés du desséchement de ces Marais. *Voyez* RIO MARTINO, FUIME DI SIXTO.

MARANO & MARAN, sont deux petites Villes du Frioul, appartenant à l'Etat de Venise.

MARASQUIN, est une eau-de-vie de cérises, dont l'arbre planté originairement à Zara ; s'est fort multiplié dans les Etats de la République de Vénise. Le fruit en est fort gros, rouge & brun-noir ; il a quelque chose d'agreste au goût, mais fort agréable à manger : on y trouve le goût du Marasquin. Il est difficile d'avoir du véritable Marasquin de Zara, même à Venise ; celui qu'on vend à l'Etranger, sous ce nom, se fabrique à Vénise même.

MARC, (Saint) est le Patron de Venise. On prétend que ce fut vers l'an 828 que le corps du Saint Evangéliste fut trouvé en Egypte, & transporté à Venise. C'est en son honneur que la superbe Eglise qui porte son nom a été bâtie. On conserve dans le trésor & l'on montre aux Etrangers le Livre de l'Evangile écrit de la main de S. Marc.

Les Chevaliers de Saint-Marc jouissent d'une pension de deux mille ducats ; ils ont l'étoile d'or sur l'épaule ; une chaîne d'or au col, d'où pend une médaille sur la poitrine. Sur un des côtés de la médaille est le buste du Doge, & au revers un Lion ailé, tenant dans une de ses griffes une épée nue, & dans l'autre un Livre avec cette inscription : *Pax tibi, Marce, Evangelista meus.*

MARCHE D'ANCÔNE, (la) Province du Patrimoine de Saint Pierre : elle contient *Ancône, Ascoli, Camerino, Macerata, Lorette, Fermo.* Cette Province est fertile & pourroit l'être davantage si elle étoit mieux cultivée ; c'est une des principales de l'Etat Ecclésiastique. Elle est bornée au septentrion par la Mer Adriatique, au midi par l'Ombrie, au levant par le Duché d'Urbin, & au couchant par l'Abruzze Ultérieure. On y recueille quantité de lin, de chanvre & de belle cire. Sa Capitale est *Ancône*, que son Port, sur le Golfe de Venise, rend très-marchande. Ce Port est franc. Outre les Villes dont on a parlé, la Marche renferme encore *Yesi, Tolentino, Monte-Alto, Sasso-Ferrata, Fabriano Polverigo, Osimo, San-Severino, Dignano, Viessa, Monte-Monico, Arquata, Offida & Ripa.*

MARCHE TRÉVISANE, Province qui appartient à la République de Venise. Elle comprend quatre Territoires ; celui de *Trevise* qui lui a donné son nom ; celui *de Feltro* ; celui de *Cadorin* & celui de *Belluno*. Elle a pour bornes le Frioul & les Territoires de Trente & de Vicence. Elle est au N. du Golfe de Venise. Ce pays est assez fertile en bled & en vin, & fournit à la République beaucoup de bois de construction pour la Marine. Sa Capitale est *Trevise, Ceneda, Colalto, Torcello, Conceglianu, Cismono, Bassano, Novale, Allino, Citta-Nuova, Mola, Sarravalle, Concordiu.*

MAREMMA, (les Maremmes de Sienne) espace d'environ quinze lieues sur le bord de la Mer, au midi de Sienne, entre l'Isle d'Elbe & la Ville d'Orbitello. Les révolutions arrivées dans l'Italie ont considérablement influé sur le physique & sur le moral de cette

belle partie de l'Europe. Tant que ces Peuples combattirent pour la liberté, la paix réparoit les maux que la guerre avoit faits, & la population étoit presque toujours la même ; dès que des petits Tyrans se furent emparés des Républiques, l'amour de la Patrie s'envola avec la liberté ; le découragement amena la paresse, les terres furent incultes, la population diminua, les campagnes se dégraderent, les eaux firent des ravages auxquels on ne remédia point ; elles croupirent, & l'air infect fut une nouvelle cause de dépopulation ; la Toscane n'a pas la dixieme partie des Habitans qu'elle avoit dans le treizieme & quatorzieme siecles ; c'est ainsi que se sont formés ces vastes marais qu'on trouve fréquemment en Italie, & particuliérement les Maremmes de Sienne, plus voisines de l'appennin. Le Grand Duc de Toscane actuellement régnant, s'occupe du desséchement de ce marais, & ce pays commence à jouir du fruit de son travail. Comme ces stagnations étoient causées par le Lac Castiglione & par le Fleuve Ombrone, ce Prince a commencé par creuser des canaux pour donner aux eaux un libre cours, & à relever les digues pour les retenir. *Voyez* CASTIGLIONE.

MARETIMO, petite Isle dans la Vallée de Mazara en Sicile, n'est pas éloignée de Trapano.

MARFORIO, est un torse ou statue mutilée, placée dans un des quartiers de Rome, & qui répondoit à celle de Pasquin. C'est à ces deux statues qu'on attachoit autrefois les satyres & épigrammes qu'on faisoit à Rome. Pasquin faisoit la demande ; le lendemain, on trouvoit la réponse attachée à la statue de Marforio. Ces traits satyriques regardoient les Grands, les Cardinaux, & souvent le Pape même. Les Pasquinades n'ont presque plus lieu à Rome, & le Tribunal du Saint Office a grand soin d'en rechercher & d'en poursuivre les Auteurs.

MARGHERA, petite Ville du Dogado dans l'Etat de Venise ; elle n'a rien de considérable.

MARGOZZO, petite Ville du Val d'Ossola dans la partie Occidentale de l'ancien Comté d'Anghiera, au Duché de Milan, & dans ce que l'Archiduchesse d'Autriche a cédé au Duc de Savoie ; Margozzo est dans un terrein assez fertile.

MARIA, (Santa) *in Trastevere*. C'est la première Eglise qui a été bâtie à Rome en l'honneur de la Sainte Vierge. La voute est dorée & soutenue par vingt-quatre colonnes de marbre granit d'une seule piece. Vis-à-vis le portail est une petite place ornée d'une jolie fontaine.

MARIANA, Ville de l'Isle de Corse, aujourd'hui ruinée ; ce n'est plus qu'un Evêché dont l'Evêque réside à la Bastie. Mariana est au S. de cette Capitale.

MARIANO, petite Ville à l'orient de Côme, au Duché de Milan. Elle est agréable, & les Habitans qui sont industrieux sont riches.

MARIGNAN, MARIGNO, est un Village entre Milan & Lodi, célebre par la victoire que François I y remporta sur les Suisses en 1515. Ce Village a titre de Marquisat, sur la petite riviere du Lambro. Il ne reste aucuns vestiges de retranchemens qui puissent indiquer le lieu où se passa cette action, dont le Maréchal de Trivulce, qui s'étoit trouvé à dix-huit batailles rangées, disoit, que tout ce qu'il avoit vu n'étoit que jeux d'enfans ; mais que celle-ci étoit un vrai combat de Géans. M. le Baron de Zurlauben conserve une description originale & une relation de cette bataille mémorable, qui rendit François Maitre du Milanois, & le fit respecter jusques dans Rome même.

MARIN (la République de Saint) petit Etat, dont le territoire se réduit à la montagne sur laquelle la Ville est située & qui n'a que deux lieues de diametre, entre la Romagne & le Duché d'Urbin. Tous les Citoyens de cette République ne vont pas à six mille. Malgré son peu d'étendue, la sagesse de son gouvernement l'a toujours sauvée des révolutions qui ont bouleversé le reste de l'Italie. Si son histoire n'offre pas des actions brillantes, des Conquérans illustres, des Héros qui ont effrayé la terre, un faste qui a excité l'envie des Nations, elle présente plus de douze siecles de paix & de bonheur. On ne sait pas au juste la date de sa fondation. Au commencement du sixieme siecle un Maçon de la Dalmatie, nommé Marin, fut appelé pour travailler aux réparations de Rimini. Cet ouvrage dura trente ans ; lorsqu'il l'eut achevé, il se retira sur le sommet d'une montagne pour y vivre dans la solitude : il n'en descendoit que lorsque la nécessité la plus urgente l'y forçoit ; malgré le soin qu'il prenoit pour cacher sa vie, ses vertus éclaterent ; il eut des disciples & des imitateurs ; une Princesse, à qui la montagne appartenoit, la donna à Marin en toute propriété ; le Saint résolut d'y établir une République, dont les Citoyens se dévoueroient aux vertus, & dont les loix seroient puisées dans l'Evangile même ; il ne prétendit point fonder un Couvent de Moines célibataires, espece de République qui ne se seroit perpétuée qu'aux dépens des générations. Il crut qu'on pouvoit être juste & saint en aimant sa patrie & en la peuplant. La République fut donc formée des Disciples de Saint Marin, unis par le lien & par l'amour de la vertu. Il y a apparence que le Fondateur ne leur donna d'autres loix que celles de la discipline évangélique, qui ne contrarient en aucun cas les regles de la Politique, puisqu'elles sont toutes fondées sur la charité, que les Philosophes ont mieux aimé appeller bienfaisance. Quoi qu'il en soit, ce Peuple paroît tenir encore de son institution primitive ; il est juste & vertueux, évitant le luxe comme le fléau de tous les Etats, grands & petits. Ce Peuple est pauvre, & il semble qu'il s'embarrasse peu des richesses, qu'il n'eût peut-être acquises qu'aux dépens de sa liberté. Il n'y a dans tout l'Etat que la Ville de Saint Marin, trois Châteaux, trois Couvents & cinq Eglises. On ne voit qu'une seule guerre où la République soit entrée comme auxiliaire ; ce fut en faveur de Pie II contre Malatesta. Le Pape, pour la récompenser, lui donna quatre Châteaux ; elle en avoit acquis deux autres ; mais ces bornes lui parurent trop étendues : elle abandonna trois de ces Châteaux pour se restraindre à ses anciennes limites. Ce Peuple, ennemi du vain éclat des conquêtes & de l'ambition de s'aggrandir, est très-jaloux de sa liberté

& la défendroit jusqu'à la derniere goutte de son sang.

La Ville est située sur une montagne fort élevée & très-escarpée, couverte de neige pendant trois mois de l'année : il n'y a d'autres eaux que celles des citernes : on recueille d'excellent vin dans les vignes plantées autour de la montagne : les caves y sont d'une fraîcheur qui le rend encore meilleur. Il n'y a qu'un chemin pour pénétrer dans la Ville, & il est défendu, sous de grandes peines, de chercher à y entrer par un autre côté. Tous les Sujets de la République sont soldats, on les exerce dès l'enfance.

C'est dans la Nation même que réside le pouvoir souverain ; chaque maison a un Représentant, ce qui compose le Conseil général appellé *Arengo*, qui ne s'assemble que dans les cas extraordinaires : mais de ce Conseil général se forme un Conseil de soixante, il n'y en a que quarante en exercice. Tout à ce Conseil se regle par scrutin, il nomme les Officiers de la République. Ce petit Conseil formé d'autant de Plébéiens que de Nobles. Il faut les deux tiers des voix au moins pour qu'il y ait un jugement ou une délibération. On n'est point admis au Conseil avant vingt-cinq ans, & il ne peut y avoir deux personnes de la même famille. Tous les deux mois le Conseil des Soixante nomme deux Officiers, appellés Capitaines, qui font les fonctions des anciens Consuls ; ils ne sont jamais continués : mais un ou deux ans après, ils peuvent être élus de nouveau. Un troisieme Officier est le Juge des affaires civiles & criminelles ; il doit être Etranger, & sa place ne dure que trois ans : il doit être Docteur en Droit, & d'une intégrité à toute épreuve. Le Médecin, qui est la quatrieme Personne de l'Etat, doit aussi être Etranger, Docteur en Médecine, âgé au moins de trente-cinq ans : on le change tous les trois ans. La raison qu'on en donne, c'est qu'un mauvais choix exposeroit trop long-temps la République. Il est entretenu aux frais de l'Etat. Le Maître d'Ecole est choisi par le Conseil, & jouit d'une distinction particuliere.

En 1740, plusieurs San-Marinois, mécontens de la domination

domination qu'exerçoient les principales familles de la République ; firent supplier Clément XII, par le Cardinal Alberoni, de les recevoir sous sa domination immédiate ; mais ce sage Pontife, désirant que cette soumission fût sincere, & non forcée, envoya le Cardinal vers la République, pour recueillir les suffrages ; & ayant été informé que la plus grande partie refusoit de se donner à lui, donna ordre de rendre à la République sa liberté, & renonça dès-lors à toute prétention. Depuis ce temps, elle a demeuré libre ; & quoique les Italiens l'appellent par dérision *Republichella*, elle est aussi jalouse que les autres de sa liberté, & elle en est même si fiere, que lorsqu'elle écrit à la République de Vénise, elle met cette suscription : *Alla nostra carissima Sorella serenissima Rep. di Venezia.*

MARINO, gros Bourg de la Campagne de Rome, chef-lieu d'une Terre appartenante à la Maison Colone, à une lieue de Frescati & de Castel Gandolfo : on croit que ce nom vient de quelque campagne de Marius. Marino offre un aspect agréable. On voit dans la Collégiale le martyre de Saint Barnabas, par le Guerchin ; celui de Saint Barthelemi, du même. Dans l'Eglise de la Trinita est un tableau du Guide, représentant la Trinité ; l'idée en est assez singuliere : le Pere Eternel a son Fils mort sur ses genoux, & le Saint-Esprit descend de sa barbe. Marino est bien bâti & bien peuplé ; les Romains y vont en villegiature : c'est ainsi qu'ils appellent aller se promener ou passer quelques jours à la campagne.

MARMIRUOLO, beau Château de plaisance à quelque distance de la Ville de Mantoue ; les jardins y sont superbes, & c'est un des endroits de l'Italie où il y ait les plus belles allées d'arbres.

MARO, petite contrée qui appartient au Duc de Savoie, sur la côte de Gênes, consistant en la Ville de Maro, & une Vallée. Ce petit Pays a titre de Marquisat.

MARONITES, Religieux du Mont Liban, en Syrie, établis par Maron dans les plus anciens temps de l'Eglise. Ils ont à Rome un College, fondé en

1584 par Grégoire XIII, qui le dota pour l'éducation de quinze jeunes Syriens qui font leurs études au College Romain. Ils reçoivent les Ordres, & retournent ensuite au Mont Liban. Trois fois l'année on célebre dans l'Eglise de S. Jean-Baptiste, qui dépend du College des Maronites, l'Office selon le Rit & en Langue Syriaque. Il y a des choses remarquables dans leurs cérémonies : à la Messe, le Célébrant paroît en tunique blanche ; on lui donne à laver, il se revêt des ornemens de l'Eglise Romaine, en chantant des prieres, toujours en Langue Syriaque, met le vin & l'eau dans le calice, descend au bas de l'autel, fait sa confession, reprend son chant alternativement avec l'Assistant, qui ne discontinue plus, même à la consécration, où le Prêtre est accompagné par le son de petits boucliers, que des Clercs Maronites font résonner en les frappant l'un contre l'autre, des cimbales ou especes de tambours de basque, garnis de grelots, emmanchés ou attachés à une pique, surmontés d'un petit étendart taillé en flammes, des tympanons ou especes de coupes de métal, sur lesquels on frappe en mesure avec de petits marteaux. Cet accompagnement a encore lieu à l'adoration & à la communion que le Prêtre fait à deux reprises, entre lesquelles il chante des prieres.

MAROSTICA, petite Ville du Vicentin, dans l'Etat de Venise ; on dit qu'elle a pris son nom de *Marii Status*, le champ de Marius, parce que ce Général y campoit lorsqu'il fut battu par Sylla ; elle est défendue par un bon Château, entouré de fortes murailles.

MARRO, Seigneurie enclavée dans la Principauté d'Oneille en Piémont. Cette Seigneurie & celle de Préla, furent cédées avec le Comté de Tende à Charles-Emmanuel.

MARSAGLIA ou MARSAILLE, petite ville dans le Piémont, célebre par la bataille qui se donna dans la plaine, où cette Ville est située, le 4 Octobre 1693, & où le Maréchal de Catinat remporta une victoire complette sur l'armée du Duc de Savoie & de ses Alliés.

Marsico Nuovo & Marsico Vetere ; *Marsico Nuovo* est une petite & jolie Ville du Royaume de Naples, dans la Principauté citérieure, avec un Evêché suffragant de Salerne, auprès de l'Apennin ; elle a titre de Principauté, & appartient à une des branches de la maison Pignatelli. *Marsico Vetere* est dans la Basilicate, au même Royaume, & n'est pas aussi agréable.

Marsiliana, petite Ville de Toscane, dans le Siennois, est fort connue à cause des Manufactures en soie qui y sont établies.

Marta, Bourg du Duché d'Urbin, dans l'Etat de l'Eglise, peu considérable.

Martinengo, petite Ville du Bergamasque, dans l'Etat de Venise. *Voyez* Bergamasque.

Martorano, petite Ville au Royaume de Naples, dans la Calabre citérieure, avec un Evêché suffragant de Cosenza ; elle est à trois lieues de la mer & six S. de Cosenza.

Marza, petite Ville dans la Vallée de Noto en Sicile, fort incommodée, comme toute cette partie, par les éruptions du Mont Gibel.

Marza Muscietto, est un Fort de l'Isle de Malte, dans une des petites Isles qui l'environnent.

Maschere, (les) Village entre Loïano & Tagliaseno, à dix-huit milles de Florence, ce lieu est peu considérable ; on y trouve une très-belle maison de la famille Gerini.

Masena & Guarda, sont deux petites Villes sur le Lac de *Guarda*, au Véronois dans l'Etat de Venise.

Massa, (Duché de) dans les Etats de Modene, qui n'a que trois ou quatre lieues d'étendue, est près de la Mer, au midi des autres Etats du Duc de Modene, entre la République de Gênes & celle de Lucques. Ce Duché, ou Principauté, a long-temps appartenu à la Maison de *Cibo*, dont Hercule Renaud, Prince Héréditaire de Modene, épousa l'héritiere en 1740. Ce Duché n'est remarquable que par ses belles carrieres de marbre. La Ville de *Massa* en est la capitale. Elle est ancienne, assez belle & bien peuplée, dans une plaine agréable proche de la mer, défendue par un bon Château. Les autres Villes du Duché font *Carrera* petite Ville, & au voisinage des carrieres, d'où elle a tiré son nom ; *Lavenfa*, située à l'embouchure d'une petite riviere de même nom. Les carrieres de Maſſa fourniſſent ce beau marbre dont on se sert pour les plus beaux édifices d'Italie. De Modene à Maſſa on a construit un très-beau chemin à travers l'Apennin, pour faciliter le transport des marchandises.

MASSA DE SIENNE, *Maſſa Veternenſis*, Ville du Siennois, avec Evêché suffragant de Sienne, dépendante du Grand Duc de Toscane, est située sur une colline.

MASSA DI SORRENTO, au Royaume de Naples, dans la Terre de Labour, avec Evêché & titre de Principauté, & située au-dessus des ruines des Villes de Pompeia & de Stabia, couvertes des cendres du Vésuve : le veau des environs de Maſſa & de Sorrento est fort renommé : il y a de très-bons pâturages, & le pays est très-fertile. Maſſa est célebre par la naiſſance du Taſſe.

MASSERAN, MASSERANO, petite Principauté située entre le Milanez & le Piémont, & enclavée dans la Seigneurie de Verceil. Elle releve du S. Siege, & appartient à la Maiſon Ferrara de Fiesque. Le Prince de Maſſerano fut fait Grand d'Espagne de la premiere Classe en 1712. Les Seigneurs de cette Maiſon portent aussi le titre de Marquis de *Crevacore*, parce que ce Marquisat a été réuni à la Principauté de *Maſſerano*.

MASSIMO SASSO *delle Italié*, proche *Macerata*, dans la Marche d'Ancône. Cette montagne est un rocher en forme de pain de sucre. On la nomme *Maſſimo Saſſo*, parce qu'il n'y croît rien, pas même de l'herbe.

MATERA, petite Ville au Royaume de Naples, dans la Province d'Otrante, avec un Evêché. L'Archevêque de Cirenza dans la Baſilicate, dont l'Archevêché a été réuni à celui de Matera, réside dans cette Ville. Elle est située sur le Canapro, à onze lieues S. O. de Bari, & quatorze N. de Tarente.

MATHEI; (Villa) à Rome) sur la hauteur du Mont-Cœlius ; on y respire le meilleur air de Rome : la maniere dont les jardins sont distribués, les fait paroître beaucoup plus étendus : ils sont presque abandonnés : une partie est en forme de Théatre antique. On voit au fond un buste colossal qui a huit pieds de haut, la statue devoit en avoir soixante-quatorze. Il y a sur-tout quantité de petits tombeaux de marbre & d'urnes sépulcrales. On y voit un obélisque antique formé de deux pieces de granit, couvert dans le haut d'hiéroglyphes ; un Apollon prêt à écorcher Marsyas, par *Olivieri* ; un cheval de bronze antique de demi-grandeur, écorché, ayant les veines, les nerfs & les muscles découverts ; ce morceau est très-estimé : une statue de Vénus restaurée par la tête & le bras droit ; elle a pour pendant une statue moderne de l'Amitié, par *Olivieri* ; elle a la main sur sa poitrine qui est ouverte ; un Silene assis, la tête enfoncée dans les épaules, la bouche ouverte, le visage boursoufflé, Antique Grec très-beau ; Porcie & Brutus, beau grouppe antique ; une tête antique de Ciceron, le nez, les levres & le menton restaurés ; une petite statue d'Adrien, unique ; un Antinoüs entier, presqu'aussi beau que celui du Belvedere ; une petite fontaine du Bernin, formée de trois huitres soutenues sur des queues de dauphin ; un aigle ouvre ces huitres, & il en sort des nappes d'eau ; il y a quelqu'autres fontaines curieuses ; de très-belles colonnes du plus beau marbre ; des grottes avec des jets d'eau formés par des tritons ou autres figures ; des terrasses ; de beaux points de vue. Le Casino ou maison contient des morceaux très-rares & très-curieux ; l'Amazone antique, ployant son arc, très-belle statue ; une table quarrée de porphyre verd, morceau unique ; une petite figure de Cerès, une des plus jolies statues de Rome ; un aigle antique de marbre ; Faustine la jeune, sous la figure de la pudeur ; une tête colossale de Plotine ; une Diane, Antique grec ; Hercule dans sa jeunesse, aussi Antique grec ; Antonin le pieux.

C'est dommage qu'on laisse gâter la plupart de ces statues, & qu'on néglige la maison & les jardins.

MAURIENNE, (la) Vallée de Savoie, d'environ vingt lieues de long, avec titre de Comté : elle s'étend jusqu'au Mont Cénis, qui la sépare du Piémont. Cette partie de la Savoie a été autrefois le premier patrimoine de ses Princes. Humbert *aux mains blanches*, dans le onzieme siecle, portoit le nom de Comte de Maurienne. César appelle ses habitans les *Brannovices*.

MAURIENNE, (Saint-Jean de) Capitale du Comté de ce nom, petite Ville, Siege d'un ancien Evêché, dont le revenu est de vingt-deux milles livres. On ne sait pas au juste si c'étoit par la Vallée de Maurienne ou par le Mont Saint-Bernard qu'Annibal traversa les Alpes. Saint-Jean est célebre par la mort de Charles-le-Chauve, Roi de France, qui y fut empoisonné par un Médecin Juif, en revenant d'Italie. En 1548, Henri II, passant par Saint-Jean de Maurienne, les habitans voulant lui donner une fête, cent jeunes gens des plus lestes se couvrirent de peaux d'ours si proprement, qu'on les eût pris pour ces animaux, d'autant mieux qu'ils imitoient parfaitement leurs cris, leurs gambades & leurs hurlemens à s'y méprendre : ils accompagnerent ainsi le Roi dans son logement. Cette Mascarade approchoit si fort du naturel, que les chevaux des Valets & Ecuyers de la suite du Roi jetterent bas leurs Cavaliers, & s'enfuirent en passant sur le ventre de tous ceux qu'ils rencontroient. Les Villes ou principaux Bourgs de la *Maurienne* sont *Lannebourg*, *Termignon*, *Saint-André*, *Saint-Michel*, *la Chambre*, *Argentiere*, *Ayguebelle*, *Modano*, & le *Fort de Charbonnieres*, *Bonneval*. Tous ces lieux sont sur les bords ou peu éloignés de la riviere d'Arche.

MAZARA, (la Vallée de) Province méridionale du Royaume de Sicile, en occupe toute la partie occidentale ; c'est la plus peuplée des trois Vallées : elle abonde en tout ce qui est nécessaire à la vie. La Ville de Mazara lui a donné son nom : mais c'est Palerme qui en est la Capitale. *Mazara* a un Evêché & un bon Port. Les autres Villes sont *Palerme*, voyez

Palerme, Gengenti, Montréal, avec Archevêché, Trapani, Solento, Marsalla & Cefala, Trabia, Portogallo, Castello à Mare, Zacca & Monte Virgine, Castel de Greci, Calatrifi, Entella Guiliana & Cannicatini, & les Isles de Favagnano, Maretimo & Levenso.

MAZARINO, petite Ville dans la Vallée de Noto, au Royaume de Sicile, se fait honneur d'avoir donné naissance à l'illustre Maison que le Cardinal Mazarin a rendu si célebre sous le regne de Louis XIV. Cette Ville est située à huit lieues de Terra-Nuova vers le nord.

MAZZORBO, Isle située dans la Marche Trévisiane; tous ses habitans sont Pêcheurs & Jardiniers. L'air y est très-sain.

MAZUOLI. *Voyez* PARMESAN.

MEDINA ou LA CITA VECCHIA, petite Ville située au milieu de l'Isle de Malte, dont elle étoit autrefois la Capitale. Son Evêque est grand'Croix de l'Ordre, & a le pas immédiatement après le Grand-Maître. Il est suffragant de Palerme.

MÉDICIS, (Villa) au nord de Rome, sur le Monte Pincio, qui des Grands Ducs de Toscane a passé à l'Empereur. C'est une des plus belles Maisons de campagne des environs de Rome. Ses jardins sont magnifiques, bien entretenus, divisés en grands quarrés de palissades à hauteur d'appui, formés par des lauriers ; les arbres bas, afin que les statues en paroissent mieux, & plus grandes. Ces jardins sont publics ; en y comprenant la Maison, ils ont une demi-lieue de tour. Cette Maison fut commencée en 1550 ; elle est bien située, qu'on voit Rome au-dessous de soi comme dans un brouillard. On y monte de la Place d'Espagne par un magnifique escalier de pierre de Tivoli de cent trente-cinq marches, partagé en différens repos. La façade intérieure est ornée de plusieurs bas-reliefs ; les plus remarquables sont le combat d'Hercule contre le Lion de Némée ; un Horatius Coclès, passant le Tibre à la nage. On voit dans le casin ou maison, soit sous les portiques, soit dans les ap-

B 4

partemens; une grande quantité de morceaux précieux. Les plus rares sont six statues des Sabines; le Dieu Pan enseignant Apollon à jouer de la flûte, beau groupe; deux statues de Rois captifs, les têtes, les pieds & les mains de marbre, & les draperies de granit; deux baignoires antiques de granit d'Egypte; quinze statues formant l'Histoire de Niobé, par le célebre Sculpteur Phidias, collection bien précieuse: elle est dans le fond du jardin, sous un toit supporté par quatre grands piliers; la statue de Niobé, qui étend sa robe pour garantir sa fille, qui se jette entre ses genoux, des fleches d'Apollon, est la plus frappante; elle a sept pieds & demi de hauteur: elle est représentée telle qu'Ovide la dépeint; une Cléopatre mourante, de douze pieds de proportion, statue de la plus grande beauté, & que bien des gens préferent à celle qui est au Vatican: elle fut faite, dit-on, par ordre d'Auguste; un Vieillard, couvert d'un manteau, qui paroît demander l'aumône: quelques Savans ont prétendu que c'étoit Bélisaire; une Vénus à demi-étendue, ouvrage grec très beau; plusieurs statues d'Apollon, sur le même modele; un Silene, enseignant Bacchus à jouer de la flûte; un Marsyas attaché à un arbre, prêt d'être écorché, ouvrage excellent; un bas-relief représentant trois femmes en marche, allant au sacrifice; un autre représentant une femme devant un Guerrier, & la Ville de Rome: la femme écrit sur un bouclier votif. Il y a une infinité de statues & de bas-reliefs antiques, dont le détail entraîneroit trop loin. Mais il ne faut pas oublier un très-beau vase antique de marbre de Paros, dont les bas-reliefs du pourtour représentent le sacrifice d'Iphigénie: quatre Rois Parthes, dont trois sont de porphyre, avec des têtes & des mains de marbre blanc, & le quatrieme entierement de marbre blanc. Parmi les ouvrages modernes, on remarque un Mercure de bronze, par Jean de Bologne, qui n'est point déparé par les Antiques les plus finis. Il y a peu de peintures; mais on y admire deux plafonds, de Sébastien del Piombo, en sept tableaux représentant des Divinités ; la bataille de Lépante par Tempesta ; d'autres tableaux du Bassan, d'André del Sarto, &c.

MEDOLE, Village du Mantouan, dans la Principauté de Castiglione. *Voyez* SOLFARINO.

MELDOLA, (la) Bourg considérable de la Romagne dans l'Etat de l'Eglise, qui a titre de Principauté Souveraine, appartient à la Maison de Pamphile. Cette principauté est située au midi de Forly, à trois lieues de Ravenne.

MELFI, Ville au Royaume de Naples, dans la Basilicate, avec un Evêché & un ancien Château sur un rocher. Elle a titre de Principauté & appartient à la Maison de Doria, originaire de Gênes. Le Pape Urbain II y assembla un Concile pour la réforme des mœurs, l'an 1091. Elle est à deux lieues de l'Offente & dix N. O. de Conza. Il ne faut pas confondre Melfi avec Amalfi.

MELORIA, petite Isle à fleur d'eau à cinq milles du grand Port de Livourne. Il y a une tour qu'on apperçoit de fort loin à cause de sa blancheur, & qui sert de signal aux Pilotes pour éviter l'Isle de Meloria, qui n'a que cinquante ou soixante toises de large. On dit que la Reine Elisabeth ayant perdu deux vaisseaux considérables qui se briserent contre les écueils dont l'Isle est environnée à plus d'un quart de lieue, fit construire cette tour. Quoi qu'il en soit, cette Isle, malgré ses dangers, sert à la sûreté de la rade.

MELZO, Bourg dans le Milanez, appartient à la Maison de Trivulci, sous le titre de Comté. On y fabrique de très-belles toiles, dont on fait un grand commerce.

MENERBIO, petite Ville du Bressan sur la Mela.

MENFREDONIA, petite Ville du Royaume de Naples, dans la Capitanate, avec un Archevêché. Elle tire son nom de Mainfroy, bâtard de Frédéric II, qui la fonda en 1250, près du Mont Gargan & des ruines de Siponte. Les Turcs la prirent en 1520, & l'abandonnerent après y avoir mis le feu.

Elle a été reparée & fortifiée ; elle a un Port & une forteresse, qui résista à Lautrec, Général de François I. Il y a de bonnes Salines ; elle est sur le Golfe du même nom ; à vingt lieues N. E. de Cirenza, vingt N. O. de Bari, & quarante N. E. de Naples.

MENTON, petit Bourg dans la Principauté de Monaco. Les oranges & les citrons des environs de *Menton* & de *Roccabruna*, qui est dans son voisinage, passent pour être les meilleurs de toute l'Italie. Il y a dans ce Bourg une grotte qu'on appelle *Testa di Cane*, au fond de laquelle est une fontaine, dont l'eau, dit-on, a la vertu de guérir la fievre, & on ne lui accorde cette vertu que depuis qu'on y a trouvé tué & jetté dedans un insigne voleur, nommé *Bataglia*. En conséquence les Paysans ont pour sa mémoire une si grande vénération, qu'ils conservent ses reliques avec soin ; ils le regardent comme un Saint, & le portent solemnellement en procession.

Il ne faut pas confondre ce Bourg de Menton avec un autre du même nom qui est dans le Genevois.

MERCANTINA (la Mercantine,) c'est ce que dans nos auberges nous appellons la carte ; la Mercantine désigne dans toute l'Italie l'ordinaire du dîner ou du souper : elle varie selon les Pays. De Rome à Naples, la Mercantine consiste en une minestre ou soupe composée de macaroni, une entrée, un bouilli, le rôti avec une salade, & terminée par un dessert. La Mercantine coûte deux paolo : on a à ce prix du vin blanc ou rouge à discrétion.

MERCATO DI SABBATO, petite contrée voisine de Baïes, au-delà du Lac Fusaro, que Virgile appelle l'Acheron : après avoir passé le Lac sur une pente douce qui s'étendoit jusqu'aux bords de la mer, entre le midi & le levant, étoient des jardins délicieux, plantés de beaux arbres & arrosés de fontaines ; c'est ce que les Poëtes ont appellé les Champs Elisées. Quoique ces lieux aient été désolés par les tremblemens de terre & les éruptions qui les ont accompagnés, ce climat est encore délicieux ; jamais l'hiver ne s'y fait sentir. Ces lieux subsistent encore sous les mêmes noms que les Poëtes les ont célébrés ; le Lac de *Mare Morto* sur les bords duquel sont ces beaux lieux, est très-poissonneux. Il communique avec la mer, que l'on ferme dans un certain temps pour empêcher le poisson d'en sortir. On voit encore dans la plaine des Champs Elisées un nombre infini de restes de tombeaux des anciens Romains.

MESOLA, petite Ville du Ferrarois, dans l'Etat de l'Eglise, vers l'embouchure du Pô.

MESSINE, *Messana*, Ville considérable & capitale de la Province de Demona, dans le Royaume de Sicile, avec un Archevêché & un beau Port. On rapporte son origine aux Messéniens, qui fuyant la mort ou la captivité à laquelle ils devoient s'attendre, après que les Lacédémoniens eurent pris leur forteresse du Mont Ira, vinrent en Sicile, se réfugierent dans la Ville de Zanclé à laquelle ils donnerent le nom de Messine. Ils eurent pour Tyrans ou Rois, le Philosophe Anaxilaé, ensuite Agathoclès. Les Mammertins s'en étant rendus maîtres, appellerent à leur secours les Romains contre Hiéron & les Carthaginois ; ce qui fut l'origine de la premiere guerre punique qui dura pendant vingt-quatre ans. Messine devint Colonie Romaine. Elle fut prise par les Sarrasins en 1058. Elle souffrit beaucoup pendant les guerres des François & des Arragonois. Sa situation en partie sur des collines, en partie en plaine, est fort agréable ; le Port est au centre, bordé d'un beau quai revêtu de pierres de taille. La ville a des fortifications qui la mettent en état de se défendre contre les plus puissans ennemis. Les maisons y sont très-belles, sur-tout sur le Port ; les rues en sont bien percées, les places très-propres, les Monasteres en très-grand nombre. Avant le malheureux complot des Vêpres Siciliennes, les Habitans montoient à plus de quatre-vingt mille ; mais depuis cette époque le nombre en est bien diminué. Le Vice-Roi de Sicile y réside pendant six mois de l'année. Cette Ville est très-commerçante, sur-tout en soiries & en étoffes de soies. Les Turcs y ont un

Conful pour le commerce. Elle eft fur le détroit qui porte fon nom, & auprès duquel eft un Fort avec un fanal pour éclairer les vaiſſeaux qui paſſent le Canal & qui viennent du levant. Meſſine eſt fur la mer vis-à-vis les côtes de la Calabre Ultérieure, à quarante-quatre lieues de Palerme. C'eſt la Ville la plus conſidérable de la Sicile.

META SUDANS. C'eſt à Rome le reſte d'une fontaine abondante qui ſervoit au Peuple, lorſqu'il alloit voir les Jeux dans l'amphithéatre du Coliſée qui eſt tout près.

METAURO, (le) riviere qu'Horace appelle fleuve célebre par la défaite d'Aſdrubal & par une des plus belles manœuvres de guerre dont l'Hiſtoire fourniſſe des exemples.

MEZZO-GORO, petite ville du Ferrarois dans l'Etat de l'Egliſe, vers l'embouchure du Pô.

MIGLIARMO, petite Ville du Ferrarois, dans l'Etat de l'Egliſe, au deſſous de Ferrare, ſur les bords du Pô.

MILAN, *Mediolanum*, Ville & Capitale du Duché de Milan, entre l'Adda & le Téſin. Elle a un peu plus de deux lieues de circuit, en y comprenant l'enceinte de ſes fortifications & le Château. On y entre par neuf portes principales : on la divife en ſix quartiers & l'on y compte deux cent-ſoixante Egliſes ou Chapelles. Il y a ſoixante-une Paroiſſes, quarante-trois Couvens de Religieux, ſept Colleges, cinquante-un Couvens de Religieuſes, onze Conſervatoires ou Hôpitaux.

La deſtruction de cette Ville par Fréderic Barberouſſe, a renverſé tous les Monumens de l'antiquité qu'elle poſſédoit. Il ne reſte que ſeize colonnes d'un Temple d'Hercule. Le bâtiment moderne le plus conſidérable eſt la Cathédrale, ſous le nom & l'invocation de la Sainte Vierge & de Sainte Thecle. On la regarde comme la plus belle Egliſe d'Italie, après Saint Pierre de Rome. Le vaiſſeau a quatre cent quarante-neuf pieds de longueur, deux cent ſoixante-quinze de largeur dans la croiſée & cent quarante-vingt dans la nef ; deux cent trente-huit pieds de hauteur fous la coupole, cent quarante-fept dans la nef ; cent dix dans les bas côtés, & foixante-treize dans les Chápelles. La hauteur extérieure de la coupole avec le couronnement qu'on y doit ajouter, fera de trois cent foixante-dix pieds ; cinquante deux colonnes de quatre-vingt-quatre pieds de hauteur & de vingt-quatre de circonférence foutiennent l'Eglife. Les colonnes font de marbre ; le pavé doit l'être auffi. Le portail, deffiné par le Pelegrini, approuvé par Saint Charles Borromée, & commencé fous la conduite de Baffi, n'eft pas encore achevé. Cette Eglife eft impofante par fa grandeur ; mais ridicule pour les Connoiffeurs, par l'excès des ornemens intérieurs & extérieurs de fon architecture gothique. On dit quelle eft chargée de quatre mille ftatues de beau marbre, dans autant de niches, & il y en a jufqu'au-deffus du toit. Les plus grands Architectes fe font élevés contre ce luxe inutile. On devoit même élever au-deffus de la coupole une pyramide de marbre, furmontée d'une grande ftatue auffi de marbre, le tout de cent dix-fept pieds de haut ; mais les plus habiles Architectes & les meilleurs Mathématiciens ont fait fentir le danger de cette entreprife. On peut dire qu'on travaille à cette Eglife, qui n'eft pas encore finie, depuis plus de trois cens ans ; la raifon qu'on en donne, c'eft qu'il y a des fonds dont les revenus, adminiftrés par une Direction, doivent retourner aux familles des Donateurs quand l'Eglife fera achevée. On admire dans cette Eglife la Chapelle fouterraine où eft le corps de Saint Charles, mort en 1584, dans une châffe d'argent, avec des pannaux de criftal de roche ; la croffe & la couronne qui lui fert d'auréole font enrichies de diamans ; l'intérieur du fouterrain eft revêtu de pannaux d'argent ; huit bas-reliefs de la même matiere repréfentant plufieurs actions de la vie du Saint Archevêque, garniffent la faille de la voute percée d'un foupirail fermé d'une grille : ces bas-reliefs font de Rubuni, célebre orfévre. Il y a quantité d'autres ornemens : on voit dans l'Eglife des tableaux de

Carano, de Morazzono, de Giulo Cesare Procaccino, de Camillo Procaccino, de Frederigo Zucaro, & au-dessus du maitre-autel est le sacré clou de la Passion; les sculptures du Chœur en marbre sont très-belles. Les deux plus beaux morceaux de cette Eglise, sont le Saint Barthelemi, d'*Agrati*, écorché & portant sa peau sur son épaule; il est de marbre & fort estimé. L'autre est le tombeau du Marquis de Marignano. Le trésor de l'Eglise est le plus riche de toute l'Italie, après celui de Notre-Dame de Lorette. Les vases sacrés en or, les croix, les reliquaires, les statues de la même matiere, sont en si grande quantité, qu'on ne s'amuse point à les voir en détail. L'Eglise de Milan suit le rit Ambroisien, & a quelques libertés que Saint Charles a eu soin de lui conserver. Le Chapitre est composé de trente Chanoines, nommé par l'Impératrice Reine.

Dans le Palais de l'Archevêché, qui n'a de remarquable que son étendue, on voit de très-beaux tableaux des deux Procaccini, Morazzono, du Guide, du Guerchin, du Tintoret, de Canalette, de Jean-Paul Panini, &c.

Les principales Places sont Piazza di Mercanti; il y a un Palais ou Maison de Ville où s'assemblent les Magistrats; un autre pour les Docteurs du College, Société Ecclésiastique, d'où sont tirés les Archevêques de Milan, & la *Piazza del Duomo*.

La Bibliothéque Ambroisienne, formée par le Cardinal Frédéric Borromée, neveu de Saint Charles, est composée de plus de soixante mille volumes imprimés, & de près de vingt mille manuscrits. Un des plus précieux est celui des Antiquités de Flavius Joseph, traduites par Ruffin, sur des papyrus d'Egypte. On lui donne treize cents ans d'antiquités; mais il est incomplet. A cette Bibliothéque est joint un très-beau Cabinet d'Histoire Naturelle. Dans la Salle destinée à servir d'Ecole de Sculpture, on voit des plâtres faits d'après les plus belles statues de Rome & de Florence, & quantité de tableaux originaux & copiés par les plus grands Maitres, du Carrache, du Correge, de Raphaël, de Rubens, de Brughel, du Schiavonne, de Jules Romain, du Géorgion, de Pierre de Cortonne, de Michel-Ange, d'André del Sarto, de Léonardo Vinci, du Baſſan, de Frédéric Barrozi. Les manuſcrits de Léonardo Vinci ſont un des plus riches tréſors de cette Bibliothéque; il y a en outre un très-beau Médailler, & un Jardin de Botanique très-bien meublé.

L'Egliſe de S. Ambroiſe, célebre par ſon ancienneté, eſt celle où les Empereurs autrefois recevoient la couronne de fer. Elle n'a de remarquable que ſont maitre-autel, & la Chapelle où Saint Auguſtin, ſon fils, & Alcipe ſon ami, furent baptiſés. On y voit un ſerpent d'airain que les uns diſent être celui du déſert, les autres un Eſculape.

L'Egliſe de Saint Alexandre des Barnabites, d'une belle architecture, eſt remarquable par la quantité de grands morceaux de lapis lazuli, d'agathes orientales, de jaſpes ſanguins & autres pierres précieuſes qui revêtent le maitre-autel, & qu'un Barnabite obtint d'un Duc de Mantoue, ſon pénitent.

A Santa Maria preſſo San Celſo, on admire deux Sybiles couchées, par Fontana, ſur le fronton du portail; & à côté de la porte d'entrée, deux ſtatues d'Adam & d'Eve; celle d'Eve ſouffre la comparaiſon avec tout ce que l'Antiquité a de plus beau; elles ſont, ainſi que les Sybiles, de marbre blanc; Adam & Eve ſont d'Ataldo Lorenzi, Florentin. Il y a dans l'intérieur de l'Egliſe de très-belles ſtatues de Fontana.

L'Egliſe de Saint Victor eſt d'une très-belle architecture. On prétend que c'eſt de cette Egliſe que Saint Ambroiſe refuſa l'entrée à l'Empereur Théodoſe. Elle appartient aux Moines Olivetains. *Voyez* OLIVETAINS.

A Sancta Maria del Grazio, Egliſe des Dominicains, où eſt le Tribunal de l'Inquiſition; on voit un Couronnement d'épines, du Titien, & la célebre Cene de Léonardo Vinci.

Dans l'Egliſe de Saint Nazaire, où l'on voit encore le pavé qu'y fit faire Serene, femme de Stilicon, on lit cette épitaphe singuliere de J. J. Trivulce, Maréchal de France : *Qui numquam quievit quiescit. Tace.* Silence. Celui qui n'a jamais eu du repos, repose.

San Lorenzo est une Eglise singuliere par sa construction. Elle est octogone ; quatre côtés sont des portions de cercle en enfoncement, qui forment la croix de l'Eglise, & dans lesquels s'élevent des colonades à deux ordres l'un sur l'autre, qui servent de galeries tournantes. Dans les quatre côtés qui sont en ligne droite, s'élevent un ordre de colonnes aussi haut que les deux autres, & qui porte le dôme. Cette architecture est sans modele. C'est auprès de cette Eglise que sont les seize colonnes du Temple d'Hercule. Il seroit trop long de parler de toutes les Eglises de Milan. La plupart des belles colonnes qu'on y admire, ainsi que dans quelques Palais, semblent être des restes des beaux édifices que les Romains avoient fait construire à Milan.

Le Palais du Gouverneur, le grand Séminaire, le Séminaire des Suisses, bâti par Saint Charles, le grand Hôpital, le College de Santa Maria in Brera, l'Observatoire de ce Collége fini en 1766, la casa Cusani, la casa Simonetta, la casa Porta, L. C. Clerici, C. Maximo, C. Areze, C. Castelli, &c. le Palais Durini, le Lazaret, Carceri ou les Prisons, tous ces édifices méritent d'être vus, soit par leur Architecture, soit par les choses précieuses qu'ils renferment.

Le Théatre est très-beau ; la Salle a cinq rangs de trente-cinq loges. *Voyez* THÉATRE. Les rues de Milan n'ont rien de frappant. Il y a deux canaux qui communiquent du fossé qui entoure la premiere enceinte de la Ville ; l'un au Tesin, appellé Tisinella ; & l'autre appellé Martesana, à l'Adda. Le vin, le bled, le bois, toutes les provisions & toutes les choses nécessaires se transportent dans la Ville par ces canaux.

Il y a plusieurs Cabinets chez différens Particuliers, qui sont très curieux. Les promenades de l'intérieur de la Ville se bornent à la grande rue du quartier del Borgo, appellé Strada Marina, à la magnifique place

place vis-à-vis le portail de la Cathédrale ; & aux remparts de la Ville.

Le Château de Milan, célebre par la quantité de sieges qu'il a soutenus, étoit l'ancien Château des Ducs de Milan. C'est un hexagone régulier formé par six bastions royaux, défendus par une muraille terrassée & revêtue, environnée d'un grand fossé plein d'eau, avec un chemin couvert & quelques ouvrages extérieurs. Cette Citadelle a deux cent soixante-dix toises d'une pointe de bastion à l'autre. Elle n'est pas d'une longue défense, parce que d'aucun côté, rien n'empêche les Assiégeans d'ouvrir la tranchée & d'en approcher.

Le climat du Milanois est presqu'aussi froid en hiver qu'en France, mais il est aussi beaucoup plus chaud en été.

MILANOIS ou DUCHÉ DE MILAN, est borné au nord par le Valois, les Bailliages des Suisses & le Pays des Grisons, au midi par les Etats de la République de Gênes, au levant par ceux de Venise, de Mantoue & de Parme, au couchant par le Piémont & le Montferrat. Les Rois d'Espagne le possederent jusqu'en 1700. Philippe de France, Duc d'Anjou, devenu Roi d'Espagne, fit tous ses efforts pour le conserver ; mais l'Empereur Joseph I s'en rendit maître en 1706, & la possession lui en fut confirmée par le Traité de Bade en 1714. Charles VI a joui de tout le Milanois jusqu'à la paix de Vienne, conclue en 1736. Une grande partie de ce Duché fut cédée au Duc de Savoie ; aujourd'hui les possessions de la Reine d'Hongrie, héritiere de Charles VI, se divisent en six parties ou cantons, dont le Milanois, proprement dit, le Lodésan & le Crémonois sont les principaux.

Ce pays, que le Pô traverse, est situé au centre de la Lombardie ; il a environ vingt-sept lieues de long sur vingt de large : sa situation est très-belle. M. l'Abbé Richard le met presque à la tête du triangle formé d'un côté par les Alpes, & de l'autre par la chaîne des Apennins, ayant pour base la Mer Adriatique, & renfermant dans son aire la grande & magnifique plaine de Lombardie de plus de cent lieues de longueur sur une largeur assez inégale. Le voisinage des montagnes, ajoute-t-il, sur-tout dans la partie supérieure du triangle, fait que la température de l'air n'est pas aussi douce & aussi égale qu'à la base; ce qui est cause encore que l'hiver est assez rude à Milan, que l'on y a beaucoup de neiges, & en été de fréquens orages.

Ce pays est très-fertile, les terres ne se reposent presque jamais; on fait dans la même année, sur le même terrein, une récolte de froment & une de bled de Turquie ou de quelqu'autre grain: aussi les terres sont-elles d'un grand prix. Les prés se fauchent jusqu'à quatre fois l'année, lorsqu'ils peuvent être arrosés, & ceux qui n'ont point d'eau se fauchent deux ou trois fois.

Les Milanois passent pour avoir plus de mœurs que d'esprit, ils sont bons, mais un peu défians, sages, mais d'une économie portée à l'excès: le Peuple est appliqué, laborieux. Les Nobles se piquent d'être généreux, magnifiques, accueillant très-bien les Etrangers. Les Milanois en général se ressentent un peu du caractere Espagnol, qu'ils ont contracté pendant la domination de l'Espagne. Les femmes y ont cet air léger & aisé des Françoises; elles vivent dans une grande retraite, & se mêlent peu des affaires du commerce, auquel les Milanois s'appliquent beaucoup. Ils sont propres aux sciences, & il n'est pas rare de trouver des Savans parmi les Ecclésiastiques. La maison Borromei a introduit, cultivé & protégé le goût des Lettres; c'est à S. Charles qu'on peut en fixer l'époque.

Quant aux productions du Pays, elles sont très-abondantes. Les fromages de Milan & le Parmesan sont fort renommés; on en fait un commerce immense, non-seulement en Italie, mais dans toute l'Europe. Comme les pâturages y sont excellens, on y nourrit une très-grande quantité de bétail. Les vins y sont d'une très-bonne qualité. Le gibier & la volaille y abonde, & sont très-bons. Les rivieres, & sur-tout le Lac majeur, sont fort poissonneux, & la proximité du lac de Venise fournit du poisson de mer à tout le Milanois.

On compte dans le Mantouan & le Milanois un million d'habitans ; le revenu que la Reine d'Hongrie en retire, soit par les impôts sur les terres, soit des fermes générales, va à environ sept millions & demi de notre monnoie, qui, en temps de paix, sont presqu'entiérement employés au payement des charges de l'Etat.

Le principal commerce des Milanois est celui de la soie. On assure que les soies du Milanois rapportent au Pays huit millions monnoie de France. On accuse quelques Marchands de former entr'eux une Société de Monopoleurs pour nuire au commerce de Lyon & de Marseille.

On y fabrique des velours aussi beaux & quelquefois supérieurs à ceux de France, & toutes sortes d'étoffes en soie, laine, poil de chevre. On y travaille très-bien en dorure, en broderie, & on y fait généralement tous les ouvrages que l'art, le besoin & le luxe ont fait naître en Europe.

Il y a beaucoup de Fondeurs & d'Ouvriers en cuivre battu ; on y fabrique quantité de chandeliers, de bustes, de statues, de vases, & d'ouvrages en crystal. On y fait quantité de carrosses pour le reste de l'Italie ; les brodeurs travaillent avec une promptitude & un goût surprenans.

La Peinture y est peu de chose ; la Sculpture s'y soutient, & la fureur de décorer contre toutes les regles du goût : l'extérieur de la Cathédrale y entretient cet art. La Musique y est moins florissante que dans les autres parties de l'Italie, quoiqu'il y ait de très-bons Musiciens.

Le Duc de Modene est Vice Gouverneur du Milanois pour la Reine d'Hongrie ; le Comte Firmian exerce à Milan le rang de Ministre d'Etat, & veille sur toutes les parties de l'administration. Le Sénat est composé d'un Président & de dix Sénateurs. Le Conseil Suprême de Commerce décide en dernier ressort des affaires majeures des Finances. Le Capitano di Giustizia est chargé de l'exécution des décrets de Justice : il reçoit les plaintes contre les malfaiteurs. Le Vicario di Provisione est le premier Officier municipal, ou Capo della

Cita ; il est chargé de l'approvisionnement de Milan. Les Soixante forment le Conseil de Milan : on les appelle Décurions.

MILAZZO, forte Ville de Sicile, dans la Vallée de Démona, avec un Port considérable. On la divise en Ville haute & Ville basse. Il y a dans la basse une Place superbe, ornée d'une jolie Fontaine. Cette Ville est à l'ouest de Messine, sur un rocher, près du Golfe de Milazzo, à sept lieues N. O. de Messine.

MILETO, petite Ville au Royaume de Naples, dans la Calabre ultérieure, avec un Evêché suffragant de Reggio, dont l'érection fut faite en 1075 par le Pape Grégoire VII. Mileto est à quatre lieues N. E. de *Reggio*.

MILICE DU PAPE, (la) Garde ordinaire du Souverain Pontife, est composée d'une Compagnie de soixante Chevaux-Légers bien montés ; leur uniforme est rouge, à paremens & revers de velours bleu, boutons & boutonnieres d'or, veste de velours bleu, galonnée en or. Quand ils sont de garde, ils ont une casaque ou soubre-veste d'écarlate chamarrée de galons d'or ; ils marchent le pistolet haut ; l'équipage du cheval est bleu, bordé d'or.

Une Compagnie de soixante Cuirassiers, uniforme bleu, à paremens & revers rouges, boutons & boutonnieres d'argent ; l'équipage du cheval rouge, bordé d'argent.

Une Compagnie de Suisses, destinés à la Garde du Palais & de la Personne du Souverain ; ils ont les longues chausses & le baudrier, mi-partie de rouge & de jaune, & l'habit rouge à paremens jaunes. Ces Troupes sont commandées par les Chevaliers de la Garde, appellés *Lanzie Spezzate*. Ils sont au nombre de dix, & ont autant de surnuméraires obligé au service. Il y en a toujours deux de garde au Palais du Pape, qui montent à cheval, & l'accompagnent quand il sort. Leur habillement est le manteau ou cape & l'habit noir à la Romaine ; c'est-à-dire, un corselet avec un jupon ou tonnelet, des manches ouvertes qui ne descendent pas jusqu'au coude, la grande cravate ; la perruque longue avec l'épée : ils montent la garde le pistolet à la main. Le Prélat, Commissaire des Armes, est leur Officier supérieur.

Il y a encore deux Compagnies fort nombreuses d'Infanterie répandues dans Rome, appellées Garde Avignonoise & Garde Corse. La Garde Avignonoise a l'uniforme rouge, paremens & revers bleus & les boutons blancs ; les Officiers ont l'uniforme rouge, galonnée d'argent. La Garde Corse a l'uniforme blanc, paremens & revers rouges & les boutons blancs.

Il y a quelques autres Troupes à la solde de l'Eglise, répandues dans l'Etat Ecclésiastique : mais tout cela ne fait pas une Milice bien redoutable.

La Milice Bourgeoise de Rome est divisé en autant de Compagnies qu'il y a de Quartiers, & ne marchent que très-rarement. Les Compagnies des Quartiers au-delà du Tibre méprisent les autres, qu'ils traitent comme le rebut du reste de l'Europe. Les Transteverins se regardent comme les vrais descendans des anciens Romains, lorsque les Tributs rustiques étoient préférées à celles de la Ville ; c'est de ces Tribus même qu'ils croient descendre : ils sont fiers, plus actifs, plus courageux que les autres.

MILLES. L'Italie a conservé l'ancienne maniere de compter la distance des lieux par mille pas. Les trois milles d'Italie font une lieue de France. Pour ne pas embarrasser cette supputation dans les divisions des distances, on ne dit point deux cens cinquante, ni cinq cens, ni sept cens cinquante ; mais un quart, un demi, ou trois quarts de milles. Les milles varient dans quelques endroits de l'Italie. En Piémont, les deux milles font la lieue ; nos lieues varient aussi : celles de Gascogne sont beaucoup plus longues que les lieues communes des environs de Paris.

MILLEFLEURS, beau Château de plaisance, dans le Piémont propre, à environ une lieue de Turin & demi-lieue de la Vénerie. Ce Château a été bâti par les soins de Madame Royale, sœur de Louis XIII.

MINCIO, (le) Fleuve d'Italie, qui coupe le Lac de la Garde, & passe à Mantoue. Il forme un petit lac autour de cette Ville. Cette fortification naturelle rend la place très-difficile à attaquer. De Mantoue le Mincio va se jetter dans le Pô.

MINORBINO, petite Ville Épiscopale, au Royaume de Naples, dans la Terre de Bari, dans une position agréable.

MINTURNA, petite Ville, ancienne Colonie du Latium, sur le bord du fleuve Carigliano, appellé autrefois Liris. Il ne reste que les ruines de cette Ville, qui cependant a eu un Évêché, & se rendit célebre par le Concile qui décida que le Pape ne pouvoit point avoir de Juge. Minturna est au Royaume de Naples, près de l'embouchure de Liris. On y remarque les ruines d'un aqueduc d'un Amphithéatre, voisines de celles d'un Temple dédié à Vénus : ce qui suppose que Minturne étoit une Ville considérable. C'est à ce petit Village que finit la Voie Appienne : c'est à Minturne que le Soldat Galate, envoyé par Sylla pour se défaire de Marius, trouva ce respectable Vieillard, dont l'aspect fit trembler le Galate, qui, au lieu de le frapper, tomba à ses genoux.

MINUCCIANO, petite Ville dans la petite Contrée de Carfagnana, appartient à la République de Lucques.

MINURI, petite Ville au Royaume de Naples, dans la Principauté citérieure, est dans une situation agréable sur la mer.

MIOLANS, Ville de la Savoie propre, sur l'Isere, à quelques milles de Montmelian. Quelques-uns ont pris ce Miolans pour l'ancienne *Modulum*. Elle a un Château bâti sur la pointe d'un rocher.

MIRANDE ou MIRANDOLE, Ville & Capitale du Duché du même nom, entre le Ferrarois, le Modénois, le Mantouan & Concordia. Cette ville est défendue par sept bastions, par une citadelle & un fort. Ce petit État fut long-temps célebre par la Maison des Pics de la Mirandole, qui l'ont possédé pendant cinq ou six cens ans, & qui a produit, en 1460, ce fameux Jean Pic, Prince de la Mirandole, qui fut un prodige de savoir, dans un âge où c'est beaucoup que d'avoir appris à étudier. Cette Maison fut dépouillée de cette Souveraineté en 1710 par l'Empereur Charles VI, qui la vendit au Duc de Modene, moyennant la somme de deux millions cinq cens mille livres. *Concordia* est la seconde Ville de ce Duché.

MISENE, (Cap de) CAPO MISENO, est la pointe occidentale & méridionale du Golfe de Pouzzol & de Baies, & à une lieue & demie de Pouzzol & de Cumes. L'origine du nom de Misene vient, selon Virgile, d'un excellent Trompette, qui d'abord avoit appartenu à Hector, qui s'attacha ensuite à Enée, & qu'un Triton noya dans la mer, pour se venger de l'avoir défié à qui sonneroit mieux de la trompe; son corps ayant long-temps erré sur les flots, fut trouvé par Enée, qui l'enterra sur ce Promontoire, qui s'appelloit le Mont Aërien : *Monte sub Aërio, qui nunc Misenus ab illo dicitur.* C'étoit à Misene qu'étoit la station des vaisseaux & des galeres des Romains, destinés à maintenir la sûreté des mers & des côtes, depuis le Phare de Messine jusqu'aux Colonnes d'Hercule. Agrippa l'avoit fait construire. Il y avoit un Phare pour éclairer les vaisseaux ; il y avoit sur cette hauteur une Ville, & au-dessous étoit le Port. La Ville fut prise & pillée par les Lombards en 836; les Sarrasins acheverent de la ruiner, & on n'y voit que des restes d'édifices. On y voit un souterrain percé dans la montagne, & qu'on appelle *Grotta Dragonara* ; il est presqu'entiérement ruiné : mais on y trouve une allée longue & tortueuse, avec plusieurs chambres sur les côtés. On croit que c'étoit un aqueduc que Néron avoit fait percer pour y rassembler les eaux chaudes de Baies, & que les chambres étoient des citernes pour y conduire les eaux de pluie, & faire rafraîchir les eaux chaudes. Au pied de la montagne, on trouve dans la mer même une source d'eau douce qui conserve sa douceur : on croit que c'étoit la fontaine du Temple des Nymphes, bâtie par Domitien, où il y avoit une source intarissable. Il y a encore sur le Promontoire un Phare ou tour sur laquelle on allume tous les soirs une grosse lanterne pour éclairer pendant la nuit les vaisseaux qui entrent dans le Golfe. Le Cap forme une presqu'isle qui n'a guere que quatre cens pas de traverse. C'étoit de-là que vint Pline le Naturaliste, qui y commandoit la flotte Romaine, pour observer de plus près la fameuse éruption du Vésuve, où il périt.

MISTRATA, bourg de la Vallée de *Démona*, dans la Sicile, assez avant dans les Terres, avec Asinello, Monte Albano, Franca Villa. Les autres Villes de cette Vallée sont sur la mer.

MODANE, gros Village de Savoie, sur le chemin de Lyon à Turin, dans les Alpes. Ce Village est pauvre. Entre Saint-Michel, qui est à trois lieues de Saint-Jean de Maurienne & Modane, est la montagne de Saint-André, au pied de laquelle on trouve un Hameau appellé *les Fourneaux*. On y exploite les mines de plomb & de cuivre d'une montagne peu éloignée de là. Le plomb & le cuivre donnent six onces six gros d'argent par quintal, & la mine donne par quintal trente-une livre & demie de plomb.

MODENE, *Modena*, *Mutina*, Cap. du Modénois, dans une plaine agréable, entre la Sacchia & le Panaro, est très-ancienne. Elle étoit une des plus belles Colonies des Romains, lorsqu'elle fut assiégée par Antoine, pour avoir reçu Brutus après l'assassinat de César, Brutus la défendit jusqu'à la derniere extrêmité. Elle se rétablit & se soutint jusqu'à l'invasion des Goths & des Lombards en Italie. Ils la dévasterent : mais Charlemagne, après avoir détruit le Trône des Lombards, la rebâtit peu à peu dans le même endroit où elle étoit auparavant. Elle fut achevée & entiérement repeuplée sous Pepin, fils & successeur de Charlemagne. Elle passa successivement des Empereurs aux Papes, à la République de Venise, aux Ducs de Milan, aux Ducs de Mantoue à ceux de Ferrare. Elle souffrit beaucoup des factions des Guelfes & des Gibelins, & fut réduite en un monceau de ruines. A mesure que les temps devinrent plus calmes, elle se releva ; elle devint le partage de la Maison d'Est, dans le treizieme siecle ; elle se donna à Obizzon II.

Elle tenta depuis de se soustraire à la domination de ses successeurs. Après plusieurs révolutions, l'Empereur Maximilien l'ayant vendue au Pape Léon X, le Duc Alfonse la reprit à main armée le 5 Juin 1527 ; & le 21 Décembre 1530, l'Empereur déclara que Modene étoit un Fief de l'Empire. Cette Ville a été embellie par les Souverains de la Maison d'Est : & depuis qu'ils la possèdent, ils en ont fait une Ville nouvelle. Elle est distinguée en Ville neuve & Ville ancienne. La première renferme le nouveau Palais ; elle est bien bâtie, bien fortifiée & décorée de fontaines : on marche dans les rues à couvert, sous des portiques ; s'ils offrent la commodité d'être à couvert du soleil & de la pluie, ils ont le désagrément de rétrécir les rues, & les rendre obscures : il y a de très-belles fontaines & de magnifiques Églises.

Le Palais Ducal passe pour le plus bel édifice de Modene ; il fut commencé par le Duc François I d'Est, sur les desseins de l'Avanzzini : l'architecture en est noble & élégante, & d'autant plus agréable, qu'il est isolé & sur une grande place bien ornée. La cour est environnée d'une colonnade frappante : on y admire un très beau sallon. Les appartemens, qui sont très-bien décorés, renferment nombre d'excellens tableaux ; un Saint Pierre, Martyr, par Antonio Cosetti de Modene, une Judith, du Guerchin ; une Adoration des Bergers, attribuée au Correge ; quatre Médaillons, du Tintoret, dans la Chambre du Dais, dans une autre chambre, un Samaritain, du Bassan ; J. C. épousant Sainte Catherine, du Guerchin ; une Charité Romaine, d'André Sacchi ; une Vierge, tenant la main de J. attribuée au Guide ; Sainte Véronique, du Familitori ; Notre-Seigneur au Jardin des Oliviers, de Bassan ; l'Enfant prodigue, de Spada ; le passage d'un pont, une Bataille & un triomphe de Jules Romain ; la femme de Putiphar, retenant Joseph par son manteau, de Terrini ; la femme adultere, du Titien ; une Vierge avec l'Enfant-Jesus & S. Paul, du même ; un Saint-Roch en prison, couronné par un Ange, du Guide ; le

Martyre de Saint Pierre, du Guerchin; les Elémens en quatre tableaux, par les Carraches; un Saint-Sébastien, de Michel-Ange; deux tableaux, l'un d'Abraham & l'autre de Flyché, par le Guerchin, &c. La galerie de ce Palais est une des plus riches en desseins, en peintures, en estampes, en sculptures, le tout des plus grands Maîtres; & d'un détail immense; une collection précieuse des médailles les plus rares, de curiosités de l'Histoire Naturelle uniques; une Bibliotheque d'environ trente milles volumes, parmi lesquels est une suite d'éditions très-rares. Les manuscrits sont au nombre de quinze cens. Cette Bibliotheque est précédée d'un très-beau Cabinet de Machines pour la Physique.

Le Théatre que le Duc François I fit bâtir dans le *Palazzo del Publico*, avoit servi de modele à celui des Tuileries : le même Architecte a fait l'un & l'autre. C'étoit le seul beau Théatre que nous eussions en France; mais, comme s'il étoit impossible que notre Nation pût s'accoutumer à voir ses Drames dignes d'Athenes & de Rome sur un Théatre analogue à la beauté de ses Pieces & à son goût pour le Spectacle, elle a rapetissé la Salle, au point que le Théatre seul la forme en entier.

Parmi les cinquante-une Eglises que renferme Modene, les plus curieuses sont la Cathédrale, non pour la beauté de l'édifice, qui est d'un mauvais Gothique, mais par le tableau du *nunc dimittis*, du Guide, par la guirlandina ou tour de cette Eglise toute en marbre, & l'une des plus élevées d'Italie. C'est au bas de cette tour qu'on conserve le vieux sceau de bois de moyenne grandeur, qui fut un des trophées que les Modenois enleverent sur les Bolonnois, & le sujet du Poëme d'Alexandre Tassoni.

San-Giorgio n'a d'autre défaut pour une Eglise que d'être trop agréable. L'ordre de l'architecture est Corinthien; quatre tribunes, placées aux quatre angles, soutenues par des colonnes du même ordre, forment une décoration trop théatrale. Les autres Eglises offrent différens chef-d'œuvres. Celle des Stigmates a un beau tableau du Guerchin, représentant Saint François.

L'Arsenal contient des pieces curieuses ; une couleuvrine de vingt-deux pieds de long, qui porte à deux lieues ; deux pistolets, l'un dans un livre, l'autre dans le manche d'un parasol, qui tire par le haut du manche.

Le College de Saint Borromée est celui où l'on éleve les jeunes Gentilshommes dont le nombre est considérable.

La seule promenade de Modene est comme dans presque toutes les autres Villes d'Italie, *la strada del Corso*, ou les remparts. La citadelle est assez bien fortifiée : elle fut obligée de se rendre aux Alliés en 1734 & 1742.

Les Modénois sont gais, aimant le plaisir. Autrefois leur commerce étoit peu considérable, parce qu'ils comptoient trop sur la bonté de leur territoire, qui leur procure tout ce qui est nécessaire à la vie ; mais le Duc de Modene a mis le commerce en vigueur, en faisant rétablir le chemin qui conduit à Massa, pour le transport des marchandises. Il a mis les Beaux-Arts en honneur, & a détruit la prévention que l'on avoit contre les Modénois. Cette douceur naturelle à leur caractere n'est plus regardée comme une basse ingénuité. Les Chaires établies à Reggio, font de cette Université : & de temps en temps leurs Altesses honorent l'Académie des Dissonanti de leur présence, & l'encouragent par leurs bontés.

Sous le sol de Modene, est un bassin souterrain formé d'une eau très-pure & très-saine, qui est la source de ces puits qu'on trouve par-tout dans la Ville & aux environs, & qui ne diminuent pas dans les plus grandes sécheresses. Ce réservoir est à plus de cent dix pieds sous terre.

MODÉNOIS ou L'ÉTAT DE MODENE, comprend le Duché de Modene & de Reggio, les Principautés de Carpi & de Corregio. Cet Etat a environ vingt lieues de long sur dix de large ; il fut érigé en Duché en 1452 par l'Empereur Frédéric III. Il est borné à l'orient par le Duché de Parme, au midi par la République de Lucques & la Toscane, à l'occident par l'Etat

Eccléfiaftique ; & au nord par le Duché de Mantoue. Ce fut en 1288, que le Modénois entra pour la premiere fois au pouvoir de la Maifon d'Eft. Les Buona-Corfi, tyrans de Mantoue, s'en emparerent quelque temps après ; enfuite les defcendans d'Obizzon, Princes de Ferrare, le pofféderent jufqu'en 1450, qu'il rentra dans la Maifon d'Eft. Frédéric III l'érigea en Duché en faveur de Borfo d'Eft. Depuis ce temps-là, la Maifon d'Eft l'a toujours poffédé. Il eft Fief mafculin, & releve de l'Empereur à qui il paie annuellement quatre mille écus. Les revenus de ce Duché ne font pas confidérables & il lui eft difficile de défendre fes Etats : auffi la Ville de Modene a été plus d'une fois expofée aux fureurs de la guerre & la victime des démêlés entre la France & la Maifon d'Autriche. Dans l'avant derniere guerre, le Duc fut fur le point de perdre fes Etats pour s'être déclaré pour la France & l'Efpagne contre la Reine d'Hongrie. Les Autrichiens & les Piémontois s'emparerent de fes Etats, le Duc fut obligé de fe réfugier à Bologne, où il refta jufqu'à la paix d'Aix-la-Chapelle. Le Duc de Modene poffede auffi le petit Duché de Mirandole, que l'Empereur lui vendit en 1710 ; ainfi que celui de Novellara, que l'Empereur lui donna en 1737. Il jouit encore de la Principauté de Maffa, annexée au Duché de Modene.

Dans ces Etats, les Gouverneurs jugent les affaires importantes, les Podeftats rendent auffi la Juftice : mais on peut appeller de leurs fentences à un Tribunal fupérieur, & de celui-ci au Duc lui-même.

Modene eft dans une très-belle plaine parfemée de grandes files d'arbres enlacés par des vignes qui forment des guirlandes. Quoique le climat foit beau, les pluies y font plus abondantes qu'en France même.

Les Etats du Duc de Modene confiftent, 1°. dans le propre de Modene, 2°. le Duché de *Reggio* ; 3°. le Comté de *Novellara* ; 4°. le Duché de *la Mirandole* ; 5°. celui de *Maffa*. Les lieux principaux du Modénois ou Duché de Modene font, *Finale*, *Caftel-nuovo di Carfagnana*, *Seftola*, *Saffuolo*, *Medola*, *Guia* & *Baftia*. Rivalta eft une Maifon de plaifance du Duc,

Modes; en Italie, les Dames suivent dans leur habillement & leur coëffure toutes les modes de France; dans beaucoup de Villes, comme à Bologne & à Venise, les Dames mettent une petite coëffe qu'elles rabaissent sur le front, lorsqu'elles sortent pour aller à l'Eglise. Les femmes du commun affectent d'en porter de plus grandes. Il y a des Villes où on ne peut leur voir le visage; à Rome, il y en a moins que par-tout ailleurs.

Mola di Gaetta, petite Ville dans le Royaume de Naples, à deux lieues & demie d'Itrie, près de la mer, dans une des plus heureuses situations, au centre d'un petit golfe, bâtie, dit-on, sur les ruines de l'ancienne Formies, Ville des Lestrigons. Mola est assez près des montagnes pour être à couvert des vents du Nord & du Couchant. Horace célebre la situation de Formies, & compare ses vins à ceux de Falerne. La campagne qui l'environne est un jardin planté d'orangers, de lauriers, de grenadiers, de myrthes, de jasmins, & de toutes sortes de plantes odoriférantes; les côteaux sont couverts de vignes & d'oliviers. Mola jouit d'un point de vue très agréable; Gaëte, qui s'avance dans la mer, lui forme une perspective unique; du côté de Naples, elle a devant elle les Isles d'Ischia & Procida. Les femmes y sont mises de la maniere la plus galante & la plus leste. Les Sarrasins détruisirent Formies. La mer, qui a beaucoup gagné de ce côté, laisse appercevoir dans certain temps des ruines de beaux bâtimens, des pavés en mosaïques & de beaux marbres. Ciceron avoit une maison de campagne à Formies. On fait voir sur la côte, entre Mola & Gaëte, des ruines considérables, qu'on dit être le *Formianum* de cet Orateur. La mer découvre une grande salle, qu'on assure être entourée de sieges de marbre, & c'est là disent les Habitans, que Ciceron faisoit ses conférences académiques. Toute cette plage est couverte de monumens antiques, & les eaux qui les recouvrent, empêchent qu'on ne les détruise pour se servir des matériaux. C'est près du Formianum que Ciceron fut assassiné par les

Emissaires d'Antoine. Il y a encore un autre Mesa dans la Marche Trévisane.

MOLFETTA, petite ville au Royaume de Naples, dans la Province de Bari, avec un Evêché suffragant de Bari : cette Ville a titre de Duché. Elle est située sur le golfe de Venise, à quatre lieues N. O. de Bari, à trois lieues E. de *Terni*.

MOLISE, Province du Royaume de Naples, qui a titre de Comté, entre l'Abruzze Citérieure, la Capitanate & la Terre de Labour. Les Villes de cette Province sont Isernia, Bojano, Larino, & Trivento. Tout ce pays a environ treize lieues de long sur onze de large. Il est très peu habité & tous les jours il déchoit, quoique son territoire soit très fertile. Molise en est la Capitale, elle est au centre de la Province sur le Trigno ; elle est très-peu considérable. Le Gouverneur y fait sa résidence.

MONACO, (la Principauté de) est située entre le Comté de Nice, le Piémont, & la République de Gênes, sur un rocher escarpé, battu par les flots de la mer au Levant où est le Port. C'est le *Monæcium*, ou *Herculis Monaci Portus* des Anciens.

L'étendue de la Principauté de Monaco qu'on appelle aussi *Mourgues*, n'est que d'environ trois lieues de longueur & demi-lieue de largeur : elle n'est composée que d'une seule Ville, qui est Monaco, & de deux Villages, qui sont *Roccabruna* & *Menton*. Le Palais du Prince est si bien exposé, que d'un sallon, dont les fenêtres donnent sur la mer, on peut découvrir jusqu'aux Isles de Corse, quoique fort éloignées. Il y a plusieurs tableaux du *Guercino* & de *Raphaël*. La place d'armes, qui est une des plus fortes de toute l'Italie, est terminée par une plate forme, munies de plusieurs pieces de canon, braquées sur la mer : outre ces fortifications, il y a encore un souterrain, qui passe pour être un des plus beaux de l'Europe. Il a trois étages taillés dans le roc, & en temps de guerre, on peut y mettre à couvert trois mille hommes, & la derniere voûte est bâtie de pierres de taille bleues, & à l'épreuve de la bombe, aussi bien que les autres.

Son Port est très-avantageux, on voit à son embouchure une tour considérable, qu'on appelle la Tour d'Antoine. La Chapelle de *Santa Devota*, située entre deux montagnes, attire beaucoup de pélerinages. Cette Sainte est la Patrone du pays, & le jour de la Fête, qui est le 16 Janvier, il se fait dans toute la Ville une Procession solemnelle. Le Prince a un grand nombre de beaux jardins, tous curieux, tant pour les palmiers que pour les plantes rares qu'on y voit. Ces jardins sont ornés de belles allées de citronniers & d'orangers, qui répandent de tous les côtés l'odeur la plus agréable. Au pied d'une montagne, appellée *Testa di cane*, dans le village de Menton, on trouve une grande quantité de caroubiers; le fruit de cet arbre qui est devenu très-nécessaire dans beaucoup d'endroits de l'Italie, est conservé avec soin. La Principauté de Monaco, qui a passé depuis environ vingt-cinq ans, de l'ancienne famille de *Grimaldi* dans celle des Ducs de Valentinois, est sous la protection de la France, qui y envoie une forte garnison, qui doit obéir aux ordres d'un Lieutenant de Roi, qui est toujours Brigadier de ses armées, quoique le Prince en ait le commandement en qualité de Gouverneur.

MONDOVI, ou MONDEVI ou MONDEVIS, Ville considérable dans le Piémont, avec un Evêché suffragant de Turin, & une Université. Elle est appellée en latin *Mons Vici* ou *Mons Regalis*. Philibert Duc de Savoie, y fit bâtir une Citadelle très-forte en 1573. Cette Ville est située sur une montagne, au pied de l'Apennin, à deux lieues du Tanaro. Ses environs sont très-fertiles en vins. C'est la Patrie du Cardinal *Jean Bona*, célebre par ses Ouvrages. Elle est à trois lieues N. O. de Ceve, treize S. E. de Turin.

MONDRAGONE, Maison de Campagne, dans laquelle on va des jardins de la *Villa-Borghese*, ou *Villa-Taverna*, située au-dessus de Frescati. Ces deux maisons se tiennent. *Villa-Taverna* fut bâtie par le Cardinal Scipion Borghese, neveu de Paul V, par sa sœur Hortense. Les jardins sont très-agréables, embellis par des fontaines, des statues, des bosquets. La maison n'a rien de surprenant ; mais les peintures en sont très-belles. On y admire un Saint Pierre de l'Espagnolet. Sans quitter les jardins de la *Villa Borghese*, on se trouve à Mondragone, qui est plus élevé & plus beau, situé sur la hauteur, à demi-lieue de Frescati, bâti par le Cardinal *Marco Sitico* de la Maison *Altempi*, neveu de Pie IV ; mais considérablement agrandi par le Cardinal Scipion Borghese. On compte dans le bâtiment trois-cent soixante-quatre fenêtres. A l'un des bouts du Parterre, est un portique de Vignole, composé de cinq arcades, en colonnes & pilastres Ioniques. A l'autre extrémité, au-dessus d'un grand perron, un très-bon morceau d'architecture dans le goût antique, sur un plan circulaire, avec six statues dans des niches, dans les entrecolonnemens. Il y a un dragon dans le milieu, pour désigner les armes de la Maison Borghese ; ce dragon a donné le nom à la *Villa*. Dans les appartemens de Mondragone, on trouve une tête colossale de Faustine, femme de Marc-Aurele, trouvée à *Tivoli*, un buste colossal d'Antinoüs, un Ciceron trouvé à *Monte-Porcio*, deux fontaines de stuc, en façon de porphyre, une Vénus, semblable à celle du Capitole, mais fort inférieure, un Bacchus restauré par Bernin. Les peintures de la maison sont en petit nombre, on y voit un tableau de Paul *Veronese*, représentant Salomon adorant les idoles, &c.

MONGIARDINO, Bourg du Milanez Savoyard, dans le pays d'*Outrepô* & de *Bobbio*. Ce Bourg est du nombre de ceux qu'on appelle *Feudi Imperiali* ; Ce sont plusieurs petits territoires qui étoient anciennement des fiefs de l'Empire & que l'Archiduchesse a cédés au Duc de Savoie.

MONIGLIA, petite Ville dans la République de Gênes. Ses environs fournissent le meilleur vin du pays.

MONTE ALBANO, petite & jolie Ville dans la Vallée de Demona au Royaume de Sicile.

MONT CALIER, *Mons Calerius*, petite & jolie Ville du Piémont, sur le chemin de Turin à Milan : elle est située dans un aspect riant, au bord du Pô,

dans

dans un terrein fertile. Le Duc de Savoie y a une maison de plaisance que le Roi de Sardaigne avoit fort négligée, depuis qu'il s'étoit vu forcé d'y faire arrêter le Roi Victor son pere en 1731. Le Duc régnant y fait des réparations, & préférera cette maison de plaisance aux autres, parce qu'elle est plus éloignée des Alpes, & que l'air y est beaucoup meilleur & le climat plus tempéré.

MONT CASSIN, Montagne au Royaume de Naples, dans la Terre de Labour, sur laquelle étoit l'ancienne Ville de Cassinum, célebre dans l'Histoire Ecclésiastique, par l'Abbaye des Bénédictins, située au haut de la Montagne, & fondée par S. Benoît. C'est un des plus magnifiques & des plus riches Couvens qu'il y ait en Italie. Au bas de la montagne, dans la petite Ville de Saint Germain, est un Hospice où habitent quatre Religieux Officiers, & où l'Abbé du Mont Cassin vient résider une partie de l'hiver ; ils y reçoivent les Passans & les Etrangers selon leur rang, & les accompagnent ou les font conduire à l'Abbaye : on entretient dans cet Hospice, près de quatre-vingts mulets à cet usage. Riches, Pauvres, Pélerins, Mendians, on ne refuse personne. Les revenus de cette maison doivent être immenses. Il y a quelquefois trois à quatre cens Pélerins. Il y a quatre chemins qui conduisent de Saint-Germain à l'Abbaye ; il n'y en a qu'un de bien praticable. Il tourne la montagne pendant environ une lieue. Sur le chemin sont deux Chapelles, la *Santa Crocella*, où l'on voit l'empreinte de la cuisse de Saint Benoît, & *il Genucchio*, l'empreinte du genou. La façade du Couvent a cinq cens vingt-cinq pieds de long. On y entre par une ancienne voûte de quarante pieds de long, qu'on conserve comme un reste du Couvent que Saint Benoît a habité. Le Chapitre, les corridors, la Bibliotheque, les différens corps de logis pour les Etrangers, tout est de la plus grande propreté, mais rien n'offre un coup d'œil aussi frappant que l'Eglise. Dans le Cloître supérieur qui y conduit, sont seize belles statues de marbre par de grands Maîtres, entre lesquelles on admire celle du

Pape Saint Grégoire, par Legros. On monte un grand escalier de marbre; la porte de l'Eglise est revêtue de lames de bronze avec des lettres en argent; sur ces lames sont des bas-reliefs qui représentent les Châteaux & possessions de l'Abbaye. L'Eglise a cent quatre-vingt-seize pieds de longueur dans œuvre, cinquante quatre de large, sans y comprendre les Chapelles, & cinquante-neuf de haut; elle est décorée de pilastres & soutenue par de belles colonnes doriques de granit oriental. L'ancien pavé étoit en mosaïque fait du temps de l'Abbé Didier, au commencement du onzieme siecle; quand on a rebâti l'Eglise, on l'a laissé subsister, & on l'a recouvert d'un pavé à grands desseins de marbre; tout est incrusté de marbre à desseins représentans les Croix des Ordres des Chevaleries établis sous la Régle de Saint Benoît. Toutes les peintures de l'Eglise sont belles. Dans la nef du milieu est la représentation de la Consécration de l'Eglise par Jordans; le même Peintre a placé dans le haut de la voûte & dans les côtés des croisées, différens traits & différens miracles de Saint Benoît: ces tableaux sont enrichis des plus beaux ornemens de stuc dorés, de bronze, &c. La même magnificence regne dans les nefs collatérales & dans les Chapelles fermées par de belles balustrades, & décorées de colonnes d'albâtre & des marbres les plus rares. Il y a huit Chapelles, dans l'une desquelles est le corps de Saint Carloman, fils aîné de Charles Martel, & oncle de Charlemagne, Religieux de Saint Benoît. Les peintures de cette Chapelle sont toutes relatives à la vie de ce Prince; elles sont de Jordans, ainsi que celle de la troisieme Chapelle où sont peints les miracles de Saint-Benoît. Dans la quatrieme est peint le Congrès au Mont Cassin, entre Adrien II, l'Impératrice Eugelberge, & Louis, Roi de Lorraine, excommunié pour avoir répudié sa femme & épousé Valrade. On y voit aussi le martyre de Saint Bertario, par le Cavalier Vanni. Dans un autre, le Baptême de Jésus-Christ, du Solimene. Dans la troisieme Chapelle à gauche, Saint Apollinaire marchant sur les eaux, Saint Pierre & Saint Benoît conduisant une barque, & Saint Benoît apparoissant à un Religieux, & le Comte de Conza qui fait pénitence au Mont Cassin, de l'assassinat du Prince Benevent, par Jordans. Ce même Artiste a peint la Chapelle suivante qui représentent divers événemens de la vie de l'Abbé Didier, Pape sous le nom de Victor III. Les balustrades des plus beaux marbres, qui entourent le Sanctuaire, sont ornées de dix Génies en bronze, tenant les symboles des différentes dignités qui ont illustré l'Ordre de Saint Benoît. Le grand autel est de la plus grande richesse ; il est sur les desseins de Michel-Ange ; on y monte par trois marches d'albâtre ; le retable est orné ou même incrusté de pierres précieuses. Au-dedans de l'autel est le tombeau de Saint Benoît & de Sainte Scolastique ; treize lampes brûlent sans cesse autour. A droite est le Mausolée d'un bienfaiteur du Couvent ; à gauche est celui de Pierre de Médicis, frere de Léon X, sur les desseins de San-Gallo. Derriere le maître-autel est le chœur, dont les bas-reliefs représentent les Hommes illustres de l'Ordre. Il y a quatre beaux tableaux du Solimene, représentant, l'un Saint Ratchis, Roi des Lombards, Tasia sa femme & Ratrade sa fille, recevant du Pape Zacharie l'habit de l'Ordre de S. Benoît. L'autre, S. Maur guérissant les Estropiés & les Malades. Le troisieme est le martyre de Sainte Placide, de Sainte Flavie sa sœur & de leur frere. Le quatrieme représente Saint Maur & Sainte Placide, prenant l'habit de Saint Benoît. La voûte du chœur est peinte par Mellini. Il y a dans l'Eglise plusieurs mosaïques. Sous le sanctuaire est un souterrain creusé dans le roc, avec trois Chapelles magnifiquement décorées : la tour de Saint Benoît & ses chambres qui sont dans le Couvent, sont ornées de reliquaires, de vases précieux, des marbres rares & de tableaux de grands Maîtres ; on y voit un Saint Pierre, du Guerchin ; un *Ecce Homo*, du Guide ; une Vierge, de Jules Romain : le Silence d'Annibal Carrache ; un Saint Benoît, du Solimene. Dans la voûte de la troisieme piece décorée de stucs dorés, le Cav. Jos. d'Arpino a représenté Eve tirée de la côte d'Adam ; on y voit une Vierge de Raphaël, un autre du Guerchin, un Baptême de Jesus-Christ, du Guide ; Saint Benoît se roulant nud dans les épines, de Jordans, l'esquisse de son grand tableau de la consécration de l'Eglise, la Vierge faisant signe à Saint Jean de ne pas réveiller l'enfant Jesus, du Dominiquin ; une Sainte Famille, d'Annibal Carrache ; une Cene, du Bassan ; un repos d'Egypte, du Dominiquin ; un Christ à la colonne, dessein du Josepin, &c. &c. A un quart de lieue de l'Abbaye est l'Albanetta, petit Couvent bâti pour faire prendre l'air aux Religieux convalescens ; c'est là où S. Ignace, qui y faisoit une retraite, composa sa Regle.

Cette Abbaye est composé d'environ cent Religieux, dont l'Abbé est élu tous les six ans par le Chapitre, composé de tous les Abbés de cette Congrégation, qui comprend soixante-douze Maisons, & de tous ceux qui ont été Abbés. Presque tous les Religieux de cette Abbaye sont de très-bonnes familles. Quoique dévoués aux soins pénibles de l'hospitalité, il y en a parmi eux un très-grand nombre qui se sont rendus illustres dans les Lettres & dans la Théologie. L'élévation du Mont Cassin & le climat exposent l'Abbaye à de fréquens orages ; la foudre qui y tombe souvent, a terni les dorures de l'Eglise dans quelques endroits de la voûte ; ce qui n'empêche pas qu'on ne soit frappé de l'éclat des décorations en entrant dans ce Temple.

MONT CELESE, Village du Pâdouan, séparé du Polesin, de Rovigo par l'Adige, situé au pied d'une montagne fort élevée. De Mont Celese à Padoue, on trouve un Canal qui borde le chemin jusqu'en entier. De chaque côté sont des maisons superbes appartenantes pour la plupart aux Nobles Vénitiens ; le Pays est de la plus grande fertilité, & de l'aspect le plus agréable.

MONT CENIS, une des plus hautes montagnes des Alpes dans la Savoie : il sépare le Marquisat de Suze de la Maurienne ; son sommet, dont la pointe s'éleve en forme de pain de sucre ; est presque toujours couvert de neige. Le paſſage de ce Mont eſt très-difficile à Laſnebourg, dernier Village de Savoie, qui eſt au pied du Mont ; on quitte les voitures, qu'on eſt obligé de démonter & de tranſporter à dos de mulets : les paſſagers ſont portés ſur un brancard de ſapin, auquel on ajuſte des chaiſes de paille, qui ne ſervent qu'à cet uſage. On prend ſix Porteurs pour chaque paſſager, & ils ſe relaient. De Laſnebourg au haut du Mont, il y a une lieue de hauteur, ſuivant l'eſtimation des gens du Pays. Au haut du Mont eſt une plaine de près de deux lieues d'étendue. Quand la neige eſt fondue, elle eſt couverte d'excellens pâturages. Vers le mi-Juin, on y trouve les plus belles renoncules ; c'eſt vers ce temps qu'on y conduit le bétail, & il y reſte Juillet, Août, & une partie de Septembre. La plus grande reſſource des Bergers & des Payſans eſt dans leurs excellens fromages.

Comme en hiver la neige ſe durcit au point d'y marcher auſſi ſûrement que ſur la terre, on paſſe le Mont Cenis en tout temps. On trouve dans la plaine la Maiſon de la Poſte & un Hôpital, qui ſert d'aſyle pendant trois nuits aux pauvres paſſans. La Chapelle des Tranſis eſt la ſépulture des malheureux qui périſſent, ou par le froid qui les ſurprend, ou par quelqu'autre accident. On y trouve un lac d'environ une lieue & demie d'étendue ; il eſt formé par les eaux qui coulent des montagnes qui entourent la plaine : il forme la Doire qui lui ſert d'épanchoir du côté du Piémont. On pêche dans le lac des truites, qu'on préfere au ſaumon. L'air qu'on reſpire dans la plaine eſt très-froid & très-vif, à cauſe des montagnes voiſines, toujours couvertes de neige. Du haut de ces montagnes, on voit la plaine du Piémont : & c'eſt de-là que M. de la Lande conjecture qu'Annibal fit voir à ſes Soldats le pays qu'ils alloient conquérir. Elles ſont preſque toujours couvertes de neige & entourées de nuages. Le ruiſſeau qui part du lac, & donne naiſſance à la petite Doire, forme une caſcade très-agréable.

Le Mont Cenis renferme pluſieurs curioſités naturelles. Près de la cascade, on trouve les vestiges d'une lavange, qui couvrent près d'une demi-lieue en quarré; un papillon blanc, qui a de grandes taches rondes, & que M. Linœus a observé sur les montagnes de Suede.

A l'extrêmité de la plaine, du côté du Piémont, commence la descente rapide qui conduit à la Novalese en deux heures de temps; cette descente est difficile & escarpée, & a plus de deux lieues; elle est parsemée de dangers, & la route est bordée de précipices, mais l'adresse & l'agilité des Porteurs savent les éviter; ils ne font jamais de faux pas, & prennent si bien leurs précautions, que quand même ils en feroient, la personne qu'ils portent n'auroit rien à craindre. C'est sur cette route qu'est le col de l'assiette dont le téméraire Chevalier de Bellisle voulut forcer le passage, en 1747, contre les troupes Piémontoises qui la défendoient; il n'eut que la gloire de l'avoir tenté, & d'y périr victime de son désespoir & de son opiniâtreté.

Dans la route de la Novalese, est Ferrieres, sur le bord de la Doire, entre deux rochers. Ce Village est formé d'une vingtaine de maisons; des pointes de rochers, des précipices, des torrens, des neiges, des brouillards, en rendent l'aspect épouvantable.

La Novalese, où se termine la route, est un Village de cent cinquante maisons, à deux lieues de Suze (*Voyez* SUZE.) C'est là qu'on s'arrête pour faire remonter les voitures. Le pas de Suze est gardé par la Brunette (*Voyez* BRUNETTE.) Un Auteur moderne croit que quoique l'on ne traverse les Alpes que par le Mont Cenis, on pourroit pratiquer des chemins en bien d'autres endroits, en profitant des vallons & des montagnes les moins escarpées. Ce qui le lui fait conjecturer, est que quand on est au haut du Mont Tourné, on voit une montagne assez haute, par laquelle le Roi de Sardaigne se fit porter en chaise dans le temps de la guerre de 1745, pour joindre ses troupes dans la Savoie.

MM. de la Condamine, Bouguer, & plusieurs autres, ont calculé les hauteurs du Mont Cenis; leur résultat est que sa partie la plus élevée a mille quatre cens quatre vingt-dix toises perpendiculairement au-dessus du niveau de la mer ; en quoi il est bien plus bas que le Mont Maudit ou Monte Blanc (*Voyez* MONTE MALEDETTO.)

M. de la Lande a observé dans les montagnes des Alpes les angles saillans & les angles rentrans qui se correspondent, & les coquilles & autres productions marines, qui paroissent confirmer les observations & les conjectures de MM. Maillet, Buffon & Bouguer ; conjectures spécieuses, qui semblent prouver que les plus hautes montagnes ont été couvertes par la mer. On peut consulter, sur la comparaison de la hauteur des montagnes, l'Histoire naturelle des Glacieres ou Monts de Glaces de la Suisse traduite de l'Allemand de Grouner, par M. de Keralio, in-4°. chez Panckouke.

MONT D'ÉOLE, Montagne située entre Terni & le Château de San-Gemini, en Ombrie, dans l'Etat Ecclésiastique : son étendue d'orient en occident est de huit milles. Cette montagne, creuse en dedans, a sur sa surface des rochers, entre lesquels on voit des fentes & des crevasses dont il sort des vents vifs & frais. Les habitans de Césio, qui sont derriere la montagne, ont l'art de diriger ces vents dans leurs caves pour rafraichir leurs vins.

MONT DU CHAT, Montagne de Savoie, au pied de laquelle est l'Abbaye de Hautecombe, sur le lac du Bourguet. Depuis le Mont du Chat jusqu'au Rhône, est la partie du Bugey, qui est demeurée au Duc de Savoie, par le Traité de Lyon en 1601 : elle a huit lieues de long.

MONTALCINO, Ville de la Toscane, dans le Siennois, avec un Evêché qui releve immédiatement du Pape ; elle est assez peuplée, à sept lieues S. E. de Sienne. L'air y est froid, mais sain. Les paysans y sont laborieux & robustes. On y trouve une espece de thym fort estimé ; les feuilles sont longues de huit à dix lignes, découpées & dentelées ; les fleurs sont gris de lin, & d'une odeur plus agréable que le thym commun.

MONTE ALTO, MONTALTE; petite Ville dans la Marche d'Ancone, à peu de distance de Fermo, sur une colline au pied de laquelle la petite riviere de Monocia coule. Comme c'étoit le lieu de la naissance de Sixte V, ce Pape y érigea un Evêché, suffragant de Fermo, auquel il unit une Abbaye de Bénédictins. Sixte V, n'étant encore que Perretti, porta le nom de Cardinal de Montalte. André Perretti, fait Cardinal par Clément VIII, & François Perretti, fait Cardinal par Urbin VIII, l'un & l'autre de la même famille que Sixte, ont pris le titre de Cardinaux de Montalte.

MONTE CASTELLO, petite Ville du Milanois Savoyard, dans l'Alexandrin, au nord de cette Province, ainsi que *Coriolo*.

MONTE-CAVALLO, (Palais de) est celui que le Pape occupe aujourd'hui sur le mont Quirinal; quoique bien inférieur à celui du Vatican, il est aussi appellé Palais du mont Quirinal. Le nom de *Monte Cavallo* lui a été donné à cause de deux chevaux antiques, de taille colossale, tenus chacun par un jeune homme fort & robuste. Ces deux chevaux ornoient les thermes de Constantin; suivant l'inscription, ils sont de Phidias & de Praxitelle, rien ne semble indiquer le contraire; ils sont de la plus grande beauté, dans le véritable style grec; mais comme dans le siecle d'Auguste, on faisoit des ouvrages aussi beaux que ces deux chevaux, & que suivant Phedre, des Sculpteurs habiles y gravoient les noms des plus célebres Artistes de la Grece, quelques personnes ont cru qu'il pouvoient avoir été faits à Rome même; mais quelle apparence que des ouvriers qui ont fait d'aussi belles productions, aient pris des noms supposés, tandis qu'ils pouvoient espérer de faire passer leurs véritables noms à la postérité la plus reculée? Quoi qu'il en soit, le Palais Quirinal fut commencé par Paul III, vers 1540; l'air mal sain que dans l'été on respiroit au Vatican, lui fit choisir une situation plus élevée. Grégoire XIII augmenta le bâtiment de Paul III, il y ajouta un grand jardin, qu'il acquit du Cardinal d'Est. Sixte-Quint

& Clément VIII firent continuer cet édifice par Fontana. Paul V y ajouta un grand appartement & une Chapelle, sous la direction de *Carle Maderno*. Alexandre VII, sous la direction du Bernin, fit commencer le grand bâtiment qu'Innocent XIII & Clément XII acheverent sous celle de Ferdinando Fuga. Ce bâtiment, destiné à loger les Officiers du Pape, a cent quatre-vingt toises de longueur du côté de la porte Pie. Deux grandes colonnes de marbre portent la tribune destinée aux Bénédictions du Pape, & forment l'entrée principale; elle est ornée de quatre belles statues de Saint Pierre, Saint Paul, & deux Architectes, Etienne Maderno & Guillaume Berthelot. La cour est entourée d'un grand portique, soutenu par des colonnes, sous lequel les carrosses peuvent passer, & l'on peut ainsi descendre à couvert dans le Palais même. Cette cour qui a trois cens vingt-trois pieds de longueur sur cent soixante-quatre de large, annonce la majesté de l'édifice. L'escalier qui conduit au premier étage, est grand & noble : d'un côté, sont les appartemens du Pape; de l'autre, est la salle Royale. Les appartemens sont meublés de velours cramoisi avec de grandes chaises de bois. La Chapelle du Pape a plus de grandeur que de goût; elle a des stalles pour les Cardinaux obligés d'assister à la Messe, quand le Pape tient Chapelle. L'Autel est tout simple & sans ornement; il n'y a que six cierges; quelques autres sont répandus autour du Chœur. Dans la galerie, peinte sous Alexandre VII, on voit l'histoire du buisson ardent & la Terre promise, par Jean-François de Boulogne; le passage de la mer rouge, par le Bourguignon; l'histoire de Cyrus & l'Annonciation, par Ciro Ferri; la rosée de Cédéon, par Salvator Rosa; le Jugement de Salomon, par Charles Cési, & la Nativité de la Vierge, par Carle Maratte. Il y a beaucoup de tableaux répandus dans les appartemens; les plus beaux sont la Naissance de la Vierge, de Pierre de Cortonne; tableau précieux; une Vierge, du Guide, tenant l'enfant endormi sur un linge; un buste colossal de la Vierge, de Carle Maratte, exécuté en mosaïque sur une des faces de la tour de l'horloge, qui est au-dessus des appartemens sur la cour; Sainte Hélene, ressuscitant un mort; le martyre de Saint André;

J. C. portant sa croix, & la décolation de Saint Jean ; (ces quatres tableaux sont d'André Sacchi) le martyre de Saint Erasme, du Poussin : un *Ecce Homo*, de l'Albane ; un Saint-Jean-Baptiste, de Raphaël ; une Chapelle particuliere du Palais, peinte en entier par le Guide. Il y a peint les quatre Evangélistes ; la naissance de la Vierge ; la Vierge, travaillant à la layette de son Fils, assistée de deux Anges : dans le plafond, un Pere Eternel dans sa gloire ; l'Annonciation, dans une galerie ; des vues & des paysages, du Bolonois. Une autre galerie est entiérement peinte par le même & par Tassi ; plusieurs plafonds peints par le Cav. d'Arpino : mais un tableau qui ne craint aucun parallele, est celui de Sainte Pétronille, par le Guerchin, exécuté en mosaïque à Saint Pierre. Il a saisi le moment où l'on déterre la Sainte ; dans ce moment même, on la voit dans le Ciel aux genoux de J. C. également belle au sortir du tombeau & dans la gloire.

Le jardin, qui a près d'un mille de tour, est le plus agréable qu'il y ait dans l'Italie, quoique sans art & même sans un certain goût, mais sa position est séduisante. Quant aux détails, il offre des fontaines, des jets d'eau, des antiques. Au-dessus de la premiere fontaine, on trouve un Apollon, appuyé sur sa lyre ; au-dessus d'une autre fontaine un peu plus loin, une statue antique de Junon, très-bonne. Ce côté est terminé par une grotte, où l'on est conduit par un escalier bordé de gradins en rocailles, le long desquels s'élevent plusieurs jets d'eau. Cette grotte est enrichie de rocailles & de bas-reliefs : dans le dedans est un orgue qui joue par le moyen de l'eau. Dans un autre bosquet, est une grotte d'une autre maniere, où l'eau se joue d'une façon différente. Dans le haut du jardin, vers le milieu, est un casino ou petite maison, bâti par Benoît XIV, sur les desseins de Fuga ; on l'appelle *Coff: Houffe*, parce qu'il est dans le goût Anglois, & que le Pape alloit souvent y prendre le café. Il est très-bien orné. Parmi les tableaux, on y distingue celui du plafond : c'est S. Pierre recevant les clefs, par Pompée Battoni. Il y en a quatre autres du même Peintre; des vues de Panini. En fortant du cafin, on eft conduit par une allée à une fontaine de porphyre. Il y a encore plufieurs ftatues, un Adrien, deux Nains d'Ethiopie, &c. En defcendant de Monte-Cavallo, on trouve les bâtimens deftinés pour les principaux Officiers de la Cour de Rome, pour la maifon du Pape; parmi ces bâtimens, eft la Datterie, &c.

MONTECCHIO, petite Ville du Vicentin, dans l'Etat de Venife, qu'il ne faut point confondre avec le MONTECCHIO, Marquifat du Duché de Reggio, dans les Etats de Modene.

MONTE CHIARO, petite Ville du Breffan, différente de Chiari, qui eft à l'O. de Brefcia.

MONTE CIMINO, Montagne qu'on commence à gravir en fortant de Viterbe par la Porte de Rome, elle eft très-élevée, c'eft une fuite de la chaîne des montagnes de l'Apennin. Le côté qui regarde Viterbe eft ombragé de châtaigners & de fycomores; les jafmins, les geranium, les houx fans épines y bordent le chemin. Les plus belles fleurs y viennent fans culture; tout ce côté eft arrofé de fontaines, & parfemé de belles maifons de campagne. On y trouve quantité de gibier; le haut de la Montagne eft gardé, pour la fûreté des Voyageurs, par un Caporal & dix Soldats d'Infanterie. On compte quatre milles de Viterbe au haut de la montagne.

MONTE CIRCELLO, MONT DE CIRCÉ, Cap ou prefqu'Ifle formée par un rocher élevé, qu'on appelle aujourd'hui Monte Felice, fur lequel étoit, dit-on, le Palais de Circé, fille du Soleil & célebre Magicienne. Ce Promontoire eft entre Terracine & la mer. Ce fut là que Circé enferma les compagnons d'Ulyffe après leur métamorphofe, rivage dangereux, qu'Enée, plus prudent qu'Ulyffe, fut éviter. Le Château *San-Felice*, flanqué de quatre groffes tours, & affez bien fitué pour empêcher les defcentes fur la côte, a pris la place de *Circum*, Ville qu'avoit bâti Circé. Ce lieu fut le féjour du Pape Céleftin II, après fa retraite.

MONTE CORBINO, ancienne petite Ville dans le

Royaume de Naples, avec un Evêché, suffragant de Bénévent. Cette Ville est presque ruinée, & son Evêché fut réuni en 1433 à Vultularata, Ville au même pays.

Monte di Pieta, Mont de Piété, Etablissement charitable en faveur des Pauvres. Vers le milieu du quinzieme siecle, plusieurs personnes de la Ville de Pérouse, touchées des malheurs qu'occasionnoient les usures continuelles & excessives, formerent entr'elles une masse d'argent, que l'on déposa dans une maison sûre, & l'usage en fut destiné pour le soulagement des Pauvres. Quantité d'autres Villes, animées du même zele, imiterent bientôt Pérouse. Le Pape Sixte IV, par une Bulle de l'an 1479, érigea un Mont de Piété à Savonne sa patrie. Ces Etablissemens essuyerent d'abord quelques difficultés de la part des Théologiens, qui prétendoient que les Monts de Piété n'étoient qu'un beau nom pour masquer l'usure : mais les obstacles furent bientôt levés. Les motifs de ces Etablissemens étoient trop pieux pour être exposé à la censure. Il s'en établit dans toutes les principales Villes d'Italie. Paul III accorda la permission d'en établir un à Rome en 1539. Saint Charles Borromée forma lui-même les statues qu'on y observe encore. Le Pape mit cet Etablissement sous la protection du Cardinal de Sainte-Croix : & depuis il a toujours été sous la direction & inspection d'un Cardinal, que le Pape nomme à cet effet. Ceux qui ont besoin d'argent peuvent porter dans ce Bureau les effets qui leur appartiennent, & qu'ils veulent mettre en gage. Des Priseurs les estiment au juste, & l'on donne en argent comptant les deux tiers du prix de l'estimation, avec un billet sur lequel on spécifie la valeur de l'effet que l'on met en dépôt pour gage, & le montant de la somme que l'on reçoit. On prête jusqu'à la concurrence de trente écus Romains, qui font un peu plus de quinze cens livres de notre monnoie. On ne doit point laisser les gages au-delà de dix-huit mois ; passé ce temps, on les fait vendre à l'encan. Le Bureau retire ce qu'il a avancé, & les petits frais qui lui sont dus, & rend le reste aux propriétaires ou à leurs ayans-cause; mais si au terme on vient à faire rafraîchir son billet, le temps recommence à courir, & les effets ne sont point vendus. On ne prend d'autre intérêt qu'une très-modique rétribution pour les frais des Bureaux. Tous les jours le Pape, les Cardinaux, les Princes & des Particuliers déposent des sommes considérables pour le soulagement des pauvres. Les Monts de Piété servent à différens usages. A Naples, outre ceux qui sont destinés pour l'argent prêté aux Pauvres, on appelle aussi les *Conservatori Monti di Pieta*. A Rome, lorsqu'il y a quelque réparation à faire pour l'utilité publique, on a recours au Mont de Piété. En 1762, on institua à Rome le *Monte di Paludi*, pour le desséchement des marais. *V. Hist. di Monte di Pieta*, par M. *Corretti*, Padoue, 1752.

On appelle Lombards parmi nous des Etablissemens à peu près semblables, faits en Flandres, parce que c'est dans la Lombardie que les Flamands en ont trouvé le modèle, dans les Monts de Piété. On ne sait pas au juste dans quel temps ils ont commencé. Il y en a qui ne les font remonter qu'en 1491, imaginés par le Bienheureux Bernardin de Feltri, de l'Ordre des Frères Mineurs, après qu'on eut détruit à Padoue douze Banques de Juifs usuriers. Le Concile de Trente appelle les *Monts de Piété* des Etablissemens pieux.

Le bâtiment où se tient le Mont de Piété à Rome, est au Quartier de la *Regola*, dans le voisinage du Tibre. La Chapelle mérite d'être vue; elle est revêtue de beaux marbres, & décorée de stucs & de bas-reliefs dont le plus beau est de Legros, Sculpteur François, & représente Tobie recevant son argent.

MONTE FALCO, petite Ville du Pérugin, dans l'Etat Ecclésiastique, près d'Amélia, au N. O. de Spolette.

MONTE FALCONE, petite Ville du Frioul, près d'Aquilée, très-bien située, appartient aux Vénitiens.

MONTE FELTRO ou SAINT LÉON, *Feretrum*, *Mons Feretranus*, *Leopolis*, Ville dans le Duché d'Urbin, appartenante au Saint Siege, avec Evêché suffragant d'Urbin: elle est Capitale d'un petit pays au pied de l'Apennin, vers la riviere de Marecchia & la Romandiole. Ce pays a donné son nom à une Maison illustre d'Italie.

Monte Fiascone, *Mons Feliscorum*, petite Ville dans l'Etat de l'Eglise, avec un Evêché, qui a été transféré de Cornetto. Cette Ville est mal bâtie : elle est à trois lieues du lac de Bolsene & à dix-neuf de Rome. Le vin muscat de Monte Fiascone est un des meilleurs d'Italie ; ce qui y contribue, est la situation de la Côte, sur le penchant de laquelle *Monte Fiascone* est bâtie. Cette Ville est entourée d'un vieux bois, pour lequel les habitans ont si grande vénération, à cause de son antiquité, qu'ils le laissent couronner, & qu'il périra enfin de vétusté. On y montre le tombeau d'un Allemand, avec cette inscription, EST, EST, EST. *Propter nimium* EST, *Joannes* de Foucris *Dominus meus, mortuus est.* V. l'explication de cette énigme au mot, EST, qui est le côteau qui porte le meilleur muscat de *Monte Fiascone*.

Monte Fuscolo, petite Ville à deux lieues de Bénévent, au Royaume de Naples. C'est dans cette Ville que réside le Gouverneur de la Province.

Monte Leone, Ville du Royaume de Naples, dans la Calabre ultérieure, avec titre d'Evêché suffragant de Reggio. On assure qu'elle a été bâtie sur les ruines de l'ancienne *Vibo Valentio*.

Monte Luco, de l'autre côté du pont de Spolette, célebre par les Solitaires qui y fixerent très-anciennement leur séjour. Il y a encore douze habitations ou cellules, où résident autant de Solitaires, tous Laïcs, Célibataires. Ils vivent tous séparément avec leurs domestiques ; ils ont un Supérieur, qu'ils appellent Prévôt, & qu'ils choisissent parmi eux à la pluralité des voix. Quand il y a une habitation vacante, il faut l'aveu de onze Solitaires restants pour l'occuper. On les appelle Hermites de Spolette ; ce sont ordinairement des Gentilhommes, qui ont un revenu honnête, & qui le consomment dans la solitude : ils ont le privilege de se pourvoir avant les Bourgeois aux marchés de Spolette. *Voyez* SPOLETTE.

MONTE MALEDETTO, MONT MAUDIT, ou MONT BLANC, appellé aussi les GLACIERES, situé dans la Province de Faussigni, en Savoie, quinze lieues au nord du Mont-Cénis, toujours couvert de neige. Cette montagne, selon M. Fatio de Duillier, à deux mille quatre cens vingt-six toises au-dessus du niveau de la mer, & selon M. de Luc, deux mille trois cens trente-quatre.

MONTE MONICO, petite Ville de la Marche d'Ancône, dans l'Etat de l'Eglise : elle est située sur une colline.

MONTEN DI PO, Bourg situé sur les bords du Pô, auprès de Valence dans la Savoie ; on y a découvert, en 1751, un souterrain, où l'on a trouvé plusieurs médailles, avec quelques inscriptions, qui ont servi à faire connoître que l'ancienne Ville d'*Industria*, nommée *Bodicomagus*, étoit située dans le lieu même qu'occupe la Paroisse de *Monten*. En fouillant dans les ruines, on a trouvé des débris d'un Temple, des bas-reliefs, & plusieurs statues de bronze.

MONTE NUOVO ou MONTE CENERE, colline d'environ deux cens pieds de hauteur, sortie du milieu des eaux du lac Lucrin par une éruption mémorable, du 30 Septembre 1538. Voici ce que disent les Historiens, de ce terrible événement. Du 20 au 30, la terre éprouva des secousses violentes ; un gros Bourg, appellé Tripergole, entre le lac Lucrin & la mer, à peu de distance de Pouzzol, étoit très-peuplé, avoit une Eglise paroissiale, un Couvent de Franciscains & un Hôpital dans sa partie inférieure, comme la plus voisine des bains de Tritoli ; à l'endroit même où étoit cet Hôpital, au bord de la mer, il s'ouvrit un gouffre d'où sortit une flamme mêlée d'une épaisse fumée, qui élevoit en l'air une quantité de sables & de pierres ardentes. Cette éruption, accompagnée de tonnerres, d'éclairs, de feux & de tremblement de terre, dura vingt-quatre heures dans sa violence, pendant lesquelles sortit de terre ou plutôt se forma cette montagne qui couvre une partie du lac Lucrin. La mer recouvrit tout l'emplacement de Tripergole, qui fut entiérement englouti, & dont tous les habitans périrent. Les environs, si beaux & si fertiles auparavant, furent bouleversés. Dans l'endroit où l'éruption s'étoit faite, il resta pendant quelque temps une bouche à fumée, & cet endroit s'appelle encore la *Fumosa*. Les habitans de Pouzzol, effrayés s'enfuirent tous nuds à Naples, & eurent bien de la peine à revenir. Le Monte Nuovo s'est formé par la fermentation intérieure qui a soulevé un amas considérable de pierres brûlées, de scories & d'écumes semblables aux laves du Mont Vésuve. Le lac Lucrin, qui n'existe donc plus depuis 1538, étoit célebre chez les Romains : c'est là où ils faisoient apporter des huîtres, qui s'y nourrissoient & y acquéroient un goût délicieux, à peu près comme nos huîtres de Marennes, & autres espèces d'huîtres vertes. Il ne reste aujourd'hui de ce lac qu'un petit marais rempli de joncs, sans aucun vestige de coquillages. Il étoit autrefois uni à la mer ; on l'en sépara par des digues d'un travail immense, pour y retenir les poissons & les huîtres. Virgile parle d'un projet d'Auguste pour en faire un port, & tirer un canal de communication de ce lac à celui d'Averne.

MONTE PELOSO, petite Ville dans le Royaume de Naples & dans la Basilicate, avec titre d'Evêché, suffragant de Cirenza. Les Latins la nomment *Mons Pilosus* ou *Pilosius*. Cette Ville est située sur les frontieres du Duché de Bari, entre Matera & Cirenza.

MONTE PORZIO, petite Ville à demi-lieue de Frascati, dont le nom lui vient, dit-on de la famille *Portia*. Il est vrai que Caton le Censeur étoit de Frascati ou *Tusculum*. Algidum, aujourd'hui Osteria del Aglio, étoit sur cette montagne. Cette Ville séparoit le Latium d'avec le Pays des Eques, des Volsques & des Herniques : elle étoit ainsi appellée, à cause du froid qu'on y éprouvoit, & qu'occasionnoient les montagnes voisines. C'est depuis Monte Porzio jusqu'à Marino qu'on place la maison de Lucullus, dans un espace de deux lieues.

MONTE PULCIANO, petite Ville en Toscane, sur les confins du Siennois, près le lac de Pérouse : c'est

MON

la patrie du célebre Cardinal Bellarmin & d'Ange Politien. Cette Ville est sur une montagne, dans un terrein fertile en vin rouge excellent, vers le lac ou marais de *Chiana*, à une lieue S. E. de Sienne, vingt S. p. E. de Florence. Son nom latin est *Mons Politianus*.

MONTE REGALE. *Voyez* MONT RÉAL.

MONTEROSI, petites collines ou éminences entre *Civita Turchino* & *Corneto*, dans le Patrimoine de Saint Pierre. Dans les fouilles qu'on a faites d'une douzaine de ces éminences, on a trouvé des chambres souterraines de vingt à trente pieds, taillées dans le roc, revêtues de stucs, garnies de vases étrusques de différentes formes, & de plusieurs tombeaux de pierre, remplis d'ossemens, avec des inscriptions & des peintures étrusques. Il reste plusieurs de ces éminences à ouvrir.

MONTE SENARIO, aux environs de Florence, est le lieu où Saint Philippe Benzi se retira dans une forêt avec ses Compagnons, qui formerent l'Ordre des Servites en 1223. On montre encore dans le Couvent de ces Religieux les sept grottes qu'habitoient ces Solitaires. Ils sont aujourd'hui plus de cent, & ne vivent plus dans le bois; ils ont dans Florence une des plus belles Eglises: c'est la *Nunziata*, dans laquelle on montre un tableau miraculeux de la Vierge, qui a fait la fortune du Couvent. On prétend que dans le temps qu'on s'occupoit à décorer l'Eglise, le Peintre qui faisoit le tableau de la Vierge, désespéré de ne pouvoir donner à la tête de la Sainte la candeur & la modestie qu'il désiroit, s'assoupit, après bien des recherches inutiles, & qu'en s'éveillant il trouva la tête mieux peinte que tout son art n'auroit pu faire. Il cria au miracle, & personne n'en douta. Cette image donna à l'Eglise une célébrité qui y attira les présens des personnes les plus riches & les plus pauvres. C'est là qu'on voit la *Madona del Sacco* (*voyez* FLORENCE) la résurrection du Lazare, par la Fosse. André del Sarto & Jean de Bologne sont inhumés dans cette Eglise. La célebre image de la Vierge est dans la Chapelle de l'Annonciation. Cette Chapelle est toute en marbre, d'une bonne architecture. L'autel est en argent, les gradins sont de la même matiere, enrichis de pierres précieuses; une corniche d'argent, qui porte une espece de baldaquin aussi d'argent, & qui sert de couronnement à l'image de la Vierge, est soutenue par deux grands pilastres. La Chapelle est couverte d'*ex voto* en argent; cependant la ferveur des Fideles s'est fort ralentie.

MONTE VARCHI, petite Ville entre Arezzo & Florence, à onze lieues de cette derniere. Il y a une Relique qui y attire beaucoup de Pélerins; c'est du lait de la sainte Vierge que l'on conserve dans l'Eglise Collégiale de saint Laurent. On apprend, par une inscription qui est dans l'Eglise, que le Grand Duc Cosme III, allant à Lorette avec son fils, s'arrêta pour honorer la sainte Relique.

MONTE VERDE, (*Mons Viridis*) Ville dans la Principauté ultérieure de Naples. Elle est située sur l'Ofante, vers les frontieres de la Capitanate & de la Basilicate. Son Evêché, qui étoit suffragant de Gonza, a été uni en 1531 à celui de Nazareth, dont la résidence est à Barletta.

MONTE VIRGINIS, Bourg de la Vallée de Mazara, au Royaume de Sicile; il est situé sur une montagne & sur la mer.

MONTFERRAT, (le Duché de) *Mons ferax*, Province d'Italie, entre le Piémont, le Milanois & l'Etat de Gênes. Cette Province étoit autrefois un Marquisat. En 667, il appartenoit à Aleran, qui eut de Gerberge, fille de Berenger, Roi d'Italie, Guillaume I, Marquis de Montferrat, tige d'une famille illustre, dont la premiere branche finit à Jean, qui mourut en 1305, sans enfans, & dont la sœur avoit épousé l'Empereur Andronic Paléologue: par ce mariage, le Montferrat passa à Théodore Comnene Paléologue, fils d'Andronic. Il laissa Jean II & Ioland, mariée à Aymon, Comte de Savoie, avec promesse que si les descendans du Marquis de Montferrat mouroient sans enfans mâles, ce Marquisat appartiendroit à Ioland ou ses successeurs: c'est ce qui a formé les prétentions des Ducs de Savoie. Depuis, cette Province fut divisée en deux parties, dont l'une comprenant *Casal* & *Aqui*, appartenoit au Duc de Mantoue, & l'autre, renfermant les Villes d'Albe & de Trin, faisoit partie de Etats du Duc de Savoie. En 1708, cette division n'eut pas lieu. Le Duc de Mantoue, ayant été privé de ses Etats, & mis au Ban de l'Empire, l'Empereur Joseph céda au Duc de Savoie le Montferrat & le Mantouan, dont la cession lui fut confirmée par la Paix d'Utrecht. Casal, Ville Episcopale, en est la Capitale.

Le Montferrat a environ vingt lieues de longueur & douze ou quinze dans sa plus grande largeur: il contient deux cens Villes, Bourgs ou Villages. On le divise en haut & bas, l'un au nord, l'autre au midi. Dans le haut Montferrat sont la Province de Casal, à l'orient, *Frassini, Occimiano, S. Salvador, Lu, Vignale, Pondesture, Castellazzo, Romo*. La Province de Trin, le long du Pô, au N. O. de celle de Casal, renferme Luceda & Rondisson, au midi, *Saint-Raphaël, Cinzano* & *Gasso*.

MONT GAURUS, (le) (ou FALERNE) est situé proche du golfe de Pouzzol, & s'étend fort loin par les derrieres du côté du chemin de la Campanie au Royaume de Naples. Les Anciens l'appelloient la montagne de Falerne; elle produit encore d'excellens vins. Les habitans du pays regardent ce terroir comme la Bourgogne de l'Italie.

MONTI; (gli) on appelle ainsi dans la Toscane, & principalement à Sienne, les différens rangs qui distinguent la Noblesse: & c'est de ces Monti que sont tirés les Sénateurs à Sienne. Il y en a quatre; le premier, *il monte de gli Reformatori*, qui est composé de la Noblesse la plus ancienne & la plus illustre; le second, *il monte del Nove*; le troisieme *del Gentiluomo*; & le quatrieme, *del Popolo*.

MONT JOUET, petite Ville & Montagne dans le Duché d'Aouste en Piémont. Elle s'appelloit autrefois *Mons Jovis*, sans doute à cause de quelque Temple de Jupiter.

MONT MELIAN, *Monmeliano*, Ville du Duché de Savoie, sur l'Isere. Ce qu'il a de plus remarquable est sa Citadelle très bien située, sur une éminence qui domine tous les environs: elle a eu la réputation d'être une des places les mieux fortifiées; elle a soutenu plusieurs sieges avec beaucoup d'avantage; mais les François en démolirent les fortifications en 1705. La Ville est au-dessous d'un aspect riant; ses Habitans sont peu riches, mais gais; ce qu'on peut attribuer à la culture des vignes qui couronnent un côteau d'environ trois lieues de longueur, & qui produisent d'excellent vin qu'on apporte en Italie, c'est leur seul commerce. On peut remarquer dans les pays de vignobles, que la vigne donne moins de richesses que de gaieté. Mont-Melian est à onze lieues N. E. de Grenoble, trente-trois N. O. de Turin, trois S. E. de Chamberi, long. 23, 4 sec. lat. 45, 3 sec.

MONT RÉAL, *Mons Regalis*, Ville de Sicile qui fut érigée en Archevêché par le Pape Luce III en 1183. Elle est à quatre milles de Palerme, dans un pays très fertile en fruits, en grains & en pâturages. L'Eglise Métropolitaine est très-belle: elle fut bâtie par Guillaume II, dit le Bon, Roi de Sicile. Un vieux Château bâti sur une pointe de rocher, domine cette Ville, qu'il ne faut pas confondre avec Mont Réal ou Mondovi en Piémont. Le Mont Réal, dont nous parlons, est dans la Vallée de Mazara, remarquable par sa célebre Abbaye, où l'on possede une grande partie des reliques de S. Louis, Roi de France. Auprès de la Ville coule un ruisseau qui se jette dans la mer.

MONTS DE ROME (les sept) autrement appellés les sept Collines. Ils ont toujours conservé les noms qu'ils portoient dans l'ancienne Rome. Ils se trouvent aujourd'hui dans les quartiers les moins habités, qui font les deux tiers de la Ville. Ces sept Monts sont, l'*Avantin*, le *Palatin*, le *Capitolin*, *Celius Esquilin*, *Quirinal* & *Viminal*; c'est aux environs de ces collines que sont les ruines des principaux édifices de l'ancienne Rome. L'Empéreur Aurélien, en augmentant l'enceinte de Rome, y renferma avec le Champ de Mars, les Monts ou Collines du *Janicule*, le *Vatican*, le

Mont Citorius & le *Mont Pincius*. Le Mont Sacré est hors de l'enceinte de Rome : il n'a aujourd'hui rien de remarquable : on sait que deux fois le Peuple ayant à se plaindre des Patriciens, abandonna la Ville & s'y retira. Les vues sur ce Mont sont très-belles. Entre l'Aventin & le Tibre, s'est formé une petite colline qui n'étoit point connue au temps des Romains : elle a cent trente pieds de haut & cent cinquante de diametre : elle est formée des débris de Poteries. Quelques personnes ont pensé que c'étoient les rebuts des Fabriques de Poteries établies dans les environs, qui s'étant accumulées peu à peu, ont élevé le terrain. M. l'Abbé Richard, pense avec plus de raison, que lorsque les Chrétiens furent tranquilles à Rome, ils détruisirent les anciens cimetieres & porterent dans ce lieu toutes les urnes funéraires, qu'ils y entasserent de la plus grande partie des quartiers de Rome.

Mont Saint-Ange, autrefois *Mons Garganus*, petite Ville au Royaume de Naples dans la Capitanate, est située au N. de *Manfredonia*.

Mont Saint-Bernard, est une des plus hautes Montagnes des Alpes dans la Savoie. Il y a sur le sommet, qui est toujours couvert de neige, un grand Couvent où les Religieux reçoivent pendant trois jours gratis tous les Voyageurs quels qu'ils soient.

Montviso, *Vesulus*, est une Montagne extrêmement élevée dans le Piémont, à deux lieues de Staffarde. Elle a été percée pour y pratiquer un grand chemin & faciliter le transport des marchandises ; le Pô prend sa source près de cette Montagne.

Monza, petite Ville dans le Duché de Milan, sur la riviere de *Lambro*, à deux lieues de Milan. On y couronnoit autrefois les Empereurs Rois de Lombardie, avec une couronne de fer qu'on voit encore dans l'Eglise de Saint Jean. C'étoit anciennement la résidence ordinaire des Rois de Lombardie ; elle est dans une grande plaine vers le Lac de Côme ; Théodolinde, Reine de Lombardie, en a fait bâtir l'Eglise sous l'invocation de Saint Jean.

Morgeaz, Village du Duché d'Aouste, en Piémont, sur la *Doria*, près le petit Saint Bernard.

MORTARA, jolie Ville au Duché de Milan, Capitale de la Lumelline, elle est passablement grande, riche & bien fortifiée. On prétend que Mortara est le lieu où Charlemagne vainquit & fit prisonnier Didier, Roi des Lombards. Cette Ville qui appartient au Roi de Sardaigne, par le Traité des Pyrénées conclu en 1659, est située sur la droite de la Gogna, à sept lieues N. O. de Pavie, à neuf ou dix milles de Novarre. Elle fut prise par François I, Duc de Modene, Lieutenant Général des Armées du Roi en Italie, le 15 Août 1658.

MOSCADELLO, (le vin de) espece de vin très délicat qu'on recueille aux environs de Florence, dans un très-petit espace de terrein. Ce petit vignoble, qui appartient au Grand Duc, est réservé, pour sa bouche ou pour des présens aux Cours Etrangeres. C'est un vin Muscat supérieur au Muscadel du bas Languedoc.

MOSQUETTO, Palais superbe que les Grands-Maîtres de l'Ordre de Malte, ont fait bâtir à peu de distance de la Cité Valette. Il y a un très beau jardin, & les Grands-Maîtres y passent ordinairement une bonne partie de l'été.

MOTULA, MOTALA, petite Ville du Royaume de Naples, dans la Terre d'Otrante, avec titre d'Evêché suffragant de celui de Bari : elle est peu considérable & peu commerçante ; elle est située à sept à huit lieues du Golfe de Tarente.

MOUSTIERS, petite Ville de Savoie, Capitale de la Tarentaise : elle étoit appellée autrefois *Forum Gladii*, & depuis *Tarentasia*. Elle a un Archevêché, est fort peuplée, & l'on trouve dans ses environs de très-bon sel fossile. Elle est située dans une plaine assez étroite dans le fond de la vallée, sur l'Isere qui la coupe en deux parties, & y reçoit un peu au-dessous la petite riviere de Doren. Les avenues de Moutiers sont assez difficiles, & l'on n'y arrive que par des défilés bordés de torrens & de précipices. Les suffragans de son Archevêché sont, *Aouste*, *Sion*, ou *Sites* dans le Valais.

MUNGALINA ; Bourg dans la Vallée de Noto au Royaume de Sicile.

MURANO, une des plus grandes Isles de l'Etat de Venise. Elle forme une petite Ville Episcopale fort peuplée ; elle est au milieu des Lagunes, & à deux milles de Venise : il y a quinze Eglises ; & parmi le grand nombre de maisons, il y en a de fort belles, avec des jardins assez bien cultivés. C'est dans cette Isle qui se fabriquent les plus belles glaces de Venise & les plus beaux ouvrages de verrerie & de crystal. Elle en faisoit autrefois un grand commerce ; mais il est bien diminué depuis que les glaces de Venise sont défendues en France. La situation de Venise est très-agréable : c'est-là que le jour de la cérémonie du Bucentaure, après le dîner du Doge, se rendent les gondoles & les péottes, & y font des courses qui sont très-curieuses. Ce sont des véritables Naumachies. Le canal de Murano, depuis le commencement des maisons jusqu'au pont de bois qui est à l'autre extrêmité, a deux cens toises ou environ, & forme un bassin très large ; il est bordé de quais : la marche des gondoles & des péottes est de suivre le long d'un quai, de passer avec une rapidité surprenante sous une des arches, de reviser avec la même vitesse, & de revenir par dessous une autre arche gagner le quai opposé. Les gondoles semblent à tout moment sur le point d'être écrasées par les péottes, qui paroissent encore plus grandes à côté des gondoles. Ces péottes sont de grandes barques, ouvertes par les côtés, couvertes par en haut d'une impériale de damas, ou d'une autre étoffe, & garnies d'un tapis de pied sur lequel on marche ; elles peuvent ordinairement contenir dix à douze personnes. Les Gondoliers conduisent leurs petits bâtimens à travers ces péottes, sans paroître se donner de grands mouvemens ; ils se piquent d'émulation ; mais lorsqu'ils sont trop fatigués, ils s'arrêtent, se rangent sur les côtés pour voir passer les autres ; ils les animent du geste & de la voix, changent de chemise à la vue des Spectateurs dont les quais & les fenêtres des maisons qui bordent les deux rives sont garnis.

Nous avons dit que c'est à Murano que se font les plus belles glaces de Venise. Les Ouvriers ne sauroient leur donner un aussi grand volume qu'à celles qu'on fabrique dans les autres pays, & sur-tout à Paris ; elles n'ont pas au-delà de quatre pieds de hauteur sur trois & demi de large, un homme des plus vigoureux pouvant à peine manier avec la promptitude & la dextérité nécessaires une plus grande quantité de matiere, au bout d'une tige de fer lourde & pesante ; ils y travaillent nuit & jour, excepté pendant le mois d'Août & de Septembre, à cause des chaleurs excessives. Voici leur maniere de travailler. On trempe le bout de la baguette dans la fournaise ; il s'y attache une quantité suffisante de matiere, & on souffle dans le creux de la baguette. Après quelques balancemens, la matiere s'étant alongée, un autre de ces Ouvriers fait une autre ouverture au bout de l'espece de vase ou d'urne que forme cette masse ; & avec de grands ciseaux, il la coupe jusqu'au bout de la baguette ; on la place sur le bord de la fournaise. Cette matiere s'applatit ; on la tire avec une pelle ; on la met sur une pierre poussée en avant dans le four ; elle acheve de prendre une forme unie : on aide à cette opération par des pelles de bois : on la tourne & retourne, enfin on la tire de la fournaise, encore brûlante ; on la laisse se refroidir, & lorsqu'il y a une certaine quantité de glaces faites, on les envoie à Venise, pour leur donner le dernier poli & y appliquer le mercure. Ces glaces, quand elles viennent à se casser, ont l'avantage de se refondre, parce que la matiere est plus flexible que celles des glaces coulées ; elle est faite de certains cailloux & glans du Tessin, de l'Adige, des rivages de Dalmatie, des cendres des différentes herbes. Les glaces de Venise ne représentent pas les objets aussi fidellement que les glaces de Paris, ce qui vient de la maniere de les fabriquer qui rend leurs deux surfaces moins paralleles : en les coulant sur des tables, comme on fait en France, leur épaisseur se trouve beaucoup plus uniforme.

MURO, (*Murus*) petite Ville du Royaume de

Naples; dans la Basilicate, avec titre d'Evêché, suffragant de Conza. Elle est située au pied de l'Apennin, vers les frontieres de la Principauté Citérieure, à dix ou douze milles de Conza.

MUSÆUM, ou Collection des Statues & Peintures qui sont au Capitole. Sur les Peintures, *voyez* au mot CAPITOLE. La Collection des Statues fut commencée par le Pape Innocent X ; Clément XII la continua & l'augmenta considérablement ; enfin Benoît XIV & son successeur l'ont portée au point où elle est. Il y en a une description imprimée en Italien. Voici quelques-unes de ces statues. Dans la cour d'entrée, & dans une niche, est la statue colossale d'un fleuve qu'on croit être le Rhin : il est couché & appuyé sur son urne ; c'est la même statue qu'on appelloit *Murforio*, lorsque les plaisans la mettoient en conversation avec Pasquin. On attichoit un placard à la statue de Marforio, qui contenoit une demande, & un autre à Pasquin, qui faisoit la réponse. Au-dessus de la niche de Marforio est une belle balustrade, soutenue par des colonnes de granit égyptien, avec leurs pilastres, & ornée de quatre statues de Vestales. Sous le vestibule, est une grande urne antique qui a servi de tombeau à Alexandre Sévere & à Julien Mammea : leurs statues sont couchées sur le couvercle. Au bas de l'escalier, la seule statue de Pirrhus, Roi d'Epire, qui soit connue ; les murailles sont revêtues de plusieurs bas-reliefs antiques, & entr'autres du plan de Rome ancienne sur plusieurs tables. Dans la chambre appellée *il Canapo*, une très-grande quantité de figures égyptiennes en très-beaux marbres, précieux par leur grande antiquité. Avant d'entrer dans la galerie, Jupiter foudroyant, & Esculape, de marbre noir antique. Dans une autre salle, un très-beau vase de marbre blanc de la plus belle forme, placé au milieu de la salle sur un autel, où douze Divinités différentes sont représentées en relief : dans cette salle sont les vases & les urnes. Dans la chambre d'Hercule, la statue de ce Héros, combattant l'hydre. On y voit une Bacchante assise, ayant un vase orné de pampres entre ses jambes, & pouvant à peine dans son ivresse soutenir sa tête ; un Chasseur, plus grand que nature, portant un lievre ; Agrippine, femme de Germanicus ; une statue de Diane d'Ephese, ayant la tête, les mains & les pieds de marbre noir d'Egypte. La grande salle est de la plus grande beauté ; il y a vingt-six statues antiques du plus grand prix, & un grand nombre de bustes rangés sur une corniche en saillie ; on y admire les deux Gladiateurs, l'un se soutenant à peine sur ses genoux & sur une main ; on croit à tout moment le voir expirer, l'autre est aussi blessé, & tombe ; la Déesse de la Santé ; ayant un serpent autour du bras ; Flore, Léda ; la statue colossale de bronze d'Innocent X, assis & dans ses habits pontificaux, par l'*Algarde* ; l'Empereur Adrien nud, le casque en tête, tenant l'épée d'une main & le bouclier de l'autre, la statue de Clément XII, en marbre blanc, par Pietro Bracci ; Junon ; une Faune, ayant une peau de lion en bandouliere ; un Prêtre Egyptien, antique Romain ; les beaux Centaures, trouvés à la *Villa Adriana* ; deux beaux tableaux de mosaïque, l'un représentant une guirlande de fruits & de fleurs, deux oiseaux & deux papillons, l'autre quatre tourterelles sur le bord d'un vase doré. Dans une autre salle, qu'on appelle des Philosophes, parce qu'elle contient les hommes illustres dans les sciences & les arts, on compte cent vingt-deux bustes ou têtes antiques, plusieurs bas-reliefs, & quelques arabesques. Zenon y est en pied. Les meilleurs bustes sont ceux de Virgile, d'Hiéron, de Pirithoüs, de Diogene, de Pytagore & d'Aristomaque ; les bas-reliefs les plus estimés sont celui du sacrifice que fait une femme à la Déesse Hygia ou de la Santé, celui du Faune, suivi de quatre femmes, & celui de la mort de Méléagre. Dans la salle des Empereurs, les bustes les plus précieux sont ceux de Caligula, de Messaline, de Julie, fille de Titus, de Néron, des deux têtes d'Adrien & celle de Sabine sa femme, de Commode, de Faustine, &c. la statue de Vénus, sortant du bain, de Flore, trouvée dans la *Villa Adriana* ; plusieurs bas-reliefs ; entr'autres, Persée, délivrant Andromède ; Endimion. La salle des mélanges, formée en entier par Benoît XIV, contient des antiques de toute espece : le détail en est immense. On y admire un trépied antique grec, de bronze, il se plie & peut se porter sous le bras : il est fort orné, & d'un ouvrage fini ; un Faune, de marbre rouge, tenant de la main droite une grappe de raisin, de la gauche une crosse & des fruits dans une peau de chevreau qu'il a sur l'épaule gauche : sa flûte à plusieurs tuyaux est suspendue sur un tronc d'arbre à côté de lui : à sa gauche est un bouc, appuyant une de ses pattes sur une corbeille : cette figure ou plutôt ce grouppe a été restauré ; un vase antique à cannelures ; une petite statue de marbre blanc d'un vieux Satyre marchant, tenant la flûte d'une main & de l'autre un petit manteau qu'il a sur les épaules ; plusieurs beaux bustes sur-tout celui de Domitius Enobarbus : une tête de Jupiter Ammon ; une tête de Bacchus, &c.

Le Musæum renferme une infinité d'Antiques, dont la nomenclature seule formeroit un volume. En voici quelques-uns ; deux grandes Cariatides en forme de Satyres, fort connues, deux grandes Idoles égyptiennes ; l'une de Basalte, surmontée d'une espece de tour, & tenant une branche de dattier dans la main gauche & l'autre une Isis, de granit rouge, ayant sur la tête la fleur du *lotus* ; une Minerve, ayant un casque grec & un égide sur la poitrine ; une statue de Diane, venant de décocher une fleche ; un autel avec trois bas-reliefs : dans l'un, *Rhée* présente une pierre à Saturne au lieu de Jupiter pour la dévorer : dans l'autre, des Coribantes, frappant sur leurs boucliers, pour empêcher Saturne d'entendre les cris de Jupiter : la troisieme, représente Saturne & plusieurs Divinités ; une urne sépulcrale octogone, ayant sur les angles des têtes de Satyres avec des feuilles de pampres, des lauriers & d'oliviers ; un autel, dédié à Hercule, de forme ronde, orné de guirlandes & de massues ; un buste colossal de Trajan, ayant une couronne sur la tête avec un aigle en forme d'agraphe au milieu ; un autel entouré de guirlandes de fruits, attachés avec des rubans, ayant dans les angles des têtes de bœufs décharnées, & sur l'autel une statue de Cérès. &c.

Musæum ou Cabinet du Roi de Naples à Portici. C'est le Cabinet le plus précieux en antiques qu'il y ait dans le monde ; il a été formé depuis 1750, des fouilles d'Herculanum, de Pompeia & de Stabia. Une Académie de Belles-Lettres, composée de personnes les plus savantes, fut créée pour l'examen & la description des pieces. Il a paru six volumes de ce travail. Le premier contient un catalogue raisonné de sept cens trente-huit tableaux, de trois cens cinquante statues, de mille six cens quarante-sept vases ou meubles remarquables, sans y comprendre les lampes, candelabres & trépieds, qui sont comptés séparement. Le Roi a fait graver à ses dépens cette belle Collection.

Le Musœum, qui renferme par ordre ces antiques, est un bâtiment composé de plusieurs pieces de suite. On les fait voir aux Etrangers : mais il est défendu d'en prendre des notices exactes.

On voit dans la cour un grand banc de pierre en demi-cercle de quinze à dix-huit pieds de diametre, qui étoit placé dans le lieu de la sépulture des Prêtres. Au milieu de la cour, sur un piédestal de marbre de Carrare, est un beau cheval de bronze de la grande taille, nu, les crins rattachés sur le front en maniere d'aigrette, de la plus belle proportion. Autour de la cour sont plusieurs statues de marbre, plus grandes que nature, vêtues de la toge, en partie des familles Nomius & Memmius, formant des suites historiques ; on remarque sur-tout celle de Viciria, mere du Proconsul, ayant la tête couverte d'un voile semblable à celui des Vestales, la robe ou tunique à plis fort serrés, & trois grandes statues de Memmius en bronze. Nous avons parlé de celles des deux Balbus dans l'article Portice. Il y a dans la même cour quantité d'autres statues, mais plusieurs sont mutilées. On lit sur le mur plusieurs inscriptions, dont la plupart ont rapport à ces deux familles ; des bas-reliefs, dont le meilleur repréſente un vieux Sacrificateur, faiſant des libations ſur un autel dédié à Bacchus ; à côté de lui ſont deux femmes, dont l'une aſſiſe, eſt voilée, & l'autre debout. Parmi celles qu'on trouve au bas de l'eſcalier, eſt un Lutteur en bronze ; de grandeur naturelle, cinq grandes ſtatues de Nymphes, auſſi en bronze, & des Thermes, de marbre de Paros, d'un travail grec excellent.

Le détail des pieces que renferment les cabinets ſont immenſes : nous ne parlerons que des plus belles. Les ſtatues de bronze ſont en ſi grand nombre, que tout le reſte de l'Europe ne pourroit pas en fournir autant. Un Mercure aſſis, de grandeur naturelle, la plus belle de toutes les ſtatues trouvées à Herculanum ; un Jupiter, plus grand que nature ; un Faune ivre, placé ſur un outre de vin de ſept à huit pieds de haut ; deux Lutteurs combattant, &c. deux Conſuls Romains ; cinq ſtatues de Danſeuſes, plus petites que nature ; trois femmes drappées ; pluſieurs buſtes repréſentant des Philoſophes & d'autres hommes illuſtres, &c.

Dans différentes pieces ſont raſſemblés preſque tous les inſtrumens qui ſervoient aux ſacrifices anciens, parmi leſquels ſont les deux plus beaux trépieds antiques qui exiſtent, l'un a pour ſupport trois corps de Satyres, de la plus grande beauté, un *lecti ſternium* ou autel ſur lequel on plaçoit la Divinité que l'on vouloit appaiſer par un feſtin pompeux : ce morceau eſt de bronze, & de la plus belle ſculpture ; des figures à cheval ; de beaux vaſes d'argent & de bronze ; des urnes ſépulcrales ; des vaſes étruſques de terre ; un autel de bronze ; beaucoup de Dieux Lares, dans des armoires vitrées ; des Priapes de toute eſpece & de toutes grandeurs, les uns repréſentant le Dieu, les autres la partie qui fait ſon eſſence ; des vaſes faits dans la forme de ces derniers, dans lequel on faiſoit boire les femmes qui déſiroient d'être fécondes : il y a de ces Priapes qui ont des aîles, enjolivées de pluſieurs ſonnettes ou grelots, & qu'on ſuſpendoit en forme de luſtres. On y voit des billets de théâtre en os : d'un côté eſt un ſymbole, de l'autre eſt le nom de la piece & le numéro de la place que l'on devoit occuper ; des dez semblables aux nôtres : il y en a où l'on voit que les frippons, auxquels ils avoient servi, y avoient glissé du plomb pour fixer le dez sur un côté ; beaucoup d'instrumens de musique, des flûtes faites avec des os ; des sistres en bronze, de différentes grandeurs ; des instrumens d'agriculture ; les sonnettes qu'on attachoit au col des bestiaux ; les instrumens de différens arts, comme les pieces pour enjoliver la pâte des gâteaux ; les instrumens de bronze, portant les lettres dont on marquoit les briques ; des plumes de bois, des écritoires de forme cylindrique, avec de l'encre ; des tablettes sur lesquelles on étendoit la cire ; des instrumens pour l'unir ; des poinçons ou stylets pour écrire ; des grattoirs pour effacer l'écriture, & un étui de bronze, qui renfermoit les stylets ; des lanternes, des candelabres qui ont jusqu'à cinq pieds de haut, sur lesquels on mettoit des lampes, des fourneaux portatifs en bronze d'une forme assez ingénieuse, qui servoient à chauffer de l'eau dans un vase, & des choses solides sur une grille ; un vase ou espece de marmite à double fond, avec trois petites cheminées ; des tasses & des soucoupes en argent, comme celles de nos tasses à café, d'une forme & d'une cifelure du meilleur goût ; des aiguieres, plus commodes que les nôtres, en ce que l'orifice étoit porté sur le côté, & l'anse placée au-dessus de la partie la plus pesante, pour qu'elle fût en équilibre, quoique pleine ; des pincettes à main pour prendre le charbon ; des instrumens en forme de cuillers quadruples, propre à faire cuire quatre œufs à la fois séparément ; des coquilles de cuivre avec des manches pour faire cuire la pâtisserie, un gril de fer pour la cuisine. On n'y trouve point de fourchettes, mais beaucoup de cuillers ; des marmites, dont les anses se rabaissent sur les côtés, les anses sont de différentes formes ; un mortier à piler du sel, d'une forme applatie, avec un trou pour faire tomber le sel ; des bassins, dans la forme de nos corbeilles à fruit ; un bassin de bronze incrusté d'argent ; beaucoup de vases dorés ; & de batterie de cuisine argentée, point d'étamée : il est vrai que leur batterie n'étoit point de cuivre, mais d'un métal composé ; on conserve des œufs trouvés à Herculanum ; une tourte d'environ un pied de diametre, dans sa tourtiere au-dedans du four ; de petits pains ronds, qui n'étoient point encore cuits, d'autres déjà cuits, moisis & à demi-brûlés ; (*voyez* HERCULANUM) des lacrymatoires ou fioles qui étoient censées renfermer les larmes répandues sur les tombeaux ; des assiettes de terre absolument plattes pour mettre les gâteaux ; des tuiles qui bordoient le faîte des maisons, ayant un rebord avec un trou pour l'écoulement des eaux ; des lampes de terre cuite, ornées de bas-reliefs ; une lampe à deux mêches, qu'on suspendoit au moyen de quatre chaînes attachées aux ailes de deux aigles.

On y voit tout ce qui servoit à la toilette des Dames Romaines ; un brasselet d'or, formé de deux demi-cercles, attachés avec des cordonnets ; des bagues, des boucles d'oreilles, des ciseaux, des aiguilles, des dez à coudre ; une cassette avec tout ce qui étoit nécessaire pour les travaux des femmes ; de cure-oreilles, des peignes, des bulles, ornemens de la jeunesse, en forme de cœurs ; des boucles de cheveux en bronze ; des pots de rouge en crystal de roche, avec leur vermillon ; des couleurs brutes pour peindre, très bien conservées, sur-tout de la laque, de l'encre jaune & de très-beau bleu ; plusieurs instrumens de Chirurgie ; une sonde pour la vessie ; un instrument propre à dilater, & qui paroît avoir servi dans l'extraction de la pierre, un côté pour les hommes & l'autre pour les femmes ; un étui de Chirurgien, garni, les sondes en bronze & en argent sont bien conservées ; une boëte à onguent ; il paroît être le même que celui que l'on emploie pour les emplâtres ordinaires.

Des casques, des boucliers, toute sorte d'armes offensives & défensives, des verrous, des serrures, des clefs, des marteaux, des clous, les uns faits au marteau, d'autres à la filiere, en cuivre : ceux de fer ; comme tout ce qui est composé de cette matière, est rongé par la rouille, & méconnoissable ; des urnes de terre, divisées entièrement par loges, servant à renfermer des *loirs*, que l'on élevoit, & qui formoient un objet bizarre de luxe ; un petit cadran solaire, tracé sur une piece d'argent en forme de jambon ; une mesure de pied romain, ayant dix pouces onze ligne & demi.

Plusieurs masques très-chargés ou caricatures, beaucoup de médailles très-rares, telles que celles de Vitellius ; un triomphe de Titus ; une médaille de Vespasien *Judea capta* ; un médaillon d'Auguste en or, de quatorze lignes de diametre ; des sceaux ou cachets, des anneaux de fer, d'or, d'argent, montés & non montés, des cornalines, des sardoines ; plusieurs pierres précieuses, montées en or, mais grossièrement ; des pierres gravées, en très-grand nombre, & de la plus grande beauté ; des meubles de crystal de roche ; huit petits tableaux sur pierre, représentant huit Muses, d'une peinture médiocre ; l'une d'elles a à son côté un *scrinium* ou boëte dans laquelle il y a des livres dont on lit les étiquettes.

Les anciens manuscrits trouvés à *Herculanum*, sont sur des feuilles de cannes de jonc, collées les unes à côté des autres, & roulées dans le sens opposé dans lequel on les lisoit : ils ne sont écrits que d'un côté, & disposés par petites colonnes, de la hauteur de nos in-12 : on les trouva rangés les uns sur les autres dans une armoire en marqueterie ; l'humidité avoit pourri ceux qui n'avoient pas été saisis par la chaleur des cendres du Vésuve ; ils tomberent comme des toiles d'araignée aussi-tôt qu'ils furent frappés de l'air, les autres étoient réduits en charbon, & c'est ce qui les a conservés : ils ressemblent à un bâton brûlé, de deux pouces de diametre ; quand on veut dérouler ces feuilles ou enlever les couches de ce charbon, il se casse & se réduit en poussiere : mais avec beaucoup de temps & de patience, on est parvenu à lever les lettres les unes après les autres, & à les copier en entier. Pour cela, on se sert d'un chassis assujetti

sur

sur une table, dans le bas duquel, le livre est porté sur des rubans par les deux extrêmités du morceau de bois sur lequel il est roulé ; on fait descendre de dessus un cylindre, qui est au haut du châssis, des soies crues d'une très-grande finesse, & rangées comme une chaîne fort claire, dont on étend sur la table une longueur pareille à la partie de la feuille qu'on veut dérouler ; on fait tenir le commencement de cette feuille à la partie de la chaîne qui ne pose pas sur la table, & qui est la plus proche de cette même feuille ; on se sert à cet effet de petites particules de gomme en feuilles ou par écailles, qu'on applique derriere avec un pinceau, à l'aide d'un peu d'eau ou de la simple salive, en observant de ne les mouiller que dans l'instant qu'on les applique : la feuille du livre s'adapte sur le champ à ces particules de la même maniere qu'une feuille d'or se fixe sur le mordant du Doreur. Le commencement de la feuille étant ainsi saisi par la soie & par la gomme qui y sont adhérentes, on tourne très-doucement le cylindre qui est au haut du châssis, auquel les fils de soie sont attachés, & à cause de la grande fragilité de la feuille, on aide en même temps le livre par le bas à tourner : par ce moyen on enleve insensiblement la partie de la feuille qui est fortifiée, & l'on force le reste de la chaîne qui est couché sur la table, à se relever & à se joindre à mesure que le livre tourne à la partie de la feuille qui reste à dérouler ; on les fixe ensuite avec des particules de gomme, en suivant le même procédé ; lorsqu'il ne reste plus rien de la chaîne sur la table, & qu'elle a été toute appliquée à la feuille du livre, on coupe cette même feuille, & on la colle sur une planche : l'écriture y est si foiblement marquée, qu'il est difficile de la lire au grand jour ; mais on y réussit en la mettant à l'ombre & à un jour plus doux : on la lit comme on liroit un imprimé, qui, après avoir été noirci au feu, conserveroit encore la trace des caracteres dont il étoit empreint. Il faut beaucoup de légéreté dans la main, & n'y travailler que les fenêtres fermées. On a développé jusqu'ici quatre manuscrits grecs, dont le premier traite de la Philosophie d'Epicure ; le second, est un Ouvrage de morale ; le troisieme, un Poëme sur la Musique ; le quatrieme, un Livre de Rhétorique.

On conserve sous verre les peintures ; plusieurs étoient sur des murailles que l'on a sciées à une certaine épaisseur : on les a scellées sur des chassis de parquet : l'humidité les avoit conservées, l'air les desseche & les ternit. Pour obvier à cet inconvénient, on y a fait passer un vernis : mais ce vernis fait tomber les couleurs par écailles ; les grands morceaux sont en petit nombre ; & n'ont pas plus de six pieds de haut ; les autres sont comme nos petits tableaux de chevalet ; tous sont peints en détrempe, & non à fresque : il s'en falloit de beaucoup, à en juger par les meilleurs morceaux, que les Romains eussent porté la Peinture aussi loin que nous.

Un tableau, de forme ceintrée, enlevé du Forum, représente Thésée, vainqueur du Minotaure. Le Héros est vu de face, debout, nud, de taille gigantesque, en proportion des autres figures. Son manteau, jetté négligemment sur l'épaule gauche, repasse sur le bras, du même côté. Il tient la massue levée ; trois jeunes Athéniens lui rendent leurs actions de grace, l'un lui baise la main, l'autre prosterné lui embrasse une jambe, le troisieme lui prend le bras du côté de la massue ; une jeune fille se joint à eux, & porte sa main sur la massue : elle paroît sortir du labyrinthe. Le Minotaure, sous la figure d'un homme à tête de taureau, est renversé au pied de Thésée : il a l'estomach & les épaules déchirées des coups qu'il a reçus. La Déesse, qui protege le Héros, est assise sur un nuage, sur lequel elle tient une main appuyée, & dans l'autre un arc & une fleche. Les couleurs, quoiqu'assez belles, ont été ternies par le grand air.

La figure de Thésée est noblement composée : mais celles des trois jeunes Athéniens le sont avec plus de chaleur. On remarque dans cet ouvrage la correction du dessein, une grande maniere, mais peu d'intelligence du clair-obscur.

Le pendant de ce tableau représente Télephe, encore

enfant, tettant une biche. L'enfant, vu par le dos, a les reins d'une largeur choquante, & les cuisses trop écartées, la biche est mal rendue ; deux femmes, l'une assise, couronnée de fleurs & de feuilles, l'autre d'épis ; un jeune Faune qui joue d'une flûte à sept trous ; sur le devant, un homme peint d'une maniere forte & prononcée, qui porte sur les épaules un carquois recouvert d'une peau de lion, vis-à-vis un lion en repos, sont les autres figures de ce tableau, qui, attendu l'incorrection du dessein, ne paroît pas être du même Peintre. Ces morceaux sont regardés comme les meilleurs de la Collection, & ils sont bien inférieurs aux chef-d'œuvres des Raphaël, des Michel-Ange & même de Peintres moins estimés. Les autres tableaux remarquables sont, *Oreste reconnu*; *Oreste & Pilade*, enchaînés & conduits par un Soldat du Roi Thoas devant la statue de Diane ; un *Faune*, caressant une Bacchante renversée ; deux *jeunes filles*, qui dansent ; une *Danseuse* seule ; une autre, tenant une cymbale à grelots ; une *jeune fille*, tenant d'une main un rameau de cedre, & de l'autre un sceptre d'or. Le tableau représentant une Bacchante, portée par un Centaure, & d'une belle composition : elle est presque nue, ses cheveux flottans, sa draperie qui voltige laisse son dos à découvert : elle ne porte que d'un genou sur la croupe du Centaure, se retenant d'une main à ses cheveux, lui donnant avec son pied dans les reins, & le pressant de l'autre avec son thyrse. Le pendant n'est pas moins singulier ; c'est un jeune homme, porté par un Centaure, qui touche d'une main une lyre à trois cordes, appuyée sur sa croupe, & de l'autre fait résonner la moitié d'un crotale contre l'autre moitié que tient le jeune homme.

Il y a quantité d'autres tableaux représentant des enfans, des Amours, des Génies, occupés de différens exercices, des animaux, des fruits, des paysages, des marines, &c. On peut conclure de ces tableaux que les Peintres étoient peu savans dans la couleur locale, le clair-obscur, le raccourci, la perspective locale & aërienne, que leurs compositions, quoiqu'exactes, étoient froides : peut-être n'est-ce que des tableaux de Peintres médiocres, & qu'on découvrira de meilleurs morceaux. Quant aux couleurs, il paroît que c'étoient les mêmes que celles dont nous nous servons. En général, la sculpture l'emporte de beaucoup sur la peinture, du moins à Herculanum ; & jusqu'à ce que le hasard nous ait fait découvrir quelque chose de plus parfait ; nos Peintres sont autorisés à se croire fort supérieurs aux Peintres Romains. Nous avons pris une grande partie de ces descriptions de MM. Richard & de la Lande.

MUSIQUE ITALIENNE, (la) semble être devenue celle de toute l'Europe. Les François, en condamnant les fredons, ont corrigé la lenteur monotone de leur musique par la vivacité de la musique Italienne. Cet art, si séduisant & si voluptueux, a dû faire des progrès rapides chez un Peuple dont le caractere est susceptible des passions les plus vives. Ils l'ont été, en effet ; il y a peu de Nations qui puissent se flatter d'avoir produit autant de grands Musiciens que l'Italie. L'Italien, dès le berceau, semble montrer du goût pour la Musique. Ce penchant, fortifié par les connoissances qu'une facilité naturelle lui fait acquérir, devient pour lui un amusement. A Rome & dans beaucoup de Villes d'Italie, des Sociétés d'amateurs s'assemblent sur le soir dans différentes maisons, & passent des heures entieres à jouer de divers instrumens, & exécuter les choses les plus difficiles.

Si l'on compare les progrès que la Musique a faits en Italie avec ceux qu'il a faits parmi nous, on verra qu'ils ont été plus prompts parmi les Italiens : mais peut-être ont-ils donné dans l'excès. Dans le temps que Lully vint en France, la Musique n'étoit pas, à beaucoup près, si difficile qu'elle l'est devenue : elle étoit peut-être plus majestueuse. On ignoroit avant Vivaldi & Jumelli ce que c'étoit que triple croche. Un mouvement simple faisoit l'ornement de la Musique ; mais aujourd'hui tout en est bien changé ; on veut toujours être dans l'enthousiasme, & cet enthousiasme, on ne l'éprouve que dans la rapidité des sons. Pergholese, qui en sentoit les inconvéniens, auroit peut-être concilié les esprits, si la mort ne l'eût enlevé trop tôt. Il a fait voir dans sa *Serva Padrona* qu'on peut animer ses caracteres sans leur donner trop d'exagération ; mais les Italiens ont négligé son style noble, pour se livrer entiérement au concerti. Il est à craindre que ce défaut, qui a d'abord gâté leur Poésie, ne corrompe leur Musique.

On a prétendu que les Italiens préféroient le *genre sonabile* à tout autre. Ce genre, analogue à leur caractere & à leur langue, consiste dans cette volubilité de notes, soutenues dans toutes les parties, & dont l'effet est si sensible, qu'il forme autant de tableaux, dans lesquels il semble voir s'animer les objets que le Musicien a voulu peindre. Le printemps de *Vivaldi* respire les plaisirs champêtres que réveille cette riante saison ; les Concerto du fameux *Tartini*, quelques Trio de *Martini*, de Locatelli & de Bezzozi, plusieurs Intermedes, & un nombre infini de belles Ariettes, sont autant de peintures qui égaient & qui surprennent tout à la fois. Si d'un côté l'on a reproché aux Italiens d'avoir trop chargé leurs Pieces de puérilités, si en conséquence on a comparé leur Musique à une jolie Coquette, combien à leur tour doivent-ils triompher de voir les François négliger les beautés naïves qu'ils doivent à Lully, & se lasser de trouver cette Musique si raisonnable !

L'accompagnement est le sublime de la Musique des Italiens, & beaucoup de leurs morceaux pourroient passer plutôt pour des accompagnemens, que pour des pieces de chant ; c'est un genre de composition qu'ils ont poussé au dernier degré, & personne ne leur conteste cet art, comme on ne peut contester, sans injustice aux François, le talent de chanter. En Italie, les orchestres sont moins garnis de Musiciens qu'en France : par ce moyen les diférentes parties en sont moins confuses, & l'ensemble en est mieux gardé. La Musique Italienne est faite pour la chambre, & fait moins d'effet sur les théatres : c'est une suite inévitable de leur *genre sonabile*. Une miniature perd de son prix dans un endroit trop vaste : un lieu resserré est plus propre au développement de ses traits.

L'Italie a produit une infinité d'excellens Auteurs. Les Corelli, les Geminiani, Jumelli, Locatelli, Bezzozi, Vivaldi, Pergholese ont laissé des monumens précieux. Le fameux Tartini surprend par le feu de sa composition : & tous les jours à Paris on applaudit au grand nombre de Musiciens célebres, dont les succès méritent les plus justes éloges.

Les Italiens doivent en partie les progrès de leur Musique aux soins qu'ils prennent de former & d'élever de bons sujets pour l'exécution : leurs Conservatoires sont des magasins inépuisables. *Voyez* CONSERVATOIRE.

L'émulation est excitée de toutes manieres parmi les Musiciens ; les honneurs, les applaudissemens sont la récompense du génie : ni la brigue ne sauroit les obtenir, ni l'envie ne peut les écarter. Outre ces encouragemens, les Musiciens sont excités par la concurrence. Les Opéra, & sur-tout ceux de Métastase, sont fort suivis. A Venise & à Naples, on en représente jusqu'à quatre par jour. Un Opéra change de musique tous les ans ; on donne chaque année les paroles du même Opéra à un autre Musicien, qui compose une autre musique. Avant de jouer un Opéra, il se trouve que la musique a quelquefois été composée par six différens Musiciens. On les joue tous ; celui que le Public applaudit le plus, est celui qui reste : les autres sont comptés pour rien.

N

NAPLES, (le Royaume de) connu anciennement sous le nom de grande Grece, à cause du grand nombre de colonies que les Grecs y amenerent, forme une presqu'isle, qui occupe du nord au midi & au levant toute l'extrêmité de l'Italie ; sa plus grande longueur de Campo de l'Armi à la pointe méridionale de la Calabre ultérieure jusqu'à l'embouchure du Tronto, qui sépare l'Abruzze ultérieure de la Marche d'Ancone, du midi au nord, est d'environ trois cens cinquante milles ; sa largeur du couchant au levant, depuis Gayette jusqu'à l'embouchure de l'Alterno ou de Naples à la pointe de la Capitanate, est d'environ cent milles : le circuit du Royaume est en tout d'environ quatorze cent huit milles ; de sorte qu'il a plus de quatre cens lieues de côtes. Il a pour frontieres au couchant & au nord la Campagne de Rome, la Sabine & la Marche d'Ancone, à l'orient le golfe de Venise, au midi & à l'occident la mer de Toscane. Les côtes de ce Royaume sont défendues par vingt Châteaux ou places fortifiées, & trois cens trente-cinq tours ou redoutes, disposées d'espace en espace sur les rivages où la descente peut se faire aisément.

Ce Royaume, divisé en douze Provinces ; 1°. la Terre de Labour, anciennement la Campanie, dont Naples est la Capitale ; 2°. la Principauté citérieure, *Picentini*, Salerne ; 3°. la Principauté ultérieure, *Hirpini*, Monte Fusco ; 4°. la Basilicate, *Lucania*, Matera ; 5°. la Capitanate, *Daunia*, Lucera ; 6°. le Comté de Molisi, *Frentani*, Molise ; 7°. Terre de Bari, *Peucetia*, Trani ; 8°. Terre d'Otrante, *Yapigia*, Lecce ; 9°. Calabre citérieure, *Brutii*, Cosenza ; 10°. Calabre ultérieure, *Magna Græcia*, Catanzaro ; 11°. Abruzze citérieure, *Vestini*, Aquila ; 12°. Abruzze ultérieure, *Marsi*, Chieti. Chacune de ces Provinces a un Tribunal Royal pour l'administration de la Justice, connu sous le nom de la Ville principale où est sa résidence. Ce Royaume a vingt-deux Archevêchés, & cent seize Evêchés. Il a essuyé beaucoup de révolutions (*Voyez* VILLE DE NAPLES.) Dans le onzieme siecle, quelques Seigneurs Normands s'en saisirent, & y ayant ajouté l'Isle de Sicile, qui n'en est séparée que par le Phare de Messine, ils fonderent en 1130 le Royaume que l'on appelle des deux Siciles. Ces deux Etats, qui ont été souvent séparés l'un de l'autre, se nommoient l'un Sicile, en-deçà du Phare; & l'autre Sicile, en-delà du Phare. Après différentes révolutions, Ferdinand, Roi d'Espagne, se rendit maître en 1503 de tout le Royaume, & il est resté aux Espagnols jusqu'en 1707, que l'Empereur Joseph I s'en est emparé. En 1735, Dom Carlos, Infant d'Espagne, a conquis le Royaume de Naples, & la possession lui en a été confirmée avec la Sicile par le Traité de paix fait à Vienne en 1736. Lorsque D. Carlos passa au Trône d'Espagne, le Prince Royal son fils aîné, ayant été généralement reconnu incapable de succéder à son pere, Ferdinand, troisieme fils de S. M. T. C. fut proclamé Roi des deux Siciles, le 5 Octobre 1759, & le Pape lui donna la Bulle d'investiture de ce Royaume; mais le Roi d'Espagne, voulant assurer la Couronne de Naples à sa postérité, a rendu une déclaration par laquelle, entr'autres dispositions, il a établi comme loi stable & perpétuelle le temps de la majorité des Princes appellés au Trône des deux Siciles à la seizieme année accomplie, & en même temps a décidé, comme loi constante & perpétuelle, que la succession au même Trône sera réglée suivant la primogéniture, avec droit de représentation dans la descendance de mâle en mâle, & enfin que dans le cas d'extinction de toutes les lignes masculines, la succession appartiendra à la femme qui sera la plus proche du dernier des mâles, & en cas d'extinction des branches masculines & féminines, venant du Roi d'Espagne, l'Infant Dom Philippe est appellé à la succession, & en attendant que le jeune Roi eût l'âge compétent, le Roi d'Espagne nomma un Conseil de Régence au nom de Ferdinand IV. Ce n'est pas sans regret que les Napolitains ont vu passer au Trône d'Espagne un Prince qui leur étoit devenu si cher, & qui avoit à cœur de donner au Gouvernement des loix sages & permanentes. Ses déclarations sont remplies de sagesse & de grandes vues. En 1751, il renouvella un édit, par lequel il défend à tous ses sujets de faire aucune donation de biens fonds à des Monasteres, soit par testament, soit par d'autres dispositions, à peine de nullité. Le Code Carolin est un recueil de loix précieuses pour la sûreté, la tranquillité & la grandeur de ses États, du commerce & des beaux arts. Outre les forts qu'il a fait bâtir de distance en distance pour la sûreté des côtes du Royaume, il a fait bâtir un port à Barletta en faveur du commerce. La voie appienne, entiérement dégradée, doit être remplacée par une route dont il a donné le projet. Le détail des beaux établissemens, faits ou projettés par ce Prince, nous meneroit trop loin. Celui de la fameuse Académie d'Ercolano, doit perpétuer sa mémoire.

Le Royaume des deux Siciles doit foi & hommage au Pape; & c'est pour cela que le Souverain de Naples est obligé de lui faire présenter tous les ans, la veille de la fête de S. Pierre, une haquenée blanche avec une bourse de sept mille ducats.

Le Royaume de Naples est fertile en toutes sortes de productions. La Calabre est renommée pour l'excellence de la manne qu'elle produit en abondance. Tout le pays est traversé par cette chaîne de montagnes que l'on appelle l'Apennin; ces montagnes renferment dans leur sein une infinité de mines riches & abondantes, & forment de chaque côté un amphithéatre agréable. C'est sur ce sol délicieux, toujours échauffé des rayons du soleil, que croissent naturellement les citronniers, les orangers, les grenadiers & les aloës, les oliviers, les myrthes; les lauriers & quantité de vins exquis, tel que celui de Lacryma Christi. Outre ces avantages, le pays fait un gros commerce de lin, de chanvre, de coton, d'huile, d'olive, de miel, de cire, de fer, d'acier, de chevaux, &c. On fait beaucoup de cas des chevaux Napolitains. Le Royaume de Naples est dans la situation la plus agréable & la plus avantageuse: l'exposition en est très-belle. Pourquoi faut-il que tant d'avantages soient balancés par les fréquens tremblemens de terre, par les éruptions du Mont Vésuve, & par une infinité d'animaux venimeux, tels que le scorpion & la tarentule, sur-tout si l'on pénetre avant dans la Calabre. *Voyez* VÉSUVE, SCORPION, TARENTULE.

Quant aux mœurs des Napolitains ; parmi les Nobles & les Grands, beaucoup d'orgueil & d'oftentation. Il regne plus de douceur & d'aménité parmi la Bourgeoifie. Quant au Peuple, il eft groffier, pareffeux, livré aux vices les plus honteux, féroce, capable de tout, quand il n'a rien à craindre, lâche & tremblant au moindre danger, fans foi, fans probité : un pere y négocie publiquement l'honneur de fa fille, un mari celui de fa femme. Il eft fale par goût, prefque tout gâté par des maux honteux. Quelque groffier que foit le Peuple de la Capitale, celui du Pouzzol, Baies, Portici, des environs du Véfuve, a encore plus de férocité. Ce pays fut de tout temps confacré à la débauche. Cependant le Peuple porte la fuperftition jufqu'au fanatifme le plus extravagant ; on l'a vu poignarder publiquement des gens qu'il foupçonnoit être la caufe du retardement du miracle de la liquéfaction du fang de S. Janvier.

NAPLES, *Napoli*, l'une des plus belles & des plus confidérables Villes de l'Europe, Capitale du Royaume du même nom, fituée à quarante degrés cinquante minutes de latitude, & trente-un degrés cinquante-deux minutes de longitude, à quarante-trois lieues de Rome, à trois cens quarante lieues de Paris.

Elle eft fi ancienne que fon origine fe perd dans les temps fabuleux. On dit que le nom de *Parthenope*, qu'elle porta d'abord, étoit celui d'une des Syrenes, à la voix féduifante defquelles Ulyffe échappa ; ils difent que cette Syrene vint cacher la honte de n'avoir pas réuffi fur les bords de la mer Thyrénienne, & qu'elle y mourut ; que le premier Fondateur de Naples y trouva fon tombeau, & lui donna fon nom. D'autres prétendent que Falerne, un des Argonautes, en fut le Fondateur treize cens ans avant Jefus-Chrift, & qu'elle s'accrut des Colonies Grecques venues de Rhodes, d'Athenes & de Chalcis. Le Peuple de Cumes, plus ancien & plus puiffant, fut jaloux de la grandeur, de la beauté & du climat délicieux de Naples, ils la ruinerent ; mais affligés de la peste, l'Oracle qu'ils allerent consulter, leur annonça que ce fléau ne cesseroit que lorsqu'ils auroient rebâti la Ville de *Parthenope*, ou de la Vierge; car c'est ce que signifie le mot grec *Parthenos*. Alors elle prit le nom de Napolis, Ville neuve; d'autres attribuent sa fondation à Hercule; d'autres à Enée, à Ulysse, aux Phocéens & aux Marseillois. Il y a apparence qu'elle a été fondée par les Grecs c'est ce que semble indiquer son nom de *Neapolis*.

Dans le Royaume même dont elle est la Capitale, il y avoit des Villes anciennes, des Monarques & des Tyrans fameux. Les Tyrans de Sicile, ou Trinacrie, sont célebres dans l'Histoire avant qu'il ne fût question de Naples. Il commence d'en être parlé, comme d'une grande Ville, sous l'année 330 avant l'Ere Chrétienne; en 215 elle offrit aux Romains des secours considérables pour les aider à chasser Annibal de l'Italie. Il paroit que les Napolitains demeurerent toujours attachés aux Romains. Auguste réunit Neapolis & Paleopolis, Ville voisine fondée par Hercule. Naples, jusqu'à ce qu'elle fût déclarée Colonie Romaine sous les Empereurs, conserva la Religion, la langue & les usages des Grecs. Les plus riches Habitans de Rome venoient s'y reposer & jouir des délices de ce séjour enchanteur. Adrien & Constantin y firent des augmentations considérables. Dans le cinquieme siecle, à la décadence de l'Empire, elle subit le sort de toutes les Villes d'Italie; les Goths s'en emparerent; Belisaire la reprit, & la livra au pillage après un long siege; elle fut encore prise & dévastée par Totila; elle passa encore au pouvoir des Empereurs d'Orient. Tout ce que purent faire les Rois Lombards, après plusieurs tentatives inutiles, ce fut de rendre Naples tributaire. Les Sarrasins dévasterent ses environs, mais ils ne purent jamais y entrer; Sergius, Duc de Naples, fit alliance avec eux. L'Histoire des Révolutions de ce Royaume est très-intéressante, elle finit par la cession de Philippe Roi d'Espagne en faveur de son fils Dom Carlos.

Rien n'est plus frappant que le coup d'œil de la

Ville de Naples. Située au fond d'un bassin qui a deux lieues & demie de large & autant de profondeur, elle est placée à l'orient sur le bord de la mer, ayant le Vésuve en perspective ; la mer au midi ; le Pausilippe, Saint Elme & Antiguano au couchant ; & les collines d'Averse, de Capoue & Caserte au nord ; l'Isle de Caprée, du côté du midi ; le Cap de Misene à droite ; le Cap de Massa, autrefois le Promontoire de Minerve, semblent terminer ce bassin ; entre ces Caps & l'Isle de Caprée, on voit la vaste étendue des mers comme par échappées ; le reste du bassin est orné des belles maisons du Pausilippe, des Palais de Portici, de la vue d'Herculanum, de Pompeia, du Vésuve, des Monts de Vergino & de Tifata, de la Terre de Labour. Au milieu de tous ces points de vue admirables, Naples, sur le penchant d'une montagne, embrasse la mer par sa vaste étendue. Elle a, en y comprenant les Fauxbourgs, vingt-deux milles : elle a seize portes toujours ouvertes à cause du grand commerce & du mouvement continuel des Habitans ; on y compte de trois cens trente à trois cens quarante milles ames. Le Sebet, ou *il Fornello* ; ou *Fiume della Magdalena*, petite riviere qui descend des collines du côté de Môle, & qui se décharge dans la mer, est la seule qui coule dans les environs de Naples. Elle disparut dans la grande éruption du Vésuve, dans laquelle Pline périt, mais quelque temps après, le Sebet reparut diminué de moitié. On a conduit une partie de ses eaux dans des canaux qui forment les fontaines publiques de Naples ; l'autre partie arrose les jardins, fait aller les moulins des environs. Les sources des montagnes voisines suffisent aux besoins de Naples & des campagnes voisines. On y jouit d'un printemps perpétuel, à l'exception de l'été que les chaleurs sont excessives. Les fleurs les plus printannieres y éclosent par-tout au milieu de l'hiver. La végétation est presque toujours la même ; les productions de la terre, les fruits y naissent, y fleurissent, y mûrissent & se fannent dans la même saison.

Naples avoit autrefois de si hautes murailles, qu'Annibal n'osa en entreprendre le siege ; elles ont été détruites & rebâties ensuite à une moindre élévation, par Innocent IV en 1254. Charles I. d'Anjou fit construire le Château neuf en 1170, Charles II agrandit la Ville, éleva le Château Saint-Elme, & rebâtit les murs ; ils sont bâtis en partie d'une pierre dure & noire qui se tire des environs de Naples, appellée *Piperno*. Les Fauxbourgs ont presqu'autant d'étendue que la Ville. L'intérieur de Naples n'a pas des édifices frappans, des monumens à exciter l'admiration, mais tout est également bien bâti ; point de disparate ; les maisons sont à-peu près de la même hauteur, à quatre & cinq étages, couvertes de terrasses de pierres de Lavagna, réunies avec un mastic formé de pouzzolane, de chaux vive & de bitume. Les rues sont pavées de grandes pierres dures & noirâtres qui ressemblent à la lave sortie du Vésuve ; elle sert aux constructions qui n'ont pas besoin d'ornemens. Avant d'entrer dans le détail des rues & des monumens, nous parlerons des fortifications. Les principales sont le Château de l'Œuf, le Château Neuf, le Château Saint-Elme, & le Torrion des Carmes. Le Château de l'Œuf est bâti sur un rocher au milieu de la mer, & l'on ne peut y aller que par le moyen d'un pont de deux cens vingt pas de longueur. Il commande sur tout le Golfe que la mer forme dans cet endroit. Le Château Neuf est la forteresse la plus considérable ; elle fut bâtie par Charles I, Duc d'Anjou, & frere du Roi Saint Louis ; elle est entourée de fossés profonds, & flanquée de tours extrêmement hautes ; c'est dommage que la vue de ce Château soit offusquée par une tour qui est vis à-vis à quinze pieds de distance. Le Château Saint-Elme, ou Saint-Erasme, est situé sur des rochers ; il est plus propre à contenir la Ville qu'à la défendre contre l'ennemi. C'est l'Empereur Charles V qui l'a rétabli dans l'état où on le voit aujourd'hui. Le Torrion des Carmes est voisin du Lazzari, proche le grand Marché : on y entretient une garnison suffisante pour contenir la populace.

Le Port de Naples a été considérablement augmenté : c'est un quarré d'environ cent cinquante toises en tout sens, défendu par un grand Môle qui le ferme à l'orient & au midi, & par un petit Môle qui le défend au nord. Les deux Fortins qui défendent les Môles, ont été construits par Dom Carlos, après que l'Amiral Bing eut forcé le Ministere à signer la neutralité, sans donner même le temps de délibérer. Ce port est petit, mais la rade est très-bonne : il peut contenir quatre vaisseaux de quatre-vingts canons, des tartanes, schebeks, fregates, &c. Au bout du grand Môle est une tour appellée *Lanterna del Molo*, au haut de laquelle est un fanal qu'on allume tous les soirs pour éclairer durant la nuit les vaisseaux qui entrent dans le Golfe. Comme il n'y a point de jardin public à Naples, on a fait de cet endroit, qui est dans une situation admirable, une très belle promenade.

Les rues de Naples, quoiqu'un peu étroites, sont cependant belles & bien alignées. La principale est la Strada di Toledo, alignée & bâtie par les ordres du Vice-Roi, Pierre de Tolede; elle est fort large, & sert de cours ou de promenade publique en hiver. Elle est bordée des deux côtés de petites boutiques ou échopes, mais qui laissent le passage libre pour deux files de carrosses. Les torches qui éclairent les carrosses & les lumieres des boutiques, forment dans cette rue une illumination éclatante; elle est remplie d'une foule innombrable d'acheteurs & de spectateurs. La rue est formée de belles maisons & de Palais, c'est la partie la plus élevée de Naples, bâtie sur un sol fort inégal.

Le plus bel édifice est le Palais du Roi, *Reggio Palazzo*, bâti en 1600, sous le Vice-Roi Dom Ferdinand Ruiz de Castro, & dirigé par le Cavalier Fontana. Il donne d'un côté sur la mer, & de l'autre sur une grande place. L'architecture en est belle; la façade, de près de cent toises de longueur, a vingt-deux croisées de face, avec trois portes d'égale hauteur, ornées de colonnes de granit, portant les balcons. Trois rangs de pilaftres doriques, ioniques & corinthiens, placés les uns fur les autres, couronnés d'une baluftrade garnies de pyramides & de vafes alternativement, forment la décoration de la façade. L'efcalier eft magnifique, commode & d'une grandeur prodigieufe, orné de deux figures coloffales, le Tage & l'Ebre. La falle des Vice-Rois où font les portraits de tous ceux qui ont gouverné, eft la plus belle du Palais. La chambre à coucher du Roi eft très bien décorée; on voit dans cette chambre des alcoves; le plafond de la plus grande eft de Solimene; l'un des deux autres eft de Francifcello *del Mura*. Les plus beaux tableaux font le paffage d'un pont, un Port de mer, & une Marine, d'Ilario Spolverini: une Vierge, Saint Pierre & Saint Charles, de Lanfranc; le Lazare reffufcité, de Jacques Baffan; les trois Graces, d'Annibal Carrache; une Charité, du même, le mariage de Sainte Catherine avec l'Enfant Jefus, du Correge; Saint Pierre qui préfente à Jefus-Chrift le denier pour payer le tribut, par le *Capuccino*; un Calvaire, de *Sébaftien del Piombo*; une Lucrece qui enfonce le poignard dans fon fein, du *Parmefan*; deux Saintes Familles, du *Schidone*; une Sufanne & une Lucrece, du *Nuvolini*, &c. Au fortir du Palais on voit une grande ftatue de marbre trouvée à Pouzzol, au temps du Duc de Medina; c'étoit un Jupiter en forme de therme. On l'appelle *il Gigante*. Dans le Château neuf, on voit deux buftes d'Adrien & de Trajan, un Arc de triomphe placé entre deux tours; l'Eglife de Sainte Barbe, dans laquelle eft un tableau de l'Adoration des Mages, premier tableau peint à l'huile, par Jean de Bruges. Devant la principale face du Palais eft une très-grande place à côté de laquelle font tous les fpectacles qu'on donne au Peuple & les cocagnes. Il y a quelques fontaines magnifiques dans ce quartier; la *Fontana Medina* eft la plus belle. Trois Satyres foutiennent fur leurs têtes une large conque, fur laquelle eft en pied un très-grand Neptune appuyé fur fon trident, d'où fortent trois grands jets d'eau.

Il y a à Naples l'académie qu'on appelle *studli nuovi*. On y compte plus de trois cents grandes Eglises, dont quarante-deux Paroisses. Saint Louis du Palais, appartient aux Minimes ; elle étoit dédiée à Saint Louis, Roi de France. Le Couvent a été fondé par Saint François de Paule, passant à Naples, l'Eglise est une des plus belles ; la figure de Saint François se voit sur une agathe du grand Autel. Le tableau du Maître-Autel, ceux des côtés du chœur, & la voûte du sanctuaire, sont de Jordans ; on y voit des morceaux de Matteis, de Solimene. On y fait voir deux petites fioles du lait de la Vierge, coagulé & qui se liquéfie, dit-on, dans certaines Fêtes. *Sancto Spirito a Palazzo*, est une Eglise des Dominicains, en face du Palais ; on y voit un tableau du Rosaire, de Jordans, & le Baptême de Jesus-Christ, de Paul Matteis. L'Eglise Cathédrale est dédiée à Saint Janvier ; elle a été bâtie sur les desseins de Nicolas Pisani, & finie par Maglioni, son gendre & son élève ; elle est flanquée de quatre grosses tours. Tout l'intérieur de l'Eglise a été revêtu de stucs, dans lequel sont encadrés des tableaux de Luc Jordans. Il y a au maître-autel une Assomption du Pérugin, & dans plusieurs endroits, des tableaux de Solimene & de Sébastien Concha. Les peintures du plafond sont de Santafede. On compte dans cette Eglise jusqu'à cent dix colonnes de granit ou de marbre d'Afrique, on y voit un vase antique de basaltes, sur un pied de porphyre, du temps de Constantin. Dans une Chapelle souterraine, on conserve le corps de Saint Janvier : elle est de marbre blanc, soutenue par des colonnes qu'on regarde comme des restes d'un Temple d'Apollon ; la statue du Cardinal Olivier passe pour être de Michel-Ange. Il y a plusieurs tombeaux remarquables ; celui de Bernardino Caracciolo, par Pierre Ghetti ; un squelette couvert d'un suaire, montre un tablier au portrait du Cardinal, qui est en marbre : celui du Pape Innocent XII, est un grouppe de marbre de plusieurs figures allégoriques ; celui d'Andreasse de Hongrie, mari de la

Reine

Reine Jeanne I. Son épitaphe accuse cette Princesse de la mort de son Mari. *Andreæ Neap. Regi, Joannæ uxoris dolo & laqueo necato.* Sainte Restitute tient à l'Eglise de Saint Janvier ; les colonnes qui soutiennent la nef, passent pour être des restes d'un Temple de Neptune. Les douze Apôtres y sont peints par François Moro, Eleve de Solimene, & le plafond par Luc Jordans. On y montre la premiere image miraculeuse de la Vierge en mosaïque ; le trésor ou Chapelle de Saint Janvier, est porté par quarante-deux colonnes de brocatelle, entre lesquelles sont les niches de dix-neuf Saints, par Jules Fecielli. La Chapelle est d'une très-grande richesse ; le pavé est de marbre, les ornemens y sont accumulés. La coupole est de Lanfranc, elle avoit été peinte d'abord en fresque par le Dominiquin, qui mourut de chagrin de ce que les Maçons, gagnés par les Peintres Napolitains, avoient mêlé de la chaux à l'enduit sur lequel il peignoit, pour que la peinture tombât : le Dominiquin craignoit toujours d'être empoisonné. On détruisit l'ouvrage de Lanfranc, & il ne reste du Dominiquin que les angles de la coupole : le tableau de Saint Janvier sortant de la fournaise, est de l'Espagnolet. On voit dans cette Chapelle & dans la Sacristie, des richesses immenses, un calice d'or enrichi de diamans, estimé cent milles livres ; des chandeliers d'argent de dix à douze pieds de hauteur ; quarante-une statues de bronze, trente-six bustes d'argent, un ostensoir ou reliquaire, dans lequel sont deux ampoules ou fioles de verre qui contiennent du sang de Saint Janvier, qui, deux fois l'année, se liquéfie en présence du peuple : miracle qui se fait avec beaucoup de pompe, en approchant la fiole où est le sang de la tête du Saint. Plusieurs Physiciens ont essayé d'expliquer ce phénomene. Il seroit impossible de renfermer dans cet article les détails qui concernent toutes les Eglises de Naples. Voici les principales. Devant l'Eglise de Saint Janvier est une grande statue de bronze du Saint, posée sur un piédestal de marbre fort élevé, orné de bronze. On voit à

San Giovani Magiore ; des reſtes antiques qui ont fait conjecturer que cette Egliſe a été bâtie ſur un Temple qu'Adrien éleva à Antinoüs. A *San Paolo Magior*, on voit des colonnes d'un portique qui ſervoit d'entrée à un Temple de Caſtor & Pollux, élevé par *Julius de Tarſe*, Affranchi de Tibere. Ces colonnes, & un grand eſcalier de marbre qui conduiſoit au portique, ont été briſées par le tremblement de terre de 1668, & ont été réparées comme on a pu. Il y a dans le Cloître des Théatins, à qui cette Egliſe appartient, des veſtiges du premier Théatre public ſur lequel Néron montra ſes talens au public ; il voulut préluder à Naples, avant de ſe faire voir à Rome ; l'aſſemblée la plus brillante avoit accouru à ce ſpectacle ; mais un tremblement de terre renverſa le Thâtre lorſqu'à peine le monde ſe fut retiré. Dans ce même Couvent ſont des tableaux de Solimene, & des colonnes de granit du Théatre de Néron. Dans l'Egliſe de Saint Laurent, on remarque parmi les tableaux dont elle eſt ornée, deux Saints de l'Ordre de Saint François, par le Calabrois. L'Egliſe des Saints Apôtres des Théatins eſt bâtie ſur les ruines d'un Temple de Mercure ; les plafonds ſont peints par Lanfranc ; il y a pluſieurs tableaux du même Peintre ; la coupole eſt du Benuſchi ; la Piſcine probatoire du Viviani, le bas-relief de la Chapelle des Filomarini, le portrait du Cardinal de ce nom eſt de François Flamand, le Sculpteur qui a le plus approché des Grecs dans ce genre. Cette Egliſe eſt ornée de beaux tableaux de *Marco di Siena*, *de Luc Jordans*; de Solimene ; le Cavalier Marin eſt enterré dans cette Egliſe, une des plus belles d'Italie. On remarque à Saint Jean de Carbonara des Auguſtins, le mauſolée du Roi Ladiſlas, qui s'élève juſqu'à la voûte ; c'eſt un ouvrage des Goths ; qui prouve que ſi cette Nation eût eu autant de goût que de patience & de hardieſſe, elle eût peut-être ſurpaſſé les Grecs. Cette Egliſe renferme de grandes beautés. Dans le Couvent eſt une très-belle Bibliothéque. Dans le *Gieſu nuovo*, autrefois Maiſon profeſſe des Jéſuites, le plus bel édifice de Naples, sur le plan de Saint Pierre de Rome ; le plafond est peint par Lanfranc, & réparé par Matteis ; on y voit des tableaux de Solimene, de Luc Jordans, du Dominiquin, de Bellisario, de Raphaël, d'Annibal Carrache ; des colonnes, des statues du plus grand prix. Dans l'Eglise de Sainte Claire on y voit le superbe tombeau du Roi Robert. On y trouve beaucoup de tableaux de Sébastien Concha. L'Eglise de Saint Philippe de Neri est décorée d'un très-grand nombre de peintures des plus grands Maîtres, & de belles statues ; il y a des ouvrages du Bernin, du Guide, du Pomerancio, de Pierre de Cortone, de Luc Jordans, de Raphaël, de Bassan. Sur le tombeau de Sannazar & l'Eglise des Servites, *voyez* PAUSILIPPE. Au *Mont olivet* on voit des peintures du Vasari, du Pintorecchio ; les cloîtres, la bibliotheque & l'apothicairerie des Olivetans méritent d'être vus ; la Sainte Therese des Carmes déchaussés offre de très-grandes richesses.

Dans l'Eglise de S. Severin des Bénédictins on y remarque deux magnifiques tombeaux, l'un de J. B. Cicaro & l'autre d'André Bonifacia.

On voit aux Cordeliers le plus ancien monument de la primitive Eglise, c'est l'entrée des Catacombes ou cimitiere de Saint Janvier. *Voyez* CATACOMBES. Au bas des fortifications du Château Saint-Elme est la magnifique Chartreuse de Saint Martin ; elle fut fondée par Charles, Duc de Calabre, & la Reine Jeanne I. Cette Maison est dans la situation la plus heureuse ; elle a pour perspective Naples, dont elle voit les rues dans toute leur longueur, & distingue jusques à la couleur des habits de ceux qui s'y promenent. A droite, elle a la mer, le port, le golfe de Naples, Portici, Resina, le Vésuve & les côteaux qui l'environnent ; à gauche, toute la campagne jusques au-delà de Capoue. On ne peut se faire une idée de ce point de vue, si on ne l'a pas vu. La Maison est riche, & fort décorée. L'Eglise, pavée & revêtue de marbre différens, renferme d'excellens tableaux. Le plafond est peint par Lanfranc ;

on voit dans cette Eglise une descente de Croix, de l'Espagnolet, & douze autres tableaux du même : ils sont regardés comme ce que ce Peintre a fait de meilleur. Une Adoration de Bergers, du Guide, fort estimée. Beaucoup d'autres tableaux dans le goût de Paul Véronese, de Michel-Ange. Une Vocation des Apôtres, de Massimo. Le maître-autel, qui n'est pas encore fini, est de plusieurs figures d'argent ; la balustrade est revêtue de jaspes, d'agathes, de marbres antiques, & autres pierres précieuses ; les grillages de fer des Chapelles sont ornées d'ouvrages de cuivre : on y voit des tableaux de Solimene, de Matteis. Deux de Solimene représentent l'un Saint Martin partageant son manteau avec un pauvre, & l'autre Jesus-Christ apparoissant à Saint Martin avec ce même manteau ; le plus beau de ce Peintre, par les caracteres des passions, est Jesus-Christ disputant avec ses Disciples. La marquetterie de la Sacristie est unique ; on a trouvé le moyen de représenter, avec les seules couleurs du bois, plusieurs traits de l'Histoire des Juifs. Dans les salles qui communiquent de la Sacristie à l'Eglise, on voit plusieurs tableaux de Jordans, de Paul Véronese & de Michel-Ange. La richesse du trésor de la Sacristie, répond à tout le reste. On voit dans la maison des tableaux du plus grand prix, entr'autres, dans l'appartement des Etrangers, le fameux Christ de Michel-Ange, au sujet duquel on a imaginé la fable de l'assassinat du modele par ce Peintre, pour mieux représenter le Christ mourant. L'Apothicairerie renferme un nombre infini de curiosités naturelles. Les Hôpitaux de Naples mériteroient une description particuliere ; l'Eglise de celui de l'Annunziata, pour les enfans trouvés & orphelins, les pauvres filles, les nécessiteux & les malades, est très-belle & très-magnifique, & renferme un grand nombre de belles peintures. Le plus beau tableau du Mont de la Miséricorde, autre Hôpital des Incurables, est celui de Michel-Ange, représentant les sept œuvres de Miséricorde. Naples a une très belle Université, fameuse par ses Ecoles de Droit. Les Napolitains sont fort savans, mais leur goût n'est pas encore perfectionné. Il y a plusieurs autres Eglises qui méritent l'attention des curieux. Les peintures du Giotto à l'*Incoronata*, sont très-précieuses. L'adoration des Mages de Luc Jordans : à Sainte Marie-la-Neuve, les tableaux du Caravage, du Bassan, de Jordans, dans l'Eglise de Sainte Anne des Lombards, méritent d'être vus.

Les Palais de Naples ne sont pas des modeles d'architecture ; mais ils sont agréables & d'un bon goût ; les principaux sont les Palais Orsini, Filomarini, où l'on voit les trois Maries assises sur le tombeau, d'Annibal Carrache ; la fuite en Egypte, de Pierre de Cortone ; un *Ecce Homo*, du Guide ; un Christ sur les genoux de la Vierge, du Dominiquin ; un buste de femme, du Titien, &c. Le Palais Carraffe, où l'on voit une tête de cheval de bronze, de taille colossale, fort remarquable. Le Palais du Prince de Sansevero, qui a la plus belle Chapelle domestique, ornée de statues précieuses, du Carradini & d'autres Sculpteurs. Naples renferme une très-grande quantité de tableaux dans les Eglises, les maisons particulieres, & les Marchands de tableaux, qui souvent n'en connoissent pas le prix.

Les places de Naples sont grandes & assez spacieuses, mais peu régulieres ; la plupart même ne sont que des Carrefours formé par de belles rues qui y aboutissent. On voit dans quelques-unes des obélisques : quelques-uns sont très-beaux : le mauvais goût en a figuré d'autres. Parmi les fontaines qui décorent la Ville, celles de *Fonseca* & de *Medina* sont les plus belles.

Les Napolitains, quoique d'un caractere lent & paresseux, ne laissent pas de faire un commerce considérable ; ils y sont portés par la fertilité & la situation de leur pays. Ils ont beaucoup de Manufactures de savon, d'étoffes de soie de toute espece. Ils commercent en tabac d'Espagne. Les Loix somptuaires avoient lieu sous le gouvernement des Vices-Rois ; les Napolitains sont plus brillans qu'aucun peuple de l'Europe. Les équipages y sont superbes & en très-grand nombre, leurs habillemens fastueux. Ce n'est plus que soie & broderie en or & en argent. Les Théatres de Naples sont de la plus grande beauté; celui de San Carlo est le plus grand & le plus vaste qui soit en Europe; il est attenant le Palais Royal, & a été bâti à-peu-près sur celui de Turin, sous la direction de *Caresale*; on y admire la beauté de la charpente & la grandeur de son emplacement. Il a six étages de loges, toutes assez grandes pour qu'on puisse y jouer & recevoir des visites; on y compte près de cent cinquante loges, dont la décoration est fort riche; il y en a soixante-dix qui appartiennent aux principales familles de Naples. On paie quatorze cens vingt-quatre livres pour chacune des premieres & secondes, & neuf cens quatre-vingt-cinq livres pour les troisiemes, encore peut-il y entrer dix à douze personnes. Il y a quatre Opéras chaque année, qui ont douze à quatorze représentations chacun. La Musique, cet art pour lequel les Italiens ont négligé les autres arts, est sur-tout en grande recommandation pour les Napolitains. Naples a produit les plus grands Musiciens, Corelli, Vinci, Rinaldo, Jommelli, Durante, Leo, Pergoleze, Galuppi, Perez, Terradeglias, &c. Outre ce Théatre, il y a le Théatre de Fiorentini, le *Theatro nuovo*, qui sont des morceaux achevés. Il y en a dans différens quartiers de la Ville, & dans des maisons particulieres, où l'on représente des Comédies impromptu. La grande quantité de Noblesse qui habite la Ville de Naples, contribue beaucoup à sa population & à son éclat, & sur-tout à ses plaisirs. Les Napolitains ont un goût tellement décidé pour les spectacles, que chaque maison est dans l'usage de représenter chez soi de temps en temps des pieces, & chaque particulier s'invite réciproquement. La liberté, regne à Naples, les femmes y sont moins resserrées que par-tout ailleurs; la bourgeoisie y paroît un peu moins policée. La populace de Naples est naturellement menaçante & mutine. On ne peut cependant disconvenir que les Napolitains ne soient braves, attachés à leur Souverain , & bienfaisans envers ceux qu'ils ont pris en affection.

Dom Carlos a établi une Académie sous le titre d'Ercolano, pour expliquer les curiosités d'Herculanum ; le savant Mazzochi & le célebre Abbé Galliani, l'enrichissent tous les jours de leurs nouvelles découvertes. Naples a produit quantité d'hommes illustres, Ciceron & Séneque l'appelloient la mere des études. Plusieurs hommes illustres , quoiqu'Etrangers , s'y retiroient , Virgile , Cicéron, Séneque, Bocace, Fontanus.

Les productions & les matieres de commerce de Naples , sont les essences, les savons, les fleurs artificielles , les confitures , les raisins secs. La mer y est très-poissonneuse ; on y fait d'excellens Macarroni, de la Semoule, les Vermicellis & toute espece de pâte. Naples fournit une couleur fort usitée parmi les Peintres, appellée Giallolino ou jaune de Naples. La composition de cette couleur est un secret qui a fort exercé les Physiciens ; elle donne une couleur de citron plus solide que les orpins. M. le Prince Sansevero a trouvé de son côté le secret de fixer la Peinture au pastel , par le moyen de la colle de poisson , tandis qu'en France M. Loriot trouvoit l'art de la fixer par une autre méthode. La fabrication des cordes à boyaux pour les violons , est pour Naples un autre objet de commerce très-considérable. C'est un secret que ces fabricateurs se sont réservé , comme ceux de Paris, de Toulouse , de Lyon & de Marseille.

La chaleur du climat de Naples rend ce pays sujet à une infinité d'insectes, sur-tout des Tarentules. *Voyez* TARENTULES. Le climat y est de la plus grande fertilité , s'il étoit bien secondé. C'est à Naples, qu'on a imaginé la meilleure façon de conserver les grains , c'est-à-dire , par le moyen des étuves ; les environs de Naples produisent une grande quantité de vins, de mûriers & de l'apocin. C'est une soie végétale, enfermée dans des gousses ; M. le Prince Sansevero a enseigné l'art de tirer parti de cette plante.

NARDO , petite , mais jolie Ville au Royaume

de Naples, dans la Terre d'Otrante, avec Evêché suffragant de Brindes. Cette Ville, assez bien peuplée, est située dans une plaine agréable & fertile. Elle a titre de Duché, & appartient à la Maison d'*Aquaviva*.

NARNI, petite Ville Episcopale, dans l'Etat Ecclésiastique, avec un Evêché, paroît être dans la même situation où elle étoit lorsque Tite-Live écrivoit que le terrein où *Nequinum* ou *Narnia* étoit alors situé, étoit un lieu escarpé, & d'un côté très-rapide. Les Romains s'en emparerent par la trahison de deux de ses Habitans, & y envoyerent une Colonie qui fut appellée *Narnia*, du nom de la riviere qui couloit à *Nequinum*. Elle a donné la naissance à l'Empereur Nerva. On voit dans l'Eglise Cathédrale le grand autel placé entre quatre belles colonnes de marbre qui forment un baldaquin au-dessus du tabernacle. Au sortir de Narni, entre cette Ville & Terni, on entre dans un vallon d'environ cinq lieues, partagé par la riviere de Néra, dont les eaux sont pures & de la plus grande lympidité ; elle arrose, en serpentant, les prairies les plus riantes, les terres les mieux cultivées, des plantations de mûriers, de peupliers & d'arbres à fruit de toute espece ; dans quelques endroits des bosquets d'orangers, de citronniers & d'oliviers ; ce vallon est formé par des côteaux couverts de vignes ; rien n'est aussi séduisant ; on trouve sur la Néra, les ruines de l'ancien pont d'Auguste, qui est de marbre. Il étoit formé de quatre grandes arches ; il n'en reste qu'une entiere ; le haut du ceintre de la plus grande est rompu. *Narni* a été détruite de fond en comble par les Troupes Vénitiennes qui venoient joindre l'Empereur Charles V, lorsqu'il assiégeoit Clément VII dans le Château Saint-Ange ; elles égorgerent jusqu'aux femmes & aux enfans ; brûlerent & démolirent les maisons & les édifices publics : l'aqueduc de Narni, percé au travers des montagnes, a quinze milles de long, fournit de l'eau à beaucoup de fontaines. Le chemin de Narni à Pérouse passe sous l'arcade du pont d'Auguste, qui est entiere : elle a soixante pieds de haut & les piliers en ont vingt-huit.

NAVIGLIO GRANDE, (il) & il NAVIGLIO MINORE, sont deux grands Canaux qu'on a été obligé de creuser autour de Milan, tant pour faciliter le commerce de cette Ville, que pour y faire transporter les vivres dont elle a besoin. Le premier Canal va jusqu'au Tésin, & le second aboutit à l'Adda.

NAVIGLIO D'ELLA MARTESANA, est un canal superbe qui communique de la riviere de l'Adda à la Ville de Milan : il commence vers le Village appellé la Canonica, & a environ sept lieues de longueur. Cet ouvrage, qui est d'une grande utilité aux Milanois, après avoir été tenté inutilement plusieurs fois par différens Ingénieurs, fut enfin exécuté par le fameux *Léonard de Vinci*.

NAVONNE. (Place) C'est la plus belle & la plus grande qu'il y ait à Rome ; elle a cent vingt-cinq toises de longueur : elle occupe, dit-on, le même terrein que le Cirque d'Alexandre Sévere, qui, du temps de la République, étoit une partie du Champ de Mars, fermée d'une enceinte, où se faisoient les courses des chars & des chevaux ; cette place est ornée d'un très-bel obélisque qui fut transporté d'Egypte à Rome, sous l'Empire de Caracalla, de cinquante pieds de haut, orné de caracteres Egyptiens, & de trois fontaines, dont les deux des extrémités furent construites par les ordres de Grégoire XIII, & celle du milieu, qui est la plus belle par Innocent X. L'une des deux premieres est peu considérable par les ornemens qui sont en marbre, mais sans sculpture ; au milieu du bassin est une borne qui jette une grande quantité d'eau. L'autre est formée par deux bassins, dont l'eau tombe de l'un dans l'autre ; sur les bords du second bassin sont des Masques faits par Michel-Ange, & quatre Tritons, par *Fluminio Vacca*, *Leone de Sarsana*, *Thadeo Landini* & *Filla de Milan*. Ils ont à la bouche une double conque de laquelle l'eau jaillit. Au milieu est un Triton qui tient un Dauphin par la queue. Ce Dauphin jette de l'eau en éventail & en quantité. Cette figure est du Bernin. Mais la fontaine du milieu est la plus belle ; elle est du Bernin, & est regardée comme un des plus beaux Monumens de Rome moderne, & peut-être du Monde. C'est un grand rocher percé à quatre ouvertures, au-dessus duquel sont placées les statues des plus grands Fleuves des quatre parties de la Terre ; le Danube pour l'Europe, il est de stature colossale, comme celui dans lequel se dégorge le plus grand nombre de rivieres navigables, & celui dont on croyoit alors que le cours étoit le plus long. Pour l'Asie, c'est le Gange représenté tenant une rame à la main ; pour l'Afrique, c'est le Nil dont la tête est couverte ; & pour l'Amérique, c'est le Rio de la Plata, représenté par un Indien. Ces fleuves tiennent ou sont appuyés sur des urnes d'où sort une très-grande quantité d'eau ; dans le rocher sont des antres ouverts où l'on voit un lion, un cheval & d'autres animaux plus grands que nature. L'eau qui tombe des urnes des fleuves tourne autour du bassin où elle se précipite, & de-là va couler dans les antres du rocher, d'où, par des canaux, elle va enrichir encore d'autres fontaines. Le rocher est surmonté de l'obélisque dont on vient de parler. Les animaux qui sortent des antres, & qui semblent venir s'abreuver dans le bassin, caractérisent quelqu'une des parties du Monde. Parmi les autres attributs, il y a un palmier qu'on admire sur-tout. Dans certains jours d'été, on ferme les tuyaux des antres, & l'eau inonde la place qui est concave & forme elle-même un bassin ; en moins de deux heures il y a dans le milieu jusqu'à trois pieds d'eau ; les carrosses se promenent autour de la Place, & les chevaux marchent dans l'eau, les Spectateurs sont aux fenêtres : on pourroit donner sur cette Place de véritables Naumachies.

NEBIO NEBBIO, ancienne Ville de l'Isle de Corse, n'est plus aujourd'hui qu'un Evêché dont l'Evêque réside à San-Fiorenzo.

NEGRONI, (Villa) ou MONTALTA PERETTI, commencée par Sixte V, en partie sur les thermes de Dioclétien. Les jardins sont distribués avec goût pour le temps : cette maison de plaisance a plus de demi-lieue de tour. La maison a deux corps-de-logis, l'un bâti par Fontana. On voit aux frises des Faunes qui pressent du raisin, Antiques. Deux bustes, l'un en marbre du Cardinal Montalte, neveu du Pape, par l'Algardi ; l'autre de Sixte V, en bronze, de Bastiano Torregiani ; un Neptune porté sur un Triton, servant de décoration à la principale fontaine, par le Bernin ; une Femme devant un Temple, tenant une guirlande de fleurs, Antique ; une Baigneuse de marbre blanc, un petit enfant qui tient un canard ; Marius, Marcellus, figures Consulaires assises ; des statues d'Auguste, de Cincinnatus ; une belle Flore ; plusieurs bas-reliefs, dont les principaux représentent Trimalcion suivi des Comédiens ; un Homme appuyé sur un bâton, auprès d'une femme, qui retient un faon qui tette une biche ; une Chevre entre un homme qui la tire par derriere & une femme qui la retient. La famille Négroni, à qui cette maison appartient, en a fait enlever une infinité de statues & de tableaux qui ont été transportés à Gênes.

NEPI, petite Ville & Evêché dans le Patrimoine de Saint Pierre, près de l'Embouchure du Tibre & de *Cita Castellana*.

NERCIA, petite Ville dans l'Ombrie & dans l'Etat de l'Eglise, peu considérable.

NERVI, petite Ville de la République de Gênes. Il y a beaucoup de Manufactures d'étoffes de soie, & de jolies maisons : c'est un des plus beaux endroits qui soient aux environs de Gênes.

NETTUNO, petite Ville maritime de l'Etat Ecclésiastique, située près de Capo-Anzo, où étoit l'ancien port d'Antium, & près du lac ou marais Pontins. C'étoit une Ville des Volsques, célèbre par les guerres des Volsques & des Antiates contre les Romains, & où Coriolan fut tué. Les Antiates furent long-temps à se soumettre ; Numicus détruisit leur port ; Cornelius les subjugua, & punit leur rébellion. Camille les vainquit ; Valerius Corvus les défit encore : mais ils ne furent vraiment soumis que l'an 318 avant

J. C. Les Antiates s'étoient rendus redoutables à la Grece par leurs pirateries. Horace, dans une de ses Odes, s'adresse à la Fortune, adorée à Antium. *O diva gratum quæ regis Antium.* Néron y bâtit un port magnifique : il n'y reste plus que des ruines.

NICASTRO, petite Ville Episcopale au Royaume de Naples, dans la Calabre ultérieure.

NICE, (le Comté de) *Nicea Massiliensium, Nizza*, Province de Savoie, entre le Marquisat de Saluces, le Piémont & la Provence. Nice, qui en est la Capitale, est située sur un rocher escarpé, avec un Château très-fort, du côté de la Provence. Les anciens Auteurs l'appellent *Niceæ, Nicæa, Nica, Nicia*; les Grecs *Nixaia*. Elle s'est aussi appellée *Bellanda*. Les Marseillois la fonderent : ce fut une de leurs colonies; elle a passé successivement aux Rois de Bourgogne & aux Comtes de Provence, & enfin aux Ducs de Savoie. Le Château de Nice a resisté aux efforts de l'armée de François I. Ce fut à Nice que se fit l'entrevue de François I & de Charles-Quint. Louis XIV prit Nice en 1691. Le dernier siege qu'elle a essuyé est de la part des François, qui la prirent en 1744, & la rendirent ensuite au Roi de Sardaigne. Nice est une belle Ville, avec un Sénat : la Cathédrale, dédiée à Sainte Reparate, est bien bâtie. Il y a encore trois Paroisses, un College & quelques Maisons Religieuses. Elle est située dans une campagne très-fertile, au pied des Alpes, au bord de la mer, entre la riviere du Var & Villefranche. On y voit les restes d'un amphithéatre, de quelques autres monumens, & quelques inscriptions. C'est la patrie de Jean-Dominique Cassini.

NICE DE LA PAILLE, (Nizza della Paglia) Ville dans le Montferrat ; entre Asti & Aqui ; elle fut presque ruinée durant les guerres d'Italie.

NICE L'IMPIE, est un Port considérable, que le Roi de Sardaigne fit construire lorsqu'il fut obligé de rendre le Port de Final aux Génois ; il peut y aborder deux cens vaisseaux en sûreté. Ce Port, qui facilite beaucoup le commerce, est à peu de distance de la Ville de Nice, dans le Piémont.

Tom. 2. P. 109.

Noble Venitien

NICOSIA, Ville considérable de la Sicile, dans la Vallée de Démona. On y compte environ vingt-quatre mille ames. Elle est située sur une haute montagne, à huit lieues de Messine.

NICOTERA, (*Nicodro*) petite Ville au Royaume de Naples, dans la Calabre ultérieure, avec un Evêché suffragant de Reggio, près de la mer, à quatorze lieues N. E. de Reggio.

NISIDA ou NISITA, (*Nesis*) petite Ville sur la côte de Naples, dans la Terre de Labour, à trois mille de Pouzzol, dans une petite Isle. Le terrein est assez fertile : mais il y a une si grande quantité de lapins, qu'il n'est pas possible de tirer aucun avantage de cette fertilité. L'Isle a un petit Port appellé *Porto Pavone*. En 1550, on trouva dans un tombeau de marbre d'un Citoyen Romain, une lampe allumée dans une bouteille de verre qui n'avoit point d'ouverture. Cet Antique étoit unique. Les lampes de cette espece qu'on a trouvées dans les tombeaux, étoient presque toutes renfermées dans des urnes qui n'étoient point bouchées. On cassa la bouteille, & la lampe s'éteignit dès qu'elle fut à l'air : le verre n'étoit pas du tout noirci, & le feu de la lampe étoit très-vif.

NOBLES VÉNITIENS. La Noblesse de Venise comprend cinq cens trente familles, citadines & inscrites au Livre d'or. Elle est divisée en trois classes : la premiere, des descendans des douze Tribuns qui élurent le premier Doge ; il n'y en a qu'une qui soit éteinte, les onze autres subsistent depuis plus de dix siecles. Celle de Badoër est la plus ancienne : les autres dix sont les Barozzi, les Contarini, les Dandolo, les Falier, les Gradenigo, les Memo, les Morosini, les Michieli, les Sanudi, les Tripolo. La famille des Polani est éteinte : ce sont les premiers Nobles. Les Bembi, les Bragadini, les Cornari, les Giustiniani vont de pair avec ces familles électorales : les Delfini, les Querini, les Murcello & les Salomon. La deuxieme classe, est celle dont les familles furent inscrites au Livre d'or en 1290, lorsque le Doge Gradenigo établit l'aristocratie : tels sont les Capelli, Foscarini, Mocenigo, Zani : Sorenzo, Celso, Venieri, Tron, Loredan, Vendramini, Grimani, Priuli, Sagredo, Zeno, &c. Près de cent familles, qui ont acheté la Noblesse au prix de cent mille ducats, dans les temps les plus malheureux de la République, forment la troisieme classe. Il y en a une quatrieme, qu'on appelle Nobles d'honneur, titre qu'on accorde aux Souverains, à leurs enfans, aux Princes d'Italie, aux freres & aux neveux des Papes, & à quelques familles illustres d'Italie. Cette prérogative ne s'accorde que rarement, & nos Rois ne l'ont pas dédaignée. Les Nobles de la troisieme classe ont part au Gouvernement intérieur, & sont rarement employés aux grandes charges de l'Etat. Outre ces classes, il y a un Ordre de Noblesse sujette à la République, qu'on appelle Noblesse de terre-ferme ; mais elle n'a aucune part au Gouvernement ni aux charges de l'Etat. Entre la Noblesse & le Peuple, il y a un second Etat, composé de bonnes familles bourgeoises ; elles sont de deux sortes ; les uns sont citadins de naissance & d'origine, issus de familles qui avoient part au gouvernement de l'Etat & à l'élection du Prince avant l'établissement de l'Aristocratie, & demeurerent dans l'ordre des citadins : il n'y eut que les chefs de ces familles dont le nom fut porté au Livre d'or. Les citadins du second ordre ont acquis ce rang ou par leur mérite ou par argent : de ce nombre sont les Secrétaires de la République, les Avocats, les Notaires, les Médecins, les Marchands de soie & de drap & les chefs de Manufactures des glaces de Murano. Un Noble Vénitien qui épouse une citadine, est obligé de faire approuver son contrat par le Grand Conseil, s'il veut faire inscrire ses enfans au Livre d'or ; s'il épouse une femme du peuple, il faut qu'il achete la Noblesse à ses enfans.

Le Gouvernement se mêle des affaires des Nobles ; juge leurs différends, appaise leurs querelles, & prend tous les moyens d'entretenir la paix entre les familles patriciennes ; il prévient leur indigence ; & s'ils profitent utilement de ses bienfaits, il leur donne des charges, & contribue à leur fortune. Jamais un Noble Vénitien ne va servir une Puissance étrangere, les loix le lui défendent. Il leur est défendu de rien accepter des Puissances étrangeres sans la permission du Sénat ; il leur est défendu d'être trop populaires, d'avoir même des vertus trop éclatantes. Plusieurs ont eu les vertus & le sort d'Aristide : la dissimulation, qui est le caractere général de la Nation, l'est principalement des Nobles. Les plus pauvres sont fiers, malgré leurs haillons, & parlent aux citadins, dont ils ont besoin, avec la morgue la plus insolente. Le Sénat se mêle des affaires ecclésiastiques, & l'Inquisition n'est qu'en sous-ordre. Les Nobles & les Sénateurs sont d'une discrétion impénétrable sur tout ce qui regarde les affaires du Gouvernement : il n'est permis d'en parler ni en bien ni en mal : tout citoyen soupçonné d'avoir des intelligences au dehors, ou convaincu d'avoir mal parlé de l'Administration, est perdu. Un étranger court même des risques à s'entretenir des affaires publiques & même étrangeres. Sur-tout le reste, il regne la plus grande liberté à Venise. Quoique les passions & les excès des Vénitiens soient impétueux, & qu'ils aiment les parties de plaisir, les Nobles conservent toujours leur gravité.

Nocé, dans les montagnes du Pisan ; il s'y éleve des mofites, espece de fumée ou de nuage qu'on voit sortir de la montagne lorsqu'il doit pleuvoir.

Nocera, Ville du Patrimoine de S. Pierre, au Duché de Spolette, en Ombrie, sur les confins de la Marche d'Ancone, avec Evêché qui réleve du S. Siege, au pied de l'Apennin. Elle est peu considérable, mais fort ancienne. Tite-Live l'appelle *Alpha Terna*. Elle est à sept lieues N. E. de Spolette.

Nocera, qu'il ne faut pas confondre avec la précédente, est dans le Royaume de Naples, dans la Principauté citérieure, avec Evêché suffragant de Salerne. Elle a titre de Duché, qui appartient aux Barberins. Pour la distinguer de l'autre Nocera, les

Italiens l'appellent Nocera *di Pagani*, parce qu'elle avoit été prise par les Sarrasins.

NOLE, (*Nola*) Ville au Royaume de Naples, dans la Terre de Labour, avec Evêché suffragant de Naples. L'Empereur Auguste y mourut l'an 14e. de J. C. Quelques Auteurs prétendent que c'est-là que les cloches furent inventées. Cette Ville est la patrie de Jean de Nole & du Philosophe Jordanus Brunus. Elle a été illustrée par les vertus de Saint Paulin son Evêque : Nole n'est plus aussi considérable qu'elle l'étoit autrefois.

NOLI, *Nolium*, Ville dans l'Etat & sur la côte occidentale de Gênes, avec un Evêché & un Port assez considérable entre Savonne & Albenga, dans une grande plaine. C'étoit autrefois une Seigneurie indépendante ; elle est aujourd'hui sous la domination immédiate des Génois : elle est beaucoup moins considérable qu'elle ne l'a été autrefois.

NOMENTO ; *Nomentano*, petit Village du Duché de Monte Rotondo, dans le Patrimoine de Saint Pierre ; elle a eu autrefois un Evêché. Les Anciens parlent souvent de *Nomentanum* ou *Nomentum* : c'étoit la Capitale des Nomentiens.

NONANTOLA, petite Ville au Duché de Modene, dans une Isle formée par la Muzza. Il y a une célebre Abbaye, où l'on voit une belle Bibliotheque.

NONCE, nom que prennent les Plénipotentiaires ou les Ambassadeurs que le Pape envoie dans les Cours étrangeres. Il y en a ordinairement à Vienne, à Paris, à Lisbonne, à Madrid, à Varsovie, en Suisse, à Venise, à Bruxelles & à Cologne. Quand ces Nonces sont en même temps Cardinaux, ils ont titre de Légats à Latere.

NONZA, un des trois Fiefs qui renferme *Capo Corso*, Jurisdiction de la partie septentrionale de l'Isle de Corse.

NORCIA, petite Ville au Duché de Spolette, autrefois dans le pays des Sabins, appellée *Nursia* par les Auteurs Latins. Elle est située entre les montagnes sur le ruisseau de Freddura : elle est célebre par la naissance de Saint Benoit. Quoique sujette du Pape, elle a toujours conservé quelque chose de Républicain. Elle a le privilege d'élire parmi ses citoyens les Magistrats qui doivent la gouverner. On dit qu'ils ne doivent savoir ni lire ni écrire, parce qu'ils n'ont aucun pouvoir, & qu'ils ne font rien exécuter que le Pape ne l'ait confirmé. Elle est à huit lieues S. E. de Spolette.

Noto, (la Vallée de) une des trois Provinces qui partagent la Sicile entre la mer, la Vallée de *Demona* & la Vallée de *Mazara*. Noto est au-dessus de la Sicile : elle a pris son nom de la Capitale. C'est une grande & belle Ville, située à quatre ou cinq lieues de la mer vers le Cap *Passaro*. Ayant presqu'été détruite par un tremblement de terre, qui arriva en 1693, les habitans en bâtirent, à quelque distance de-là, une nouvelle, qu'ils appellerent *Noto Nuovo*; c'est celle qui est aujourd'hui la Capitale de la Vallée, à quatre lieues S. O. de Morica. L'ancienne Ville de Noto étoit à quatre ou cinq lieues de la mer, vers l'embouchure de l'*Abiso*, près du Cap Passaro. Les autres Villes de la Vallée ou Province sont, *Saragossa* ou Syracuse, qui autrefois en étoit la principale, *Piazza*, *Iano*, *Marza*, *Castel-re-Joanni*; *Mungelino*, *Leontini*, *Calatagironne*, *Terra-Nuova* & *Camarana*.

Notre-Dame des Anges, la Madone d'Egli Angeli, Eglise superbe des Récollets au Duché de Spolette, entre Sainte-Allie & Foigny. On a conservé au milieu de cette Eglise une Chapelle qu'on appelle la *Portioncule*, bâtie il y a plus de quatorze cens ans, dans laquelle on conserve le cœur de Saint François d'Assise. Le Couvent des Récollets n'est pas grand : il y a un petit jardin où il ne croit que des roses. Ces Religieux disent que S. François s'y rouloit quelquefois tout nud pour réprimer le desirs de la chair, & que depuis ce temps-là les rosiers y croissent toujours sans épines.

Novale, petite Ville de la Marche Trévisane, dans l'Etat de Venise.

NOVALEZE ou NOVALESGE, (la) Village du Piémont, situé au pied du Mont Cénis, du côté opposé à Lanebourg : il est à deux lieues de Suze & à treize de Turin. On y trouve, comme à Lanebourg, des porteurs & des mulets pour aller en Savoie. Ces porteurs transportent les voyageurs, démontent les voitures, qu'ils chargent sur des mulets, & font le voyage en six heures ; mais quand ils sont arrivés à Lanebourg, ils doivent s'en retourner à vide, à moins qu'ils n'achetent la permission d'y prendre les passans pour les porter à la Novaleze. La loi est égale en faveur des porteurs de Novaleze, lorsque ceux de Lanebourg y ont conduit les voyageurs.

NOVARRE, (*Novaria*) ancienne & forte Ville au Duché de Milan, Capitale du Novarese, avec un Evêché suffragant de Milan. Comme c'est la premiere Ville des Etats de Sardaigne, elle a souvent été le théatre de la guerre : aussi est-elle défendue par de bonnes fortifications. Les françois y prirent Louis Sforce en 1500 ; ils l'assiégerent en 1513, & furent battus par les Suisses, qui en furent chassés à leur tour par les François en 1515. Les François la prirent encore en 1522, & y firent pendre Torniel. L'Evêque de Novarre est Seigneur temporel d'*Orta*, & a le droit de porter l'Epée, lorsqu'il monte à cheval. La Ville est agréable, située sur une éminence. Parmi quelques Eglises qu'on y voit, on y remarque celle de S. Marc, qui est très-belle pour son architecture & ses peintures. Elle est célebre par la naissance de Pierre *Lombard*, appellé plus communément le Maître des Sentences, qui, dans le douzieme siecle, mit en vogue la Théologie scholastique.

NOVARROIS, (le) est borné à l'O. par la Seigneurie de Verceil & à l'E. par le Tésin. On y cultive beaucoup le riz. Les lieux principaux de cette Province sont, *Tracoate, Oleggio, Romagnano, Borgo, Manero & Orta*.

NOVELLARA, Ville médiocre, entre Guastalla,

Carpi & Reggio, avec titre de Principauté. Ce petit État appartenoit autrefois à la Maison de Gonzague : l'Empereur s'en empara, & le donna au Duc de Modène en 1737.

NOVI, une des Villes les plus considérables de l'État de Gênes, dans une plaine au pied de l'Apennin : c'est la premiere place de la République de Gênes, du côté du Milanois. Elle y entretient un Gouverneur & une garnison. La forme de Novi est plus longue que large ; il y a trois Paroisses, & environ six mille ames. Comme cette Ville est l'entrepôt des marchandises du Levant pour l'Allemagne, elle est assez commerçante. Novi & Gavi sont deux passages importans, dont les Autrichiens s'emparerent en 1746.

NOVILARA, petite Ville du Duché d'Urbin, dans l'État de l'Eglise.

NUSCO, Ville Episcopale du Royaume de Naples, dans la Principauté ultérieure : sa Métropole est Salerne.

O

OBÉLISQUE, Monumens qui, comme les colonnes, servoient à la décoration des Villes, & à perpétuer la mémoire des grands événemens & des Hommes célebres. L'idée en est due aux Egyptiens & remonte à la plus grande antiquité. Lorsque les Romains porterent leurs armes sur le Nil, ils furent frappés de ces Monumens faits d'un seul bloc de pierre, & travaillés dans la carriere même d'où ils sont tirés. Cette pierre ou marbre est ce qu'on appelle granit rouge d'Egypte. Ces Obélisques étoient consacrés au culte du Soleil, & chargés de caracteres hiéroglyphiques. On en trouve encore qui sont dans les carrieres ; les uns n'en sont pas encore détachés ; les autres mutilés ou brisés ; il y en a qui sont enlevés.

Il y avoit à Rome un plus grand nombre d'Obélisques que ceux qu'on y voit encore. Les quatre plus grands sont ceux de la Place Saint Pierre, de Saint Jean de Latran, de la Porte du Peuple & de Sainte Marie Majeure. Les petits sont ceux de la Place Navonne, de la Minerve, de la Rotonde, de la Villa Medicis & de la Villa Mathei. Il y en a d'autres qui sont à terre, tels que ceux du Palais Barberin, de la Place de Saint Jean de Latran, de derriere Saint Laurent, &c.

L'Obélisque de la Place Saint Pierre est le seul qui ait été retrouvé entier dans le Cirque de Néron, où est aujourd'hui la Sacristie de Saint Pierre. Il est plus gros & d'une plus belle proportion que les autres. Il a soixante-douze pieds de hauteur, d'un seul morceau de granit oriental: il pese six cens soixante-quinze miliers; il est surmonté d'une croix; il l'étoit autrefois d'une boule de cuivre doré, que l'on croyoit enfermer les cendres de Néron: sa hauteur totale, en y comprenant la croix & le piédestal, est de cent vingt-quatre pieds au-dessus du pavé de la Place. Sixte V le fit élever en 1586, par les soins de *Dominique Fontana*; à l'aide d'une machine inventée par cet Architecte; elle fut mise en mouvement par huit cens hommes & cent soixante chevaux, & l'Obélisque, en cinquante deux reprises, fut posé sur cinq barres de fer d'une grosseur prodigieuse, plombées dans le massif du piédestal. Innocent XII l'orna de quatre lions de bronze, d'aigles, de festons dorés, & le fit entourer d'une belle balustrade de marbre: le massif du piédestal est de grosses pierres liées ensemble par de grosses barres de fer.

L'Obélisque qui est sur la Place de Saint Jean de Latran, fut transporté d'Alexandrie à Rome. Constantin l'avoit fait transporter à Alexandrie de Thebes d'Egypte, & Constance le fit venir & le plaça dans le grand Cirque. Il pese près d'un million de livres poids de marc. Sixte V le fit déterrer; il étoit brisé en trois pieces que Fontana réunit. L'Obélisque a cent quinze pieds de hauteur, & sa hauteur totale, en y

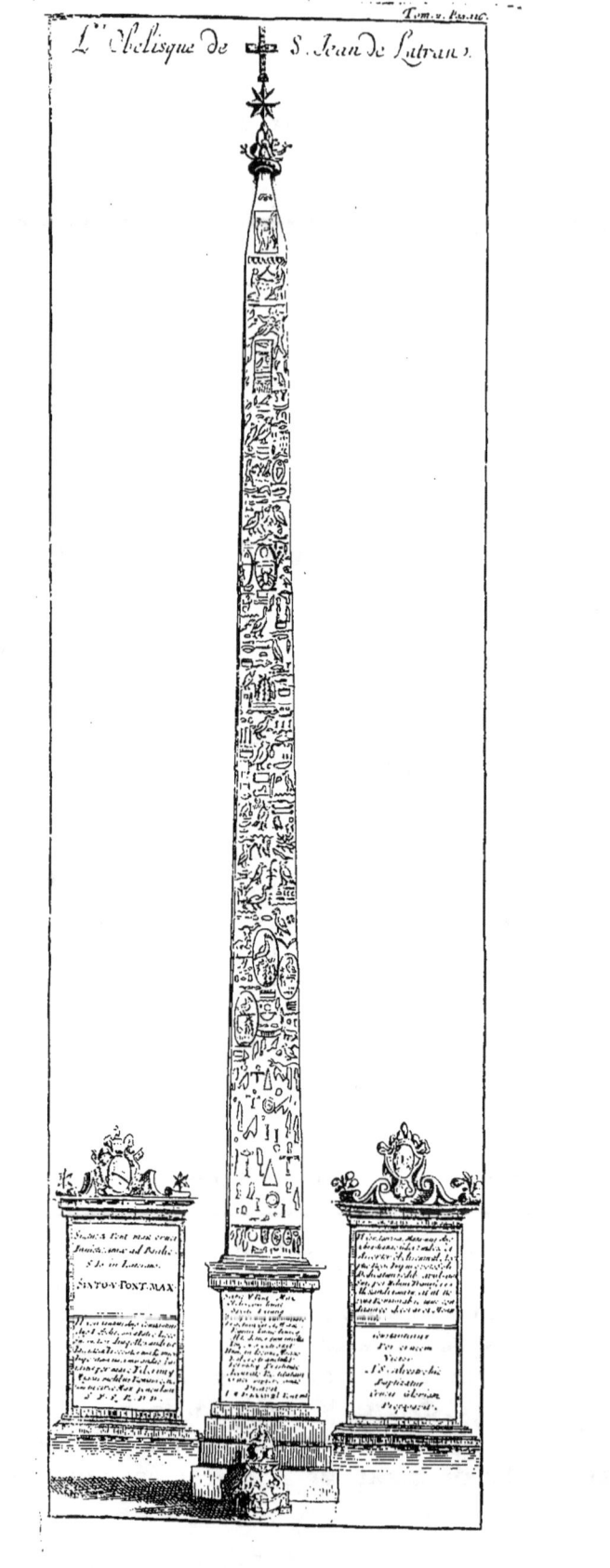

L'Obélisque de la Porte du Peuple

comprenant le piédeſtal, & la croix dont il eſt ſurmonté, eſt de cent quarante pied. Il eſt chargé de figures hiéroglyphiques. On voit auprès de la même Place un autre Obéliſque couché qui fut trouvé dans les jardins de Saluſte. La mort empêcha Clément XII d'exécuter le projet qu'il avoit de l'élever ſur cette Place. Il a vingt huit pieds de long.

Celui que Sixte V fit élever derriere le chœur de Sainte Marie Majeure en 1587, fut trouvé au port de Ripetta; il avoit ſervi d'ornement à ce port; il eſt ſans hiéroglyphiques. Le piédeſtal, l'Obéliſque & la croix ont environ ſoixante pied de haut. Il a été réparé par Fontana. Il avoit été briſé en pluſieurs pieces : la pointe y manquoit, elle a été remplacée par des ornemens en bronze qui ſupportent une croix. Cet Obéliſque n'a point d'hiéroglyphes. C'eſt l'Empereur Claude qui l'avoit fait venir d'Egypte, & qui l'avoit fait ſervir de décoration au Mauſolée d'Auguſte.

L'Obéliſque de la Place du Peuple fut fait à Heliopolis, ſous un ancien Roi d'Egypte; il eſt de très-beau granit, chargé d'hiéroglyphes. Il a depuis le pavé de la Place juſqu'au ſommet de la croix, cent dix pieds de hauteur. Auguſte le fit apporter d'Egypte pour le mettre dans le grand Cirque; c'eſt pour cela qu'on lui donna le nom d'Obéliſque d'Auguſte. Il fut trouvé dans les ruines du grand Cirque. Sixte V le fit élever en 1589 par Fontana. Cet Obéliſque donne à la Place du Peuple, d'ailleurs fort décorée, un air impoſant. Ou prétend que cet Obéliſque fut taillé dans les carrieres d'Egypte plus de ſix cents ans avant Jeſus-Chriſt.

OBÉLISQUE HORAIRE. Il ſervoit de Méridien & marquoit les différentes heures par l'ombre du ſoleil. Auguſte l'avoit dédié à cet Aſtre : il étoit élevé au Champ de Mars ſous les ruines duquel il fut découvert en 1502, par des Ouvriers qui creuſoient des latrines. Sixte V le fit examiner, mais il le trouva en trop mauvais état pour le faire relever. Benoît XIV le retira en 1748 de l'endroit où il étoit, & le fit déposer dans une cour derriere *San Laurenzo in Lucina*. On peut l'y voir brisé en neuf morceaux : il est couvert de figures hiéroglyphiques d'hommes, de sphinx, d'oiseaux, & autres animaux ; une des faces est entiérement effacée. Sa hauteur est de soixante-sept pieds : on y voit aussi le piédestal sur lequel Auguste fit graver une inscription par laquelle il paroît qu'il le dédia au Soleil, & qu'il le fit ériger après avoir soumis l'Egypte. *Egypto in potestatem Populi Romani reductâ.*

Devant l'Eglise de la Minerve, il y a une Place décorée d'un très bel Obélisque trouvé dans les jardins même du Couvent des Dominicains. On conjecture que c'est un reste du Temple d'Isis, qui étoit entre le *Minervium* & le *Pantheon*. Cet Obélisque est couvert d'hiéroglyphes Egyptiens qui sont très-bien gravés, mais dont quelques-uns sont effacés : il a dix-huit à dix-neuf pieds dans sa base. Il est porté sur le dos d'un éléphant de marbre blanc, caparaçonné sur le corps, & ayant une espece de selle qui forme le socle de l'Obélisque, le tout porté sur un piédestal élevé sur deux degrés. Ce dessein est de Bernin qu'Alexandre VII employa pour l'érection de ce Monument : l'éléphant est du Ferrata, & d'une belle exécution.

L'Obélisque de la Place Navonne est celui de tous qui est le plus avantageusement placé ; le piédestal en est supporté par un grand rocher percé de quatre côtés, d'où sortent quatre fleuves. *Voyez* PLACE NAVONNE. Cet Obélisque, qui a cinquante pieds de haut, est chargé de caracteres Egyptiens. Il fut transporté d'Egypte à Rome par ordre de Caracalla, & placé dans le Cirque. Le Pere Kirker a essayé d'en expliquer les hiéroglyphes. Voilà les Obélisques les plus remarquables de Rome. Il y en a encore dans quelques quartiers de Rome, mais mutilés. On sait même des endroits où les ruines en couvrent, & que les temps & les circonstances pourront un jour faire déterrer.

OCCIMIANO, Village du haut Montferrat, dans la Province de Casal.

ODOLO, petite Ville du Bressan, dans l'Etat de l'Eglise. Elle est située au pied des Alpes sur l'Oglio.

OFANTE, riviere dont parle souvent Horace, appellée aussi *Aufidus* par les Auteurs latins, coule entre la Capitanate & la Terre de Bari, & va se jetter dans la mer Adriatique, entre Salpé & Barlette. Elle a sa source dans l'Apennin dans la Principauté Ultérieure.

OFFIDA, petite Ville assez remarquable de la Marche d'Ancône, dans l'Etat de l'Eglise.

OGLIO, (l') Riviere qui a sa source dans la partie la plus septentrionale du Bressan, dans le Lac Isio, sur les frontieres des Grisons & du Trentin, & son embouchure dans le Pô, proche de Mantoue, à l'occident de *Burgo-Forte*.

OIRA, Ville de la Terre d'Otrante, avec un Evêché suffragant de Tarente; situé au pied de l'Apennin, à huit lieues N. E. de Tarente. Son Château, quoique très-vieux, est encore bon & assez beau.

OISARA, petite Ville au Royaume de Naples, dans la Capitanate, avec un Château superbe. Elle appartient à la Maison Francis, originaire de Naples. Les Seigneurs de cette Maison portent le titre de Duc d'Oisara.

OLIVETAINS, (la Congrégation des) n'est connue qu'en Italie, elle fut établie au commencement du quatorzieme siecle par Jean Tolomei, Ambroise Picolomini, & Patrice Patrizi, Siennois. Les Olivetains suivent la regle de Saint Benoit, & l'Ordre est sous la protection de la Vierge. Leur habit est blanc. Le Général fait sa résidence au Mont Olivet en Toscane: il a quatre-vingts Monasteres sous sa dépendance. Ceux de Naples & de Bologne sont les plus considérables; quelques-unes de ces Maisons n'admettent que des Gentilshommes. Le Supérieur de chaque Maison prend le titre d'Abbé, & officie pontificalement.

OLINO, petite Ville du Bergamasque, dans l'Etat de l'Eglise, sur le lac Iseo.

OMBELLE, espece de parasol, que le Doge de Venise met sur ses armes, par une concession que lui fit de ce droit Alexandre III, quand il se réfugia à Venise, en fuyant la persécution de Frédéric I. Elle est quelquefois sur les armes de la République.

OMBRIE, *Umbria* ou *l'Umbra*, Province de l'Etat Ecclésiastique. Elle étoit autrefois divisée en deux parties ; savoir, la Vilombrie ou Ombrie au-delà de l'Apennin, renfermant la Romandiole, le Duché d'Urbin, &c. & l'Ombrie en-deçà de l'Apennin, comprenant l'Ombrie propre ou Duché de Spolette. *Voyez* SPOLETTE, FOLIGNI, ASSISE, TODI. TERNI, NOCERA, NARNI, RIELTI, NERCIA. On a prétendu que le nom d'Ombrie lui est venu de l'ombre de l'Apennin, qui couvre quelques endroits de cette Province. Elle fut donnée au Saint Siége par Charlemagne. La Capitale est *Spolette*. *Amelia* & *Monte Falco* sont deux petites Villes de ce Duché.

OMBRONE, (l') Riviere de Toscane, prend sa source dans le Siénois, & va se jetter dans la mer de Toscane. Ses eaux, qui n'avoit pas le cours qu'elles devoient avoir, se dégorgeoient sur un espace d'environ quinze lieues au midi de Sienne, qu'on appelle les Marennes ; le Grand Duc de Toscane a relevé les digues de l'Ombrone.

ONEILLE, *Oneglia*, Principauté enclavée dans la Seigneurie de Gênes. Cette Principauté, dont le terroir est très-fertile en vins, huiles & en toute espece de fruits, appartenoit autrefois à la Maison Doria, qui la vendit, avec ses environs, au Duc de Savoie en 1579. La Ville d'Oneille, qui donne le nom à la Principauté, n'est point fortifiée, & est presque toujours assiégée dans les guerres d'Italie. La Principauté se divise en trois Vallées, la Vallée d'Oneille, la Vallée de Maro, & la Vallée de Préla. Oneille a un Port sur a Méditerranée.

ONUPHRE ou ONUFRE, (Saint) Monastere célebre, à une lieue & demie de Rome, est sur-tout remarquable par le tombeau du Taſſe, avec cette belle inſcription toute ſimple, *Oſſa Taſſoni*. Le tombeau d'Alexandre Guido, Gentilhomme de Pavie, eſt tout auprès ; il voulut être enterré auprès de ce Poëte célebre. La vue de Saint-Onufre eſt très-belle, & les promenades fort agréables. Ce Monaſtere appartient à des Hyéronimites.

OPPIDO, petite Ville au Royaume de Naples, dans la Calabre Ultérieure, avec un Evêché ſuffragant de Reggio, près de la mer. Elle a titre de Comté, & appartient à la Maiſon de Grimaldi.

ORATORIO ou eſpeces de Concerts ſpirituels, qui ont lieu en différentes Villes d'Italie, & particuliérement à Bologne. Dans cette derniere Ville, c'eſt dans une Chapelle, à côté de l'Egliſe des Philippins, que tous les Dimanches, en hiver, depuis la Touſſaint juſqu'à Pâques, ſe donnent les Oratorio. C'eſt un Drame en deux actes ou deux parties, entre leſquelles, pour donner aux Muſiciens le temps de ſe repoſer, un Philippin fait un petit Sermon. Ces Drames ſont chantés & non joués. Chaque perſonnage fait ſa partie, & on emploie les voix conformément à la nature du rôle. Ces ſpectacles ſont faits pour l'inſtruction & pour l'amuſement du Peuple.

ORBE, Riviere du Milanois. Les Latins l'appelloient Urbs. Elle ſe jette dans le Tanaro, près d'Alexandrie de la Paille.

ORBITELLO, petite Ville ſituée ſur les côtes de la Toſcane, fait partie de ſix Fortereſſes qui compoſent le pays, qu'on appelle *lo Stato d'egli Preſidii*, qui eſt près de la mer, & dont la poſſeſſion a été aſſurée au Roi des deux Siciles par la Paix de 1735. Orbitello en eſt la principale Ville ; elle eſt ſur le bord de la mer, au milieu d'un lac, où l'on ne peut aborder que par une langue de terre : mais ſon Port eſt très-bon, & elle eſt aſſez bien fortifiée. Il y a de bonnes Salines.

ORCIANO, Ville de Toſcane, dans le Piſan, ainſi qu'Orciatico, autre petite Ville du même pays.

ORCI-NUOVI, petite Ville du Breſſan, ſituée ſur l'Oglio, dans l'Etat de Veniſe.

ORDRES DE CHEVALERIE. Les plus remarquables de l'Italie sont l'Ordre de l'Annonciade en Savoie, celui de Saint Marc à Venise, celui des Chevaliers de Saint Etienne en Toscane, l'Ordre de Saint Janvier à Naples, & celui de l'Isle de Malte dans l'Isle de ce nom. *Voyez* ci-après chacun de ces Ordres.

ORDRE DU DOGE, (l') OU DE SAINT MARC, est un Ordre Militaire à Venise. La marque que portent les Chevaliers de cet Ordre est une croix à douze pointes comme celles des Chevaliers de Malte. Elle est émaillée de bleu, ourlée d'or, avec un ovale au milieu, dans lequel est représenté le lion de S. Marc. Le Doge donne cet Ordre dans la salle d'audience : on le nomme aussi l'Ordre de S. Marc.

ORDRE DE L'ETOILE D'OR, est celui que la République de Venise a établi sous la protection de Saint Marc, Evangéliste. Les armes de cet Ordre sont un lion ailé de gueule ; avec cette devise : *Pax tibi Marce Evangelista*. Il n'est destiné qu'à ceux qui ont rendu de grands services à la République. Il n'y a que les Patriciens ou premiers Sénateurs qui en soient décorés.

ORDRE DE MALTE, est Religieux-Militaire. Il a eu plusieurs noms, les Hospitaliers de Saint Jean de Jérusalem, les Chevaliers de Rhodes, la Religion de Malte & les Chevaliers de Malte. C'est le nom qu'on leur donne toujours dans l'usage ordinaire en France. L'Ordre de Malte ne possede plus en souveraineté que l'Isle de Malte, & quelques autres petites Isles aux environs, dont les principales sont Gozo & Cumino. Le Gouvernement est monarchique & aristocratique : monarchique sur les habitans de Malte & des Isles voisines, & sur les Chevaliers en tout ce qui regarde la regle & les statuts de la Religion : aristocratique dans la décision des affaires importantes, qui ne se fait que par le Grand-Maitre & le Chapitre. Il y a deux Conseils ; l'Ordinaire, composé du Grand-Maitre, comme le chef des Grand'Croix ; le Complet comprend les Grand'Croix, anciens Chevaliers de chaque Langue. L'Ordre de Malte est composé de sept Nations ou Langues, savoir, Provence, Auvergne, France, Italie, Arragon, Castille & Allemagne. Le

Chef de l'Ordre s'appelle Grand-Maître : les Chefs de ces différentes Nations se nomment Piliers & Baillifs Conventuels. *Voyez* MALTE.

ORDRE DE S. JANVIER, (l') institué par Dom Carlos, Roi de Naples, en 1739. Les Chevaliers doivent être au nombre de soixante. Ils doivent faire preuve de quatre quartiers de noblesse, & les statuts leur imposent l'obligation de faire consister leur gloire à défendre, à quelque prix que ce soit, la Religion Catholique. La marque de l'Ordre est une croix ayant une fleur de lys dans chacun de ses quatre angles intérieurs, & au milieu l'image de Saint Janvier. La devise est, *in sanguine fœdus*. On porte cette croix en écharpe de l'épaule droite à la gauche, attachée à un ruban incarnat moiré, & la même croix doit être brodée en argent au côté gauche des habits sur la poitrine. Le Roi s'en est déclaré le Grand-maître, & l'a uni à perpétuité à sa Couronne. Il donne les marques de cet Ordre à ceux qui se sont signalés pour son service.

ORDRE DE ST. ETIENNE DE PISE, établi par Cosme I de Médicis, Grand-Duc de Toscane, en 1561 : il est Militaire. La destination des Chevaliers est de tenir la mer pour défendre les côtes de Toscane contre les incursions des Corsaires. Les Chevaliers de Grace sont reçus sur la présentation du Grand-Maître, sans faire des preuves. Les Chevaliers de Justice font preuve de noblesse de quatre quartiers francs, non compris le présenté. Ceux qui fondent des Commanderies dans l'Ordre, n'ont besoin d'autre preuve que du contrat de fondation ; ils peuvent même en disposer en faveur de leurs descendans en ligne directe, à condition que la Commanderie rentrera ensuite dans le droit commun : mais il faut que celui qui succede fasse preuve de deux quartiers de noblesse, ou qu'il augmente la fondation de mille écus. Le Fondateur a voulu, pour peupler Pise, que les Chevaliers qui font leurs caravanes, passent à Pise le temps qu'ils ne sont pas sur mer. Les Officiers principaux, après le Grand-Maître, sont le Grand-Connétable, le Grand-Prieur, le Grand-Chancelier, le Grand-Trésorier & le Grand-Conservateur. Le Chapitre général, auquel, à moins de grandes raisons, tous les Officiers doivent assister, se tient tous les trois ans. Les Chevaliers peuvent se marier; ceux qui ne le sont pas doivent demeurer dans le Palais, où ils sont très-bien logés. Leur habit de cérémonie est un manteau noir, sur lequel il y a une grande croix rouge à huit pointes. Leur marque distinctive extérieure est une croix partie d'or émaillée, avec la figure de S. Etienne au milieu : le cordon en est rouge.

ORGANASCA, Ville du Pavese, dans le pays d'Outre-Pô & de Bobbio au midi.

ORIA, Ville ruinée du Royaume de Naples, dans la Terre d'Otrante; elle a été autrefois considérable, & est connue chez les Anciens sous le nom d'Uria. Elle est aujourd'hui très-peu de chose.

ORIGLIANO, Ville du Vicentin, dans l'Etat de Venise, près de Brendola.

ORISTAGNI, *Urelis*, Ville de l'Isle de Sardaigne, dans la contrée de Cagliari, avec un Archevêché. Elle est mal peuplée, à cause de son mauvais air : son territoire cependant est un des plus fertiles de l'Isle. Cette Ville est située sur le golfe d'Oristagni, vers le milieu de la côte occidentale, à dix-sept lieues N. E. de Cagliari.

ORTA, petite Ville dans le Navarrois, au Duché de Milan, près du lac du même nom, est une place assez forte. L'Evêque de Novarre en est le Seigneur souverain, & en cette qualité, il a droit de porter l'épée lorsqu'il monte à cheval.

Il y a une autre Ville du même nom dans le Patrimoine de Saint Pierre, au confluent du Tibre & du Nar, à douze lieues de Rome. Elle étoit très-fréquentée du temps des Romains. Giusto Fontanini a donné, en 1708, deux livres sur ses Antiquités.

ORTONA A MARE, parce qu'elle est sur la mer au golfe de Venise, petite Ville au Royaume de Naples, dans l'Abruzze Citérieure, avec un Evêché. Elle a un port bien fortifié, & très-fréquenté par les Marchands de Dalmatie.

ORVIETO, OROPILUM ou URBIVENTUM, Ville & Capitale de l'Orvietan, Province dans le Patrimoine de Saint Pierre, avec un Evêché suffragant du Pape. Cette ville, qui ne consiste qu'en une Forteresse, que l'art de la nature ont rendue imprenable, est située sur un rocher escarpé, près du confluent de la Paglia & de la Chiana, entre Pérouse & Viterbe. On y voit un un puits très-profond, d'une structure assez singuliere. Des mulets descendent par un escalier pour prendre de l'eau, & remontent par un autre. C'est aux environs de cette ville qu'on trouve un contre-poison, qu'on appelle *orvietan*. C'est un simple qui a beaucoup de propriétés, & qui a donné le nom à tous les remedes que viennent débiter en France tous les Charlatans d'Italie. Orvieto est appellée par les Anciens *Herbanum*.

L'Orvietan est un pays agréable & fertile; il renferme, outre *Orvieto*, *Aquapendente*, *Bagnera*, qui est le lieu de la naissance de Saint *Bonaventure*.

OSERO, Isle considérable dans le golfe de Venise, à peu de distance de celle de Cherzo, appartient aux Vénitiens. On y pêche la sardine & le maquereau. Cette Isle abonde en bois, en miel & en bestiaux: mais elle n'est pas peuplée, à cause du mauvais air. La petite ville d'Osero, qui est la Capitale de l'Isle, a un Evêché suffragant de Zara.

OSIMO, AUSUMUM, ou AUSIMUM, petite Ville dans le Marche d'Ancône, avec un Evêché suffragant du Pape. Le Palais Episcopal est ce qu'il y a de plus remarquable. Elle est située sur une montagne, arrosée par le Musone, à trois lieues de Lorette & à quatre S. E. d'Ancône.

OSSAIA, petit Village de la Toscane à treize milles du lac de Pérouse ou lac Trasymene. C'est à Ossaïa que quelques Savants placent le théâtre de la bataille de Trasymene. On prétend que ce Village a pris son nom des os des vingt mille Romains qui furent tué par l'armée des Carthaginois, & qui furent enterrés dans les environs. La tradition de ce lieu porte qu'on a trouvé dans toutes les fouilles qu'on y a faites, une grande quantité d'offemens. Sur la porte d'une maifon de cet endroit, lit cette infcription :

Nomen habet locus hic Offaia ob offibus illis,
Quæ dolus Annibalis fudit & hafta fimul.

OSSOLA, (Val d') Ville & Province du Milanois Savoyard, eft la partie occidentale de l'ancien Comté d'*Anghera*, & la plus feptentrionale du Duché de Milan. Elle eft féparée de la partie orientale par le lac Majeur. Cette Province a été cédée au Duc de Savoie par l'Archiducheffe d'Autriche. Les Bourgs du *Domo d'Offela*, de Canobbio, de Margozzo & d'Arona font les lieux principaux de cette Vallée.

OSTELLATO, petite Ville du Ferrarois, dans l'Etat de l'Eglife, près de Migliarino, au nord de Ferrare.

OSTIANO & POMPONASCO, deux petites Villes à peu de diftance l'une de l'autre, dans le Mantouan, appartenoient à la Maifon de Guaftalla ; mais le dernier de cette Maifon étant mort fans héritier, en 1746, l'Impératrice, à qui ces deux villes appartenoient, les a réunies au Duché de Mantoue.

OSTIE, *Oftia* ; c'eft le premier établiffement que les Romains firent fur le bord de la mer. Ancus Marius, vers l'an de Rome 132 ; voulant étendre le commerce de fon Royaume, entoura de murs la ville d'*Oftie*, & lui donna ce nom pour marquer que c'étoit la porte du Tibre ou de Rome. Le territoire d'Oftie étoit alors très-marécageux ; mais Rome étant devenue la Capitale du Monde, on y fit un port confidérable. Il y abordoit une très-grande quantité de vaiffeaux ; mais depuis que le Tibre s'eft divifé en deux branches vers fon embouchure, le port s'eft trouvé tellement refferré, qu'il n'y paffe que des batimens de médiocre grandeur. Les Sarrafins ruinerent l'ancienne ville d'Oftie ; on en bâtit une nouvelle à quelque diftance de fes ruines. Les Papes Léon IV, Martin V, Jules II ont fait les plus grands & les plus inutiles efforts pour rendre la nouvelle égale à l'ancienne, dont les ruines offrent un port magnifique, comblé depuis long-temps. La nouvelle est un Bourg presque désert, peuplé de forçats & de malfaiteurs, & dont l'air est très-mal sain. Il y a des salines qui appartient à la Chambre Apostolique. Ostie est le titre du Doyen des Cardinaux. Elle est située à l'embouchure du Tibre, dans la Campagne de Rome.

OSTUNI, Ville au Royaume de Naples, dans la Terre d'Otrante, avec un Evêché, le seul suffragant de Brindes. Elle est située près du golfe de Venise, dans une contrée qui fournit beaucoup de gibier, à sept lieues de Tarente.

OTRANTE, (la Terre d') est une des douze Provinces du Royaume de Naples; c'est une grande presqu'Isle, bornée au couchant par la Terre de Bari & par la Capitanate, baignée au nord par le golfe de Venise, au midi par celui de Tarente, & au levant par la mer Ionienne. Ce pays, qui a près de trente-deux lieues d'étendue, est plein de montagnes, & fort sec : il produit néanmoins quantité d'olives, de figues & du vin. Les habitans sont fort incommodés d'une espece d'araignée, appellée *tarentule*, dont la piqûre est vénimeuse, & que certaines personnes prétendent qu'on guérit, en faisant danser le malade jusqu'à ce qu'il tombe de lassitude : mais la vérité est qu'on chasse le venin par une forte transpiration, & qu'on l'empêche de glacer le sang, en fatiguant le malade, & en l'empêchant de succomber au sommeil. Les habitans n'ont pas moins à craindre des serpens amphibies, que les Grecs appellent *chersides*. Ils sont aussi tourmentés par une infinité de sauterelles : mais heureusement la Providence fait naître chez eux une espece d'oiseaux qui font la guerre à ces insectes, & les mangent. Cette Province est fort exposée aux courses des Corsaires, qui, tous les ans, en emmenent beaucoup d'habitans ; aussi est-elle bien fortifiée le long des côtes. La ville de Leccio en est à présent la Capitale, à la place d'Otrante, qui l'étoit autrefois. La ville d'Otrante, *Hydruntum*, est Archiépiscopale ; elle a un fort Château sur un rocher, pour la défense de son port, qui est un des plus considérables de cette côte,

& que le commerce du Levant rend très-fréquenté. Cette ville a été long-temps exposée aux incursions des Turcs. Ils s'en emparerent en 1480, sous Mahomet II, & la pillerent ; mais Ferdinand, Roi de Naples, la reprit, & depuis elle a été mise en état de s'opposer aux tentatives de ses ennemis. Elle est à l'embouchure du golfe de Venise, à vingt-quatre lieues de Tarente & à quinze S. E. de Brindes. La Terre d'Otrante fut le premier pays de l'Italie, que Pythagore éclaira, soit par ses opinions philosophiques, soit par les arts qu'il y fit connoître, & qui firent ensuite de si rapides progrès.

OTRICOLI, (*Ocriculum* du temps des Romains) Bourg dans le Duché de Spolette, sur une montagne, à demi-lieue du Tibre, entre *Narni* & *Citta Castellana*, à treize lieues & demi au nord de Rome, est entouré de ruines, qui attestent son antique magnificence. On voit au couchant de la ville les restes d'un théatre & de plusieurs édifices publics. Otricoli étoit à Rome ce que Chaillot & Passy sont à Paris, c'est-à-dire, que ses fauxbourgs s'étendoient jusques-là. Il y avoit une suite de si beaux monumens, de temples, d'arcs de triomphe, que lorsque l'Empereur Constantin vint à Rome pour la premiere fois, il croyoit entrer dans cette Capitale, lorsqu'il ne faisoit que de sortir d'Ocriculum. Ainsi l'on peut dire que Rome, en y comprenant ses fauxbourgs, occupoit depuis Ocriculum jusqu'à la mer une étendue de près de vingt-cinq lieues ; & ceux qui y comptoit quatre millions d'habitans, en y comprenant les Esclaves, ne se trompoient pas de beaucoup, s'ils étendoient Rome jusqu'à l'extrêmité de ses fauxbourgs.

OTTAIANO, l'un des trois sommets qui formoient la montagne du Vésuve, entre le Vésuve proprement dit, qui est au midi, la Somma au nord. Ces trois sommets n'avoient qu'une même base ; la Somma est presque ruinée dans toute sa hauteur ; l'Ottaïano est fort abaissé ; le Vésuve est le sommet qui reste le plus entier, & contre lequel le feu du volcan s'exerce jusqu'à ce qu'il l'ait consumé comme les autres. *Voyez* VÉSUVE.

VÉSUVE. Au pied de l'Ottaïano est une espece de grotte très-solide, qui a la forme d'un temple antique, précédée d'un aqueduc creux, & d'environ quatre-vingt pieds de long. Cette grotte paroît être d'un seul & même massif : le tout s'est formé par la lave du Vésuve, arrêtée dans son cours par quelques obstacles, qui ont été comme le moule de ce singulier édifice.

OTTONE, une des petites Villes comprises dans ces petits territoires connus anciennement sous le nom de *Feudi Imperiali*, cédés par l'Archiduchesse au Roi de Sardaigne.

OULX, (Vallée d') une des trois Vallées de la province de Suze, sur la Doria, que la France a cédées à la Maison de Savoie, en 1713, avec *Bardonnanche & Sézanne*.

OUTRE-PO, (le Pays d') & de BOBBIO, est la partie méridionale du Pavese. Elle a été cédée au Roi de Sardaigne par l'Archiduchesse, Reine de Hongrie, en 1743, après le Traité de Worm. Bobbio en est la Capitale. On y trouve ensuite *Voghera* au N. *Schiatezzo, Stradella, Varzi & Organesca* au midi, & les *Feudi Imperiali, Mongiardino, Ottone, San-Stephano, Torglia & Borgo Fornari* sont les principaux.

P

PACO, Isle considérable de la Dalmatie, a vingt-trois lieues de tour, & fournit beaucoup de sel aux Vénitiens, à qui elle appartient.

PADOUAN ; cette province est regardée comme la plus abondante & la plus fertile de l'Italie. Elle est à l'Est du Vicentin. Padoue en est la Capitale. Ses principales villes sont ; *Bataglia, Citadella, Este, Gambara, Consello, Montagna, Bevilaqua & Anguillara, Arqua* ou *Acquato*, petite ville où Pétrarque est mort.

PADOUE, *Padouva, Patavium*, Capitale du Padouan, dans laquelle on compte environ quarante mille ames, dans l'Etat de Venise, dont elle se vante d'avoir jetté les premiers fondemens, pour servir de retraite aux peuples maltraités par les Goths, dans le cinquieme siecle, contribua beaucoup à l'agrandissement de cette République, en lui envoyant des Magistrats pour y entretenir la police, & y exercer la Justice. Elle est située à neuf lieues de Venise S. O. & à huit S. E. de Vicence, près des collines Euganéennes. Virgile en attribue la fondation à Antenor, qui, après avoir pénétré dans les mers d'Illyrie, & passé la fontaine du Timave, établit les Troyens à Padoue. On l'a toujours regardée comme plus ancienne que Rome, qui n'a cessé de la traiter en fidelle alliée, depuis que les Padouans l'aiderent à se débarrasser des Gaulois, qui tenoient le Capitole assiégé. Alaric la ruina; Attila la réduisit en cendres, & força les habitans à se réfugier dans les Lagunes. Elle a été brûlée plusieurs fois, & désolée par des tremblemens de terre; c'est sans doute à ces accidens qu'il faut attribuer sa population peu nombreuse, eu égard à son étendue, à la beauté du climat, & à la fertilité de son territoire, le meilleur de l'Italie. Charlemagne la rétablit : elle fut administrée par des Podestats. Après le tyran Ezzelino, qui s'étoit emparé du Gouvernement, elle reprit sa liberté : ils la sacrifierent aux Carrares : enfin, en 1406, Venise la subjugua, & la réunit à son Domaine, malgré son titre effectif de Métropole de la République. Padoue est située dans la plaine la plus fertile de la Lombardie, les collines voisines lui fournissent le meilleur vin & la meilleure huile d'Italie. Son enceinte en forme de triangle, a environ deux lieues ou un tiers de tour. Les Vénitiens l'ont très-bien fortifiée depuis que Maximilien I en forma inutilement le siege. On vante beaucoup le bastion Cornaro, construit en 1539 par l'Architecte San-Micheli & par les ordres de Jérôme Cornaro, Capitaine de Padoue. Elle est divisée en vieille & nouvelle ville; la vieille est mal bâtie, mais les rues sont bordées de portiques, sous lesquels on marche commodément : en général les rues sont mal pavées, & les maisons mal construites. Elle a néanmoins quelques beaux édifices & de belles places. La plus belle est celle où est le palais du Pode l'état & l'Hôtel-de-Ville. Le premier est l'ancien palais des Carrares, fort vaste, orné de quelques belles peintures de Palma, de Varotari, & d'une Bibliothéque publique. L'Hôtel-de-Ville, ou palais de Justice, a été bâti sur les ruines de l'ancien Sénat de Padoue. Le bâtiment est d'une belle architecture de Pierre Gozzo. La salle d'audience est d'une étendue unique, elle a trois cens pieds de long, cent pieds de large & cent pieds de hauteur en dedans, sans autres soutiens que quatre-vingt-dix pilastres placés dans les murs des côtés. La voûte a été faite, détruite deux fois par le feu & par un ouragan, & rebâtie enfin. Les planetes, les mois, les saisons, les Apôtres, les signes du Zodiaque, & plusieurs autres sujets, y ont été peints par le Giotto, & réparés par Zannoni. On y voit un monument élevé à Tite-Live ; la tête, le buste de cet Historien sont antiques. Au fond de cette salle est la pierre d'opprobre, élevée d'un pied environ au-dessus du pavé, sur laquelle s'asseyent les débiteurs insolvables : espece de déclaration qu'ils font de leur insolvabilité & de leur infamie. Sur la place des Seigneurs, est le palais del Capitanio, d'une architecture assez belle, de Falconetto. On y remarque un très-bel escalier, du *Palladio*. La place la plus vaste est appellée *Pratto della Valle*, parce que le milieu est un pré ; elle est décorée par le portail de Sainte-Justine. La Cathédrale de Padoue, dont on appelle les Chanoines les Cardinaux de Lombardie, à cause de leurs revenus, qui sont honorés du titre de Protonotaires Apostoliques, a donné Eugene IV, Paul II, Alexandre VIII & Clément XIII à l'Eglise de Rome. L'Evêque est toujours un Cardinal, Noble Vénitien. Le premier fut, dit-on, Saint Prodoscime, Disciple de Saint Pierre. Marcilo, en 1123, Jacques Sansovin & Jean Gloria, Architectes, ont commencé & fini la construction de cette Eglise. On y voit une Vierge, du Giotto, que Pétrarque, qui étoit Chanoine de cette Eglise, donna à François Carrare. Ce Poëte donna au Chapitre une partie de ses livres, qui furent la base de cette collection, continuée par Jacques Zeno & Pierre Foscari. L'Eglise est ornée d'une Vierge, du Titien; de plusieurs tableaux, de Palma, & des tombeaux, de Pellegrini, de Jacques Dondi, appellé Orologio & de Charles Patin. L'Eglise de Saint Antoine de Padoue, appellé *il Santo*, le Saint par excellence, est bâtie sur les ruines d'un ancien Temple. La statue équestre d'Erasme *Narni Gatta Melata*, Général Vénitien, par Donatello, Sculpteur Florentin, est sur la place en face de l'Eglise, & la nef est formée de six dômes. Il y a des sculptures du Donatello, de Minello, de Bardi, de Sansonin, de Lombardi, de Tiziano Aspetti, de Vellano, de Caraneo, & d'autres Sculpteurs célebres; des tableaux de Tripolo, du Giotto, de Piazetta, &c. On y voit les tombeaux du Cardinal Bembo, de Cornaro Piscopia, savante & Noble Vénitienne, du Médecin Fallope, & de plusieurs autres personnages célebres. Il y a une Musique très-bien entretenue, dont est le célebre Tartini. L'Eglise de Sainte Justine des Bénédictins, est une des plus belles d'Italie; elle est d'André Riccio: elle a quatre cens quatre-vingt-cinq pieds de long, cent huit de haut sur cent vingt-neuf de large; elle a huit coupoles, la plus haute, en y comprenant la statue de Sainte Justine, a deux cens trente-deux pieds en dehors & cent soixante-quinze en dedans. Le tableau représentant le martyre de Sainte Justine, qui est au fond du chœur, est de Paul Véronese, & regardé comme un de ses chef-d'œuvres. Il y a beaucoup d'autres tableaux; l'Abbé en a orné son appartement de quelques-uns, & entr'autres de l'Assomption, de Paul Véronese. On voit dans une des vingt-quatre Chapelles du tour de l'Eglise, qui doivent être décorées de différens grouppes, & dont plusieurs sont finis, une descente de croix fort estimée. On fait beaucoup de cas de la Bibliothéque du Couvent. Les autres Eglises ont toutes quelque chose de précieux, soit pour les peintures, soit pour les monumens. En creusant les fondemens de l'Hôpital des Enfans-Trouvés, on découvrit un cercueil de plomb, qui en couvroit un second de cyprès, dans lequel il y avoit des offemens & une épée, fur laquelle étoient gravés deux vers en caracteres gothiques. On transporta ces offemens & cette épée dans la rue Saint-Laurent, & on plaça le cercueil dans un tombeau ancien, élevé fur quatre colonnes : tout cela paffe à Padoue pour être le tombeau & les reliques d'Antenor, compagnon d'Enée, & Fondateur de Padoue. Les Eglifes offrent des tableaux du Tintoret, du Titien, de Palma, de Paul Véronefe, &c.

Les palais font auffi ornés de beaux monumens des Arts. Auprès du palais du Podeftat, eft une tour qui paroît inclinée fous une coupole très-pefante, elle n'en eft pas moins folide ; mais ce qu'il y a de plus célebre à Padoue, eft l'Univerfité : elle y fut établie en 1222 par l'Empereur Fréderic. On y venoit étudier de toutes les parties de l'Europe ; elle a eu les Profeffeurs des plus célebres ; les nobles Vénitiens fe faifoient honneur d'y occuper des Chaires : la Faculté la plus accréditée étoit la Médecine. On y a vu jufqu'à dix-huit mille Etudians ; ils étoient fort protégés par le Sénat de Venife, qui les regardoit comme une garnifon qui tenoit les Padouans en refpect : auffi les Profeffeurs & les Etudians tenoient-ils le premier rang dans la ville. Les Vénitiens y entretenoient des Profeffeurs pour tous les Arts & toutes les Sciences. Le bâtiment s'appelle *il bo*, nom formé du chiffre 60, qui étoit fur la porte, & qui défignoit le nombre de foixante Profeffeurs qui compofoient l'Univerfité. Elle eft fituée au centre de la ville ; le palais eft bien bâti, d'une belle architecture : la cour eft entourée de deux galeries l'une au-deffus de l'autre. Elle a conservé la réputation, quoiqu'elle ne foit plus ce qu'elle étoit autrefois : il n'y a pas au-delà de fix cens Etudians, la plupart Vénitiens. Les *Reformatori dello ftudio di Padova*, font des Nobles Vénitiens nommés par le Sénat. Il y a des Chaires qui valent jufqu'à 8000 liv. Ce qu'il y a de plus curieux dans le palais de l'Univerfité, eft le théatre anatomique, fur le modele de celui de Bologne. On y trouve tout ce qui peut fervir aux démonftrations en fquelettes, & autres pieces naturelles

& artificielles. M. Morgagni, un des plus grands Médecins de l'Europe, remplit cette Chaire. Le jardin de Botanique dépend de l'Université, quoiqu'il en soit éloigné ; la disposition en est si bien ménagée, que c'est un des jardins les plus agréables d'Italie, orné de bosquets d'arbres étrangers, & de toute sorte d'arbustes, enrichi de fontaines qui servent à l'ornement & à l'orrosement du jardin, & décoré d'une balustrade qui regne tout autour, & qui supporte, de distance en distance, les bustes des hommes célebres qui ont fait une étude particuliere des plantes, & de leurs propriétés, tels que Salomon, Dioscoride, Prosper Alpin, Fabius Colonna, Pontedera. Il y a un Professeur d'Agriculture attaché à ce jardin.

Outre le théatre anatomique, le Marquis Poleni a établi, depuis quelques années, une salle de Physique expérimentale, fournie d'excellentes machines de France, d'Angleterre & de Hollande. Le célebre Médecin Valisnieri a commencé le Cabinet d'Histoire Naturelle ; & son fils qui succede à ses talens & à son savoir, l'augmente tous les jours. C'est un des Cabinets les plus riches de l'Europe, en productions des trois regnes. Le Coquillier est plus riche qu'abondant ; on en a exclu tout ce qui est commun. Le Sénat de Venise donne de grands secours pour l'entretien & l'augmentation du Cabinet, du jardin, de la salle des machines, & généralement pour tout ce qui peut contribuer aux progrès des sciences. Comme ils préferent l'Université de Padoue à tout autre pour l'éducation de la jeunesse, ils se croient intéressés à la protéger. Elle a sous sa dépendance douze Colleges, fondés pour un certain nombre de Boursiers. Il y en a deux établis pour les sujets de la République nés à Candie ; on les appelle les Colleges des Grecs.

La fête la plus brillante est celle de Saint Antoine ; on la célebre le 13 de Juin ; comme c'est après l'Ascension, & qu'il y a une foire immédiatement après celle de Venise, tout ce qu'il y a de Bateleurs, d'Acteurs, d'Etrangers se rend à Padoue : & pendant la la foire ce n'est que jeux, mascarades, parties de plaisir ; spectacles de toute espece, courses de chevaux.

L'abondance & l'excellente qualité des productions de la terre devroient naturellement y attirer beaucoup d'étrangers, & occasionner une grande population ; cependant les Padouans en général sont peu riches ; & les étrangers n'y font que passer.

Padoue est fort commerçante, & l'étoit beaucoup du temps des Romains, auxquels elle fournissoit de belles tuniques de laines, suivant Martial, & sous le regne d'Auguste, le corps des Marchands étoit très-florissant dans cette ville.

Dans la plaine charmante qui environne Padoue, il y a de très-beaux jardins & des maisons magnifiques à voir, tels que les bains d'Albano, la Chartreuse, le palais Obizzi à Cataio.

PADULA, petite ville du Royaume de Naples, dans la Principauté ultérieure, a titre de Baronnie, & appartient à la Maison *Cibo Malespina*. L'épouse du prince héréditaire de Modene le lui apporta en mariage en 1741. Il y a encore une autre petite ville du même nom dans la Principauté citérieure, où les Marquis, à qui elle appartient, font leur résidence dans le beau Château de *Buon Abitocolo*.

PAGLIANO, petite ville dans le Patrimoine de Saint Pierre, avec titre de Duché, près du Tibre, assez agréable, mais peu considérable.

PALAIS. La description des beaux palais d'Italie demanderoit un ouvrage très-étendu ; les plus beaux sont à Rome, à Florence, à Gênes, à Naples, à Venise, &c. Nous avons indiqué les principaux sous les lettres dont ces palais portent les noms. Les plus beaux de Florence sont les palais Strozzi, Pitti, Caponi, Corsi ; Ricardi, Arnoldi.

Le palais Pitti, est le plus beau qu'il y ait à Florence ; c'est-là où réside ordinairement le Grand Duc, lorsqu'il va dans cette ville ; il est situé dans l'endroit le plus élevé, sur le bord de l'Arno ; la façade en est extrêmement longue, & l'architecture est dans le même goût que celle du Luxembourg, mais moins vaste ;

les appartemens y sont superbes, tant par la richesse des ameublemens, que par les peintures: l'escalier en est très-curieux. *Voyez* FLORENCE.

Les palais Strozzi & Caponi joignent à la nouveauté de l'architecture de très-beaux jardins: ce qui est rare à Florence, où la plupart des maisons n'ont comme à Gênes, que des terrasses.

Les Palais Corsini, Ricardi, Arnoldi sont dans le goût antique, mais très-riches en peintures. On y voit, comme dans celui de Pitti, des tableaux des plus grands Maîtres. Le palais Ricardi semble être distingué par le meilleur choix de tableaux, ils sont plus variés que dans les autres palais. On y voit plusieurs belles vues de Florence, de Gasporo, d'egli Ochiali, un tableau de Teniers, une petite bataille sur un pont, du Borgognone. La voûte de la galerie & le plafond de la Bibliothéque, sont de *Luca Giordano*. Au palais Corsini, on fait remarquer la beauté de l'escalier. M. Cochin ne s'est pas laissé imposer par les exclamations des Italiens, il l'a trouvé moins merveilleux qu'ils ne disent.

Les palais de Gênes sont très-beaux; les plus magnifiques sont celui de Doria, qui l'emporte sur tous les autres pour l'étendue superbe de la façade & pour l'architecture, qui en est parfaite; il est situé près du fleuve d'Arena. Celui de Balbi l'emporte sur tous par les ameublemens: les tableaux en sont excellens. Il y a une Adoration, du Titien, qui est un chef d'œuvre. Ce palais a donné son nom à la rue où il est situé: Strada Balbi est le plus curieux de tous pour les voyageurs: il renferme beaucoup de choses précieuses. Le palais Durazzo, qui est dans la même rue, renferme un excellent morceau d'architecture; c'est une Impératrice Romaine, beaucoup de tableaux des meilleurs Maîtres, entr'autres de Jordans. Le palais du Doge est fort vaste, mais ne vaut pas les autres. On y voit deux statues en l'honneur d'André Doria, sous le titre glorieux de libérateur de la patrie. Les autres palais principaux sont ceux de Grimaldi, Lomelini, Giustiniani, Spinola Brignoli. (*Voyez* GENES). A un mille de Gênes est *la Villa Imperiale* ; la face n'en est point décorée de peintures comme les autres ; elle est formée d'un rang de colonnes d'ordre dorique & corinthien.

A Naples, les palais les plus curieux en peintures sont ceux della Torre, della Rocca & de Francavilla, mais ils ne sont pas comparables au palais du Roi ni pour l'architecture ni pour la quantité des choses rares qu'il renferme. Cet ouvrage, qui est de l'illustre *Fontana*, fut achevé sur la fin du seizieme siecle : il peut aller de pair avec la superbe galerie de Florence. Il est composé de plusieurs salles & d'une galerie qui regne au bas. Les plafonds sont presque tous de Solimeni ou de Francisco d'ella Mura, les principaux tableaux sont de Massimo ou de Luca Giordano & de Lanfranc ; la galerie est remplie d'une infinité de choses rares. Il y a une collection admirable de camées, un livre peint en miniature par Mando, Eleve de Michel-Ange, & le Roi a destiné dans son palais une grande salle voûtée, remplie d'armoires, pour y placer les antiques, & généralement toutes les curiosités qu'on a découvertes à *Herculanum*. Les plus remarquables sont deux statues équestres de la famille des *Balbus*. On y admire encore quantité de vases de bronze, dont plusieurs sont incrustés d'argent ; une Vénus de marbre, qui est un chef-d'œuvre, & qui est parfaitement bien conservée ; tous les instrumens dont on se servoit pour fouiller dans les entrailles des victimes ; des pendans d'oreilles d'or, garnis de perles & de pierreries ; des colliers d'or & de pierres précieuses ; deux monumens curieux pour les Savans ; le premier est une verge pliante de bronze, dans laquelle le pied romain est exactement partagé en pouces & en lignes, l'autre est un volume fait d'une lame d'argent, mince comme du papier, le caractere qui paroît en dehors est grec ; on a joint à cette superbe collection les six belles statues qu'on a trouvées dans les environs de Piscina, & tous les jours on l'enrichit de nouvelles curiosités. De plus, le Roi protege une illustre Académie, dont la plupart des Membres sont pensionnés de sa Majesté ; ils s'occupent à examiner les manuscrits grecs, dont on trouve une nombreuse collection dans les ruines d'Herculanum. *Voyez* PORTICI.

Venise a de très-beaux palais. Le palais de Saint-Marc ou celui du Doge, fut bâti en 809 ; & comme il a été brûlé quatre ou cinq fois, & rétabli à différentes reprises, l'architecture n'en est pas des plus régulieres. Il est situé dans la place S. Marc, proche le palais des Procurateurs : l'intérieur très-beau, les façades de la cour sont d'une très-belle architecture. C'est dans ce palais que se tient la Magistrature, le Grand Conseil, celui des Finances, qu'on appelle la *Zucca*, & celui de la Marine. Le Doge y loge ; ses appartemens ont une communication avec l'Église de Saint Marc, qui est très-proche. Toutes les salles de ce palais sont décorées de peintures du Titien & du Tintoret. La salle du Grand Conseil a cent cinquante pieds de long & soixante-treize de large. On y voit les portraits des Doges : les victoires des Vénitiens y sont représentées. Il y a une galerie qui communique de cette salle à un petit arsenal, où l'on conserve une grande quantité d'armes que l'on entretient toujours chargées, afin que les Nobles puissent s'en servir, s'il arrivoit que le peuple formât quelque complot contr'eux pendant qu'ils sont assemblés. La salle du scrutin très-vaste ; on y admire aussi de très-beaux tableaux, particuliérement le Jugement, du Tintoret.

La salle du College est magnifique. Il y a encore deux salles voisines, dont l'une est destinée pour le Conseil des Dix (*voyez* CONSEILS) ; l'autre n'est remarquable que par onze belles statues d'Empereurs & par la représentation de toutes les Provinces que la République possede en Terre-ferme.

Les autres palais sont ceux de Pisani, Morosini, Loredano, Rosini, Grimani, &c. L'*Albero d'Oro*, est un palais qui appartient à la famille de Grimani. Il est appellé ainsi, parce qu'un des possesseurs, après avoir perdu tout son bien au jeu, joua encore ce palais, le seul effet qui lui restoit ; & ne se réserva qu'un *seul arbre*, qu'on voit encore au milieu du jardin. N'ayant plus rien, il mit l'arbre au jeu : cette ressource lui fit regagner non-seulement tout ce qu'il avoit perdu, mais encore de grandes richesses au-delà.

Un autre palais digne de remarque en Italie, est celui de l'Institut de Bologne : c'est un édifice très-curieux pour la distribution : elle est relative aux sciences & aux arts. Dans la salle des instrumens de Physique, on voit plusieurs belles peintures à fresque, de *Nicollo del l'Abate*, les plafonds sont de *Pellegrino Tibaldi* ; dans la salle d'architecture, on conserve des petits modeles des aiguilles & colonnes de Rome ; dans celle de Chirurgie, on voit deux figures en cire colorée, de *Lilio*, Sculpteur moderne ; dans la cour de ce palais, est une statue d'Hercule, du même Auteur. Cette Académie, connue sous le nom d'*ell' Instituto de Bologna*, fut établie en 1712 par le Comte Louis Ferdinand de Marsigli, noble Bolonois. Elle est une des plus célebres de l'Europe ; elle a des correspondans dans presque toutes les Cours étrangeres. On doit aux recherches exactes de ses Membres illustres les plus belles découvertes de la Botanique & de la Physique.

La plupart des palais d'Italie n'ont point de jardin. Il y a seulement, comme à Gênes, des terrasses sur le haut, garnies de pots de fleurs, & sur lesquelles on va prendre le frais le soir ; presque toutes les cours des palais d'Italie, & sur-tout de ceux de Rome, sont environnées de galeries à plusieurs étages, & soutenues par des colonnes de marbre. A Florence, ainsi qu'à Gênes, plusieurs de ces cours sont ornées d'une jolie fontaine, qui jette perpétuellement de l'eau.

PALAZZO GIARDINO, Maison de plaisance du Duc de Parme ; le palais est orné de plusieurs peintures de *Caracci* & de *Cignani*. Elle est à trois lieues de Parme. *Voyez* PARME.

PALAZZUOLO, petite Ville de Sicile, avec titre de Principauté, dans la Vallée de Noto. Il y a encore une

Ville du même nom dans le Breſſan, ſur l'Oglio : l'une & l'autre ſont peu conſidérables.

PALERME, PANORME, *Panorinus*, Ville très-conſidérable dans la Vallée de Mazara, & Capitale de toute la Sicile, avec un Archevêché, le Vice-Roi de Sicile y réſide. Les édifices publics, les places, les fontaines & les Egliſes y ſont magnifiques. Ses rues ſont très-longues & très bien alignées : la plus belle, qu'on appelle *Strada di Caſſaro*, traverſe toute la Ville, & la diviſe en deux parties. Le palais du Vice-Roi, qu'on appelle Caſtello à Mare, eſt un grand Château, accompagné d'un fort beau jardin. La place, qui eſt au-devant de ce Palais, eſt ornée d'une ſtatue de Philippe IV ſur un piédeſtal, où ſes trophées ſont en bas-reliefs au milieu de quatre figures qui repréſentent les quatre Vertus cardinales, le tout d'un beau marbre blanc. On voit encore dans cette même rue la figure de bronze de l'Empereur Charles V, qui orne une très-belle place, près de laquelle eſt le ſuperbe Collége des Jéſuites. La rue neuve, qui eſt la plus belle, après celle de Caſſaro, traverſe auſſi une partie de la Ville. Ces deux rues forment un carrefour, & à chaque coin il y a un palais, une fontaine & une ſtatue de Charles V, de Philippe II, de Philippe III & de Philippe IV, ce qui produit un effet admirable ; mais ce qui mérite d'être vu, & qui ſurprend tous les connoiſſeurs, eſt la magnifique fontaine qui eſt dans la grande place où eſt le palais de Juſtice, c'eſt un morceau achevé pour ſa grandeur, ſes ornemens & ſon architecture ; elle paſſe pour la plus belle de l'Italie. Il y a dans cette Ville beaucoup de Nobleſſe, ce qui la rend très-riche & très-agréable. Il y a peu d'endroits où il y ait plus de jeux & d'amuſemens. C'eſt la ſeule Ville de Sicile où l'on bat monnoie. Les habitans en ſont fort affables & très-polis. Palerme eſt défendue par deux citadelles qui ſont à l'entrée de ſon port, qui eſt très-bon. Il y a une ſi grande quantité de fontaines & de jets d'eau à Palerme, que les Napolitains, qui en ſont jaloux, diſent en proverbe, *à Palermo, l'aqua non val niente*.

Le commerce de Palerme consiste en soirie, en étoffes, & en plusieurs ouvrages fabriqués avec une espece de soie, que produit la *pinna marina*, espece de moule commun sur les côtes de Sicile & de Calabre. Palerme est la patrie d'une infinité de grands hommes. Près de cette Ville, vers le couchant, est le Mont Pellegrin, où, après avoir monté environ une lieue, on trouve une caverne semblable à celle qu'on appelle en Provence *la Sainte Baume*. Palerme est dans une situation très-agréable : elle a donné son nom à un golfe qui s'étend le long de la côte septentrionale de la Sicile.

PALESTRINE, (la Principauté de) est un très-petit Etat enclavé dans la Campagne de Rome, & dont l'Evêque est un des six plus anciens Cardinaux. Dans le temps des guerres civiles, elle appartenoit aux Colonnes, & Boniface VIII la dévasta. En 1432, le Cardinal Vitelleschi, par ordre du Pape Eugene IV, la détruisit de fond en comble, & bâtit une nouvelle Ville, sous le nom de *Citta Papale*; mais Palestrine fut rebâtie sur ses ruines. Cette Principauté est retournée dans la Maison Colonne, par le mariage de Cornelie, fille unique du dernier Prince de la Maison de Barberin, neveu d'Urbin VIII, qui la porta en dot à un Seigneur de la Maison de Colonne, à laquelle elle appartient encore. La Ville de Palestrine est assez petite, située à sept lieues de Rome & à quatre de Frescati & de Tivoli ; c'est l'ancienne Preneste des Romains, que Virgile fait remonter avant la fondation de Rome (Æn. VII, v. 678) & qui lui donna pour fondateur *Cæculus*, fils de Vulcain. Quoiqu'il en soit, Preneste est de la plus grande antiquité : elle étoit située sur une montagne. *Virgile, Horace, Strabon, Tite-Live* en parlent souvent. C. Marius y fut assiégé par Sylla. Marius se réfugia dans une des cavernes de la montagne ; & déterminé à se donner la mort avec Pontius Télésinus, ils mirent l'épée à la main l'un contre l'autre ; l'heureux Télésinus fut tué, Marius ne fut que blessé, & se fit achever par un Esclave. Sylla passa tous les habitans au fil de l'épée ; ou les fit mourir dans les tourmens les plus horribles. Cet homme sanguinaire éleva à Preneste un magnifique Temple à la Fortune : on en voit encore les vestiges. On conserve une partie de la mosaïque qui formoit le pavé du Temple dans le palais Barberin. Elle a dix-huit pieds de long sur quatorze de large ; elle a été le sujet de plusieurs dissertations savantes, dans laquelle on essaie d'en expliquer le sujet. On doute cependant si Palestrine est dans le même emplacement de Preneste, dont quelques Savans placent les ruines sur une montagne voisine.

PALLAVICIN, ETAT PALLAVICIN, ou MARQUISAT DE BUSSETTO, entre Parme & Plaisance, appartenoit à la Maison *Palavicini*, de qui les anciens Ducs de Parme l'ont acquise. *Basseto* est la Capitale : *Borgo S. Donino*, Evêché, est dans ce Marquisat.

PALLIA, PAGLIA, riviere qui sépare les Etats du Grand Duc, de ceux du Pape. Elle est traversée par un grand pont, bâti par Gregoire XIII, à un quart de lieue de la petite ville d'*Aquependente*.

PALMA NUOVA, petite Ville située près des frontieres des Terres dépendantes de la Maison d'Autriche, dans le Frioul, très-bien fortifiée, & en état de se défendre contre les efforts des Autrichiens. On a creusé près de-là un canal, qui favorise infiniment le commerce des habitans de cette ville. Elle a été bâtie en 1593 par les Vénitiens, sous le Dogat de Ciconia, pour la défense du pays.

PALMARIA ; une des sept Isles de Lipari ; c'est une des plus remarquables.

PAMFILI, beau Palais sur la place Navonne à Rome. Il y a une belle galerie, peinte par Pierre de Cortonne à fresque. Les sujets des sept tableaux qui forment cette galerie sont tirés de l'Enéide ; c'est la priere de Junon à Eole pour déchainer les vents contre la flotte d'Enée ; c'est Neptune, ordonnant aux vents de rentrer dans les antres, & appaisant les flots ; c'est Enée arrivant en Italie, & le Tibre s'empressant de le recevoir ; c'est Vénus, demandant des armes à Vulcain pour Enée : dans le cinquieme tableau,

Énée propose la paix à Evandre ; le combat d'Enée & de Turnus est le sujet du sixieme tableau ; l'apothéose d'Enée est le sujet du septieme. Ces tableaux sont de la plus grande beauté. Cette galerie en contient une infinité d'autres. Les meilleurs sont un Christ mort, du Trévisan, & une Vierge évanouie. Il y a une frise dans une des chambres du palais, peinte à fresque par le Poussin, deux autres par *Romanelli*.

La Villa Pamfili, sur le Mont Quirinal, du Cardinal d'Est a passé dans la Maison Vitelly, ensuite Aldobrandini, ensuite dans celle de Pamfili, qui est éteinte ; elle est ornée en dehors de beaux reliefs antiques. On remarque sur la façade le combat d'Antelles & de Daretes avec leurs Cestes, tiré de l'Enéide, gravé par Marc-Antoine, d'après le dessein de Raphaël. Parmi les statues que renferme cette Maison, on estime sur-tout deux Vénus, deux Satyres, une tête de Socrate, la Fortune, une vache, une petite chevre. Il y a aussi de belles peintures ; une fresque antique, tirée des thermes de Titus, que le Poussin a copiée ; des portraits de Barthole & de Baldus, par Raphaël ; une Bacchanale, une Judith, une Vierge, du Titien ; le portrait de la Reine Jeanne, par Léonard de Vinci ; des portraits par le Correge & Jules Romain, &c.

PAMPHILI DORIA (Palais à Rome) ; c'est un des plus vastes palais de cette Ville. Il a trois faces principales, & a été bâti à trois différentes reprises. La façade, qui est sur le College Romain, est du Borromini. Dans la partie qui regarde le Cours, il y a quatre galeries qui rentrent l'une dans l'autre. Les trois faces principales forme trois palais, dont les cours entourées de colonades & de portiques, sont un des principaux ornemens. Ils renferment de très-beaux tableaux en quantité. Les principaux sont, Adonis endormi auprès de Vénus qui la rafraichit avec un éventail, de Paul Veronese ; la naissance de l'Amour à laquelle assistent les Arts & les Talens, par l'Albane ; une Femme dans le bain prêtant l'oreille aux discours d'une vieille Revendeuse, de Michel-Ange, de Caravage ; la Vierge & l'Enfant qui dorment ; Saint Joseph écoute attentivement un Ange qui joue du violon, du Giorgion ; un vieux Homme arrêtant un jeune Soldat, du Paffignani ; Agar fuyant, défolée, du *Calabrefe* ; Meurtre d'Abel, de *Salvator Rofa* ; Jefus-Chrift devant Pilate, de *Paul Veronefe* ; l'Affomption, l'Adoration des Rois, la Fuite en Egypte, & Jefus-Chrift qu'on porte au tombeau, d'*Annibal Carrache* ; le Retour de l'Enfant Prodigue, du Guerchin ; Dédale attachant des ailes à Icare, d'*André Sacchi* ; Magdeleine en contemplation devant une tête de mort, une Madonne avec l'Enfant, l'Adoration des Bergers, du *Parmegiano* ; une grande quantité de portraits du Titien, de Vandick, de Paul Veronefe, de Bronzin, &c.

La Villa Pamphili, ou Belrefpiro ; fur la voie Aurelia, hors de la porte Saint Pancrace, au-delà du Janicule, eft une des plus confidérables de Rome ; on prétend qu'elle a deux lieues de tour, & qu'elle eft dans l'emplacement des jardins de l'Empereur Galba. L'architecture de la maifon eft de l'Algarde ; au-devant eft une place décorée des ftatues antiques des douze Céfars. Le bâtiment eft orné de bas-reliefs antiques, de ftatues, de buftes, de médaillons entre de beaux pilaftres. Parmi ces bas-reliefs, les plus remarquables font ceux de Vénus arrachant à Mars fon poignard, & de Papirus trompant la curiofité de fa mere. Il y a dans la maifon plus de ftatues que de tableaux. Les plus belles font un Philofophe Cinique nu ; Marfias attaché à un arbre ; Publius Clodius, en habit de femme, pour entrer aux Myfteres de la bonne Déeffe ; un Hermaphrodite, ayant le fexe de l'homme, le vifage & la gorge d'une jolie femme ; les buftes antiques de Fauftine, de Jules Céfar, de Vefpafien, de Tibere, de Galba, de Marius ; un Morphée endormi ; une ftatue du Nil couchée fur une corne d'abondance ; un Antinoüs couronné de pampre ; Jacob luttant contre l'Ange ; deux groupes de trois enfans chacun qui fe battent ; deux buftes, l'un de Pamfilo Pamphili, frere du Pape Innocent X, &
de

de sa femme, par l'Algarde. Parmi les tableaux, on distingue un Saint Jérôme de l'Espagnolet ; Venus nue & l'Amour dormant auprès d'elle, du Titien ; Psiché regardant l'Amour avec sa lampe, du Guide ; un Triomphe de Bacchus, de Jules Romain ; un petit Saint Jean, du Schidoné, &c. &c. Il n'y a rien de supérieur aux jardins, terrasses, bosquets, promenades, parterres, jardins à fleurs, plantations d'orangers, potagers, allées, jets d'eau. Il y a un petit jardin qu'on ne fait point voir aux étrangers, dans lequel il y a de belles statues, un Alexandre le Grand, un Antonin, Hercule, une Abondance Egyptienne ; deux tombeaux de marbre avec de bas-reliefs, une orgue qui va par le moyen de l'eau, &c. &c.

PANARO, riviere qui sépare le Duché de Modene de l'Etat Ecclésiastique : sa source est dans l'Apennin ; elle est assez considérable, mais son lit plus profond & plus resserré, la rend plus facile à traverser que la plupart des rivieres du Parmesan & du Modénois. C'est aux bords de cette riviere, dans une presqu'Isle formée par la Ghironda & le Lavino qui se joignent à la Samoggia, que se fit le partage de l'Empire Romain, entre Octave, Antoine & Lepide, & que furent signées les proscriptions convenues entre ces trois scélérats. L'Armée Romaine qui s'opposoit aux progrès des Lombards en Italie, lors de la décadence de l'Empire, fut battue sur le Panaro. Euzio, Roi de Sardaigne, qui commandoit les Modénois dans la guerre que les Bolonois faisoient contr'eux, fut fait prisonnier sur les bords du Panaro. Nos dernieres guerres d'Italie ont contribué à la célébrité de cette riviere.

PANCAGLIER, petite Ville dans le Piémont, sur le Pô. C'est un Marquisat dont le titre appartient à la Maison de Turinetti.

PANORO, Village situé à deux lieues de Bologne, sur la Savena, riviere qui passe à côté de la Ville, vers l'orient.

PANTHEON, (ou la Rotunda) appellée aussi *Sancta*

Maria ad Martyres. C'est le seul Temple des Romains que les Barbares n'aient pu détruire ; il fut élevé par Agrippa. Il est aussi large que haut, de forme parfaitement sphérique, de cent cinquante-quatre pieds de diametre, éclairé par un œil de bœuf qui est au comble, de vingt-quatre pieds d'ouverture. Agrippa qui le fit construire après la bataille d'*Actium*, le dédia à Jupiter, & à Cybele mere de tous les Dieux, il y plaça plusieurs statues de Dieux & de Héros, des grands Hommes de sa famille, & lui donna, à cause de la multitude de ces statues, le nom de *Pantheon*. On voit dans le cabinet de M. Bellori une de ces cybeles pantées qui porte le nom de Diane d'Ephese qui est une rareté, il a fait une dissertation sur cette statue ; il en explique ainsi les diverses Marques : *Corona muratis Cybelis ; velut Noctilucæ Isidis ; Cancer Lunæ : Mammæ Ephesiæ Dianæ ; Cervi & apes Dianæ siculæ ; magnæ matris Leones ; Cervis Eleusinæ boves & Dracones ; Sphinx Minervæ ; Fructus Telluris.*

Le Pantheon fut décoré par Diogene, Athénien, qui y employa des cariatides au lieu des colonnes dans l'ordre Corinthien ; il est précédé d'un vestibule qui est très-simple & très-beau ; il est soutenu par seize colonnes de granit oriental d'environ quarante pieds de hauteur, d'une belle proportion ; il a cent pieds de longueur sur soixante de profondeur ; ces colonnes portent un fronton : la porte est grande & quarrée, d'une forme simple & majestueuse ; les statues d'Auguste & d'Agrippa étoient aux deux côtés dans les niches qui existent. Ce Temple fut restauré par Septime Sévere. La porte, qui est de cuivre & d'un travail unique, paroît avoir été ajoutée depuis que Constant II enleva du Pantheon, en 663, ce qu'il y trouva de plus précieux, la couverture qui étoit de cuivre doré, les degrés qui étoient de bronze, & bien d'autres choses. Déjà Boniface IV avoit converti le Pantheon en une Eglise dédiée à Sainte Marie des Martyrs, après en avoir détruit les statues qui y restoient. L'intérieur de la Rotonde est occupé par huit autels, décorés chacun de deux colonnes ; il y en a huit de granit, quatre de jaune antique & quatre de porphyre. Grégoire IV confacra cette Eglife des Martyrs à tous les Saints, dont il inftitua la fête. Eugene fit reftaurer la coupole ; qui menaçoit ruines à caufe d'un tremblement de terre. Jufqu'à Alexandre VII on defcendoit dans le Pantheon par plufieurs marches ; ce Pape fit abaiffer au niveau du portique, le terrein de la place exhauffé par les ruines de l'ancienne Rome, fit repolir les marbres & les colonnes de l'Eglife, & incrufter de nouveau la voûte, dépouillée des bronzes dorés dont elle avoit été décorée. Il eft vraifemblable que les colonnes des autels font les mêmes que celles qu'Adrien fit mettre dans le Pantheon ; Clément XI ferma le portique d'une grille de fer, & ajouta des ornemens dans l'intérieur ; Benoît XIV y a fait auffi des réparations. On prit le bronze des folives qui foutenoient le toit du veftibule, pour en faire le baldaquin de Saint Pierre. *Voyez* SAINT PIERRE DU VATICAN. Les Connoiffeurs difent que la coupole de Saint Pierre, à laquelle celle du Pantheon a fervi de modele, fut traitée dans le même goût, parce qu'elle chargeroit beaucoup moins les arcs fur lefquels elle eft appuyée, & ne feroit pas auffi fatiguée de fon propre poids qu'elle paroît l'être. Dans la voûte du Panthéon, qui eft travaillée par compartimens égaux, tous les ornemens font évidés, de façon que la coupole eft déchargée au moins de trois cinquiemes de fon propre poids fans avoir rien perdu de fa folidité.

Le célebre Raphaël, Jean de Udine, Perrein del Vaga, Annibal Carrache, Taddeo Zuccheri & Flaminius Vacca font enterrés dans la Rotonde : le maufolée de Raphaël lui a été érigé par Carle Marate ; on y lit ce diftique, du Bembc :

Hic fitus eft Raphael, timuit quo fofpite vinci,
Rerum magna parens, & moriente mori.

PAOLA, petite Ville du Royaume de Naples, dans

la Calabre citérieure ; n'a rien de remarquable que d'avoir été le lieu de la naissance de S. François de Paule, Fondateur de l'Ordre des Minimes.

PAPE. Successeur de Saint Pierre, Vicaire de Jesus-Christ, Chef visible de l'Eglise. Comme Souverain de l'Etat Ecclésiastique, il est absolu. C'est sous son autorité que les Cardinaux ont l'administration des affaires. Autrefois le titre de Pape étoit commun à tous les Evêques, mais dans le onzieme siecle, Grégoire VII, ordonna, dans un Synode, que le titre de Pape appartiendroit seulement à l'Evêque de Rome, comme une prérogative & une distinction particuliere. L'Etat Ecclésiastique n'étoit pas aussi considérable qu'il l'est aujourd'hui ; la donation du Patrimoine de S. Pierre & de la ville de Rome, faite par Constantin, & celle que Pepin & Charlemagne firent aux Papes, ont été l'époque de leur splendeur. Jusqu'alors les Princes s'étoient réservé la souveraineté des biens qu'ils accordoient à l'Eglise ; mais en 1076 les Papes en devinrent Seigneurs indépendans.

La résidence des Papes a été en différens quartiers de Rome ; la premiere a été au palais de Latran, à côté de l'Eglise Patriarchale de S. Jean, la premiere Eglise de l'Univers & le véritable Siege de Rome ; les Papes, en habits pontificaux, y entroient de leur appartement ; l'ancien palais se détruisit par la longue résidence des Papes en France & à Avignon, ce qui obligea Grégoire XI, lorsqu'il revint fixer le Siege à Rome, d'abandonner Latran, & de résider au Vatican. Mais comme les Papes étoient obligés dans de certains jours de pontifier à l'Eglise Patriarchale, Sixte V crut qu'il convenoit que le Pape eût un palais où il pût descendre ; il y vint deux ou trois jours avant. Sixte V l'occupa ; il fut abandonné après sa mort. Le Pape réside actuellement à Monte-Cavallo sur le Mont-Quirinal. *Voyez* MONTE-CAVALLO.

Le Pape, comme nous l'avons dit ailleurs, est revêtu d'une soutanne d'étoffe de soie blanche, couverte d'un rocher court & de couleur violette, par-dessus est un camail rouge, avec une étole de la même couleur ; il porte une grande calotte rouge à oreilles. Il a le titre de *Sainteté*, gouverne par lui-même les Provinces voisines de Rome, envoie dans celles qui sont éloignées des Légats ou des Vice-Légats pour les gouverner. Chaque Province a outre cela un Général pour les Troupes ; il nomme tous les Officiers des Forteresses, Châteaux & Ports. Le peuple choisit les Podestats & autres Officiers de la ville. Sa vie est fort retirée ; sa dignité ne lui permet pas de manger avec personne, & s'il lui arrive de manger en public & d'inviter les Cardinaux, sa table élevée sur une espece de trône, & les autres sont placées beaucoup plus bas. Le jeu, la chasse, le spectacle sont également interdits au Pape. Les femmes n'entrent point dans son palais quand il y est. On estime que ses revenus montent à vingt millions ou environ, en y comprenant sept mille ducats pour l'hommage de Naples & de Sicile, & les annates des Evêchés & Abbayes.

PARENZO, petite Ville dans l'Istrie, sur le golfe de Venise, assez bien fortifiée : mais son port est presqu'abandonné. Cette ville se soumit aux Vénitiens en 1267. Elle est appellée en Latin *Parentium* ; elle a un Evêché suffragant d'Aquilée.

PAREROTTO, une des neuf Isles de Lipari ; elle n'a rien de remarquable, non plus que les autres.

PARETAIO, chasse ou divertissement que l'on prend aux environs de Rome, dans le même genre que celle de *Boschello*. Celle du Parétaïo sert à prendre toute sorte de petits oiseaux, mais sur-tout des linotes, des pinsons & des chardonnerets : les filets que l'on tend, & où se jettent les oiseaux, s'appellent *reti pareille*. Ceux qui prennent ce divertissement sont cachés dans une cabane près des filets.

PARME, *Parma*, Capitale du Duché du même nom, avec un Archevêché, est située dans une plaine très-agréable, sur la riviere de Parma, à vingt-cinq lieues de Milan, & à vingt lieues de Bologne. Elle doit son origine aux Etrusques ; les Gaulois Boiens s'en emparerent. Elle fut une Colonie Romaine cent quatre-vingt-cinq ans avant Jesus-Christ. Elle passa aux Lombards sous leur Roi Alboin en 570 ; elle souffrit différentes révolutions jusques sous Charlemagne, ainsi qu'on le dira ci-après. art. PARME & PLAISANCE. Elle essuya un siege mémorable en 1248, par l'Empereur Frédéric II, qui avoit résolu de la raser entiérement. Pendant ce siege, qui dura deux ans, tous les Parmesans qui tomboient entre ses mains, hommes ou femmes, il les faisoit lancer comme des pierres dans la ville, au moyen des catapultes : les Parmesans firent une sortie si vigoureuse, qu'ils dévasterent la ville de Victoria, qui étoit une enceinte bâtie autour de Parme, pour servir de logement aux Parmesans ; ils enleverent la Couronne Impériale, & Frédéric fut obligé de se retirer sur Plaisance qu'il dévasta ; elle se gouverna en République, & devint ensuite successivement la proie des Correges, des Seigneurs de l'Escale, des Visconti, des Sforces & des Papes.

Les chemins qui conduisent à Parme sont tirés au cordeau ; la plupart des rues en sont droites & larges. Au milieu de la ville, est une grande & belle place, avec des arcades qui regnent des deux côtés. Plusieurs belles rues y aboutissent, les façades de plusieurs maison sont peintes comme à Gênes ; mais les injures du temps ont effacé la plupart de ces peintures : la riviere du Parma sépare la ville en trois parties, jointes l'une à l'autre par autant de ponts : quoique cette riviere ne soit pas navigable, & qu'en été il n'y ait presque point d'eau ; elle grossit si considérablement en 1752, qu'elle inonda la ville & le Château de Colorno. La ville est entourée de bonnes murailles terrassées & flanquées de bastions, d'espace en espace, & d'un fossé revêtu & plein d'eau ; la citadelle qui est au midi de la ville, a cinq bastions royaux ; elle passe pour une des meilleures d'Italie.

C'est à Parme que les Ducs font sa résidence ; leur Cour est une des plus brillantes de l'Europe, par la quantité de Seigneurs, & sur-tout de François qui y arrivent. Elle a de très-belles Eglises enrichies des peintures des plus grands Maîtres, & d'une très-belle architecture. Les plus belles sont :

La Cathédrale, *il Duomo*; sa fameuse coupole a été peinte par le Correge; elle est entièrement dégradée; elle représentoit l'Assomption; ce chef-d'œuvre de son auteur lui coûta la vie en 1530. On dit qu'il mourut de chagrin & de fatigues, en portant à Corrégio sa patrie, le prix de son travail qu'on lui avoit payé en basse monnoie. On voit dans cette Eglise des tableaux de Michel-Ange de Sienne, de Jérôme Mazzola & d'Orazio Sammachini.

Saint Jean l'Evangéliste, Eglise des Bénédictins, est remarquable par sa coupole aussi peinte par le Correge à l'âge de trente-deux ans : elle n'est pas mieux conservée que celle de la Cathédrale : il y a dans cette Eglise, de ce même Peintre, une Descente de Croix & un Martyre de Saint Placide, un Saint-Jean l'Evangéliste peint à fresque, & quelques morceaux à fresque, du Parmesan.

Le S. Sépulchre, Eglise fondée en 1262 par des Pélerins qui revenoient de Jérusalem, & qui voulurent imiter le Sépulchre de Notre-Seigneur. Ce qu'il y a de plus beau dans cette Eglise est la fuite en Egypte, par le Correge. On appelle ce tableau la Madona della Scodella, parce que la Vierge y est représentée une écuelle à la main, tenant l'Enfant Jésus sur ses genoux, Saint Joseph est auprès d'elle, cueillant des dattes d'un palmier, dont les Anges courbent les branches.

La Madona della Steccata, est recommandable par quelques peintures du Parmesan, qui, pour rétablir ses affaires, avoit entrepris les peintures de cette Eglise; mais désespéré d'une perte qu'il avoit faite au jeu, il fit main-basse sur son ouvrage, & alla mourir de misere à Casal Maggiore.

Capucini, les Capucins, ont plusieurs excellens tableaux : un Crucifix, du Guerchin; le tableau de Notre-Dame de Pitié, du maître-autel, est d'Annibal Carrache, & représente la Vierge évanouie dans les bras des Anges; J. C. est peint aussi sur son tombeau, & S. François lui montre ſes ſtigmates ; cette bizarrerie vient ſûrement des Moines qui ordonnerent le tableau. On voit dans cette Egliſe le tombeau d'Alexandre Farneſe. On trouve dans le Couvent un tableau de la Vierge auprès de l'Enfant & de S. Jean, peint à freſque par Auguſtin Carrache.

L'Egliſe de tous les Saints offre un tableau de Lanfranc, repréſentant le Ciel avec toutes ſes Hiérarchies. Il y a un nombre infini de figures qui forment autant de caracteres différens.

L'Annonciade eſt une Egliſe formée de douze Chapelles dirigées vers un même centre en ovales ; on y voit une Annonciation du Corrége, peinte à freſque.

Le palais de l'Infant n'a rien de remarquable que la façade. Il y avoit autrefois une collection de plus de quatre cens tableaux précieux ; ils ont été tranſportés à Naples : on y admire un des chef-d'œuvres du Correge ; c'eſt une Vierge près de laquelle eſt S. Jérôme, & la Magdeleine à ſes pieds. On regarde la tête de la Magdeleine qui ſourit à l'Enfant badinant avec les cheveux de la Sainte, comme ce que le Correge a fait de plus parfait.

Le Théatre de Parme eſt le plus beau d'Italie. Il contient plus de douze mille Spectateurs ; l'architecture qui eſt de Vignole, en eſt très-belle ; ſa largeur eſt de ſeize toiſes & demi dans œuvre, ſur cinquante-neuf de longueur ; le Théatre eſt ſuſceptible des plus grands ſpectacles ; il a vingt toiſes quatre pieds de profondeur, & n'a que ſix toiſes quatre pieds d'ouverture. La voix ne s'y perd point, & l'on entend d'une extrêmité à l'autre un homme qui parle à demi-voix. Le *Proſcennium* ou devant du Théatre eſt décoré d'un grand ordre Corinthien qui comprend toute la hauteur de la ſalle, qui eſt de onze toiſes deux pieds ; les intervalles des colonnes ſont ornés de niches & de ſtatues ; la ſalle eſt de forme ovale, dont le pourtour eſt orné de douze rangs de gradins à l'antique, & comme aux amphithéatres des Romains, ils occupent une hauteur de vingt-quatre pieds : au-deſſus de ces gradins sont deux ordres d'architecture Dorique & Ionique de trente-six pieds de haut, dont les entre-colonnes forment les loges ; une balustrade ornée de statues de distance en distance, termine cette architecture : on entre dans la salle par deux arcs de triomphe surmontés de statues équestres, les piédestaux de la balustrade qui est au-devant des gradins portent des génies qui soutiennent les torches qui éclairent la salle. Le parterre ou espace du milieu, a vingt toises de long sur neuf de large. Il peut servir à des spectacles sur l'eau ; on le remplit au moyen de différens tuyaux. L'excuse ordinaire des François auxquels on reproche la petitesse de leurs salles de spectacle, est que la voix s'y perdroit ; il n'y a pas un endroit de celle de Parme d'où l'on n'entende distinctement l'Acteur dont la voix est la plus foible. Comme cette salle est trop vaste relativement à la population, il y a un autre Théatre où l'on joue l'Opéra, la Comédie & l'Opéra bouffon.

Parme étoit une des Villes les plus riches en tableaux avant qu'on n'en eût transporté une grande partie à Naples ; outre ceux dont nous avons parlé, on voit encore à Saint Paul, Couvent de Religieuses, une Vierge d'Augustin Carrache, qui, selon l'usage des peintres, asservis en Italie au caprice des Moines, a rassemblé dans le même tableau, la Vierge, Sainte Marguerite, S. Nicolas & S. Jean ; dans la même Eglise on voit un tableau de Raphaël, représentant Jesus-Christ dans sa gloire avec S. Paul & Sainte Catherine. Dans l'Eglise de la Steccata, un Moyse avec Adam & Eve, du Parmesan ; le Mariage de Saint Joseph & de la Vierge, du Procaccini de Milan ; une statue de Sainte Genevieve, de Francesco Barata. Dans l'Eglise des Capucines, une Vierge avec l'Enfant Jesus, Saint François & Sainte Claire, du Guerchin. A l'Eglise de Saint Roch, un tableau de ce Saint avec Saint Sébastien, d'après Paul Véronese ; une Sainte-Famille, du Spada ; un Saint-Louis de Gonzague & Saint Ignace priant devant l'Enfant Jesus sur les genoux de la Vierge ; l'Enfant paroit ne favoir auquel il doit plutôt tendre les bras. A Saint Michel, une Vierge & ce Saint qui pese une ame; il est de *Lelio Orsi di Novellara*, Eleve du Correge. A la *Madona della Scala*, une Vierge du Correge peinte à fresque. Aux Religieuses de Saint Quentin, un Baptême de Jesus-Christ, par Giovanni Fiammingo; une Assomption, par Joseph Ribiera ou l'Espagnolet; Saint Benoît & Saint Quentin, de Lanfranc, d'autres disent de Baldalocchio. A San Vitale, un Pape délivrant les ames du Purgatoire, par l'invocation de la Vierge. A la Chartreuse, l'Adoration des Mages, de Jérôme Mazzola, Eleve & cousin du Parmesan.

Les principaux édifices sont le grand Théatre élevé par les Farnese sur les desseins de Vignole; le petit Théatre qui peut contenir deux mille cinq cens spectateurs construit & décoré sur les desseins du Cavalier Bernin; le *Palazzo Giardino*, ancienne maison de plaisance du Duc de Parme; il prend son nom des jardins qui sont très-beaux: il y a dans le palais des peintures d'Augustin Carrache & du Cignani, à fresque; la *Pilotta*, &c.

C'est au bas de la terrasse du palais Giardino que se donna en 1734, la bataille entre les François, le Roi de Sardaigne, & les Impériaux, commandés par le Général Merci qui y fut tué, & qui fut bientôt après suivie de la bataille de Guastalla.

Proche du Théatre, est l'Académie de Peinture & de Sculpture, établie par le nouveau Duc. Elle distribue chaque année deux prix, l'un pour la Peinture, l'autre pour l'Architecture; le Secrétaire qu'elle nomma en 1762, est le célebre Abbé Frugoni. Il y avoit autrefois dans le Palais une très-belle Bibliotheque; elle est à Naples. La promenade la plus belle & la plus ordinaire est celle des remparts du côté de la Citadelle, construite sur le modele de celle d'Anvers.

Outre les Ecoles de l'Université, il y a le fameux College des Nobles, établi en 1601 par le Duc Ranuce Farnese I. Les Ecoliers de toutes les Nations peuvent y être admis en produisant les titres de leur noblesse : les Jésuites en avoient la direction.

La Cour passe les six mois d'été à Colorno ; le Prince entretient à son service une excellente Troupe de Comédiens François qui jouent alternativement à Colorno & à Parme. Cette ville est de toute l'Italie celle où l'on parle françois le plus communément ; le Prince a aussi des Comédiens Italiens.

Les Parmésans sont polis & affables, sur-tout aux François, le séjour de Parme est très-agréable ; l'air en est très sain ; les Habitans y vivent long-temps. Outre les deux batailles dont on vient de parler, les Espagnols s'en rendirent maîtres en 1745, mais ils furent obligés de l'abandonner l'année suivante.

Il y a à Parme de belles fontaines & un aqueduc très-considérable pour porter les eaux hors de la ville. M. l'Abbé Richard estime sa population à quarante-cinq mille ames : il s'est établi à Parme une grande quantité d'Artistes & d'Ouvriers François, qui la rendent très-commerçante.

Cette Ville a produit de très-grands peintres, tels le Parmesan, Lanfranc, &c. Le premier qui s'appelloit François Mazzuoli ou Mazzola, naquit à Parme en 1504, & mourut à l'âge de trente-six ans dans la recherche du grand œuvre & de la misère ; le second, né en 1581, mourut à Rome en 1647.

L'Academie des Innominati n'a pas peu contribué au progrès des Arts & à former des Artistes, elle a produit d'excellens Ouvrages. A l'Académie des Innominati a succédé une Colonie des Arcades, établie par le Comte Justo Ant-Sauvitali, conjointement avec quelques autres Seigneurs.

Colorno est une des maisons de plaisance de l'Infant, sur la Parma, à quatre lieues de Parme. Il y fait jouer la Comédie & l'Opéra alternativement. Les jardins sont très-beaux : on y voit un grand berceau d'orangers en pleine terre, une grotte curieuse, deux statues antiques, d'Hercule & de Bacchus, de douze pieds de proportion, trouvées à Rome dans les jardins Farnese.

PARME & PLAISANCE, (Duchés de) sont très-fertiles en tout ce qui est nécessaire à la vie : ses productions, sont les vins, l'huile, les fruits de toute espece. Les Etrangers n'en estiment pas les vins. La vigne y croit sous les ormes & autres arbres qu'elle embrasse, ce qui fait paroître ce pays très-couvert. Les pâturages y sont excellens, l'agriculture y est en vigueur & les troupeaux en très-grande quantité : les laines en sont fort estimées : on y fait une espece de fromage, connu dans toute l'Europe sous le nom de Parmesan.

Le Duché de Parme est à l'orient, celui de Plaisance à l'occident, & celui de Guastalla au nord-d'est. Les environs de Plaisance sont arrosés de quantité de petits ruisseaux qui les rendent plus agréables que ceux de Parme. Il est vrai que lorsque les ruisseaux grossissent par les pluies, ils deviennent à craindre pour les Voyageurs, par le défaut de pont. Dans une espace de vingt lieues, entre Plaisance & Reggio, il y a douze rivieres qu'on est obligé de passer dans des bacs.

Les trois Etats de Parme, Plaisance & Guastalla, sont bornés au midi, par la République de Gênes; au nord, par le Pô qui les sépare du Duché de Milan; à l'orient, par le Modénois; & à l'occident, par les nouvelles possessions du Roi de Sardaigne, détachées du Duché de Milan.

PASQUIN, est le nom d'une statue mutilée, ou torse que l'on voit sur un piédestal, près de la *Piazza-Navona*, à Rome. Le nom que porte cette figure grotesque, est celui d'un Tailleur qui avoit sa boutique tout auprès. Cette homme étoit d'une humeur enjouée, mais satyrique, n'épargnant personne. Tous les bons mots qui couroient dans la ville, passoient pour être de lui, & très-souvent on les affichoit pendant la nuit sur la statue qui étoit à sa porte. Telle est l'origine des pasquinades auxquelles furent long-tems en butte les Cardinaux, les Papes & même les autres puissances. On donna ensuite *Marforio* pour camarade à Pasquin. *Voyez* MARFORIO. Une réponse assez plaisante que le pape Alexandre VI fit à ceux qui lui conseilloient de faire jetter Pasquin dans le Tibre,

à cause des satyres perpétuelles que cette statue critique faisoit contre les papes, prouve combien les pasquinades étoient en usage. *Je craindrois*, dit ce pape, *qu'il ne se métorphosât en grenouille, & qu'il ne m'importunât jour & nuit.* Pasquin est aujourd'hui plus tranquille & plus réservé.

PASSI, gros Bourg dans la Baronnie de Faussigni, dans la Savoie, fort renommé par ses vins.

PASSIGNANO, petit Village sur le lac de Pérouse, autrefois le lac Trasymene, célebre par la bataille qu'Annibal remporta sur les Romains, sous la conduite de Flaminius, l'an 217 avant J. C. Il y a près de cet endroit un autre village & un pont appellé *Ponte Sanguinetto*, ainsi appellé, dit-on, de la grande quantité de sang dont ces lieux furent inondés; d'autres personnes placent le champ de bataille à Ossaïa. *Voyez* OSSAIA.

PASSO DI PORTELLO, petite Ville au Royaume de Naples, située sur les frontieres de ce Royaume & de l'Etat de l'Eglise, dans la Terre de Labour. C'est-là que le Roi reçut, en 1738, pour la premiere fois, la Reine son épouse sous une superbe tente.

PATRIARCHE DE VENISE, (le) est appellé Chef du Clergé, & doit être Noble Vénitien. Il est élu par le Sénat, & confirmé par le pape. Quoiqu'il soit primat de Dalmatie, & que les Archevêques de Candie & de Corfou soient les suffragans, son autorité est bornée, en ce qu'il n'a aucun pouvoir sur les prêtres & les moines; & que l'Eglise Ducale de Saint Marc ne le reconnoît point, parce qu'elle a un Evêque particulier, nommé *Primicerio*. Ce patriarche assiste seulement en Chef au Conseil Spirituel, qui juge des affaires de la Religion : mais il n'y a que sa voix. Le patriarche ne met pas dans ses ordonnances, comme les autres Evêques : *Divinâ miseratione & sanctæ Sedis Apostolicæ gratiâ*, mais *divinâ miseratione* seulement, pour faire voir qu'il est nommé par le Sénat.

PATRIMOINE DE S. PIERRE, (le) est une des douze provinces de l'Etat de l'Eglise : elle est entre le Tibre, la Marta, & la mer de Toscane. Elle comprend la *Toscanella*, la *Civitta Vecchia* & le Duché de *Bracciano*, l'Etat de *Ronciglione* & *Viterbe*, qui en est la Capitale. Son territoire est très-fertile en bled, en vin, en huile, en alun & en toute sorte de fruits. Cette province fut, dit-on, donnée au pape Sylvestre par l'Empereur Constantin. Les autres villes sont *Porto*, *Citta Castellana*, *Nepi*, *Orta*, *Pagliano*, *Coeneto*, *Sancta Severa*.

PATTI, Ville de Sicile, avec Evêché, suffragant de Messine, appellée par les Auteurs Latins *Patta* ou *Pattæ*, fut bâtie par le Comte Roger, près des ruines de Tindaro, après qu'il eut vaincu les Sarrasins. Elle est dans la Vallée de *Demona*, sur le golfe de Sicile. Elle est commandée par un fort considérable : son port est bien fortifié. On y remarque deux places & la Cathédrale, qu'on peut comparer à quelques Eglises de Milan ; elle est agréablement située, à l'ouest de Messine.

PAVESAN. Ce pays est au sud de Milan. Il étoit plus considérable ; l'Archiduchesse céda, en 1743, au Roi de Sardaigne toute la partie au midi du Pô, avec *Bobbio*. On l'appelle le jardin du Milanois. Sa Capitale est Pavie. Ses autres villes sont *Trivolzo*, *Certosa*, &c.

PAVIE, PAVIA, PAPIA, ou TICINUM, Capitale du Pavesan, dans le Milanois, sur le bord du Tesin, dans une belle plaine, avec un Evêché & une Université célebre pour le Droit & la Jurisprudence. Elle remonte à une très-haute antiquité ; elle est plus ancienne que Milan, suivant Pline. Lors de l'inondation des Barbares, les Rois Lombards en firent leur Capitale, & donnerent le nom de Lombardie au pays renfermé entre les Alpes, l'Apennin & la mer Adriatique. Ils y regnerent pendant deux cens ans. Charlemagne mit fin à leur Empire par la bataille de Pavie, qu'il gagna contre Didier en 755. Elle a passé des Rois d'Italie aux Empereurs d'Allemagne, au Saint Siege, aux Ducs de Milan, aux François, & enfin réunie au Milanois. Elle est très-célebre par la bataille qui fut si funeste à François I & à la France.

Pavie n'offre rien d'extraordinaire pour les édifices ; on y voit encore de hautes tours de briques quarrées, reste des Goths. C'est dans une de ces tours que fut enfermé Boëce. Les rues sont droites & larges ; la plus belle & la mieux peuplée est celle qui traverse toute la ville, & va aboutir au pont de Tesin. Il y avoit autrefois une citadelle très-forte, elle est presque ruinée aujourd'hui. Il y a quelques places assez belles ; sur celle de l'Archevêché, on voit une statue de bronze médiocre, que les Lombards y transporterent de Ravenne, qu'on croit être celle d'Antonin-le-Pieux. Cette place est entourée d'un grand portique ouvert en arcades.

Dans la Cathédrale, qui n'est pas encore finie, on voit une longue piece de bois armée de fer, que les habitans croient être la lance de Roland.

S. Pietro in Ciel Aurao fut bâti par le Roi Luitprand, en l'honneur de S. Augustin, dont il transporta le corps de l'Isle de Sardaigne, où il avoit été mis en dépôt. On y voit aussi le tombeau du célebre Boëce. L'Eglise est revêtue de marbre blanc, & de statues : le tout est gothique, l'architecture en est hardie. Le Roi Luitprand, François, Duc de Lorraine, & Richard, Duc de Suffolck y sont enterrés.

Sur la place qui est au-devant du College fondé par Pie V, on voit la statue de bronze de ce pape : elle est assez estimée. Dans le College Borroméc, il y a quelques peintures précieuses de Zuccheri : le bâtiment est beau.

Le pont du Tesin, bâti par les ordres de Galeas Visconti, dans le temps qu'il fit construire la citadelle, est de briques, & en partie revêtu de marbre ; il est couvert & sert de promenade aux habitans.

L'Université de Pavie a été très fameuse, elle est bien déchue de ce qu'elle a été autrefois : les célebres Jurisconsultes Jason, Balde & Alciat en ont été professeurs. Les études y sont presque abandonnées. L'Abbé Boscovich, grand Mathématicien, qui a donné d'excellens Ouvrages d'Astronomie, de Géométrie, de physique & sur toutes les parties des Mathématiques,

& un Poëme sur les Eclipses, est attaché à cette Université. Le pere Fontana, & quelques autres Savans, attaché à cette Université, seroient bien en état de la relever.

Les mœurs sont fort respectées à Pavie : le peuple & la Bourgeoisie y paroissent très réservés. C'est en sortant de Pavie, & sur la route de Milan, dans la plaine de Bareo, qu'on trouve les restes d'un grand parc, bâti par Galeas Visconti, pour y enfermer les bêtes fauves ; c'est-là que François I perdit la bataille le 24 Février 1525. Il fut conduit à la Chartreuse qu'on trouve à trois milles de cet endroit.

PAULE, jolie petite Ville au Royaume de Naples, dans la Calabre Citérieure, proche la mer, a donné naissance à Saint François, Fondateur des Minimes. Cette ville, qui est située dans un terroir fertile en grains & en simples, a titre de Comté, & appartient à la Maison de Francavilla.

PAUSILIPPE, Montagne célebre, située le long du bassin de Naples, du côté du couchant. Elle offre l'aspect le plus riant ; elle est couverte de belles maisons & des jardins toujours verds : la situation de la montagne les met à couvert des vents du midi. Les Napolitains y trouvent des promenades toujours agréables : son terrein est fertile en bons vins & en fruits de toute espece. Cette montagne est si agréable, qu'un poëte Napolitain a dit que c'étoit un lambeau du ciel tombé à terre. Elle est percée d'une extrêmité à l'autre par un chemin souterrein, appellé la grotte du Pausilippe ; il a neuf cent soixante pas de longueur sur trente pieds de largeur & cinquante de hauteur : la grotte est éclairée, autant qu'elle peut l'être, par deux soupiraux à l'une & l'autre extrêmité & par une petite ouverture qui est au milieu, au dessus d'une Chapelle de la Vierge. On croit que ce chemin singulier a été entrepris pour abréger le chemin de Pouzol à Naples, & s'épargner la peine de passer sur la montagne : ce qui, suivant Misson & Addisson, est beaucoup plus fatiguant, à cause de la poussiere dont les pas des allans & venans remplissent la grotte ; quoiqu'il en soit, cet

ouvrage

ouvrage est immense. On ne sait à qui l'attribuer ; on le croit plus ancien que Rome : Varron, Séneque, Strabon en parlent. Ce fut Pierre de Tolede, Vice-Roi de Naples, qui fit paver la grotte du Pausilippe, & qui la fit élargir. Ce qui a fait croire que les habitans de Cumes, ville autrefois très-célebre, l'avoient creusée ; c'est que la pierre est comme celle de la grotte de Cumes, en quelques endroits, de la pouzolane durcie, & dans d'autres, d'une espece de moellon tendre & d'un blanc jaunâtre.

Au-dessus de l'une des ouvertures de la grotte est le tombeau de Virgile ; c'est une masure ou espece de tour en forme de lanterne, voûtée, entourée de petites niches pratiquées dans les côtés, & propres à placer les urnes cinéraires : celle de Virgile devoit être au milieu. L'épitaphe de ce poëte, faite, dit-on, par lui-même, est gravée sur un marbre blanc, & attachée au rocher.

Mantua genuit, Calabri rapuére, tenet nunc
 Parthenope, cecini pascua, rura, duces.

Au-dessus du tombeau est un laurier qu'on prétend aussi ancien que le tombeau même, & qu'on dit être né des cendres de ce grand poëte : une inscription en quatre vers latins que Pierre d'Arragon fit placer au-dessus de la grotte, a consacré cette opinion fabuleuse. Le peuple de Naples a une grande vénération pour la mémoire de Virgile ; les uns le regardent comme un Saint, les autres comme un Magicien, dont les enchantemens ont creusé la grotte du Pausilippe.

Sur le haut de la montagne est l'Eglise des Servites, sous le titre de *Sancta Maria d'el Parto*, fondée par le poëte Sannazar, à la place d'une maison de campagne, dont Fréderic II, Roi de Naples, lui avoit fait présent. Il y avoit une tour que Sannazar aimoit beaucoup, & que le prince d'Orange, Vice-Roi de Naples, l'obligea de démolir, au lieu de la faire rebâtir, il fonda le Couvent des Servites, qui lui firent élever un très-beau mausolée après sa mort. On y voit deux statues de marbre blanc, représentant Apollon & Minerve. Un Vice-Roi de Naples, sous prétexte que ces représentations étoient trop profanes, voulut les enlever : les Servites firent graver au-dessous de la statue d'Apollon David, au-dessous de celle Minerve, Judith. Le mausolée est tout de marbre blanc ; l'urne sépulcrale est supportée par un riche piédestal ; le buste du poëte, couronné de laurier, est au-dessus, au milieu de deux Génies, qui tiennent des guirlandes de cyprès ; au-dessous de l'urne est un beau bas-relief, représentant Neptune, Apollon, Pan & les Divinités symboliques des poésies de Sannazar, qui avoit pris le nom d'Actius Sincerus. Le Bembe a composé l'épitaphe suivante, qu'on lit au-dessous du bas-relief.

Da sacro Cineri Flores, hic ille Maroni.
Sincerus, Musâ, proximus ut tumulo.

Tout porte l'empreinte du caractere du Fondateur dans l'Eglise des Servites. Au-dessus du tombeau de Sannazar, le Rossi a peint le Parnasse, Pegase, & une Renommée, qui tient une couronne sur la tête du buste. On y remarque un tableau qui représente Saint Michel, ayant sous ses pieds un Diable, qui a une très-belle tête de femme & un beau sein. On prétend que Diomede Caraffa, Evêque d'Ariano, fit peindre sous cette figure une Dame qui l'obsédoit ; & qu'ayant fait semblant de céder à ses poursuites, il lui donna la main, feignant de l'accompagner chez elle, & qu'il l'engagea d'entrer dans l'Eglise des Servites, où il voulut lui faire, disoit-il, admirer un nouveau chef-d'œuvre de peinture : la Dame reconnut l'Evêque dans les traits de l'Archange, & son portrait dans la figure du Diable. Le buste de l'Evêque est dans une des Chapelles.

On jouit des promenades du Pausilippe, du spectacle de la mer, étincelante de lumiere, phénomene qui est occasionné en même-temps par des lucioles de mer, especes d'insectes lumineux, décrits par les Naturalistes, & par l'agitation des flots. On sait que l'eau de la mer est phosphorique, sur-tout dans les pays chauds.

La pointe ou promontoire du Pausilippe est fortifiée. On voit tout auprès les restes des bains de Lucullus, d'un temple de la Fortune, qu'on appelle dans le pays l'Ecole de Virgile, & dont l'Eglise de *Santa Maria à Fortuna* a pris son nom.

On a trouvé au cap du Pausilippe la moitié du buste du fils de Pollion, ce qui a fait conjecturer que c'étoit l'endroit ou Pollion faisoit pêcher : ce n'est plus qu'un rocher désert.

PEDENA, PETINA, petite Ville en Istrie, sur la riviere d'Arsa. Elle appartient au Marquis de Prie, ci-devant Ambassadeur de l'Impératrice, Reine de Hongrie chez les Cantons Suisses. Elle avoit autrefois titre d'Evêché, suffragant d'Aquilée : aujourd'hui son Evêque réside à Udine.

PELORE, Promontoire de Sicile, aujourd'hui *Capo di Faro*, ou Phare de Messine. On croit que le nom de Pelore est celui d'un Pilote qu'Annibal tua dans cet endroit, parce qu'il crut qu'il le trahissoit ; mais ayant connu son innocence, il lui éleva une statue.

PÉNITENCERIE à Rome. Le pape seul a le droit d'absoudre de tous les crimes possibles. Il y en a qui lui sont réservés spécialement ; mais comme il ne peut répondre à tout, on s'adresse à un Pénitencier qui présente au pape une supplique pour lui demander la permission d'absoudre de tel ou tel cas à lui réservé, avec le nom du pénitent en blanc, le pape accorde cette permission par un Bref qui expédie toujours *gratis*. C'est à Saint Jean de Latran, à Sainte Marie Majeure, & à Saint Pierre que les Pénitenciers ont leurs Tribunaux ; il y en a pour toutes les Nations & toutes les langues ; ils absolvent tous ceux qui se présentent à eux avec les dispositions nécessaires. Ils ont une baguette dont ils touchent au front ceux qui après avoir confessé leur crime, en témoignent un sincere répantir. Cet usage de toucher au front ceux qu'ils absolvent, est du moins extérieurement l'acte d'affranchissement des anciens, qui se faisoit par le Préteur en frappant sur la tête de l'esclave, avec une baguette appellée *vindicta*.

PENNA, ou CITTA DI PENNA, (Penna San Joannis ou Penna in Vestinis) dans le Royaume de Naples, ayant autrefois titre d'Evêché suffragant de Chieti ou Theato. Cet Evêché a été uni à celui d'Atri.

PERONNA, Bourg du Milanez Savoyard, dans le Vigevanese, où il n'y a que Vigevano & Péronna qui soient remarquables.

PEROUSE, (la) une des quatre Vallées qui forment la province de Pignerol dans le Piémont. Les autres sont celles d'*Angronne*, de Saint-Martin & de Luzerne. C'est dans cette province qu'est Fenestrelles.

PEROUSIN ou PERUGIN, (le) pays au nord de l'*Orvietano*, fertile en bled, en vins & en poissons, sur le Lac de Pérouse, qui tire son nom de cette ville, & qui s'appelloit au temps des Romains le Lac de Trasimene. Cette petite province renferme *Castiglione di Laco, Campigniano, Fratta* & *Cita di Castello*.

PEROUSE, *Perugia*, Ville & Capitale du Perousin & de l'*Ombrie*, dans l'Etat de l'Eglise, avec un Evêché, à quarante-quatre mille de Rome, sur une montagne très élevée. Il y a une citadelle très-forte, & la garnison ne sert qu'à contenir les Habitans. Il y a dix huit canons de bronze de quarante-une livres de balles, & qui pesent près de huit mille livres. Il y en a d'autres moins forts. Tous sont braqués du côté de la Ville. Elle a cinq portes. On voit aux portes de la Cathédrale deux statues de bronze, l'une de Paul II, l'autre de Jules III. Sur la place qui est au-devant de l'Eglise, est une fontaine à deux bassins de marbre & un de bronze. On voit dans la Cathédrale une descente de Croix, du Barroche ; des peintures du *Scaramucci* ; un tableau de Saint Jean, du *Perugin*, le Maître de Raphaël, & quatre tableaux de ce dernier, le Couronnement de la Vierge dans le Ciel, l'Annonciation, l'Adoration des Mages & la Circoncision : à la Confrérie de Saint François, le portrait de Braccio, & huit tableaux du *Scaramucci* ; à la *Chiesa Nova di Filippini*, une Assomption, par le Guide, le Pere Eternel recevant la Vierge dans la gloire, de P. de Cortone ; la Naissance de la Vierge, du même ; à Saint Dominique un tableau du Perugin ; à Saint Pierre une Ascension, du même; dans la Sacristie une Sainte Famille, de Raphaël ; dans le réfectoire, la Multiplication des pains, les Nôces de Cana, & S. Benoît au milieu de la Communauté, trois beaux tableaux du Vassari : sur la porte de l'Université une statue en bronze de Sixte V ; il y a encore des tableaux inestimables dans cette ville ; un beau Raphaël aux Religieuses de Mont-Luc ; un de Subleyras aux Olivetains ; un de Perugin dans le *Palazzo di Magistrato*; plusieurs fresques du même dans la Chapelle de la Bourse. La ville, qui est sur la montagne, est bâtie en grande partie sur des voûtes les unes sur les autres : les Baglioni sont les principaux de Pérouse ; le chef de cette famille est le célebre *Astore Baglioni*. Pérouse a eu trois célebres Académies ; les *Insensati*, ou dégagés des sens ; les *Excentrici* ; les *Scossi*, & des Académies d'Arts & de Sciences. Elle a produit le Dante, un des plus grands poëtes ; le Perugin, un des plus grands peintres ; & Balthazard Ferri, le plus grand Chanteur de l'Italie. On y compte quinze mille Habitans.

PESARO, *Pisaurum*, Ville assez bien bâtie, dans l'Etat Ecclésiastique, au Duché d'Urbain. Elle fut établie Colonie Romaine l'an 568 de la République. Elle a eu le sort des autres villes d'Italie, & après avoir passé des Gaulois aux Romains, des Romains aux Goths, & de ceux-ci à différens autres maîtres, elle parvint aux Ducs d'Urbain, de la Maison de la Rouere. Ce fut sous le Pontificat d'Urbain VIII qu'elle fut réunie à l'Etat Ecclésiastique : aussi ce Pontife est-il représenté sur la place, en marbre, & assis. Cette statue & une fontaine, font l'ornement de cette place. Cette ville est située entre la mer & des collines ; sa situation est agréable ; son port, quoique petit, est commode ; ses rues sont larges & bien alignées ; la grande rue de traverse est la seule qui soit commerçante : le reste est désert. Le voisinage de la mer y rend l'air dangereux pendant l'été. Il y a dans les Eglises de très-beaux tableaux. A celle du Nom de Jesus, une Circoncifion ; du Baroche ; dans celle de Saint Antoine, Abbé, au maître-autel, la Vierge & l'Enfant Jefus, dans la gloire, au milieu d'un concert d'Anges, en bas Saint Pierre & Saint Paul, Apôtres, & Saint Antoine & Saint Paul, Hermites : ce tableau eſt de Paul Véroneſe ; dans l'Egliſe de Saint André, au Maître-Autel, la vocation de S. Pierre & S. André de Baroche ; dans la Cathédrale, une Annonciation, du même ; l'apparition de J. C. & de la Vierge à S. Thomas & à S. Jérôme, par le Guide ; à l'Egliſe de S. François, une Ste. Michelline, de Peſaro, en extaſe, écoutant Dieu qui lui parle à travers un nuage, par Baroche. Il y a une Académie à Peſaro ; on y cultive les ſciences avec ſuccès. Le terrein des environs de Peſaro, oppoſés à la mer, fournit toutes les choſes néceſſaires à la vie, & particuliérement des olives & des figues fort renommées dans toute l'Italie. Cette ville eſt ſur la *Foglia*, riviere qu'on y paſſe ſur un très-beau pont, au-deſſous de côteaux très-agréables.

PESCARA, petite Ville au Royaume de Naples, dans l'Abruzze citérieure, avec titre de Marquiſat, appartenant à la Maiſon d'Avalos, elle eſt ſituée à l'embouchure de la riviere de Peſcara, qui prend ſa ſource dans l'Apennin, & va ſe jetter dans la mer Adriatique, à trois lieues de Chietti.

PESCHIARA, *Peſciera*, petite Ville dans le Véronois, ſituée ſur le Lac de *Guardia*, à l'endroit où le Mincio ſort de ce Lac, appartient à la République de Veniſe. C'eſt une place fortifiée & bien entretenue ; elle a été conquiſe ſur les Ducs de Mantoue. Le Guardia, qui a trente-cinq milles dans ſa plus grande longueur, & quatorze dans ſa plus grande largeur, eſt très-poiſſonneux ; ſes eaux ſont limpides, & bonnes à boire ; ſes bords, qui aboutiſſent aux Alpes, ſont rians & très-variés, & couverts de mûriers. On y voit de tous côtés des jardins bien cultivés & de très-beaux orangers. Les Alpes y forment une perſpective très-agréable. On voit vers une des pointes du Lac des reſtes de conſtructions, qu'on appelle Maiſon de Catulle.

PESCIA, petite Ville du Duché de Toscane, dans le Florentin, n'a rien de bien remarquable.

PESCINA, petite Ville au Royaume de Naples, dans l'Abruzze citérieure, au S. O. de Sulmona. Ce n'est plus aujourd'hui qu'un Bourg remarquable, pour avoir été la patrie du célebre Cardinal Mazarin, que d'autres font naître ailleurs.

PESQUIERA. *Voyez* PESCHIARA.

PESTI. Village situé à dix-huit lieues de Naples, dans le golfe de Salerne ; c'est le reste de la Ville de Pœstum ou Possidonia, qui donnoit son nom au golfe qui la mouille, & dont il n'y a plus que de magnifiques ruines, long-temps inconnues, parce que Pesti ne se trouve pas sur une route fréquentée par les Antiquaires & les Curieux. L'ancienne ville de Pœstum, selon les uns, fut fondée par les Sybarites, &, selon les autres, par les anciens Doriens. On admire ses ruines, comme des restes de ce que l'architecture grecque a produit de plus parfait; elles étoient entiérement oubliées, lorsqu'une jeune Eleve d'un peintre de Naples, qui se trouva en 1755 à *Capaccio*, fut conduit par le hasard, en se promenant sur une colline, au bord de la mer. De cette hauteur, il apperçut des restes de murs & de portes de ville, de temples & de colonades, dans un emplacement inculte & couvert de broussailles. Ce jeune homme, de retour à Naples, en parla à son maître avec une si grande chaleur, que le peintre s'y transporta, & en fut lui-même si frappé, qu'il annonça ces ruines d'une maniere qui réveilla l'attention des Savans. M. le Comte de Gazola, Grand Maître de l'Artillerie, en fit tirer les plans & dessiner les élévations ; plusieurs peintres les ont présentées sous différents points de vue. Les plus belles gravures qui aient été faites sont celles de Londres, avec d'amples explications & d'excellens principes d'Architecture. La porte septentrionale est encore sur pied. On y voit trois temples ; celui du milieu, à six colonnes de face, étoit découvert & sans voûte ; le fronton qui couronne la façade est dans le goût de celui du Panthéon ; le temple est composé de colonnes doriques, cannellées sans bases, ainsi que cela se pratiquoit dans les temps les plus reculés, mais élevées sur trois marches ou socles, qui sont en retraite l'un sur l'autre : deux autres temples ne sont pas moins frappans par la beauté & la perfection de l'architecture.

Petigliana, Forteresse d'une grande importance pour le Grand-Duc de Toscane, près des frontieres de l'Etat Ecclésiastique, à dix-huit lieues S. E. de Sienne, & à trois N. E. de Castro : c'est une Principauté dont le titre appartient à la Maison Corsini depuis 1731.

Peupliers d'Italie. Tous les arbres viennent admirablement en Italie ; mais le peuplier se plaît principalement dans ce climat. Le peuplier d'Italie, que depuis quelques années on cultive plus particuliérement en France, croît très-promptement ; en trois ans une bouture de douze pouces de longueur sur un pouce de circonférence, produit un arbre de dix-huit pieds de hauteur ; en douze ans, il parvient à sa plus grande élevation, & son diamétre est de vingt-sept pouces. Il forme les plus belles avenues, est très-bon pour les constructions de la campagne, pour le chauffage & pour faire du charbon : pour sa beauté, quand il a toute sa croissance, il ne le céde à aucun arbre.

Pianora, petite Ville du Bolonois, dans l'Etat de l'Eglise, près de Mouzone, peu remarquable.

PIAZZA. (*Voyez* Places de Rome) Parmi les belles places d'Italie, on distingue *la grande place de Livourne* ; c'est un grand quarré long, entouré de bâtimens fort beaux, dont la plupart sont peint au-dehors. Quelques-uns sont soutenus d'arcades comme la place Royale de Paris ; & quoiqu'ils ne soient pas tous uniformes ; ils font cependant un très-bel effet : à l'un des bouts de cette place est l'Eglise Cathédrale.

Piazza di Rialto ou Merceria, près du pont de Rialte, à Venise, est une espece de rue large, environnée de portiques de trois côtés. Les Marchands s'y assemblent en foule vers midi. C'est ce qu'on appelle à Paris la Bourse.

Piazza Magiore, de Sienne, est en forme de

Théatre, décorée d'une belle fontaine, dont les eaux ne tariffent point: on l'appelle la *Fontana Branda*. Cette place eſt entourée de maiſons d'une même architecture, toutes ſoutenues d'arcades, qui font un très-bel effet.

PIAZZA DI SAN-CARLO, à Turin, eſt la principale place de cette Ville. Elle eſt très-vaſte; deux de ſes côtés ſont décorés de portiques à Arcades. On y admire un petit portail de l'Egliſe des Carmelites, qui fait un effet admirable: elle eſt du Chevalier Philippe Giovara.

PIAZZA DI SAN-MARCO, à Veniſe, eſt un des plus beaux monumens qu'il y ait en Europe, par ſa régularité & par ſa décoration, qui eſt vraiment théatrale. C'eſt un grand quarré de cent quatre-vingt pas de longueur ſur cent dix de largeur. L'Egliſe de Saint Marc eſt à une des extrêmités, & celle de Saint Geminiano eſt à celle qui lui fait face. Les deux autres côtés les plus longs ſont occupés par des bâtimens ſuperbes, qui ſont les palais des Procuraties. Tous ces édifices forment un coup d'œil frappant: c'eſt la promenade ordinaire de tous les Vénitiens. On ne donne à Veniſe le nom de Piazza qu'à la place Saint-Marc, les autres places s'appellent *Campi*.

PIAZZETA DI SAN-MARCO, autrement le BROGLIO, eſt la ſeconde place de Veniſe. On y voit une partie du palais des Procuraties & le palais du Doge; elle eſt longue de deux cens cinquante pas & large de quatre-vingt. La Piazzeta di San-Marco, eſt terminée du côté de la mer par deux belles colonnes de marbre granit, dont l'une eſt ſurmontée par la ſtatue de S. Théodore, & l'autre d'un lion ailé: c'eſt entre ces deux colonnes qu'on exécute les criminels. Cette place eſt le rendez-vous général des Nobles; il n'eſt pas permis de ſe mêler parmi eux du côté qu'ils occupent ſous les portiques. Quand un jeune Noble a l'âge compettent pour entrer au Conſeil, & porter la robe, le premier jour qu'il la prend, quatre Nobles de ſes amis l'introduiſent au Broglio en cérémonie.

PICCIOLI, Bourg du Piſan, dans le Duché de

Toscane ; près d'*Oxciano* & de Volterra. *Voyez* PISAN.

PIÉ DI CAVALLO, Bourg de la Province de Biele, près de la *Cerva*, dans le Piémont, n'a rien de remarquable.

PIÉMONT, *Pedemontium*, *Pedemonte*, (la Principauté de) sa situation au pied des montagnes des Alpes, qui la séparent de la France & de la Savoie, lui a fait donner le nom de Piémont ; son étendue est d'environ soixante-dix lieues du N. au S. & de trente-six de l'E. à l'O. Le fils aîné du Roi de Sardaigne portoit ci-devant le titre de Prince de Piémont, mais maintenant il porte celui de Duc de Savoie. Le pays est très-fertile en bled, en vin, & en fruits. On trouve dans les montagnes des environs des mines d'or, d'argent, de cuivre & de fer. Cette Province a été comprise dans la Gaule Subalpine, & puis dans la Lombardie. Sous le nom de Piémont, on entend la Principauté en particulier, le Duché d'Aouste, le Marquisat d'Ivrée, de Suze, de Ceve, de Saluces, le Comté d'Asti, de Nice, la Seigneurie de Verceil, le Canavese, Pignerol, Pérouse, &c. Turin est la Capitale de la principauté en particulier, qui renferme Mondovi, Fossan, Chivas, Rivoli, Javen, Carignan, Poncalier, Vignon, Cavors, Villafranca, Raconis, Savillan, Coni, Tende, Ceve, Corremille, Bene, Queras, Quiers, Moncalier, Coconas & la principauté de Masserano. Les principales rivieres qui arrosent le Piémont sont le Pô, le Tanaro, la Sture & la Doire. La Noblesse de Piémont est très-nombreuse, ce qui rend la Cour de Turin une des plus brillantes de l'Europe.

Les Piémontois sont industrieux, affables aux étrangers. Ils ne passent pas pour être aussi sinceres que les Savoyards ; mais du côté de l'attachement à leur Souverain, ils ne leur cedent en rien ; ils aiment les Belles-Lettres, & les cultivent avec succès.

Leur commerce est considérable : la soie du Piémont passe pour être la meilleure de toute l'Italie, & ils en envoient beaucoup dans les pays étrangers,

Le Piémont comprend le Piémont propre, dont Turin est la Capitale, du Duché d'Aouste; la Seigneurie de Verceil, le Comté d'Ast, le Marquisat de Saluces & le Comté de Nice.

Depuis le regne d'Emmanuel II, mort en 1675, le Piémont est partagé en dix-neuf provinces; le Piémont proprement dit comprend la *Province de Turin*, celle de *Quiers*, celle de *Carmagnole*, celle de *Suze*, celle de *Pignerol*, celle de *Savigliano*, celle de *Querasque*, la *Province de Fossano*, celle de *Coni*, celle de *Mondovi*, celle de *Ceva*. Le reste du Piémont renferme le Comté d'*Asti*, le Marquisat d'*Ivrée*, le Marquisat de *Saluces*, le Comté de *Nice*, la Principauté d'*Oneille*, le Duché d'*Aouste*, la province de *Biele* & celle de *Verceil*; la principauté de *Monaco*, indépendante, les Comtés de *Beuil* & de *Tende* sont enclavés dans le Piémont.

PIENSA, qui s'appelloit autrefois CORSIGNANO, est une petite Ville à neuf lieues de Sienne, sur la route de Sienne à Rome; c'est la patrie de Pie II, qui l'érigea en Evêché, & la fit appeller Pienza, de son nom de Pie, qu'il prit en montant sur la Chaire de S. Pierre, & en quittant celui de Piccolomini.

PIETOLA, anciennement appellé Andès, dans le Duché & près de la Ville de Mantoue, est, selon la commune opinion, le lieu de la naissance de Virgile.

PIETRA BISSARA, Bourg du Tortonnois dans le Milanez-Savoyard, près d'*Arqua*.

PIETRA MALA est une montagne située à onze lieues de Florence. Elle est continuellement couverte de nuages. Au-dessus de la montagne on trouve quelque fentes ou crevasses d'où s'exhale continuellement de la fumée, & quelquefois de flammes, & qui, lorsque la nuit est obscure, éclairent les montagnes voisines; le bois s'y enflamme & les pierres n'y paroissent presque point altérées; le terrein n'est chaud que dans les endroits où est la flamme. On apperçoit dans les Villages situés dans les montagnes, & à une très-grande hauteur ; des pierres calcinées ; quelques-unes tout-à-fait noires, & d'autres entièrement vitrifiées, des fcories de fer, &c. On reffent quelquefois des tremblemens de terre dans cette partie, & qui fe communiquent jufqu'à Florence. Les arbres & les buiffons qu'on trouve dans la montagne, paroiffent être les reftes des bois dont elle étoit couverte. Les uns regardent ce feu comme les reftes d'un volcan éteint depuis long-temps, les autres comme l'annonce d'un volcan qui deviendra très-redoutable, lorfque le fer s'y rencontrera en affez grande quantité avec le foufre ; ils apportent en preuve le Vefuve, dont on ne connoît point d'éruption avant celle de 79 qui couvrit *Herculée* & *Pompeia*. Le Village de *Pietra Mala* eft fitué dans la montagne à vingt-cinq milles de Bologne & à trente-deux milles de Florence, entre Feligure & Fiorenzuola.

PIETRA SANTA, Ville de Tofcane, dans le Florentin, avec un Evêché & titre de principauté, eft fituée affez agréablement & près de la Mer. Il y a un autre Pietra Sancta dans le Val de *Magra*, Fief particulier de l'Empire, au N. O. de la Tofcane, entre les Etats de Gênes, de *Parme* & de *Modene*. Le Grand Duc poffede dans ce Fief *Pietra Sancta* & *Pontemaci*.

PIETRO MONTORIO, (San) aux portes de Rome. Cette Eglife eft deffervie par des Capucins ; elle eft célèbre par le fublime tableau de la Transfiguration, peint par Raphaël. Sur la terraffe qui fait face à l'Eglife, eft une fontaine fort ancienne, mais encore très-belle.

PIEVA, (la) Village peu confidérable qu'on trouve à moitié route de Bologne à Ferrare. Au fortir de la Pieva, on trouve une digue ou chauffée très-levée & fort étroite ; il n'y a d'efpace que pour paffer une voiture. D'un côté coule le Pô, qui eft large & profond ; de l'autre eft un foffé qui conduit les eaux dans une vallée très-fertile.

PIEVA DEL CAIRO. *Voyez* CAIRO dans la Laumeline.

PIEVA DI CADORE, petite Ville du Cadorin dans 'Etat de Venise.

PIGNEROL, *Pinarolium*, Ville & Province du Piémont. Cette province s'appelle *des quatres Vallées*; elle est habitée en partie par les Vaudois ou Barbets, que leurs services ont engagé le Duc de Savoie à tolérer. Ces Vallées sont *Angrogne*, *Saint-Martin*, *la Perouse* & *Luzerne* : la Ville de Pignerol est au-dessous de *Fenestrelles*, à l'entrée de la Vallée de Perouse ; elle est assez bien peuplée. Benoît XIV l'érigea en Evêché en 1749. Elle est sur la riviere du Cluson qui traverse cette province, à sept lieues S. O. de Turin, vingt huit N. de Nice, vingt S. O. de Casal.

PINNA MARINA, le Pinne-marine est une espece de grand moule qui se pêche sur les côtes de provence, sur celle de la Calabre Ultérieure & de la Sicile. Ce coquillage porte une houppe longue d'environ six pouces. Cette houpe est composée de filamens d'une soie fort déliée & brune, qui se carde, & dont on fait des ouvrages précieux, comme gants & camisolles, & dont il se fait un gros commerce dans la Ville de Reggio, & dans celle de Palerme. La soie qui provient de la Pinne-Marine, se nomme Lana Sucida.

PIOMBINO, (la Principauté de) qui consiste en une Ville assez considérable & en une Isle qu'on appelle l'Elve, appartient au Duc de Sora, de la Maison de *Buoncompagno*. L'Empereur posséda cette principauté jusqu'en 1725, qu'il la rendit à cette Maison par le Traité de Vienne, conclu avec l'Espagne. Elle est sous la protection du Roi de Naples qui y entretient une forte garnison. La Ville de Piombino (en latin *Plumbinum*) est une des mieux fortifiées d'Italie. Elle est située entre Orbitelle & Livourne, sur la mer de Toscane ; elle est bâtie sur les ruines de l'ancienne *Populonia* qui en est à trois milles.

PIPERNO, petite Ville dans la Campagne de Rome, à huit mille de Case-Nuove, qu'on croit être l'ancien Pivernum, Ville des Volsques, & la patrie de cette Camille si légere dont parle Virgile dans l'Enéide, élevée dans les armées & exercée aux combats, & si légere à la course, qu'elle eût volé sur le sommet des épis, sans les fouler. Piperno est située sur une montagne très-élevée, escarpée de tous côtés, excepté de celui de Rome, où la pente est un peu plus douce. Elle est fort triste & fort pauvre, mal bâtie, & n'a rien de remarquable. Son Siege Episcopal a été transféré à Terracine. Elle est entourée de petits jardins potagers en terrasses, des vignes, & de quelques champs; on a tiré tout le parti possible du terrein, & dans les meilleures expositions on cultive des oliviers. Les environs sont couverts de marronniers. Du côté de Naples, la montagne est si rapide que les Voyageurs ne la voient qu'en tremblant; c'est le chemin de Rome à Naples, & il n'y en a pas d'autre. Les voitures sont obligées d'enrayer dans tout le chemin, & on ne monte qu'à l'aide des bufles; les chemins ne sont pas meilleurs dans la Vallée, on traverse des forêts de liege. Cet arbre ressemble extrêmement au chêne verd, & je crois qu'on peut bien dire que c'est une espece de chêne, puisqu'il porte du gland. Ce qu'il y a d'admirable, c'est qu'en le dépouillant de son écorce, il se fortifie & il en reproduit incontinent un autre. Delà on arrive à Terracine après seize milles. On remarque que les lys & les narcisses croissent autour de Piperno sans cultivation. Depuis cette Ville jusqu'à Terracine, on sent une odeur forte & mal saine qui provient de la quantité de marais formés par des eaux croupies qui occupent la plaine dans l'espace de cinq à six lieues sur le bord de la mer. On appelle ces marais Pontini.

PIPERNO, *Pietra forte*, Pierre de taille qu'on appelle à Rome *Piperno*. C'est une espece de pierre de Liere dont on se sert pour faire les portes & les fenêtres: on la trouve au-dessous de la montagne des Camaldules, près du Pausilippe. La carriere est exploitée par une centaine de forcats gardés par cinquante soldats.

PIRAMIDA DI CESTIO, OU LE TOMBEAU DE CAIUS

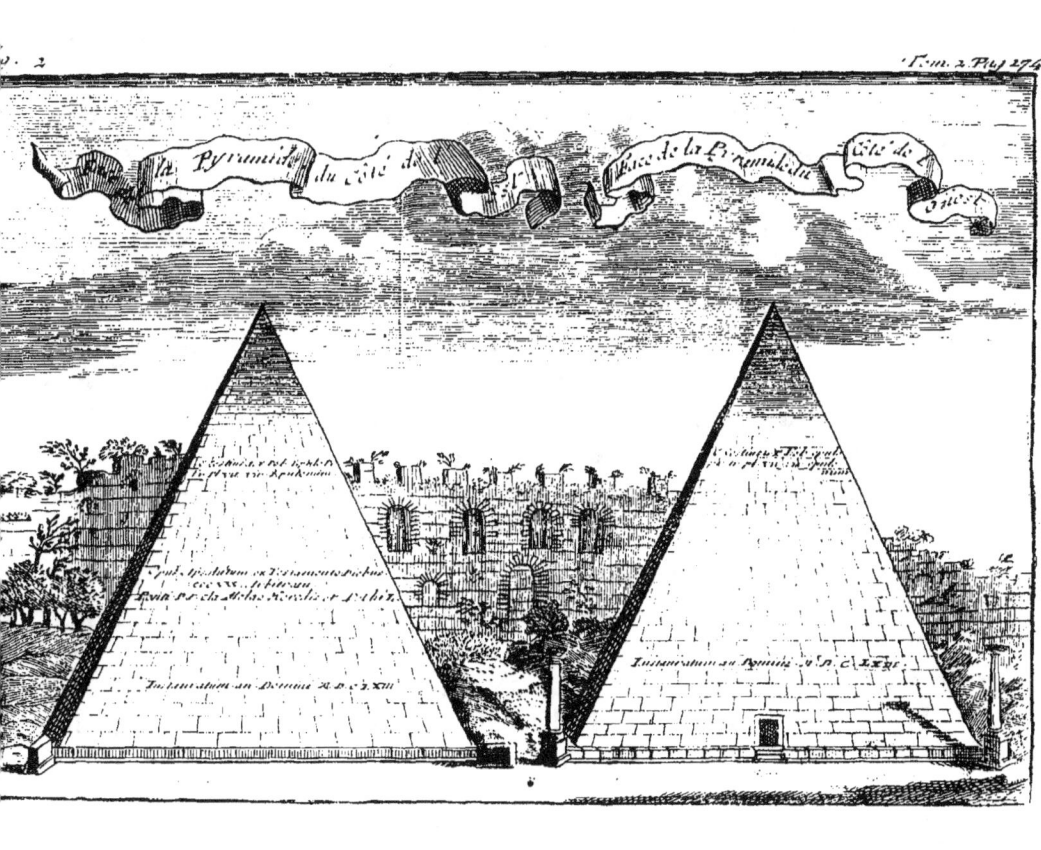

PIR

Cestius, près la Porte S. Paul, à Rome ; c'est une pyramide quarrée, qui a bien cent vingt pieds de hauteur, & le bas de chaque face en a environ soixante-dix. Toute la bâtisse est de pierres & de briques, revêtue de grands carreaux de marbre blanc ; présentement elle sert de sépulture à tous les Anglois & autres Huguenots qui font à Rome.

Pirano, petite Ville de l'Istrie Vénitienne ; elle est située sur la mer.

Pisan, (le) *Pisano*, pays en Toscane, borné N. par le Florentin & la République de Lucques, E. par le Siénois, O. par la mer. Il a environ dix lieues de large sur dix-sept de long. On y trouve des carrieres de beau marbre, des mines d'alun, de fer, d'acier & même d'argent. Cet Etat, qui étoit autrefois une République florissante, fut uni aux Florentins en 1406, par la conquête qu'en fit la République de Florence avant l'établissement des Médicis ; mais par la suite il fit partie du grand Duché de Toscane. Ce pays est assez bien peuplé & très-fertile. Pise en est la Capitale ; (voyez Pise) ensuite *Livourne*, qui est la principale Ville du Pisan : on y compte quarante mille habitans. Les autres Villes sont *Volterra*, *Orciano*, *Picioli*, *Orcinato*, *Casale*, *Campiglia*, *Lestignano*, *Paumanza* & *Colle*.

Pisatello, à une lieue de Cézene, est une petite riviere, qu'on croit avoir été le célèbre fleuve de Rubicon, au bord duquel César s'arrêta, & délibéra, s'il devoit le passer, pour s'opposer au parti que Pompée formoit contre lui ; ce fut après l'avoir passé qu'il s'écria, *le fort en est jetté, alea jacta est*, & Rome fut aux fers. Ce qui donne plus d'importance à ce passage, qui n'étoit rien par lui-même, & qui fut tout pour Rome, est la défense que le Sénat avoit fait par un décret solemnel à tout Général ou Officier, ramenant l'armée ou quelque troupe, de s'arrêter à cette borne, de déposer les armes & ses étendards, sous peine d'être regardé comme ennemi de la patrie. Le Rubicon étoit la borne de l'Italie & de la Gaule Cispadane.

PISE, *Pisa*, Capitale du Pisan; la seconde Ville de la Toscane, à vingt lieues de Florence, vers l'occident, sur l'Arno, qui la sépare en deux. Pise est très-ancienne; suivant Strabon & Virgile (*Æneid X.*) Pise fut fondée par des Arcadiens, habitans de Pise en Elide.

Il semble que les Pisans aient perdu toute émulation; leur population, qui alloit autrefois à cent cinquante mille habitans, ne vas pas aujourd'hui à plus de quinze mille; & cette Ville paroît d'autant plus dépeuplée, qu'elle est très-grande & superbement bâtie. Ce défaut de population entraine celui de culture. En vain les Grands-Ducs ont-ils tenté de la peupler, & d'y rétablir les arts; ils ont donné à l'Université de Pise les plus grands privileges; il y entretiennent quarante-cinq Professeurs, à la tête desquels est l'Archevêque de Pise, comme Grand Chancelier. Ces prérogatives n'y attirerent que fort peu d'Etudians. Cosme I institua à Pise un ordre Militaire, sous l'invocation de Saint Etienne. *Voyez* ORDRE DE S. ETIENNE. En fixant la résidence principale de cet Ordre à Pise, Cosme I s'étoit flatté d'y augmenter la population; mais ce moyen n'a pas mieux réussi que celui de l'Université. Cependant Pise est dans une position très agréable; ses édifices, construits dans le temps le plus brillant de la République, sont de la plus grande beauté. Il n'y a guere de Villes en Italie où l'on ait rassemblé tant de marbres étrangers. Leurs courses en mer leur facilitoient le moyen de se procurer, d'amener les matériaux de leurs constructions, & jusqu'à des colonnes de la Grece.

L'Arno, qui divise la Ville en deux, baigne les quais magnifiques, qui regnent dans toute sa longueur. Le long de ces quais sont les édifices de la plus belle architecture. Les rues sont larges, droites, pavées de grandes dales comme Florence, mais elles paroissent désertes, & l'herbe croît dans quelques-unes. Trois grands ponts servent de communication à la Ville : ils sont très-beaux, & forment une belle perspective : celui du milieu est de marbre. Tous les

les ans au mois de Juin, il s'y fait un combat entre les deux partis de la Ville pour emporter le pont. Deux troupes égales d'habitans, armés de pied-en-cap, avec des uniformes différens, & chacune sous sa banniere, se présentent sur le pont, chacune de son côté, s'entrechoquent mutuellement, & cherchent à se repousser l'une & l'autre à coups de massues ; quelques combattans sont culbutés dans la riviere, mais il y a des batelets tout prêts qui viennent à leur secours. Tous les habitans sont sur les quais, ils font des vœux pour ceux de leur parti, & applaudissent au parti vainqueur. Les Pisans font remonter l'origine de ce combat aux jeux olympiques, établis à Pise par leurs fondateurs. Malgré la décadence de Pise, les sciences s'y soutiennent encore : son Université est toujours célebre. Si la Ville étoit un peu plus peuplée, tout y respireroit encore cette ancienne splendeur des Romains. La Cathédrale, le Baptistaire, le Campo Santo, la Tour penchante & la plupart de ses palais, seront toujours des objets d'admiration.

La Cathédrale, dédiée à l'Assomption de la Vierge, commencée en 1063, & finie en 1092, sur les desseins de Bruschetto, est sur une grande & belle place : les trois portes de bronze sont si belles, qu'on les a prises pour celles du Temple de Jérusalem. L'Eglise a cinq nefs, dont les voûtes sont soutenues par soixante-quatorze colonnes, entre lesquelles il y en a de marbre verd antique & de porphyre. Parmi les beaux mausolées de marbre, ornés de bas-reliefs, on distingue celui de l'Archevêque *Delci*, décoré de deux belles statues, d'André *Vacca*. La plupart des colonnes paroissent être de divers anciens édifices. Les statues les plus remarquables de cette Eglise sont *Adam & Eve*, de Pietra Sancta, une châsse de Méléagre, bas-relief, un rhinoceros très bien modelé. Il y a d'excellens tableaux, d'André del Sarto, des Zucchari, de Raphaël, du Roselli, de Florence, du Salimbeni, du Passignani, de Pierre de Cortone, &c. La chaire, qui est de marbre, ornée d'anciennes sculptures, & revêtue d'ornemens de bronze, est fort estimée. Le pavé est à compartimens de marbre; c'est une espece de mosaïque qui est très-belle; la voûte est dorée & ornée de peintures. Il y a dans le dôme une mosaïque, représentant l'Assomption.

Le clocher, campanile torto ou torto prudente, commencé en 1174, sur les desseins de Guillaume d'Almon, & fini par Bonauno Buocci & Tommaso de Pise, est un monument curieux & singulier; il est rond, à sept ordres ou rangs de colonnes l'une sur l'autre; il est penché de maniere qu'on diroit qu'il est près de tomber. Cette tour a la forme d'un cylindre, elle a cent quatre-vingt-huit pieds de haut & un escalier de cent quatre-vingt-treize marches, très-aisé & bien éclairé. La vue est très-belle du haut; si l'on regarde du côté du penchant & que l'on descende au plomb perpendiculairement jusqu'au bas par le moyen d'une ficelle, on est étonné de le voir éloigné de quinze pieds du bas de la tour: l'ébranlement des cloches qui sont posées du côté incliné, ne produit aucun effet dangereux pour la tour, quand on les sonne. Vassari pense qu'elle ne penche que parce que ses fondemens n'ayant pas été bien assurés sur un terrein mou, elle s'est affaissée, & que sa rotondité, jointe à la liaison des pierres, contribue à sa solidité. D'autres croient qu'après que les quatre premiers ordres furent faits, on s'apperçut de l'affaissement du terrein; qu'alors l'Architecte ne voulant pas démolir ce qui étoit déjà bâti, fit assurer les fondemens, & imagina de donner à cette tour la hauteur convenue, en faisant les colonnes de trois derniers ordres plus longues du côté qu'elle penche, que de l'autre: ce qui donne à la totalité de la masse son point d'appui, & en fait en même temps une construction fort singuliere: mais cette opinion paroît détruite par l'éversement opposé à l'inclination; quoi qu'il en soit, elle n'est pas moins solide, puisqu'elle existe depuis plus de six cens ans.

Le Baptistaire est en face du plus grand portail de la Cathédrale, c'est une petite Eglise ronde, sur-

montée d'un dôme ; elle est toute construite de marbre, l'architecture, quoique gothique, est élégante ; l'intérieur a un grand ordre de colonnes de granit, que portent des arcades ; au-dessus est un second ordre de colonnes qui soutiennent la coupole ; au milieu est le grand Baptistaire ou réservoir de l'eau qui sert à baptiser, entouré de quatre petites cuves ou baptistaires en usage dans le temps qu'on baptisoit par immersion. Le dessein de l'Eglise est de Dioti Salvi, celui des fonts est de Lino Siennois. La chaire est très-belle & de marbre, soutenue par huit colonnes de granit, portées par des lions. La voûte est si sonore, que le moindre bruit la fait retentir comme une cloche ; elle forme un écho, qui répete distinctement les mots ; & quelque bas qu'on parle du côté de la muraille, on l'entend de l'autre.

Le Campo Santo ou cimetiere, est une vaste cour, entourée d'un portique, sur les desseins de Jean Pisan ; il a soixante arcades, est pavé de marbre, orné de peintures anciennes, dont plusieurs du Cimabué, les autres d'Orgagno, du Giotto, d'Aurelio Lami, de Benelzo, de Buffa Malco, de Michel-Ange. On y voit des tombeaux, des inscriptions fort anciennes. Le cimetiere qu'entoure ce portique, a au centre neuf pieds de terre, qu'on dit avoir été apportée de Jérusalem en 1228, & qui avoir, dit-on, la propriété de consumer les cadavres en vingt-quatre heures : vertu qu'elle a perdu aujourd'hui, & qui consistoit sans doute en une grande quantité de chaux, mêlée avec cette terre. On n'y enterre plus à présent.

Le Siege Episcopal de Pise fut érigé en Archevêché en 1092 & en Primatie de Sardaigne & de Corse. L'habillement des Chanoines est comme celui des Cardinaux. De tous les Conciles de Pise, le plus célebre est celui où furent déposés Benoît XIII & Grégoire XI, & où fut élu Alexandre V.

Les principales Eglises, après la Cathédrale, sont S. Etienne ou la *Chiesa de Cavallieri*, Eglise conventuelle, de l'Ordre de Saint Etienne : l'architecture de l'autel & les trois figures de la chaire sont d'un goût mâle & vigoureux, de Jean-Baptiste *Foggini*, Florentin ; Saint Matteo, orné de belles peintures, des *Melani*, de Pise ; ces deux freres ont peint la voûte & si bien observé la perspective, qu'on croit voir s'élever un second ordre au dessus de la corniche de Pierre de Cortone.

L'observatoire mérite d'être vu, ainsi que le Jardin des simples, très-peuplé, & auquel on a joint un Cabinet d'Histoire naturelle.

La Loge des Marchands est un grand édifice à arcades ouvertes, soutenu par des pilastres grouppés, d'ordre dorique, d'une très-belle architecture. On y conservoit tous les papiers & registres concernant le commerce : mais il est si tombé, que la Bourse est devenue comme inutile. La Maison des Nobles ou Casina de Nobili, est plus fréquentée, quoique ce ne soit qu'une petite salle de jeu, où s'assemblent les Nobles. Il y a quantité de beaux palais, qui ont de grandes tours ; c'étoit autrefois une marque de distinction.

L'Université de Pise est très-ancienne, Accurse, Bartole, Césalpin, Alciat, & plusieurs autres Savans en différents genres, l'ont illustrée. Il y a quarante-deux Professeurs & un Proviseur général, qui veille à l'observation des réglemens. Il y a plusieurs Colleges qui dépendent de l'Université.

Le climat de Pise est si doux, qu'à peine s'y apperçoit-on de l'hiver ; cependant l'air y est mal sain dans les grandes chaleurs, sur-tout pour les étrangers : alors on se retire à Florence ou dans les montagnes.

Les promenades les plus fréquentées sont les quais. Il est singulier qu'avec le goût des arts qui regne à Pise, sa situation très-propre au commerce, la température de son climat, elle soit si pauvre & si peu peuplée. On vante beaucoup ses bains. *Voyez* SAN-GIULIANO. Il y dans le voisinage de Pise, à l'orient, des restes d'anciens thermes ou bains publics ; il n'y a plus que les canaux qui les entouroient, & qui y portoient la chaleur. Il paroît qu'on y avoit employé les plus beaux marbres.

PISCINE MERVEILLEUSE ; c'est un grand édifice quarré, long d'environ cent quatre-vingt pieds de longueur sur cent vingt-huit de largeur, voûté & soutenu par quarante-huit pilastres, placés sur quatre lignes. Des deux escaliers par lesquels on y descendoit, il n'y en a plus qu'un. On voit encore aux voûtes quelques beaux bas-reliefs ; l'enduit gris qui couvre tout l'édifice, est aussi beau & aussi reluisant qu'au premier jour ; il est aussi dur que la pierre même ; on croit qu'il étoit composé avec la poussiere de marbre, la chaux est une espece de bitume que l'on trouvoit dans le pays & des blancs d'œufs. On tourne autour de la Piscine par une plate-forme, garnie de grandes pierres encore bien unies, autour de laquelle il y a de larges degrés pour descendre, & puiser l'eau à mesure qu'elle diminue. La voûte est percée en plusieurs endroits, & c'est par ces ouvertures qu'on recevoit l'eau, & c'est par-là aussi que ce réservoir s'emplissoit de l'eau de la pluie, qui, en certains endroits, y séjourne toujours en quantité : elle s'y conserve encore, quoiqu'on n'ait pas la précaution de nettoyer la piscine ; c'est l'ouvrage le mieux conservé des Romains, & un de leurs beaux ouvrages. Il est situé au cap de Misene, proche le golfe de Pouzzol, aux environs de Naples ; elle doit sa conservation à l'enduit qui couvre tout l'intérieur, & dont il seroit bien à désirer qu'on pût retrouver la composition. On prétend qu'Agrippa ayant le commandement des forces navales des Romains, le fit construire pour servir de réservoir d'eau douce pour la fourniture des vaisseaux : aussi l'appelle-t-on la *Piscine mirabile* ou *réservoir d'Agrippa*.

PISTOIE, *Pistoia*, Ville de Toscane, autrefois République, qui subit le même sort que Pise, époque à laquelle il faut faire remonter sa dépopulation. Il y a peu de Villes où les rues soient aussi belles & aussi larges. Les palais en sont magnifiques ; la Cathédrale, dédiée à Sainte Marie, est un très bel édifice ;

on en admire le dôme, d'une très-belle architecture : il fait desirer que le portail soit achevé. Tous les environ de Pistoie sont si agréables, qu'on croit être dans un jardin ; c'est de tous côtés des allées d'arbres fruitiers, qui donnent un ombrage délicieux jusqu'à Poggio Cajano. Pistoie renferme beaucoup de Noblesse ; elle est située dans une plaine très fertile, au pied de l'Apennin, proche de la riviere de Stella, à huit lieues N. O. de Florence & douze N. E. de Pise. Ce pays est accablé d'impôts, ce qui y multiplie les mendians à l'excès : c'est un paradis habité par des malheureux.

PIZZIGHITONE, (Piceleo) Ville du Crémonois, est une place très-forte, entre Crémone & Lodi. Elle a une très bonne citadelle, bâtie par Philippe-Marie Visconti, Duc de Milan. Charles V y retint prisonnier François I, après la bataille de Pavie, jusqu'à ce qu'il pût le faire partir par l'Espagne. Pizzighitone est située sur la Serio, près de son confluent, avec l'Adda, à quatre lieues N. O. de Crémone, & douze S. E. de Milan.

PLACE. *Voyez* PIAZZA.

PLACES DE ROME. Un des grands objets de la curiosité des étrangers qui vont voir Rome, est les places publiques, ornées de fontaines, d'obélisques, de statues & de palais de la plus grande magnificence. Ces places sont en grand nombre ; mais les plus remarquables par leurs décorations sont la place de S. Pierre, la place Navonne, celle du Capitole, celles de Monte Cavallo, Monte Citorio, del Popolo, Colonne, du Campo Vaccino, d'Espagne, de Pasquin. Il est parlé de quelque-unes de ces places dans d'autres articles. *Voyez* SAINT PIERRE DU VATICAN, NAVONNE, CAPITOLE. La place du palais de *Monte Cavallo* a pris son nom, ainsi que le palais pontifical même, des deux chevaux antiques, de figure colossale, mené chacun par un jeune hommes, & que Sixte V fit placer sur cette place. *Voyez* MONTE CAVALLO. La forme de cette place est irréguliere, & ne répond pas à la magnificence du palais pontifical ou

Quirinal. Urbin VIII, pour lui donner plus d'étendue, fit abattre les restes d'un ancien Temple de la Santé; elle est dans une très-belle situation; elle a les plus beaux points de vue; les bâtimens dont elle est enceinte sont majestueux; la fontaine qui est au milieu est ce qu'il y a de moins remarquable.

La place Colonne tire son nom de la *Colonne Antonine*, qui en fait le plus bel ornement. *Voyez* CO-LONNES. Outre ce monument, on y voit une belle fontaine, que Grégoire XIII y fit construire, sur les desseins de Jacques *d'ella Porta*. Alexandre VII lui donna la forme réguliere qu'elle a : elle est entourée de beaux palais, & principalement du palais *Chigi*, un des plus beaux de Rome.

La place du *Monte Cittorio*, petite élévation qui touchoit au Champ de Mars, & qui tiroit son nom de ce qu'on y citoit le peuple à venir donner son suffrage par comices, ou parce que les plaideurs y étoient cités pour comparoître en Justice, est fort vaste. Clément XII l'agrandit de l'emplacement de plusieurs vieilles maisons qu'il fit abattre. Le Bailliage de Rome ou palais de la Sénéchaussée, appellé *Curia Innocentiana*, composé de plusieurs Tribunaux, est sur cette place; & vis-à-vis est un magnifique piédestal antique de marbre, de douze pieds de haut, qui fut trouvé dans le jardin de la Mission, & que Benoît XIV fit restaurer & transporter au milieu de cette place. Ce piédestal portoit une colonne érigée à l'Empereur Antonin, dont la statue la terminoit. On voit encore la colonne que ce Pape vouloit faire élever sur le piédestal, & qui est à terre, dans la cour du palais du Bailliage. Ce piédestal est orné de très beaux bas-reliefs, représentant des jeux funéraires autour du bûcher des Empereurs, l'apothéose d'Antonin, &c. la colonne est de granit & de la plus belle proportion; le piédestal l'attend, & tôt ou tard on espere qu'elle y sera placée.

La place du peuplier ou peuple, *Piazza del Popolo*, est la premiere qu'on trouve en entrant à Rome par la porte del Popolo, ainsi nommée à cause de la grande quantité de peupliers qu'il y avoit autrefois. Elle est longue, de forme un peu triangulaire ; elle est ornée d'un magnifique obélisque d'Egypte, que Sixte V fit tirer du grand Cirque, où il étoit enseveli. De cette place on découvre les trois plus grandes rues de Rome, qui, toutes les trois vont aboutir au centre de la Ville, la *strada del Corso*, la *strada del Babuino* & la *strada di Ripetta*, toutes tirées au cordeau. Le fameux obélisque est dans le milieu de la place ; elle est ornée d'une très-belle fontaine, de deux magnifiques portiques ou façades, l'un de l'Eglise des Carmes, l'autre de celle du Tiers-Ordre de S. François. Il y avoit autrefois des peintures à fresque autour de la place, mais elles sont presqu'effacées. Cette place, avec la porte, qui ajoute à son embellissement, en impose aux étrangers.

La Place d'Espagne tire son nom du Palais de l'Ambassadeur, qui en fait un des ornemens. On voit autour la façade du College de la Propagande & celle de quelques beaux palais ; mais ce qui l'embellit le plus, est la fontaine appellée *Barcaccia*, parce qu'elle a la forme d'un vaisseau. *V.* FONTAINES. Ce qui donne à cette place un bel aspect & un beau ciel, est l'escalier qui conduit à la *Trinita del Monte Pincio* : cet escalier est un des meilleurs morceaux dans son genre.

La Place de Pasquin est très-petite, & n'est célebre que par la statue mutilée ou torse qui lui a donné son nom. On ne sait trop d'où lui vient celui de Pasquin : car il est très-certain que ce torse est un reste d'antiquité ; il y en a qui veulent que ce soit le corps d'un Soldat d'Alexandre, les autres prétendent que Pasquin étoit un Tailleur, qui demeuroit sur cette place, homme plaisant, satyrique & frondeur, chez qui se rassembloient les personnes de son caractere. La statue qu'on éleva au milieu de la place, ayant été trouvée dans les environs, conserva, dit-on, le nom de ce Tailleur. C'étoit à cette statue qu'on appliquoit les épigrammes & les bons mots, qu'on appelle pour cela pasquinades. Dans un autre carrefour, du côté du Capitole, étoit un autre statue de fleuve, trouvée dans le *Campo Vaccino*, on lui donne le nom de Marforio ; il partageoit la gaieté & les plaisanteries de Pasquin ; on imagina de les mettre en conversation ; on attachoit un placard à Marforio, qui contenoit la demande, & la réponse de Pasquin étoit affichée à sa statue. Marforio a été transporté au Capitole, & leurs conversations plaisantes & caustiques ont cessé depuis ce temps-là.

La Place du *Campo Vaccino*, qui prend son nom du Marché aux Vaches, qui s'y tient, étoit autrefois le *Forum*, la plus belle place de l'ancienne Rome (*V.* CAPITOLE.) Il avoit été entouré par Tarquin l'Ancien des superbes portiques : il le fut ensuite de statues, de colonnes & de grands édifices publics. L'Eglise de S. Adrien *in Vaccino*, est bâtie sur les débris d'un Temple de *Saturne*, *S. Laurenzo in Miranda*, sur les fondations du Temple de Faustine, &c. Cette place est beaucoup plus étendue qu'elle n'étoit ; l'ancien *Forum* n'en fait qu'une partie ; c'est un vaste champ, au milieu duquel on a planté des arbres ; on y a placé une belle fontaine, dont le bassin de granit est très-beau, mais qui ne sert que d'abreuvoir aux chevaux. On y voit de côté & d'autre des ruines du milieu desquelles s'élèvent encore avec majesté des colonnes antiques, isolées & ne tenant à aucun édifice : quelques façades d'Eglise y arrêtent la vue. Cet endroit, quelque nu qu'il paroisse, à cause de son étendue, n'est pas le moins intéressant de Rome pour les connoisseurs.

Il y a beaucoup d'autres Places qui offrent de belles choses à voir, mais nous n'avons projetté de parler que des principales. La *Piazza Giudea*, qui est devant la Juiverie, est ornée de plusieurs colonnes, qu'on croit avoir été le portique d'Octavie ou de Septime Sévere, quarré long, à quatre faces parallele, ornées de colonnes, de pilastre & d'arcades.

PLAISANCE, (Duché de) appartenant au Duc de Parme. La ville de Plaisance est, dit-on, ainsi appellée à cause de l'agrément de sa situation & de la salubrité de l'air qu'on y respire ; elle est située entre Milan & Parme, à treize lieues de l'une & de l'autre, assez proche du Pô & de l'embouchure de la Trebia, qui l'inonde quelquefois dans la partie méridionale de la Ville. Elle est Capitale du Duché de son nom. L'Evêque est suffragant de Bologne. Les Princes de la Maison Farnese l'ont fort embellie ; elle est grande, ses rues sont belles, larges, alignées ; les fortifications ne sont pas les plus belles, mais elles peuvent se défendre : la rue qui sert de cours, est une des plus belles & des plus longues d'Italie. On voit sur la place de la Cathédrale deux figures équestres, en bronze, par Jean Boulogne, célèbre Sculpteur, l'une d'Alexandre Farnese, Duc de Plaisance & de Parme, qui servit la Ligue en France, l'autre de Ranuce, fils d'Alexandre. La Cathédrale est remarquable par ses peintures, la coupole est peinte par le Guerchin : il y a au chœur un tableau du Proccacini, entre deux tableaux de Louis Carrache. Il y a encore trois morceaux du même Peintre, un S. Alexis, fort estimé, d'un peintre anonyme, un tableau de Lanfranc. Il y avoit aux Bénédictins un tableau de Raphaël, dont le sujet étoit une Vierge dans une gloire, avec une Sainte, & un Pape à genoux, qui fut acheté par le dernier Roi de Pologne, Electeur de Saxe, en 1754, deux cens mille livres de notre monnoie.

Dans l'Eglise des Chanoines Réguliers de Saint Augustin, par Vignole, est un grand tableau en bois, dont presque toutes les figures sont de plein relief & très-bien finies, par un Frere Laïc de la Maison.

Dans l'Eglise de la Madona di Campagna, on voit un tableau à fresque, du Parmesan, représentant un Saint, qui a les mains sur le livre de l'ancien & du nouveau Testament, des tableaux du Pordenone, plusieurs fresques, attribuées à Paul Véronese. Dans l'Eglise de S. Jean, les statues en marbre de deux enfans, pleurant sur le tombeau de Lucrece Alziati.

Le Palais Ducal, bâti sur les desseins de Vignole,

en brique, n'est pas encore fini. Dans l'alcove d'une chambre à coucher, des petits enfans en stuc, modélés par l'Algarde.

La grande rue, appellée le Cours, sert de promenade en été.

Au-dessus de Plaisance, on trouve le *Campo Morto* : c'est le champ de bataille de la Trébie, où les Romains furent défaits par Annibal, l'an de Rome 535. Les François & les Espagnols en 1746 engagerent auprès de Plaisance une bataille contre les Allemands, sous la conduite de M. de Maillebois.

En sortant de Plaisance, on trouve les débris de la Voie Emilienne, qui commençoit à cette Ville, & alloit à Rimini par Parme, Modene & Bologne.

Plaisance a vu naître Murenus, beau-pere de l'Empereur Auguste, le pape Grégoire X & le célebre Alberoni, premier Ministre d'Espagne, né dans une chaumiere le 30 Mars 1664. Il s'y retira lorsqu'il fut disgracié.

Le Théatre est bien construit, commode, mais peu considérable.

L'air de Plaisance est très-bon ; il paroît qu'il avoit la même température du temps de Pline, qui rapporte que dans le dénombrement de l'Italie, on trouva à Plaisance six vieillards de cent dix ans, un de cent vingt & un de cent quarante ans.

C'est à Plaisance que l'hérésie de Bérenger fut condamnée, en 195, dans le Concile assemblé par le pape Urbain II. On y fixa le jeûne des Quatre-Temps.

Les principales Maisons de Plaisance sont les Scotti, les Landi, les Auguscioli : Lanfranc avoit été Page dans celle de Scotti.

On ne compte à Plaisance que vingt cinq mille habitans, population modique, eu égard à l'étendue de la Ville & à la fertilité de ses environs.

Les lieux principaux du Plaisantin ou Duché de Plaisance, sont, *Corte Maggiore*, *Fierenzuola*, à l'orient ; *Castel San-Giovani*, à l'occident ; *Monticelli*, *Borgo Nuovo* & *Campo Morto*, au S. O. *Val di Taro*, *Borgo di Taro*, *Campiano* & *Bardi*, au midi.

Pleurs, Ville à une lieue de Chavanne, dans le pays des Grisons, vers les confins du Milanois, qui n'existe plus. Le 26 Août 1618, cette ville fut abîmée par une montagne qui se fendit, & l'écrasa; de deux mille habitans qui y étoient, il n'en échappa pas un seul. Pleurs étoit un lieu d'agrément & de plaisirs, où les Milanois alloient passer l'automne. Des accidens semblables à celui qui écrasa Pleurs, ne sont pas rares; sans compter les rochers, que les éruptions des volcans percent ou entraînent, les montagnes du sein desquelles on a vu soudain s'échapper des torrens, la chûte des montagnes arrive naturellement par les eaux qui creusent les rochers, par les racines des arbres qui pénetrent dans les fentes, grossissent & font peu-à-peu l'effet du coin, dans d'autres endroits, les eaux qui descendent des montagnes supérieures entraînent des monceaux de terre & de cailloux, qui forment des atterrissemens. L'Eglise de Randan a été enterrée par des torrens descendus du Briançonnois, qui ont entraîné des sables & des pierres; le terrein est actuellement au niveau du clocher, & l'on entre dans l'Eglise par les fenêtres. *Voyez* DIABLERET.

Pô, (le) un des fleuves les plus considérables de l'Italie, appellé par les Anciens l'*Eridan*, célebre par les fictions des Poëtes. Il prend sa source au *Monte Viso*, dans le Piémont, sur les confins du Dauphiné, traverse le Piémont, le Montferrat, le Duché de Mantoue, le Ferrarois, arrose les villes de Turin, de Casal, de Plaisance, de Crémone, & se jette dans le golfe de Venise par plusieurs embouchures: son cours jusqu'au golfe est d'environ cent trente lieues. La vue du Pô est imposante, son cours est majestueux, sa largeur, son étendue, les canaux qui y aboutissent, ses rives riantes, son beau ciel, les barques dont il est couvert, & qui vont à la voile, les villes & les campagnes qu'il arrose, tout concourt à lui confirmer le titre de roi des fleuves, que lui donnoient les Anciens: mais c'est un roi bien redoutable à ses voisins dans ses débordemens. Il porteroit la désolation dans cette partie de l'Italie, si depuis long-temps on n'avoit pris foin de le contenir par des digues ; mais comme il entraîne avec lui beaucoup de fable & de limon, fon lit fe remplit peu à-peu, & l'on eft obligé d'élever ces digues ; dans certains endroits, le lit du Pô eft de trente pieds au-deſſus du niveau de la campagne ; ainſi, quand ſes eaux augmentent, on eſt dans les alarmes continuelles ; on met le fleuve en garde, c'eſt-à-dire, qu'on raſſemble les habitans qui ſont obligés de veiller fur les digues, & de reſter jour & nuit dans des cabanes le long du Pô, à droite & à gauche, avec des inſtrumens néceſſaires pour porter de la terre, enfoncer des pieux & reboucher les ouvertures. On a détourné le lit de quelques rivières qui entroient dans le Pô, mais tout cela n'a pu empêcher que le Bolonois & le Ferrarois ne fuſſent gâtés par les eaux, & qu'on n'ait encore à craindre que le Pô ne briſe ou ne ſurmonte ſes digues ; on s'occupe depuis long-temps à remédier à ces dangers.

POGGIO, Village peu conſidérable, ſur la route de Bologne à Ferrare, dans les marais formés par les débordemens du Pô.

POGGIO A CAJANO, un des Châteaux de plaiſance du Grand Duc de Toſcane, ſitué à trois lieues de Florence : il y a tout auprès un parc ſuperbe. Il y a dans le Château, dont la vue eſt admirable des tableaux excellens, d'André del Sarto, qui contiennent l'hiſtoire de la Maiſon de Médicis, ſous différentes allégories, & d'autres peintures des meilleurs Maîtres d'Italie.

POGGIO IMPERIALE ou VILLA IMPERIALE, Maiſon de plaiſance des Grands Ducs de Toſcane, à une demi-lieue de Florence ; en ſortant de la Ville, on entre dans une belle avenue, qui conduit au Poggio. On trouve, en entrant dans cette allée, deux fleuves ruſtiques au milieu de deux grands baſſins, elle a demi-lieue, & à l'autre extrêmité au haut de la cour, ſont deux figures de marbre, l'une d'Atlas, portant le globe, l'autre de Jupiter, lançant la foudre. Le bâtiment eſt grand, comme, ſur les deſſeins de Buontalento. Il y a d'excellens morceaux dans les appartemens. Parmi les antiques, on distingué un Bacchus, exprimant des raisins, Prométhée, enchainé par un pied; on y voit Adonis mourant, de Michel-Ange, qui n'est point fini. Il y a des tableaux du Titien, de Michel-Ange, de Caravage, du Schidone, de Salviati, de Jacob Bassan, de Cigoli, de Ciroferri; les portraits de Pétrarque & de Laure, d'Albert Durer, &c.

POLA, POLA JULIA PIETAS, petite Ville dans l'Istrie, appartenante aux Vénitiens, avec Evêché, suffragant d'Aquilée, située sur la Mer Adriatique, au fond d'un golfe très-profond, appelié *il Quarinero*. Elle a un très-bon port. Pole est très-ancienne, on la fait remonter à une colonie des peuples de la Colchide, poursuivis par les Argonautes. Il y a beaucoup d'antiquités, un arc de triomphe, qui sert de porte à la Ville, & qu'on appelle porte dorée, un Temple, dédié à Rome & à l'Empereur Auguste, quantité d'inscriptions, &c.

POLCENIGO, Ville du Frioul, dans l'Etat de Venise, près de Maran.

POLCHEVERA, (Vallée de la) auprès de la Ville de Gênes, en sortant par le fauxbourg de Saint Piere d'Arena, a pris son nom d'un torrent de l'Apennin, qui coule dans cette Vallée, lorsqu'il n'est pas à sec; il est quelquefois très-dangereux, & fait les plus grands ravages dans les temps des grandes pluies ou des fontes de neige; dans ce temps il ferme entiérement le passage aux voitures, qui ne peuvent pénétrer de Gênes en Lombardie. Au reste, cette Vallée est très-agréable; la côte des deux côtés est garnie de palais, de belles maisons de campagne, d'Eglises & d'une infinité de jardins très bien cultivés.

POLESIN, province de l'Etat de Venise; on l'appelle Polesin de Rovigo, parce que Rovigo en est la Capitale. Cette province est une presqu'Isle formée par l'Adigetto & l'Adige; elle peut avoir seize lieues de long sur six de large; c'est une des plus fertiles de l'Italie; elle souffre beaucoup des inondations du Pô, dans le Ferrarois, quoique le terrein du Polesin soit beaucoup plus élevé. Il est très-abondant en chanvres, grains, fruits & toute espece de denrées de consommation. Les Vénitiens conquirent le Polesin sur les Ducs de Ferrare en 1500. Les chemins y sont mal entretenus, comme dans toute cette partie de l'Italie, deux voitures ne peuvent se rencontrer sans danger.

POLICASTRO, POLICASTRUM, ou PALŒCASTRUM, petite Ville au Royaume de Naples, dans la Principauté citérieure, avec Evêché, suffragant de Salerne, & dont l'Evêque fait sa résidence dans un Bourg voisin, est peu considérable ; elle est située sur la côte & sur le golfe Laï ou golfe de Policastro, à vingt-deux lieues S. E. de Salerne, vingt-trois S. E. de Naples.

POLICE DE ROME. Le premier Officier est le Gouverneur ; cette Prélature est toujours du Cardinalat. Il a des Gardes, & ne sort qu'avec deux carrosses de suite : ses chevaux sont toujours *in fiochi*. Il a le pas sur les Prélats, les Patriarches & les Ambassadeurs ; l'on porte devant lui le bâton de commandement. C'est sur lui que roule la police de Rome ; il juge en matiere criminelle dans Rome. La Congrégation Criminelle *del Governo*, à laquelle il préside, se tient chez lui ; il ne prononce point, mais après avoir recueilli les suffrages, il fait son rapport au Pape tous les Mercredi & Samedi. C'est lui qui publie & fait exécuter les ordonnances de Police. Il a à ses ordres plusieurs Compagnies de Sbirres ou Archers, les unes à pied, les autres à cheval. Ces Sbirres n'avoient point d'uniforme ; & il arrivoit que sous prétexte qu'on ne les connoissoit pas, le peuple les maltraitoit, lorsqu'ils n'étoient pas les plus forts ; le Gouverneur leur a donné des uniformes. Les Sbirres à pied ont l'uniforme bleu céleste, paremens & veste rouges ; les Sbirres à cheval ont l'habit bleu, paremens & veste jaunes. Les Officiers des Troupes réglées s'opposent que les Sbirres aient un uniforme. Le Barigel, qui commande les Sbirres, reçoit immédiatement ses ordres du Gouverneur. Cette charge, dans l'ancienne Rome, lorsqu'Auguste en revêtit Agrippa, avoit les mêmes fonctions & les mêmes prérogatives : mais c'étoit un théatre bien différent.

Polignano, Ville au Royaume de Naples, dans la Terre de Bari, sur la Mer Adriatique, n'est presque plus rien aujourd'hui. Son Evêque réside à la petite ville de *Mola*, qui est tout auprès, à huit lieues S. E. de Bari. Les Auteurs Latins l'appellent *Polinianum* ou *Pulinianum*.

Polirone. (Abbaye de) à douze milles de Mantoue, au midi, sur les bords du Pô, appartient aux Bénédictins, fut fondée par Boniface, Marquis de Mantoue, conserve le tombeau & non les os de la célèbre Comtesse Mathilde, qu'Urbain VIII fit transporter à Rome : ce tombeau est dans la Chapelle de la Vierge de cette Abbaye : elle y est représentée à cheval, tenant une pomme de grenade à la main, une urne de marbre sert de piédestal au cheval : on y a gravé ces deux vers :

Stirpe, opibus, formâ, gestis, & nomine quondam,
Inclita Mathildis, hic jacet astra tenens.

» Ci-gît l'illustre Mathilde, que sa naissance, ses ri-
» chesses, sa beauté, ses actions & son nom rendirent
» célèbre autrefois, & qui s'éleverent au-dessus des
» astres.

Polverigo, Ville de la *Marche d'Ancône*, dans l'Etat de l'Eglise, peu considérable.

Pomeranza, (la) petite Ville du Pisan, assez agréable, mais peu peuplée, dans le Duché de Toscane.

Pompeia ou Pompeii, ancienne & célèbre Ville de la Campagnie, qui subit le même sort qu'Herculanum, Stabia, &c. essuyerent peu de temps après ; elle fut ensevelie sous les cendres & les laves du Vésuve ; elle étoit sur le golfe de Naples, entre Sorrento & Stabia, d'un côté, & Herculanum, de l'autre. Ces deux Villes ont été retrouvées par hasard, Pompeia l'a été près du fleuve Sarno, à une demi-lieue de Torre dell' Annunziata, par des paysans qui avoient creusé té pour des plantations. La hauteur des cendres qui la couvrent est moins considérable que celles d'Herculanum, à peine y a-t-il quelques pieds au-dessus des édifices, & il n'y a que des vignes & des arbres sur la terre. On commença d'y fouiller en 1755, mais on y employa peu d'ouvriers. Les endroits fouillés sont à un quart de lieue de la mer, sur une hauteur. On y a trouvé une porte de Ville, des tombeaux, qui paroissent être sur le chemin qui conduisoit à la Ville ; une maison dans la Ville, c'est-à-dire, à deux cens toises du premier endroit où on a trouvé un théatre, qui n'est point encore débarrassé, un petit temple tout entier, les colonnes sont de briques, revêtues de stuc. Il y a quelques sculptures fort communes, les murs couverts de peintures à fresque : elles sont dans les Cabinets du Roi de Naples. L'escalier, qui conduit au sanctuaire, est étroit, revêtu de marbre blanc. Il y a deux autels isolés entiers & sur pied. Au milieu du temple, dans une petite Chapelle en pierre, est un escalier, au bas duquel on éprouve une vapeur dangereuse. Une inscription que ce Temple étoit dédié à Isis, qu'il avoit été renversé par un tremblement de terre, & que le peuple & le Sénat l'avoient fait rétablir. Quoique ce monument ne soit pas bien considérable, il n'en est pas moins précieux, parce qu'il est entier, & qu'on voit sur les murs des peintures qui sont d'après les usages du temps, d'une maison de campagne, des jardins, des bâtimens.

PomponAsco. *Voyez* Ostiano.

Pomposa, petite Ville dans le Ferrarois, de l'Etat de l'Eglise, vers les embouchures du Pô.

Pont de Stura, Ville du haut Montferrat, sur la Sture, qui lui a donné son nom.

Pongibonzi, très-gros Bourg, situé sur une colline, sur la route de Florence à Sienne, près de la petite riviere de Stagio, dans la Toscane. Ce Bourg est en réputation par le commerce de tabac qu'il fait.

Pont de Beauvoisin, Bourg du Dauphiné, sur la riviere du Guer, qui fait la séparation de la partie du Bugey, qui est demeurée au Duc de Savoie,

& du Dauphiné. Le fauxbourg du Pont de Beauvoisin appartient au Duc de Savoie.

PONT OGLIO, petite Ville peu considérable du Bressan, dans l'Etat de Venise.

PONTE, petite Ville dans le Marquisat d'Ivrée, en Piémont, située sur l'*Orco*, assez près de *Rivaloro*. Voyez IVRÉE.

PONTE-A-FELLA, Bourg du Frioul, dans l'Etat de Vénise à six lieues d'Udine ; cet endroit, qui est assez bien situé, est d'un grand passage & d'un commerce assez considérable.

PONTE CENTINO, à huit milles de Radicofani, est le premier Village de l'Etat Ecclésiastique, en sortant de la Toscane ; on y descend de Radicofani, d'où Ponte Centino paroît comme au fond d'un précipice ; il est arrosé par un ruisseau ou torrent qu'on passe sur un pont ruiné ; c'est là qu'on trouve la premiere Douane de l'Etat Ecclésiastique.

PONTE DI CALIGULA, au Royaume de Naples, situé entre Pouzols & Baies, sur le golfe de Pouzols : il n'en reste que quelques arcades. Plusieurs Auteurs ont soutenu que Caligula avoit fait construire ce pont pour traverser le golfe de Pouzols à Baies ; mais il est plus vraisemblable de croire que ce prétendu pont étoit un môle qui servoit à rendre le port de Pouzols plus commode & plus sûr pour la santé & pour les bâtimens qui y venoient mouiller, comme il y en a dans plusieurs ports d'Italie.

PONTE D'ERA, Bourg à six lieues de Pise, sur le chemin qui va à Sienne. C'est sur ce pont qu'on passe la riviere d'Era, qui lui a donné son nom, & qui va se jetter dans l'Arno.

PONTE LAMENTANO. (il) Ce pont est remarquable par une grosse tour antique, que l'on dit être le sépulchre des anciens Rois de Tivoli ; il est sur le *Téveronne*, près de Tivoli, à cinq lieues de Rome.

PONTE MOLLE, pont sur le Tibre, à deux milles & demi de la porte de Rome. On l'appelloit autrefois *Pons Emilius*, parce que Emilius Scaurus l'avoit fait bâtir. On corrompit ce nom, & on l'appella *Ponte*

Milvio. Il n'y reste rien de son ancienneté. Nicolas V le fit rebâtir, & peu-à-peu on l'a appellé *Ponte Molle*. C'est sur ce pont qu'il est prétendu que Constantin vit dans les airs une croix qui fut apperçue de toute l'armée, avec ces mots : *in hoc signo vinces*, peu de momens avant la victoire qu'il remporta contre Maxence.

PONTE MOLI, Ville appartenante au Duc de Toscane, dans le *Val de Magra*, qui est un Fief particulier de l'Empire. *Voyez* PONTRE MOLO, ainsi qu'on l'appelle dans le pays.

PONTE SALARO ou NOMENTANO, est un des plus anciens monumens de l'Antiquité Romaine. Il fut bâti au commencement de la République ; il est sur l'*Arno* ou *Téveronne*. Lorsque les armées Gauloises & Romaines n'étoient séparées que par ce pont, un Gaulois, d'une taille énorme, vint y défier le plus brave de ses ennemis. Le jeune Manlius osa se présenter, & vainquit le Gaulois, auquel il arracha le collier, & le passa à son col, seul trophée de sa victoire. Le nom de Torquatus lui en demeura à lui & à sa postérité. Ce pont étoit de bois ; il étoit tout simple que celle des deux armées qui avoit plus de raison de se mettre en sûreté, abattit le pont ; mais ni l'une ni l'autre ne voulut le faire, pour ne pas marquer de la crainte à l'ennemi. Les Goths le détruisirent ; Narsès le rétablit en 565, dans l'état où il subsiste encore, excepté les deux tours qui y ont été ajoutées.

PONTINI, les Marais Pontins ; on appelle ainsi des marais aux environs de Rome, dont les eaux croupies infectent cette Ville, & sont funestes aux habitans : ce qui fait abandonner les campagnes des environs qui restent incultes. Benoît XIV avoit fort à cœur le desséchement de ces marais ; il approuva des plans, qui paroissoient fort utiles. Celui de M. Bolognini, Prélat célebre, a été trouvé excellent. Le Cardinal Lenti fut chargé de la direction de cet ouvrage, mais ce Prélat mourut en 1763. Le succès de cette entreprise assurera la salubrité de l'air, la fertilité du terrein, & donnera une nouvelle vie aux environs de Rome.

PONTORMO, Village sur la route de Florence à

Pise, près d'Empoli. On trouve à Pontormo, à la Lastra, à la Scala, & dans quelques autres villages le long de l'Arno, des Fabriques de poterie, où l'on fait de grandes urnes de différentes formes & sur des modeles antiques, que les potiers n'ont pas devant les yeux, mais qu'ils font d'habitude. On prétend que ces Manufactures subsistent depuis le temps des anciens Etrusques, qui les établirent les premiers : les formes actuelles ressemblent en effet beaucoup aux formes anciennes. On y fait de grandes urnes rondes, dont le corps est plus évasé que la bouche, chargées de quelques ornemens en relief, & peintes ensuite. Elles servent à décorer les jardins & à y placer des fleurs & des arbustes.

PONTRE MOLO, Ville de la Toscane, est le principal endroit de la Vallée de *Magra*, sur les frontieres de Gênes, au pied de l'Appenin, à 16 lieues E. de Gênes. Ce fut-là qu'en 1737 on fit l'échange des actes de cession entre l'Empereur, le Roi d'Espagne & le Roi de Naples. Les Espagnols la vendirent au Duc de Toscane en 1650.

PONZONE, Bourg du bas-Montferrat, au midi de cette province, sur les frontieres de Gênes.

PORCELET. *Voyez* PROCIDA.

PORDENONE, petite Ville, avec un Château superbe, dans le Frioul. Elle a titre de Seigneurie, & les Vénitiens la possedent, quoique la Reine de Hongrie en porte le titre.

PORRETA, Village à huit lieues au S. E. de Bologne, sur le Reno, au pied de la montagne d'où ce fleuve descend, vers Bologne. Il y a dans ce Village des bains fort estimés, dont l'eau s'enflamme, quand on en approche la lumiere ; l'eau qui tombe en filet d'un pouce de diametre, paroît toute environnée d'une flamme légere, qui continue sans interruption, à moins qu'on ne l'éteigne avec force. Dans la même maison où sont ces bains, dans la cour formée par la montagne, il s'éleve une vapeur à une hauteur de cinq à six pieds, qui s'enflamme avec la même facilité, & dont le feu dure plusieurs mois. On voit, à un demi-mille de *Pietra Mala*, une fontaine dont l'eau est froide, mais qui s'allume comme de l'esprit-de-vin, quand on en approche une allumette ; quoique froide, elle paroît bouillir. Cette fontaine s'appelle *Aqua Buia*.

PORT DE CHIOSA, petite Ville près de *Chiosa*, dans le Dogado, fort peuplée.

PORT MAURICE, Ville de la côte de Gênes, au-delà d'*Oneglia*, qui appartient au Roi de Sardaigne. Port Maurice avoit autrefois un excellent port ; mais il est aujourd'hui presque ruiné. *Voyez* PORTO MORISO.

PORTA MAGGIORE, (la) proche l'Eglise de Sainte Croix à Rome, mérite d'être vue pour sa structure, qui est singuliere & très-solide. C'est une espece d'arc de triomphe surmonté d'un aqueduc, où passoit l'*aqua Claudia*, qui venoit de deux fontaines près de Tivoli, & dont on voit les ruines sur le chemin de Frescati.

PORTES DE ROME. Il y en a quinze ; dont quelques-unes sont au même endroit où elles étoient au temps d'Aurélien ; la plus septentrionale est *Porta del Popolo*, la porte du peuple, ou, comme disent quelques Auteurs, du peuplier ; c'étoit l'ancienne *Porta Flaminia*, à laquelle aboutissoit la *Voie Flaminienne* ; c'est la plus fréquentée, & celle dont l'entrée annonce le mieux la splendeur de Rome. La place du peuple, à laquelle aboutissent trois grandes rues, qu'on voit presque dans toute leur longueur, le grand obélisque, qui, avec la croix & le piédestal, a près de cent dix pieds de hauteur, deux portiques ; l'un de Sainte Marie des Miracles des Picpus ou Tiers-Ordre, & l'autre de l'Eglise de Monte-Santo des Carmes, forment un coup-d'œil imposant ; ces trois rues sont la magnifique rue du Cours, où se donnent les fêtes du Carnaval, (*v.* CARNAVAL) & qui a une demi-lieue de longueur sur une largeur proportionnée, & tirée au cordeau, *la Strada del Babuino*, qui conduit à la place d'Espagne, & la *Strada di Ripetta*, qui conduit au port du même nom. Pie IV. fit reconstruire cette porte sur les desseins de Michel Ange, par Vignole ; elle est ornée de quatre colonnes en marbre, entre lesquelles sont les statues de Saint Pierre & Saint

Paul ; la façade intérieure a été décorée par le Bernin. On croit que la porte Pinciana, au N. E. de Rome, eſt l'ancienne porte Collatine. Les autres portes ſont *Porta Salara*, près de l'endroit où étoit l'ancienne *Porta Collatina*, près du *Campus ſceleratus*, où l'on enterroit vivantes les veſtales criminelles ; ces trois portes ſont au nord ; *Porta Pia*, qui étoit l'ancienne *Porta Nomentana* ou *Viminalis*, parce qu'elle eſt à l'extrémité du Mont Viminal ; *Porta San-Laurenzo* ou *Porta Tiburtina*, par laquelle on alloit à *Tivoli*, le bas eſt enterré, & paroît avoir été bâti par Auguſte, & le haut par *Titus* ; la *Porta Maggiore* ou *Porta Nævia*, bâtie par l'Empereur Claude, décorée par *Veſpaſien* & *Titus* ; on y a adoſſé des maiſons, qui en cachent une partie. Ces trois dernieres portes ſont au levant : *Porta San-Giovani*, qui conduit à *Freſcati*, s'appelloit *Porta Cælimontana*, parce qu'elle étoit ſituée au bas du Mont Cælius. La *Porta Latina* a conſervé ſon nom qu'elle tiroit de l'ancienne route du *Latium*, très-fréquentée, qui y aboutiſſoit. *Porta San-Sebaſtiano* étoit autrefois la porte Capene, du nom de la ville de *Capene*, fondée près d'*Albe* par *Italus* ; elle étoit anciennement la porte Triomphale ; elle étoit ornée de pluſieurs arcs de triomphe. Juvenal en parle : *veteres arcus madidamque Capenam*, à cauſe d'une fontaine de Veſpaſien ; c'eſt à cette porte qu'aboutiſſoit la *Voie Apienne*. Elle conduit à Genſano, petite ville ; elle n'a plus qu'un arc avec une colonne de marbre de chaque côté. *Porta San-Paolo* eſt un peu au-delà de l'ancienne *Porta Trigemina*, par où ſortirent les trois Horaces, allant combattre les trois Curiaces, appellée auſſi *Porta Oſtienſis*, parce que la route d'Oſtie commençoit à cette porte. Ces quatre portes ſont au midi. La *Porta Porteſe*, qui dit-on, s'appelloit *Portuenſis*, parce que c'étoit-là où commençoit le chemin de *Porto*. *Porta San-Pancrazio*, eſt près de la route de *Civita Vecchia*, autrefois *Via Aurelia*. *Porta Cavallagieri*, ainſi appellée, parce qu'elle eſt près des bâtimens où l'on place les Chevaux-Légers, quand le pape eſt au Vatican ; elle s'appelloit autrefois *Poſte-*

rula ou *Porticella*. *Porta Angelica* a pris son nom du pape Pie IV, qui la fit élever à côté du palais du Vatican. Ce Pontife s'appelloit Jean-Ange. Les deux premieres sont au-delà du Tibre, au couchant, & les deux dernieres au Nord.

PORTICI, belle Maison de plaisance du Roi de Naples, à une lieue & demie de la Capitale, au bord de la mer, près du Mont-Vésuve; la Famille Royale y passe une grande partie de l'été; il est dans un très-bon air & dans une position séduisante. Le jardin principal, qui s'étend jusqu'au bord de la mer, est bordé dans toute sa longueur de deux terrasses, qui sont de niveau à l'appartement du Roi; elles le séparent des plantations d'orangers, de citronniers, de grenadiers, &c. Parmi ces arbres sont les potagers; au nord sont les arbres fruitiers, qui aboutissent aux vignes. La cour est octogone; elle est traversée par le grand chemin, & environnée de bâtimens neufs. On fait un très-grand cas de deux belles statues équestres de marbre blanc tirées d'Herculanum, qu'on voit dans ce palais; l'une est celle de M. Nonius Balbus, fils; elle est sous le vestibule du palais, environnée de vitrages; il est représenté fort jeune, la tête découverte, les cheveux courts, couvert d'une cuirasse; qui ne descend pas tout-à-fait jusqu'aux hanches, par-dessus une camisole ou espece de chemise, qui descend jusqu'au milieu des cuisses; il tient de la main gauche la bride de son cheval, qui est très-courte; un manteau, qui pend de dessus l'épaule, couvre le bras du même côté; ses brodequins vont un peu au-dessus de la cheville; depuis les épaules jusqu'à terre ce cheval a cinq pieds six pouces. Balbus est dans la même proportion. L'autre statue est celle de Balbus le pere, Procurateur & Proconsul d'Herculanum; elle a été trouvée la derniere; elle est de même grandeur, & aussi belle que la premiere, mais moins bien conservée: ce sont les deux seuls monumens d'antiquité en marbre qu'on ait dans ce genre. On voit dans ce palais la *Camera di Porcellana*, dont le revêtissement & les meubles sont d'une très-belle porcelaine. Les appartemens sont pavés d'ancienne mosaïque Grecque & Romaine. Il y a un très-grand nombre de statues, de bas-reliefs, de vases précieux & d'autres monumens antiques. On y voit de très-belles peintures, de Jean de Breughel, d'Annibal Carrache, quatre petits camayeux antiques, peints sur marbre, les premiers qu'on connût jusqu'à leur découverte. On lit sur l'un le nom du peintre Alexandre d'Athenes. On a su, par un très-beau buste de plâtre bronzé, représentant un Guerrier, que les Anciens avoient aussi l'art de bronzer. On ignore encore quel étoit leur procédé. Au reste, le palais est un bâtiment simple ; la façade regarde le golfe, qui procure au Château la plus belle vue.

PORTO, petite Ville de la Campagne de Rome, à l'embouchure occidentale du Tibre, à une lieue d'Ostie ; c'est le reste d'une ville considérable, que les Empereurs Claude & Trajan avoient fait construire. On y trouve les vestiges d'un ancien port ; les eaux de la mer paroissent s'être retirées, & le Tibre, qui a tout auprès son embouchure dans la mer, ne forme qu'un petit canal. Les environs de Porto, qui étoient très-agréables, & couverts de maisons, sont très-mal sains, & n'offrent que des ruines, des champs en friche & des marais. Porto est un de six Evêchés, dont les six plus anciens Cardinaux ont l'option.

PORTO ERCOLE, petite Ville de Toscane, faisant partie de l'Etat d'*Egli Presidii*, ainsi que le *Porto San-Stephano*. Cette ville est de peu de conséquence, quoique son port soit assez bien rempli.

PORTO FERRAIO, Port considérable, situé dans l'Isle d'Elva, dans la mer de Toscane. Il est défendu par deux Châteaux & un Fort, qu'on appelle Cosmopoli ; c'est la résidence d'une grande partie des Chevaliers de S. Etienne. Ce port appartient au Grand Duc de Toscane.

PORTO FINO, *Delphini Portus*, Bourg dans l'Etat & sur la côte orientale de Gênes, entre deux montagnes & un Château, sur un rocher escarpé.

PORTO GRUARO, Bourg proche de *Concordia*, dans le Frioul, où l'Evêque de Concordia fait sa résidence.

PORTO LONGONE, petite Ville, Port & Forteresse, dépendans *dello Stato degli Presidii*, située dans l'Isle d'Elve ou Elco, dans la mer de Toscane.

Portus Longus, les François le prirent en 1646, sous la conduite du Maréchal de la Meilleraye. Cette ville appartient au prince de Piombino, & est sous la protection du Roi de Naples, qui a droit d'y mettre garnison.

PORTO MORISO, *Portus Mauricius*, Bourg agréable de la République de Gênes, sur le penchant d'une colline, est bordé par la mer, situé près d'Oneille, & entre Savonne & Nice. Le port est comblé, & n'existe plus.

PORTO DI PAULA, Port dans l'Etat Ecclésiastique & dans la Campagne de Rome, sur la mer de Toscane, vers le *Monte Circello*. Il est très-grand, mais presque rempli de sable.

PORTO PISANO, c'étoit l'ancien port de Pise; il étoit situé à quatre lieues de la Capitale, entre le Castrum Liburni & l'embouchure de l'Arno. Dans les guerres que les Pisans eurent avec les Florentins, Charles, Duc d'Anjou, à la tête des derniers, détruisit le *Porto Pisano* en 1268. Les Génois leur enleverent entiérement ce port en 1284, après un combat dans lequel ils leur prirent quarante-neuf galeres, & leur firent autant de prisonniers qu'on compte aujourd'hui d'habitans dans Pise. Cette perte fut l'époque de la décadence de la République de Pise. Ce port fut entiérement comblé par les Guelfes en 1290. Il n'en reste plus aucun vestige. On voit néanmoins trois tours qui existent encore, *Torre Magna* ou *Torre d'ella Franchetta*, & la *Torreta*, qui est dans les Terres.

PORTO DI PRIMARO, dans le Duché de Ferrare, où un bras du fleuve du Pô, appellé Pô di Primario, se jette dans la mer Adriatique, au golfe de Venise. Ce port est défendu par la tour Grégorienne. Le lieu est un gros Bourg.

PORTO VENERE, *Portus Veneris*, petite Ville dans l'Etat & sur la côte orientale de Gênes, sa situation agréable lui a fait donner le nom de la Déesse des plaisirs. Elle est à l'entrée du golfe de la Spécia, sur le penchant d'une colline, au haut de laquelle est une forteresse pour la défense du port, bâtie en 1119. Il y en a qui prétendent que ce nom de *Porto Veneris* lui vient de *Saint Venerius*, dont le corps repose dans ce Bourg.

Porto Vecchio, est le nom que porte la neuvieme Jurisdiction de Corse; elle s'appelle aussi *Bonifacio*. C'est une Ville qui s'étend de l'E. au S. tout le long de la mer, & qui n'a de remarquable que *Porto Vecchio*, avec un Golfe. Ce port est défendu par un Château; ce Port a donné son nom à cette Jurisdiction, quoique Bonifacio soit la Ville principale.

Potenza, petite Ville au Royaume de Naples, dans la Basilicate, avec titre de Duché, & un Evêque suffragant de Cirenza. Elle fut presque ruinée par un tremblement de terre en 1694; elle est située vers la source du *Basinto*, à cinq lieues S. O. de *Cirenza*.

Pouille, (la) Province considérable dans le Royaume de Naples, *Apulia Puglia*. Elle est située au N. E. le long du golfe de Venise; elle avoit titre de Royaume, dans le temps que les Normands l'occupoient, au onzieme siecle. Ce fut Robert Guiscard, Duc de la Pouille & de la Calabre, qui, dans le onzieme siecle, y donna commencement au Royaume de Sicile. Elle renferme la Capitanate, la Terre de Bari & la Terre d'Otrante. L'air y est extrêmement chaud, ce qui fait que ses habitans sont presque tous maigres & basanés; d'un autre côté, cette chaleur donne aux fruits un degré de maturité, qui les rend supérieurs à ceux des autres pays. La Terre d'Otrante produit beaucoup de tarentules, especes d'araignées, dont la morsure est fort dangereuse. *Voyez* Tarentule. Les Villes de la Pouille sont *Luceria*, *Gravina*, *Manfredonia*, *Andria Bari*, *Ascoli*, *Venosa*, *Bitonte*, *Barlette*, *Trani*, *Bovina*, *Troya*, &c. V. Capitanate, Terre de Bari, & Terre d'Otrantie.

Pouzols ou Pozzuoli, Ville autrefois très-considérable, appellée par les Grecs *Dicearchus*, est située à deux lieues & demie de Naples, vers le couchant sur le golfe appellé *Sinus puteolanus*; elle fut fondée, suivant quelques Historiens, cinq cens vingt-deux ans avant J. C. par Dicearchus. On assure que son nom de Pouzols, *puteoli*, lui fut donné à cause de la grande quantité de puits ou de sources minérales dont cette Terre abonde. Des inscriptions anciennes semblent prouver qu'elle fut gouvernée en République, qu'elle avoit ses Décemvirs, ses Décurions, ses Basiliques. Les Romains y éleverent une grande quantité d'édifices, de maisons de campagne, des lieux de plaisance. Il reste dans la Cathédrale des colonnes corinthiennes, qui prouvent que c'étoit un Temple: une inscription dit qu'il étoit dédié à Auguste. Cette Cathédrale est dédiée à S. Janvier & à S. Procule. On voit à Pouzols les restes d'un Temple, qui paroît avoir été de la plus grande beauté. On n'est point d'accord sur la consécration de ce Temple; les uns le croient consacré à Serapis, les autres aux Nymphes, par Domitien. On trouve encore une partie de beaux marbres d'Afrique & de Sicile, dont il étoit revêtu, quelques-unes des dix-huit chambres ou chapelles dont il étoit environné, une salle de bains à l'usage des Sacrificateurs. Le pavé, qui est de marbre blanc, l'écouloir des eaux & du sang des victimes, les anneaux auxquels on les attachoit, quelques colonnes, sont assez bien conservés. On voit dans une place un piédestal de marbre blanc, de six pieds de long sur trois & demi de haut, où sont en relief quatorze statues de Villes d'Asie, détruites par un tremblement de terre, & réparées par Tibere, dont la statue devoit être portée sur le piédestal. Dans une autre place, est une statue Romaine, très-bien conservée, de six pieds de haut; elle est érigée, suivant l'inscription, à Flavius-Marius-Egnatus-Lollianus, Prêteur & Augure. On voit aux Capucins une citerne singuliere; elle est bâtie de briques, revêtue de stuc en dedans & en dehors, en forme de vase, soutenue sur un pilier, renfermée dans une voûte, & entiérement isolée, ne touchant au terrein d'aucun côté. De toutes les antiquités de Pouzols, l'amphithéâtre est ce qu'il y a de mieux conservé ; on l'appelle Coloseo, & il étoit aussi grand que le colisée de Rome. L'arêne est aujourd'hui un jardin : elle avoit deux cens cinquante pieds de long. On distingue les portiques qui servoient d'entrée, les caves où l'on renfermoit les bêtes. On voit au-devant de chaque pillier une pierre creusée pour recevoir l'eau que l'on donnoit à boire aux animaux renfermés. Le labyrinthe de Dédale est un bâtiment souterrein pour conserver les eaux à l'usage de la Ville. On fait voir sur les bords du golfe de Pouzols les restes de la maison de campagne de Ciceron : les flots ont couvert une quantité immense de ruines qu'ils rejettent quelquefois. Parmi ces ruines, sont des masures dans la mer, près du port de Pouzols, dont il reste treize piliers & plusieurs arcs : on appelle cet endroit pont de Caligula ; c'est un mole qu'on a crut être un reste du pont que se fit faire Caligula, pour venir triompher de la mer. L'Empereur Antonin fit reparer le port de Pouzols. Cette Ville contient de neuf à dix mille habitans. Tout auprès, vers le nord, est le lac Averne, l'Acheron, les Champs Elysées & Cumes, dont il ne reste que des ruines, &c. La grotte du chien, au bas de la Ville de Pouzols, la mer forme un golfe, qui a la figure d'un vaste demi-cercle enfoncé dans les terres, & qui a cinq quarts de lieue de traverse jusqu'à Baie, & deux lieues jusqu'au cap de Misene. C'est sur le golfe de Pouzols à Baie qu'on voit les ruines du pont de Caligula.

PRATO, petite Ville dans la Toscane, sur la riviere de Bisentio, dans une situation agréable & un terrein fertile, entre Florence & Pistoie.

PRATOLINO, maison de plaisance du Grand Duc de Toscane, aux environs de Florence, sur les collines qui joignent les hautes montagnes de l'Apennin, sur le chemin de Bologne. Le Grand Duc, François I, qui la bâtit en 1575, n'épargna rien pour en faire un endroit délicieux ; elle s'annonce par de grandes avenues d'ifs, de cyprès & de sapin ; dans les jardins, on voit des fontaines artistement décorées, des machines hydrauliques, qui font mouvoir des statues, jouer des orgues, & plusieurs machines du même genre. Au bout d'un parterre, est une statue colossale de l'Apennin, qui a plus de soixante pieds de proportion, formée de grands quartiers de pierre, entassés avec un art, qu'à un certain point de vue la statue paroît bien proportionnée & finie; mais à mesure qu'on approche, les traits grossissent, & de près, ce n'est qu'un monceau de pierres ; sous cette figure, est un monstre, qui vomit de l'eau. On pénètre dans l'intérieur, & l'on se trouve dans une grotte remplie de coquillages & de jets d'eau, cette figure singuliere est de Jean de Bologne. On voit dans ce jardin des bassins, des jets d'eau, des fontaines, des statues, des grottes, des terrasses, des amphithéâtres, des allées d'arbres toujours verds, des labyrinthes. La maison a été bâtie sur les desseins de Buontalenti & de François son fils.

PRELA, petite Ville de la principauté d'Oneille, dans le Piémont. Prela est une Seigneurie, qui, ainsi que celle de Marro, avoit été cédée à *Charles-Emmanuel*, avec le Comté de Tende. Ces deux Seigneuries sont enclavées dans la principauté.

PRESIDII, (*Stato d'elli*) Etats près de la mer, enclavé dans le Duché de Toscane, au midi du Siennois, appartient au Roi de Naples, par Philippe II, Roi d'Espagne, qui, en vendant le Siennois, s'étoit réservé cet Etat, dont Orbitello est la Ville principale.

PRINCIPAUTÉS ; (les) on appelle ainsi deux provinces du Royaume de Naples ; l'une est appellée *Principato di Citra* ou principauté Citérieure, & l'autre *Principato di Oltra* ou principauté Ultérieure. Ces dénominations sont par rapport à Naples. La premiere bornée au S. O. par la mer, produit du bled, du vin, de l'huile, du safran, & a Salerne pour Capitale. Les autres Villes sont *Capaccio*, *Policastro*,

Marsico Nuovo, *Sarno*, *la Cava*, *Amalfi*, *Lettere*, *Capri*, *Minuri*, *Scala*, *Ravello*, *Nocera*, *Campagna*, *Cangiano*, *Castello à Mare*. La principauté Ultérieure, au N. de l'autre, dont Benevent est la principale, & Monte Fussolo la Capitale, renferme, *Conza*, *Cedogna*, *San Angelo di Lombardi*, *Basaccia*, *Muro*, *Satriano*, *Monte Verde*, *Nusco*, *Trevico*, *San Agatha di Gothi*, Monte Marano, *Avellino*, *Fricenti*, *Ariano*. Le territoire de ces deux provinces est très-fertile ; elles sont sujettes à de fréquens tremblemens de terre ; presque toutes les Villes qu'elles renferment ont le titre de principautés, de Duchés, qui appartiennent à différentes Maisons, comme celles de *Carracciuli*, Doria, & autres.

PROCACCIO ; on nomme ainsi en Italie un Entrepreneur de voitures, qui part une fois la semaine, & qui met cinq jours pour aller de Rome à Naples ; c'est la voiture la plus sûre : ordinairement il en coûte trois sequins pour la route.

PROCHITA ou PROCIDA, petite Isle du golfe de Naples, que quelques personnes ont cru détachée de celle d'Ischia ; elle est très-fertile ; ses artichauds & ses figues sont sur-tout fort estimés. On y voit une grande quantité de faisans & de perdrix, réservés pour le plaisir du Roi : il va souvent y chasser. Cette Isle appartient au Marquis de Vasto. Il y a quelques années que, pour la conservation du gibier, on avoit défendu à tous les habitans d'avoir des chats : ce qui causa en peu de temps une si grande multiplicité de rats, que tout le pays en étoit incommodé : les enfans dans leurs berceaux, les cadavres, avant d'être ensevelis, toutes les provisions, étoient la proie de ces animaux. Les paysans désolés allerent se jetter aux pieds du Roi, qui révoqua sa défense. Dans l'Isle d'Ischia, on trouve beaucoup de fontaines minérales & des escories, des laves & des restes de volcans. *Procida*, qui est la Capitale de l'Isle, est une petite Ville fort jolie, & assez bien fortifiée, située sur une hauteur, sur le bord de la mer.

PROMENADES à Rome. La plus belle promenade de Rome, est celle de la rue du Cours. Les Dimanches & les Fêtes, grands & petits, tout se rend dans cette belle rue, & y étale un faste, qui confond les rangs. Les premiers viennent y faire montre des plus beaux équipages ; les Princes & leurs femmes y paroissent dans la plus grande magnificence, & avec leurs domestiques nombreux. Le peuple fait la plus belle décoration de ce spectacle, les femmes du plus bas-étage se privent dans la semaine du plus grand nécessaire pour avoir de quoi louer une robe le Dimanche, & un valet qui marche devant elle, chapeau bas, & leur fait faire place ; le mari, lorsqu'il ne peut pas en faire autant ; passe loin de sa femme, en guenille, l'admire, & se garderoit bien de l'approcher. Les Bourgeoises, qui n'oseroient y paroître à pied, se cotisent pour avoir un carrosse. Ce jour là les hommes vont à pied ou en habit ecclésiastique ou avec un habit de louage, & l'épée. Toutes les fenêtres sont garnies de femmes. Prêtres, Moines, Peuple, Ecoliers, Pensionnaires, Cavaliers, forment une bigarrure singuliere.

Une autre promenade, dans les mois les plus chauds, est celle de la place Navonne : on la remplit d'eau à un pied & demi de hauteur, & les carrosses y courent au frais tout autour de la place, les chevaux ont les pieds dans l'eau. Les fenêtres & les balcons sont remplis de monde ; il arrive quelquefois que des chevaux qui s'abattent, se noient, si l'on n'est prompt à les relever. On remplit la place, qui est concave, fort aisément, en fermant les écouloirs des bassins ; en moins de deux heures, elle est inondée dans presque toute sa longueur. Les promenades de nuit, en été, se font sur le *Monte Pincio*, dans la place d'Espagne, & sur la rampe de la *Trinita del Monte*.

PROSECO, petit Bourg situé à quelque distance de la Ville de Trieste, dans l'Istrie, est fort connu à cause de l'excellent vin qui croît aux environs.

PROVEGLIA, est une des Isles de l'Etat de Venise,

fort fréquentée par les pélérinages qu'y font les Vénitiens à un Crucifix miraculeux.

PUGET (le) petite Ville du Piémont, au Comté de Deuil, dans les montagnes, près de Villar & Tornafort.

Q

QUATRE VALLÉES. *V.* PIGNEROL.

QUERASQUE, Province du Piémont, à l'orient, tire son nom de la Ville de *Cherasco*, assez forte, & sur une montagne près la jonction du *Tanaro* & de la *Stura*. C'est la seule Ville de cette Province.

QUIERS ou CHIERI, *Cherium*, Ville considérable du Piémont, Capitale du Quierasque, est dans une position agréable & élevée, à trois milles de Turin, sur le penchant d'une colline, dans un terrein bordé de côteaux, couverts de vignes, sur les confins du Montferrat. Autrefois, dit-on, cette Ville se gouvernoit par ses propres loix; depuis, elle a été une place importante dans les guerres que les François firent dans ce pays, sous le regne de François I. Elle étoit alors très-bien fortifiée, mais il ne reste que les ruines de ses fortifications : c'est une des Villes d'Italie où il y a le plus de noblesse. En 1631, il s'y fit un Traité de paix, par lequel le Duc de Savoie céda à Louis XIII Pignérol, & obtint de l'Empereur la partie occidentale du Montferrat. Il se fabrique à Quiers quantité d'étoffes & de draps. Cette Ville est à trois lieues E. de Turin, à sept N. O. d'Asti, à cinq N. E. de Carmagnole, lat. 25, 25', long. 44, 53'.

QUISTELLO, petite Ville dans le Mantouan, près de la Secchia, fort connue depuis l'action qui s'y passa le 15 Septembre 1734, entre les Impériaux & les François : le Maréchal de Broglie y fut surpris.

R

Raconi, Ville du Piémont, dans la Province de Savigliano, à trois lieues de Turin, sur les rives de *Grana* & de Maïra. Elle est située dans une plaine agréable; elle appartient au Prince de Carignan, qui y a un très-beau Château.

Radicofani, (la montagne de) est d'une hauteur prodigieuse. Ferdinand I, Grand-Duc de Toscane, y fit bâtir une Auberge pour la commodité des voyageurs. Un peu plus haut est le Village de Radicofani, qui est dominé par une forteresse bâtie sur le sommet de la montagne; c'est un poste essentiel, & qui défend ce passage important de la Toscane : elle est à seize lieues de Sienne, sur la route de cette Ville à Rome. On y trouve des vestiges d'anciens volcans. Radicofani est la derniere place de la Toscane : du côté de l'Etat Ecclésiastique : il éprouva en 1700 un tremblement de terre.

Raguse, Ville & République de Dalmatie, sur le golfe de Venise, suivant quelques-uns l'Epidaure des Anciens, avec Archevêché. Elle est assez bien bâtie; elle paroît être sous un Rocher, tant il est élevé au-dessus : mais elle s'avance dans la mer. La forme du gouvernement est semblable à celui de Venise, excepté que le Recteur ou Doge est changé tous les mois. Un Gentilhomme ne peut y porter l'épée ni coucher hors de chez lui sans la permission du Sénat. On y renferme la nuit à clef chez eux les Etrangers & les Turcs. On n'ouvre les portes de la Ville en été que quatre heures après le soleil levé, & dans l'hiver à une heure & demie. Cette République ne possede que Raguse, Stagno & deux petits Bourgs. Le Sénat est composé de soixante Sénateurs, & ils ne peuvent juger qu'ils ne soient au moins au nombre de quarante. Les Raguisains payent tribut aux Turcs, aux Vénitiens, au Pape, à l'Empereur & au Roi

Tome II. O

d'Espagne. Raguse est fort commerçante & très sujette aux tremblemens de terre. La Nation Françoise y a un Consul.

RANDAN, (Eglise de) à la chûte du Mont Cenis, vis-à-vis d'Aiguebelle, de l'autre côté de l'arc ou l'arche ; elle fut enterrée le 12 Juin 1750, par des torrens descendus des montagnes du Briançonnois. Ces torrens entraînerent des terres & des cailloux, qui ont enseveli l'Eglise, de maniere que le sol du terrein est actuellement au niveau du clocher, où l'on entre par les fenêtres.

RANDAZZO, Ville dans la Vallée de Demona, au Roi de Sicile, avec un Evêché ; elle est assez bien fortifiée, mais en général mal peuplée, & la plupart des bâtimens presque ruinés ; elle est située au S. E. de Patta, à sept lieues de Messine.

RAPALLO, Ville maritime, dans l'Etat & sur la côte orientale de Gênes, sur un golfe du même nom, au N. O. de Portofino, à sept lieues de Gênes, long. 26, 55, lat. 44, 22.

RAPOLLA, ou RAPPELLA, petite Ville dans la Basilicate, au Royaume de Naples, avec un Evêché suffragant de *Cirenza*, a titre de Marquisat, & appartient à la Maison de *Braida*.

Il ne faut pas confondre cette Ville avec Ravello, Ville du Royaume de Naples, dans la Principauté Citérieure, près de Cara, renommées l'une & l'autre par leurs fabriques & commerce de toiles fines, près du Golfe de *Policastro*.

RAVENNE, *Ravenne*, Ville & Capitale de la Romagne, dans l'Etat Ecclésiastique, est très-ancienne, & fut autrefois très-célebre. Elle est située à soixante-trois lieues au N. de Rome, & vingt-sept au M. de Venise, à sept de la mer, près de la riviere de Montone. On y voit encore le tombeau qu'Amalasonte fit ériger à Théodoric son pere ; il est hors de la Ville ; c'est une rotonde, qui sert d'Eglise, à deux étages, dont le premier est enterré & rempli d'eau ; celui qui est au-dessus est couvert par un seul bloc de pierre d'Istrie, de trente-quatre pieds de diametre hors d'œuvre; en forme de coupole; le sarcophage étoit au-dessus; on l'a transporté à Sainte Apollinaire. La Cátédrale est un ancien bâtiment, dont la nef est soutenue par quatre rangs de colonnes de marbre de l'Archipel. On y admire, parmi plusieurs tableaux du *Guide*, Moyse faisant tomber la manne du Ciel dans le Camp des Israélites. L'Archevêque de Ravenne se regardoit autrefois comme Légat & indépendant du Pape : il y a quantité de beaux tableaux à Ravenne. On voit à Saint Vital, une très-belle Eglise soutenue par de magnifiques colonnes de marbre grec, de porphyre, décorée de beaux bas-reliefs antiques, le Martyre de Saint Vital, du Baroche; trois grands tombeaux dans la Chapelle de Saint Nazaire, revêtue de marbre gris de lin, celui de Placidia, fille de Théodose le Grand, & ceux des Empereurs, Honorius & Valentinien III : à Saint Romualde, un Saint Nicolas avec deux enfans, du *Cignani*; une Annonciation, du *Guide* : dans le Réfectoire des Camaldules, Jesus-Christ au Tombeau, par *Vasari* : à Sainte Marie du Port, le Martyre de Saint Marc, du vieux *Palma*. On voit dans les Palais Rosponi & Sprati, & dans d'autres Eglises, des tableaux du Guide, du Barrocci, du Guerchin. On voit le tombeau du Dante, dans une petite rue près des Franciscains. Sur une des places, une belle statue de marbre blanc; c'est un Pape assis, par Pierre Bacci; & vis-à-vis, une autre statue en bronze d'un autre Pape, mais moins bonne. Ravenne a produit quantité d'Hommes illustres. Elle a deux Académies & plusieurs Colleges. Le territoire de Ravenne, quoiqu'un peu marécageux, est très-agréable & produit d'excellens vins.

RECANATI, petite Ville dans la Marche d'Ancône, & dans l'Etat Ecclésiastique, située sur une montagne à deux petites lieues de *Lorette*, d'où elle n'est séparée que par un vallon. Il y a au-dessus de la Maison de Ville de Recanati, un monument superbe de bronze, dédié à Notre-Dame de Lorette, érigé, dit-on, en mémoire de ce que la Sainte Maison se reposa d'abord à Recanati ; quand elle fut transportée en Dalmatie. On rencontre sur le chemin de Recanati une foule de Pélerins & de Pélerines, tous gens de la campagne qui vont ou qui reviennent à pied de Lorette ; à deux milles de Recanati, est un bel aqueduc, construit par Paul V, pour conduire les eaux de la montagne de cette Ville aux fontaines de Lorette. Le corps de Grégoire XII repose dans la Cathédrale de Recanati.

REDEMPTION, (Chevaliers de la) ou du précieux Sang ; cet Ordre fut institué par Vincent de Gonzague, Duc de Mantoue en 1608, à l'occasion du précieux Sang de Jesus-Christ que l'on conserve dans l'Eglise de Saint André à Mantoue. Les Chevaliers sont au nombre de vingt ; dont le Chef est le Duc de Mantoue ; leur devise qu'ils portent sur le collier de l'Ordre, est : *Nihil isto triste recepto*.

REGATES, divertissement sur l'eau à Venise. Ce sont des especes de Naumachies instituées par le Doge Jean Soranzo, pour accoutumer les Vénitiens aux combats de mer. Elles consistent en des courses de barques, de péotes & de gondoles. Ces joûtes se font dans l'endroit du canal le plus droit & le plus large. Les prix sont exposés sur une grande strade devant le Palais Foscari. Les jeunes Nobles, dans des gondoles très-ornées, peuvent courir. Les Particuliers les plus riches font voguer pour leur plaisir, de très-belles péotes. Les Gondoliers cherchent à se surpasser par leur adresse & leur célérité.

REGGIO, *Rezo*, *Regium Lepidi*, belle & forte Ville dans le Modénois, fondée, à ce que l'on croit, par les anciens Toscans, & rendue Colonie Romaine par le Triumvir Lepide. Elle fut ruinée par Alaric au commencement du cinquieme siecle. Elle resta entre les mains des Barbares jusqu'à ce qu'enfin Charlemagne la rétablit, après la destruction du Royaume des Lombards. Ses fortifications sont régulieres. On voit dans la Cathédrale un tableau d'Annibal Carrache fort dégradé ; les Voyageurs s'arrêtent au portrait de Prosper : dans l'Eglise de la Madonna della Giarra, on voit des peintures du Terrini ; un Christ ayant à ses pieds la Vierge soutenue par deux femmes, du Guerchin. Il y a quelques autres peintures qui méritent attention. Le Théâtre est dans le goût françois, qui est un quarré long, arrondi dans le fond. Plusieurs Voyageurs ont parlé d'un bas-relief antique qu'on voit au coin d'une rue ; on a prétendu que c'étoit la figure de Brennus, Chef des Gaulois Sénonois, qui passerent en Italie trois cens quatre-vingt-onze ans avant Jesus-Christ. C'est un reste d'Antiquité assez médiocre.

Reggio est la Capitale du Duché de ce nom, on y compte environ vingt mille ames. Il s'y fait un grand commerce de soie ; on y fait beaucoup d'éperons & quantité d'ouvrages en os & en ivoire.

REGGIO, Ville assez considérable du Royaume de Naples, dans la Calabre Ultérieure, à l'extrêmité de l'Italie, sur le Détroit ou Fare de Messine, vis-à-vis de la Sicile, avec Archevêché. On y fait différens Ouvrages, tels que des bas, des camisoles, des gants avec le fil, la soie ou laine appellée *lana suida*, qui provient de la pine marine. Cette Ville est assez commerçante & encore belle, quoiqu'elle ait été souvent dévastée par les Turcs, à cinq lieues S. E. de Messine.

REGISOLE, statue équestre en bronze, très-bien travaillée, érigée au milieu de la place qui est devant la Cathedrale de Pavie. Suivant quelques Antiquaires, cette Statue fut fondue en l'honneur d'*Antonin le Pieux*. Les Lombards s'étant rendus maîtres de Ravenne où elle étoit, la transporterent à Pavie pour embellir cette Ville, qui étoit la résidence de leur Roi.

RÉJOUISSANCES. L'Italie, comme tous les autres Pays, a ses jours de divertissement. A Venise, c'est le Carnaval & la fête du Bucentaure : les autres Villes d'Italie ont chacune les leurs. On célebre les veilles d'Anniversaire, de Naissance, de Couronnement. A Rome, les plus grandes fêtes sont la veille & le jour de S'. Pierre, la veille & le jour de l'Assomption. Les réjouissances de ces jours sont terminées par des feux d'artifice magnifiques que l'on tire à la Place Farnese & au haut du Château Saint-Ange. Ces jours-là tous les palais sont illuminés ; mais ce qui fait un effet admirable, c'est l'illumination de l'extérieur du dôme de Saint Pierre, jusqu'au haut de la croix, toute la façade du portail, les balustres, la colonnade. Tout cela forme une montagne de feu qui s'apperçoit de trois ou quatre lieues à la ronde. On fait aussi des feux d'artifice la veille & le jour de l'Anniversaire du couronnement du Pape, mais le dôme n'est point illuminé.

REMANO, petite Ville du Bergamasque, à l'Etat de Venise, près du Lac *Iseo*.

RESINA, beau Village qui a été ruiné en grande partie par les éruptions du Vésuve, qui se sont répandues sur les territoires d'ella Torre del Græco, de l'Annunziata & d'*Ottaïno*. Il y a encore de très-belles maisons à Resina & à Torre del Græco. Herculée est en partie sous Portici, & en partie sous Resina. Les Peres de la Mission de Naples ont une très-belle Maison à Resina. Ce Village est le chemin le plus court, mais le plus difficile, pour monter sur le sommet du Vésuve. Le côté d'Ottaïno, en passant par l'Annunziata, & celui de l'hermitage du Salvadore, en passant par la Somma, sont beaucoup moins pénibles. Les terreins que les laves ont épargnés, produisent les plus excellens vins, sur-tout du côté de l'hermitage del Salvadore ; on le vend pour du vin de *Lacryma Christi*, mais les Paysans qui y sont très-misérables, gagnent leur vie à aider les Etrangers, qui doivent néanmoins être sur leurs gardes de crainte d'être volés, à monter sur le Vésuve, dont Resina n'est éloignée que de trois quarts de lieues.

RICCIA ou LARIZZA, qu'on croit être l'ancienne Aricia, dont parle Horace, *Sat. V. lib. I*, sur l'ancienne Voie Appienne. On y voit une Eglise en forme de rotonde, bâtie par le Bernin ; c'est un des édifices les plus élégans de ce grand Architecte. La rotonde est formée par huit pilastres, cannelés, d'ordre Corinthien, avec des arcades, formant huit enfondemens, qui contiennent sept autels & la porte; ces pilastres supportent des arcs, qui se réunissent sous la lanterne.

RIETTI, petite Ville dans l'Etat Ecclésiastique, au Duché de Spolette, frontiere du Royaume de Naples, arrosée par le Velino, prend sa source dans les montagnes de l'Abruzze Ultérieure, & qui, après avoir passé par Rietti, va se jetter dans le lac de *Luco*. Rietti a beaucoup souffert par des tremblemens de terre, Cicéron comparoit à la Vallée délicieuse de Tempé la plaine de *Rietti*, dans laquelle coule le *Velino*. Les Auteurs Latins l'appellent *Reata*.

RIMINI, *Ariminium*, une des plus anciennes Villes d'Italie, dans l'Etat Ecclésiastique, à sept lieues N. O. de Pesaro, sur le bord de la mer, avec un petit port, étoit autrefois très-considérable. Il y a beaucoup de vestiges des monumens dont elle fut décorée sous les Romains. Il ne lui reste plus de son ancienne magnificence qu'un arc de triomphe, en l'honneur d'Auguste, & un pont superbe, que cet Empereur fit bâtir sur la Maruchia, qui baigne les murs de cette Ville. Son port étoit un des plus beaux d'Italie. P. Malatestat en fit enlever tout le marbre dont il étoit revêtu, pour décorer la Cathédrale & différentes Eglises de Rimini. En entrant dans la Ville, on passe sous l'arc de triomphe d'Auguste, dont l'ancienneté fait tout le prix, il est le mieux conservé des monumens de ce temps-là. Il est bâti, ainsi que le pont, de la pierre blanche des Apennins, qui peut passer pour du marbre. La masse de cette arc devoit être grande & majestueuse; la porte est fort large, la corniche est très-belle. On voit dans l'Eglise de S. Julien le martyre du Saint, de Paul Véronese. Le moyen d'obvier aux atterrissemens de la Maruchia, occupe beaucoup les Savans. On voit dans une place assez réguliere la statue en bronze du Pape Paul V, & tout auprès d'une jolie fontaine de marbre. Rimini est célebre par le Concile que l'Empereur Constance y assembla en 359. Son port a été très-célebre : son pont joint la Voie Flaminienne & la Voie Emilienne.

Rinco, Village du Montferrat, dans la Province de Cafal, qui fut rendu par la France au Duc de Savoie, & dont il a fait rétablir les fortifications.

Rio Martino, est un canal qui subsiste encore, & qui fut entrepris par le Pape Martin V. Ce Pontife ayant été chargé, n'étant encore que Camerlingue, de visiter les marais Pontins pour travailler au desséchement, il consulta les plus habiles Ingénieurs, qui furent d'avis que si tout ce qu'on avoit fait jusqu'alors, pour dessécher ces marais n'avoit pas réussi, c'étoit parce qu'on avoit pris un chemin trop long pour conduire les eaux à la mer, ils déciderent qu'à moins de couper une colline, & d'y creuser un canal, qui se dirigeât vers la mer par la voie la plus courte, on n'y réussiroit jamais ; ce qui fut exécuté. Cet ouvrage est digne des Romains ; il a depuis trente-cinq jusqu'à quarante-cinq pieds de largeur & environ trente-cinq pieds de profondeur, bordé de deux chaussées, qui ont cent quarante pieds de base & quinze à seize de hauteur au-dessus de la campagne. Il ne s'en falloit que d'un quart de lieue pour aller jusqu'à la mer lorsque le Pape mourut ; ce bel ouvrage a demeuré imparfait.

Ripa, petite Ville assez considérable de la Marche d'Ancône, dans l'Etat de l'Eglise.

Ripafratta, Village près de Pise, où l'on voit d'anciennes ruines, à quelques milles de celles de Macciuccoli.

Ripaille, Château de plaisance du Duc de Savoie, dans le Chablais, à une lieue de Thonon.

Ripalta ou Rivalta, petite Ville du Milanois, sur l'Adda, avec un Château très-bien fortifié, qui appartient aux comtes de Stampa. C'est près de Rivalta que les François battirent les Vénitiens en 1509.

Ripalta ou Rivalta, Maison de plaisance très-agréable du Duc de Modene, entre Modene & Reggio.

RIPA TRANSONE, jolie Ville assez bien peuplée, dans l'Etat de l'Eglise & dans la Marche d'Ancône, à deux lieues du golfe de Venise, avec Evêché suffragant de Fermo.

RIVA, petite Ville dans le Trentin, près du lac de Gardia, à sept lieues de Trente.

RIVA ALTA. *Voyez* RIPA ALTA.

RIVAROLO, Bourg du Piémont, dans le Marquisat d'Ivrée, sur l'Orco.

RIVIERE, petite Ville du Duché de Mantoue, sur le Pô, vers l'orient, avec une fortification.

RIVIERE, *Riviera*; c'est ainsi qu'on appelle la côte de Gênes: on appelle la côte occidentale *Riviera di Ponente*; c'est la plus grande & la côte orientale *Riviera di Levante*. *Voyez* GENES.

RIVOLI, petite Ville dans le Piémont, à deux lieues de Turin, très-bien bâtie. Le Duc de Savoie y a une très-belle Maison de plaisance; l'allée par laquelle on y arrive est une des plus grandes qu'il y ait en Italie. Le Château est bâti en briques, à trois étages & à onze croisées de face: on y respire un très-bon air. Charles-Emmanuel, qui y étoit, fit rebâtir le Château; il est sur une colline très-fertile, & domine sur une plaine qui a trois lieues de long jusqu'à Turin, sur une grande largeur. Le Roi l'a laissé imparfait, & n'y est plus revenu depuis la mort de son pere, qu'il y fit enfermer malgré lui, deux ans après l'abdication de ce Prince en faveur de son fils.

ROCCA D'ANFO, petite Ville très-bien fortifiée, dans l'Etat de Venise, au Bressan, sur le lac d'Idro.

ROCCA DI ANNONE & ROCCA D'ARAZZO, sont deux Forts dans le Montferrat, situés chacun sur une montagne, sur le chemin d'Asti à Alexandrie.

ROCCABRUNA, Bourg situé dans la Principauté de Monaco; ses environs produisent les meilleurs citrons & les plus belles oranges de toute l'Italie. Ce Bourg est tout auprès de Mantoue. *Voyez* MONACO.

ROCCA-GORGA, Fief situé dans la Campagne de Rome, releve du Saint Siege. Le Duc de Gravina l'acheta en 1722, & le Pape l'érigea en Duché en 1724.

Rocca-Monte-Piano, Village dans l'Abruzze au Duché de Spolette, qui, en 1765, fut subitement écrasé par un tremblement de terre & par les rochers auxquels ce village étoit appuyé ; ces rochers, en se détachant, donnerent passage à un torrent si impétueux, que de huit cents habitans, à peine y en eut-il vingt qui purent éviter ce commun désastre. Ces tremblemens & les inondations ont changé la face de ce petit canton ; des vallons ont été comblés, des plantations entraînées & des rivieres ont changé de cours.

Rocca Spacata, rocher de la montagne qui est au-dessus de Gayette ; on l'appelle *Roca Spacata*, ou Rocher fendu, parce qu'il paroît que ce rocher, qui n'a formé autrefois qu'un seul massif, a été fendu par quelque secousse extraordinaire depuis la cime jusqu'au pied, qui touche à la mer. La solution paroît évidemment par l'inspection des parties correspondantes des parois des deux clochers ; on a pratiqué dans cette ouverture perpendiculaire un escalier de largeur de deux personnes de front ; cet escalier conduit à une Chapelle dédiée à la Sainte Trinité, à Sainte Anne & à S. Nicolas, au niveau de la mer. Les gens du pays attribuent la rupture du rocher à l'effort que fit toute la nature à la mort du Sauveur ; ils montrent en preuve de ce miracle les traces de la main d'un incrédule qui s'imprima sur le caillou, en disant qu'il ne croyoit pas plus à ce miracle qu'il ne croyoit à la mollesse du rocher. La vue, du haut de la montagne, est une des plus belles d'Italie.

Rocella Amphisia, petite Ville au Royaume de Naples, dans la Calabre ultérieure ; c'est une Principauté qui appartient à la Maison de Caraffa : elle est bien bâtie, & l'on pêche près de-là beaucoup de corail.

Roche, (la) un des onze Mandemens ou Jurisdictions qui composent le Genevois.

Rolliani, Bourg de l'Isle de Corse, le seul endroit remarquable de la Jurisdiction de Capo-Corso.

Romagne, (la) *Romandiola*, province considérable de l'Etat Ecclésiastique, bornée N. par le Ferrarois, O. par le Bolonois, S. par la Toscane & le Duché d'Urbain. Ses Villes sont Ravenne, qui est la Capitale, Faenza, Imola, Forli, Bertinoro, Rimini, Cervia, Cesena, Sarsina, &c. Ce pays est très-abondant en vins, bled & fruits excellens. Les habitans retirent un revenu très-considérable de leurs salines.

ROMAGNANO, Bourg du Milanois, dans le Ferrarois.

ROMANO, Ville assez considérable dans le Bergamasque, sur une riviere qui coule entre l'Oglio & le Serio. Il s'y fait un gros commerce de grains.

ROME, *Roma*; ce que Londres est à l'Angleterre, ce que Paris est à la France, Rome, dans ses beaux jours, l'étoit à l'Univers, elle en étoit la Capitale & le centre; quoiqu'elle ne soit plus ce qu'elle fut du temps de ses Consuls & de ses Empereurs, elle peut être regardée comme la plus belle du monde. Saccagée & mise au pillage douze fois dans l'espace de seize siecles, Rome a toujours trouvé dans son propre fonds de quoi se relever de ses malheurs, il est vrai que la résidence des papes a beaucoup contribué à la faire renaître de ses cendres. Depuis Paul II, c'est-à-dire, depuis le milieu du quinzieme siecle jusqu'à Benoît XIV, dont la Religion & les Arts regrettent encore la perte, les souverains pontifes ont presqu'entiérement renouvellé Rome. Dans cet intervalle, Nicolas IV, Jules II, Léon X, Sixte V, Paul V, Urbain VIII, Alexandre VII. Clément XII, sont ceux à qui Rome doit ses plus beaux ornemens.

Ces superbes obélisques, ces pyramides, ces colonnes, ces statues & tant d'autres chef-d'œuvres de l'art, tirés de la poussiere, où la main des Barbares, les avoit enfouis, justifient assez combien les papes ont été jaloux dans tous les temps de venger cette ville des torts qu'elle a essuyés. Raphaël, Michel-Ange, Bramante, Bernin, & tant d'autres Artistes, semblent avoir été suscités par la Providence, pour seconder les efforts des Souverains de Rome moderne, & pour en faire la ville la plus magnifique & la plus curieuse qui soit dans le monde.

Elle est située au 38e. degré 20 min. de long. & au 4e. degré 54 min. de lat. sur un terrein fort inégal, dans une température fort douce, par les collines qui la garantissent de l'impétuosité des vents. *Voyez* CAMPAGNE DE ROME. On estime son étendue, en y comprenant la partie qui est au-delà du Tibre, & tout le Vatican, à quinze milles d'Italie, ou cinq lieues de France. On y entre par quinze portes, trois au nord, *porta del Popolo*, à droite du Tibre, *Pinciana*, *Salara*, au levant, *porta Pia*, *San-Lorenzo*, *porta Maggiore*, au midi, *porta San-Giovani*, *Latina*, *San-Sebastiano*, *San-Paolo*, au-delà du Tibre, au couchant, *porta Portese*, *San-Pancratio*, au nord, *Cavalligeri*, *Angelica*, *Castello*.

Le Tibre, fleuve qui prend sa source dans l'Apennin, & dont les eaux sont grisâtres & bourbeuses, & qu'*Horace* appelle *flavus*, blond ou jaune, est très-profond, & navigable jusqu'à Rome, la divise en Rome proprement dite, & la Cité Léonine, qui comprend S. Pierre & le Vatican : cette partie est appellée *Transtevere*. Rome est divisée en plusieurs quartiers, qu'on appelle *Rioni*, par corruption *de Regioni*. On en compte quatorze. Les plus beau de tous, & le plus fréquenté, est le *Rione del Borgo*, qui comprend une grande partie des beautés de Rome moderne ; c'est dans ces quartiers que sont situés l'Eglise de Saint Pierre, le Vatican & les plus beaux palais. Les autres quartiers, qui font partie de Rome ancienne, sont moins habités, & renferment les sept collines anciennes, savoir, le Mont Capitolin, le Mont Palatin, les Monts Quirinal, Viminal, Esquilin, Celius & Aventin. (V. *Monte Cavallo*, *Monte Quirinali*, *Monte Esquilino*, *Capitole*, &c.) Ces quartiers offrent à la curiosité & aux recherches des Savans une infinité de monumens antiques. Indépendamment de ces sept collines, que Servius Tullius enferma dans l'enceinte de Rome, l'Empereur, Aurélien y ajouta le champ de Mars, & les collines appellées Citorio, Vaticano, Pincio & le Janicule. (V. *Monte Citorio*, le *Vatican*, *Monte Pincio*, *Janicule*, *champ de Mars*.)

La principale de toutes les portes est *porta del Popolo*, auprès de laquelle est élevé au milieu d'une place superbe ce magnifique obélisque, que Sixte V fit rétablir en 1587. La place del Popolo est une des plus belles qu'il y ait à Rome ; elle donne entrée aux trois principales rues qui sont tirées au cordeau, la *Strada di Ripetta*, à droite, la *Strada del Babuino*, la *Strada del Corso*, qui est celle du milieu, & la plus fréquentée.

On compte à Rome quatre-vingt-une Paroisses, dont trente-huit gouvernées par des Réguliers. La population ordinaire de Rome, sans y comprendre les Juifs, les Maisons des Ambassadeurs, les Etrangers, les Pélerins & les Mendians, va de cent quarante à cent cinquante mille ames, & à deux cens mille, en y comprenant tout ce qui n'est pas bien considérable, eu égard à l'étendue & à la magnificence de Rome. Nous n'entreprenons point une description particuliere de cette ville ; on trouvera les détails dans les articles auxquels nous renvoyons, dans ce que nous en allons dire en général.

La résidence des papes a été en différens quartiers de la ville. La premiere étoit au palais de Latran : (*voyez* LATRAN) & ensuite au palais du Vatican, & enfin au Mont Quirinal. (*Voyez* MONTE CAVALLO). C'est-là que les Officiers principaux de la Cour de Rome ont aussi leurs logemens. Une des curiosités qui attire le plus d'Etrangers à Rome, est de voir pontifier le pape. (V. *Chapelle pontificale à saint Pierre*, *Bulles*, *Cortege du Pape*, *Audience*, *Cardinaux*, *Jubilé*, *Façade*, &c. Il y a plusieurs cérémonies : mais ce qui gêne le plus, est le cérémonial : (*voyez* CÉRÉMONIAL). Les principales charges qui conduisent ordinairement au Cardinalat, sont celle de Gouverneur ou Préfet de Rome ; il a tous les détails de la police ; il dispose du Barigel & des Sbirres : (*voyez* BARIGEL, SBIRRES). Les Ambassadeurs s'adressent à lui, quand ils ont quelqu'un à faire arrêter ; mais les grandes affaires sont jugées par les Auditeurs de Rote : (*voyez* AUDITEURS) ; celle de Cardinal Camerlingue, c'est le premier Officier de la Cour de Rome. Une de ses fonctions, est, dès que le pape est mort, de frapper à diverses reprises sur le front du défunt, en l'appellant par son nom. Comme il ne répond point, il prend toute sa suite à témoin de la mort du pape. Après quoi il lui ôte l'anneau du pêcheur, qu'il baise avec respect, & se retire. Pendant la vacance du Siége, il gouverne l'Etat de l'Eglise, fait battre monnoie à son profit, administre la justice, publie des Edits, & marche en cavalcade, escorté de la Garde Suisse du pape & de ses autres Officiers. Il est toujours le Président ordinaire de la Chambre Apostolique; & en cette qualité, il a parmi ses Officiers un Trésorier & un Auditeur Généraux, & douze Clercs de Chambre, Présidens de différens Tribunaux. Il y a encore la charge de Commissaires, pour les approvisionnemens. La Justice se rend au Capitole par les Magistrats municipaux, à la tête desquels est le Sénateur : (*voyez* SÉNATEUR). La politique fut de tout temps l'ame & le ressort de la Cour de Rome ; elle influe sur tout : le Clergé Séculier & Régulier est dévoué à l'intrigue.

Quant aux mœurs, on y vit dans la plus grande liberté, & c'est ce qui y arrête sur-tout les étrangers; mais il ne faut pas croire, comme le pensent les Romains, qu'on ne vive & qu'on ne trouve des plaisirs qu'à Rome. Naples, Venise, Florence, Milan ne sont pas moins délicieux. Les Romains aiment sur-tout la représentation ; ils sont vains & fiers ; ils imaginent encore que leur ville est la souveraine du monde, & qu'ils ont l'ame & le génie des grands hommes dont ils n'ont que les statues : (*voyez* PRINCES & BARONS ROMAINS, CONVERSATIONS). Ils dédaignent en général les François, dont ils affectent les usages & les modes. Ils aiment beaucoup les jeux du Théatre ; c'est dans leurs loges que les femmes reçoivent leurs visites, comme les deux tiers sont récitatifs, on y cause jusqu'au moment des ariettes, sur-tout si un nouveau *Castrat* doit la chanter. Un autre genre de spectacle, sont les courses des masques, des carrosses, des chevaux, dans le temps du Carnaval : (*voyez* CARNAVAL). Les promenades du Cours : (*voyez* PROMENADES). Ce qu'il y a peut-être de plus estimable à Rome, pour la décence & les mœurs, est la Bourgeoisie, composée de tous les gens d'affaires & de Finance, des principaux Négocians, des Banquiers, des Avocats les plus distingués, de quelques Prélats, des Bénéficiers, &c. Elle n'est point exempte de vanité, mais elle aime la décence, les mœurs, la franchise; c'est-là sur-tout qu'on trouve plus communément les talens qui préferent la société franche des bons Bourgeois à la morgue de la plupart des Monsignors. Le peuple est un assemblage d'étrangers, de gens de livrée, porte-faix, journaliers : très-peu sont originaires de la ville même. Le peuple est paresseux, & & craint le travail. Les habitans de la campagne abandonnent les terres pour aller à Rome se jetter dans la servitude, ou faire quelque petit commerce, que leur orgueil & leur fainéantise leur font faire nonchalamment : aussi le peuple est-il très-pauvre, & c'est ce qui a tant multiplié les Hôpitaux à Rome : (*voyez* HÔPITAUX.) Le commerce & l'industrie sont peu en vigueur ; point de manufactures, de fabriques; les alimens du luxe & du faste viennent de chez l'étranger. Les seules branches de commerce un peu considérable, sont la cire, des statues & les beaux tableaux des peintres modernes. On ne trouve que rarement à acheter des morceaux du Guide, de Guerchin, des Carraches : ce qui n'arrive que secrétement, & lorsque les propriétaires pour qui ce seroit une honte de se défaire des morceaux, peuvent subsister des copies à ces originaux. Cette paresse du peuple fait un contraste singulier avec la vivacité & l'impétuosité de ses passions. La jalousie les rend furieux ; ils sont sensibles aux injures ; leurs disputes commencent par des invectives, & se terminent par des coups de stilets. Les Romains courent aux spectacles sanglans. Lorsqu'on lit à un criminel son arrêt de mort, ce qui se fait à minuit du jour de l'exécution, le peuple accourt dans la prison, pour voir la résistance, la fureur & le défefpoir du patient ; plus il en marque ; plus le peuple eft fatisfait, & ils ne le quittent qu'après qu'il eft mort. On dit que les femmes vont fecrétement la nuit dans les boucheries voir égorger les bœufs. En général les peuples d'Italie ont les paffions violentes, & une efpece de méchanceté, qui éclate avec d'autant plus de fureur & de fracas, qu'elle s'eft affurée de l'impunité ou d'avoir moins à craindre de la réfiftance de la victime qu'ils fe préparent à frapper. Ceux qui font au-delà du Tibre, ou les Tranfteverins, fe prétendent defcendre des anciens Romains, & font en conféquence plus mutins & plus réfolus. Le culte extérieur de la Religion a plus de magnificence que dans aucune autre ville du monde. On prend à cet égard le plus grand foin de l'éducation de la jeuneffe, de l'inftruction du peuple ; la décoration & la multiplicité des Temples, les cérémonies religieufes, des prédications continuelles dans les Eglifes, dans certains temps, des exercices fpirituels pour tous les états & toutes les profeffions, la folemnité des Fêtes, tout fembleroit concourir à faire un peuple de dévots ; mais tout fe borne à une dévotion extérieure & à beaucoup de fpectacles. Le peuple court aux Eglifes pour voir la folemnité, & pour entendre la mufique.

Si l'étude des Sciences contribue à la douceur & à l'aménité, les Romains devroient être le peuple le plus policé de la terre. L'Univerfité eft très-ancienne, & les Souverains Pontifes ont toujours eu foin qu'elle fût remplies par d'excellens Profeffeurs : (*voy.* COLLEGE DE LA SAPIENCE, COLLEGE DE LA PROPAGANDE). Les principaux Colleges pour l'éducation de la jeuneffe font le College Romain, tenu autrefois par les Jéfuites, le College Clémentin, par les Clercs Réguliers Somafques, & celui de Nazareth, par les Peres des Ecoles Pies, les deux derniers font pour la jeune Nobleffe : mais il n'y a gueres que ceux qui fe deftinent à l'état eccléfiaftique qui aient donné preuve des progrès qu'ils ont faits dans ces Colleges : la Nobleffe qui en fort, oublie entiérement les principes qu'on a tâché de lui donner. Il y a des Savans dans l'Hiftoire, des Poëtes Latins

tins & Italiens, des Orateurs. Les Poëtes ont produit plusieurs chef-d'œuvres dans tous les genres. Ils excellent dans la Satyre, la Pastorale. Outre les Colléges, Rome a plusieurs Académies, des Bibliothéques publiques : (*voyez* ARCADES, BIBLIOTHÈQUES d Rome). La Sculpture, la Peinture & l'Architecture ont été très florissantes à Rome. Il y a encore de grands Artistes, mais ces arts y ont bien dégénéré : ce n'est pas qu'ils ne trouvent encore de grands encouragemens : (*voyez* ACADÉMIE DE S. LUC à Rome.) La Musique, du moins quant à l'exécution, s'y soutient peut-être mieux que les autres arts : *voyez* MUSIQUE.

Les rues de Rome sont belles, grandes, spacieuses, mais mal entretenues ; la *Strada del Corso*, est la plus fréquentée ; c'est-là que se font les courses des chevaux, dans certains temps, & qu'on s'y promene presque tous les soirs en carrosses ; sans la pluie, qui, dit-on vulgairement, est le balai de Rome, les rues seroient impraticables dans certain temps. Les belles places y sont en grand nombre ; la plupart sont très-régulieres, ornées d'obélisques, de fontaines, de statues ; les principales sont la place de Navonne, la place Colonne, celle de *Monte Cittorio*, *del Popolo*, de *Campo Fiori*, la *place de Venise*, celle d'*Espagne*, celle du *Vatican*, dans laquelle est cette magnifique colonnade dont les deux côtés conduisent à la fameuse Basilique de Saint Pierre : (*voyez* les articles qui regardent ces places & les fontaines.)

Il y a à Rome trois choses qui surprennent également par leur beauté, les Eglises, les Palais & les Jardins. Les Eglises sont d'une magnificence qui surprend, l'architecture surpasse tout ce qu'on peut en dire. Les plus belles sont celles de S. Pierre, de S. Jean de Latran, Sainte Marie Majeure, S. Laurent, S. Paul, Sainte Croix & S. Sébastien : mais il n'y en a aucune qui ne renferme une infinité de choses curieuses. (*Voyez* BASILIQUE de Rome, de S. PIERRE, S. JEAN DE LATRAN, PANTHÉON, &c. Nous ne parlerons ici que de quelques-unes. Il y en a trois cens, dont chacune demanderoit un détail particulier.

Sainte Marie Majeure est une des sept Eglises Stationnaires, une des plus belles de Rome, bâtie sur la partie la plus élevée de Mont Esquilin, par le Pape Tibere, en 353. Sixte III la fit rebâtir, en 442. On y conserve précieusement la crêche de J. C. La façade a été élevée dans ces derniers temps. Dans le vestibule, est la statue en bronze de Philippe IV, Roi d'Espagne, par le Cavalier Lucenti, une belle colonnade de marbre blanc, le mausolée de Sixte V, sur les desseins de Fontana ; c'est un pavillon soutenu par quatre colonnes de vert antique & par quatre cariatides de beau marbre, sous lequel est placé la statue de ce pape à genoux. Il y a quatre statues, le tombeau de Pie V, dont l'urne de vert antique est d'un fort bon goût, l'autel de la Chapelle Borghese, orné de colonnes de jaspe oriental, & l'autel pontifical, formé d'une grande urne de porphyre, sont ce qu'il y a de plus précieux dans cette Eglise. Les mosaïques sont du cinquieme siecle, & furent citées au Concile de Nicée contre les Iconoclastes. Derriere le chœur est un obélisque qui avoit servi au tombeau d'Auguste. *Voyez* COLONNES, OBÉLISQUES, &c.

Saint Laurent hors des murs, fut bâti par Constantin en 330, sur la Voie Tiburtine ; c'est une des sept Basiliques ; on y voit la figure du pape Honorius III, qui en fit rebâtir la principale porte en 1216 : cette figure est en mosaïque. Parmi les peintures anciennes, on y voit ce pape donnant la communion à Pierre de Courtenay, & ensuite le couronnant Empereur de Constantinople. Le corps de Saint Laurent est sous l'autel souterrein : le Sacristain fait voir une partie du gril qui servit à son martyre ; sous le même autel est le corps de S. Etienne. Il y a dans la nef vingt-deux colonnes de granit oriental, & dans le portique, six colonnes torses, dont deux de marbre de Paros. On croit que ces colonnes étoient du Temple de Mars.

Saint Paul hors des murs, fut bâti par Constantin,

& consacré par S. Sylvestre en 324 ; quoiqu'elle ne soit couverte que par une belle charpente, ses cinq nefs sont soutenues par quatre rangs de grandes colonnes antiques au nombre de huit cens cinq ; les quarante de la nef du milieu ont trente-quatre pieds de haut, & sont de marbre de Paros, & d'une piece ; elles sont tirées du mausolée d'Adrien, les autres sont de granit. Il y en a soixante autres aux différens autels, dont les devants sont des tables de porphyre : les colonnes sont d'une très-grande beauté, & toutes antiques : aucun autre édifice n'en a aussi grand nombre. On y voit une statue de Lucine, Dame Romaine, mise au rang des Saints. La Chapelle dans laquelle on conserve le Crucifix, qui parla, dit-on, à Sainte Brigite, est revêtue des plus beaux marbres. On voit autour de la nef les portraits de tous les papes jusqu'à Benoît XIV, qui fit restaurer ceux qui y étoient, & que le temps & l'humidité avoient effacés.

Saint Paul aux trois Fontaines, est à un mille plus loin, sur la Voie d'Ostie, à l'endroit même ou Saint Paul fut décolé. Cet édifice fait sur les desseins de Jacques d'ella Porta, est beau par sa simplicité : on fait grand cas du portail. Le nom de trois Fontaines lui a été donné à cause de trois Fontaines miraculeuses, qui indiquent, dit-on, les trois bonds que fit la tête de Saint Paul. Cette Eglise est décorée de deux autels & de trois fontaines en forme d'autels. On y voit un beau tableau du Guide, un peu gâté par l'humidité. Ce qu'il y a de plus précieux sont deux colonnes de porphyre noir, elles sont uniques ; les autres colonnes sont aussi de porphyre, mais ordinaires.

Sainte Croix de Jérusalem, est une Eglise bâtie, dit-on, par Constantin, à la sollicitation de sainte Hélene. Il y a dans cette Eglise de très-belles colonnes ; mais la mal adresse de l'Architecte qui l'a restaurée, les a cachées par des pilastres, qui rétrécissent l'Eglise : le vestibule, composé de plusieurs rangs de colonnes, mais mal distribuées. Les peintures à fresque du chœur sont de Pinturrichio, représentant des martyrs, qui ont souffert le supplice de la croix, l'invention de la croix par sainte Hélene, une belle statue du Cardinal

Basocci. Dans la bibliothéque des Bénédictins, à qui cette Eglise appartient, est un beau tableau de *Carle Maratte*, représentant la conférence de S. Bernard avec le pape Innocent II ; une Famille sainte, de *Mancini*, imitée à s'y tromper, de Raphaël ; un anubis noir d'Egypte, de Bazalte, antique précieux ; derriere l'Eglise sont les ruines d'un temple de la *Vénus Genitrix*, élevé par César ; les restes d'un amphithéatre, dont les murs d'enceinte sont encore conservés, & décorés de trois ordres de pilastres.

Saint Sébastien hors des murs, a été, dit-on, bâtie par le même Empereur, dont on rapporte aussi la fondation à Constantin, est desservie par des Feuillans. Cette Eglise, qu'ils abandonnent l'été, à cause du mauvais air, est située sur la Voie Apienne, à deux milles de Rome ; elle est célebre par ses catacombes. (*V.* CATACOMBES) On voit dans l'Eglise une belle statue de S. Sébastien, par Giorgeti, Eleve du Bernin, & au-dessus de la porte des catacombes, des peintures à fresque, par Ant. Carrache.

Dans l'*Eglise de sainte Agnès*, bâtie du temps de Constantin, hors des murs, la statue de la Sainte est d'albâtre oriental, ressemblant à de l'agate : la tête, les pieds & les mains sont de bronze doré & modernes. La galerie, tournante autour de cette Eglise, est soutenue par seize colonnes de granit à chapiteaux corinthiens ; quelques-unes sont cannelées ; elles sont d'une seule piece : on descend dans cette Eglise par un escalier de quarante-cinq marches de marbre.

Sainte Constance, qui est dans le voisinage de cette Eglise, passe pour avoir été un temple de Bacchus, à cause d'une ancienne mosaïque qui y représente Bacchus, & un tombeau de porphyre, sur lequel il y a des pampres de vignes, & des enfans qui jouent, d'autres croient que c'est un baptistaire, que Constantin fit bâtir pour les deux Constances ; la voûte, de forme circulaire, porte sur un rang de colonnes accouplées. On voit dans une niche un grand tombeau de porphyre, qui a sept pieds de long & autant de haut, sans moulures, avec un couvercle orné de têtes

& de guirlandes, & représentant une vendange. Ce travail est très-précieux, & ce sarcophage est le plus beau monument antique de ce genre qu'il y ait à Rome.

Sainte Marie de la Minerve, belle Eglise des Dominicains, est ainsi appellée du Temple que Pompée fit bâtir à Minerve, après la guerre de trente ans ; c'est dans cette Eglise qu'est la belle statue du Christ, embrassant la croix, par Michel-Ange ; plusieurs tableaux de Carle Maratte, de Marcello Venusti, de Carlo Verosiano ; un crucifiement, de Giotto, un grouppe de marbre de J. C. Sainte Magdeleine & S. Jean-Baptiste, par Francesco Siciliano ; les mausolées de Léon X & de Clément VII, de Baccio Bandinelli & de Raphaël, *di Monti Lupo* ; ceux de Benoît XIII, du Cardinal Piniatelli, sur les desseins de Bernin ; la Chambre de Sainte Catherine de Sienne ; un J. C. en croix, d'André Sacchi. Le Grand Inquisiteur de Rome réside dans le Couvent. La Bibliothéque en est très-belle & très-riche : on y compte de soixante à soixante-cinq mille volumes.

Saint Pierre in Montorio, Eglise des Récollets, au sommet du Janicule, qu'on prétend fondée par Constantin ; c'est dans cette Eglise qu'est le plus beau tableau connu, la Transfiguration, de Raphaël, son dernier ouvrage & son chef d'œuvre, quoiqu'il y ait des connoisseurs qui donnent la préférence à son tableau du Pere Eternel, qui est au Vatican. On voit une Chapelle en rotonde, par le Bramante, entourée de seize colonnes, qui est un chef-d'œuvre, elle est dans le cloître ; dans l'Eglise est la flagellation, de Sébastien del Piombo, morceau considérable, retouché par Michel-Ange. On y voit Saint Paul, conduit à Ananie, par Vasari, qui a mis son portrait dans le tableau, plusieurs statues & mausolées de l'Amanati, des statues de Daniel de Volterre, de Lionardo Milanese, du Cavalier Bernin, de François Baratta, de Salo, de Michel-Ange ; un J. C. qu'on met au tombeau, tableau de Fiammingo. Dans le souterrein, qu'on dit être le lieu du crucifiement de Saint Pierre, on voit le tableau de son martyre, du Guide. Près de ce lieu est la fontaine Pauline. *Voyez* Fontaines de Rome.

San Pietro in Vincoli, ou *saint Pierre aux Liens*, qu'on dit être la plus ancienne Eglise de Rome, que Saint Pierre dédia lui-même, & qui, ayant été brûlée dans l'incendie de Rome par l'insensé Néron, fut rebâtie vers le milieu du cinquieme siecle : Eudoxe, femme de Théodose-le-Jeune, y envoya la chaîne dont Hérode fit lier S. Pierre. Cette Eglise est portée par vingt grosses colonnes de marbre de Paros ; on y voit le mausolée de Jules II, par Michel-Ange ; son chef-d'œuvre est la figure de Moyse, appuyé sur les Tables de la Loi, dans l'attitude d'un homme inspiré, qui parle fiérement.

Il y a du même Artiste deux autres figures, l'une est la vie active, & l'autre la vie contemplative. Le Moyse est colossal, de marbre. On voit dans la même Eglise un S. Augustin, du Guerchin, le portrait d'un Cardinal, saint Pierre, délivré par un Ange, sainte Marguerite du même Artiste.

Sainte Praxede, est encore très-ancienne ; des pilastres & des colonnes antiques de granit soutiennent la nef du milieu ; on dit qu'il y a au moins deux mille cinq cens Martyrs enterrés dans une Chapelle souterreine. On y conserve une partie de la colonne à laquelle le Sauveur fut attaché lors de sa flagellation : le Cardinal Jean Colonna l'apporta du Levant. On voit des peintures à fresque de Joseph d'Arpin, des tableaux de Parrochel & de Jules Romain.

La *Madona d'ella Vittoria* ou *Notre-Dame des Victoires*, appartient aux Carmes déchaussés, elle est revêtue de marbre ; le morceau le plus estimé de cette Eglise, est la Sainte Thérese, à demi renversée sur un nuage, en extase, & venant de recevoir la blessure qu'un Ange qui paroît soutenu en l'air, vient de lui faire dans le cœur. Le Bernin regardoit ce morceau comme son chef-d'œuvre.

Santa Bibiana, a été bâtie en 363 par Olimpina, Dame Romaine, & rétablie en 1625, sur les desseins de Bernin, dont un des meilleurs ouvrages est la statue de la Sainte. On y voit du même Artiste une belle urne de porphyre, renfermant les corps des saintes Bibiane & Démétrie, sœurs, & de sainte Dafrose, leur mere. Pierre de Cortone a peint leur martyre à fresque autour de l'Eglise.

Saint Eusebe, Eglise des Célestins, bâtie par Fontana, dans l'endroit même où étoit la prison du Saint, offre un plafond d'une très-grande beauté, peint par Meinss, Saxon. On croit que le palais des Gordiens étoit tout auprès du Couvent : le péristile seul avoit deux cens colonnes des plus beaux marbres d'Egypte, de Numidie & de Grece. On y trouve encore de belles colonnes.

Saint Etienne le Rond, ainsi appellé, à cause de la forme de l'édifice que les uns croient avoir été un temple élevé par Agrippine, & les autres, un temple consacré à Faune, & très-bien conservé, est soutenu par cinquante-neuf colonnes entieres de granit : ce qu'on y a ajouté n'a fait que le gâter.

Les *Capucins* ou *santa Concezione*; on y voit le tableau de la Conception, la Nativité, de Lanfranc; de S. Michel, du Guide; de S. Antoine, ressuscitant un mort, d'André Sacchi; la conversion de saint Paul, de Pierre de Cortone; le Diable, qui est sous les pieds du Saint, du Guide, ressemble au Cardinal Pamphile, qui avoit mal parlé de ce peintre, qui s'en vengea de cette maniere. Ce tableau est peint sur soie.

Dans l'Eglise de *saint André du Noviciat*, des Jésuites, l'un des bâtimens les plus agréables de Rome, de forme ovale, sur les desseins du Bernin, entiérement revêtu & pavé des plus beaux marbres ; on voit le martyre de S. André, du Bourguignon; *saint Stanislas Koska*, de Carle Maratte. La chambre du Saint, qui est dans l'intérieur de la maison, est un oratoire où la statue du Saint, couché prêt d'expirer, par Legros, Sculpteur François; passe pour un chef-d'œuvre; la tête, les mains, & les pieds sont de marbre blanc, l'habit est de marbre noir; le lit est de vert antique, orné de bordures de bronze doré, l'étoffe qui le couvre est figurée par de l'albâtre fleuri, le matelas est de jaune antique, & le gradin qui supporte le tout est d'albâtre. On met cette statue en parallele avec la sainte Thérese, du Bernin : on ne sait à laquelle donner la préférence.

Santa Maria in Ara Cœli, est bâtie dans l'emplacement du Temple de Jupiter Capitolin : on y monte par un escalier de marbre de cent vingt-quatre marches. Le nom d'*Ara Cœli* lui vient d'un autel, qu'on dit avoir été élevé par Auguste, dans le temps de la naissance de N. S. sous le nom de *Ara Primogeniti Dei*. On montre cet Autel, qui est orné de colonnes d'albâtre oriental : on croit que les colonnes de granit qui soutiennent le plafond, ont servi au Temple de Jupiter. On y voit un très-beau tableau de la Sainte-Famille, qu'on dit être de Raphaël.

Les deux plus belles Maisons des Jésuites, car ils en avoient plusieurs à Rome, étoient celle de *saint Ignace*, appellée College Romain, & celle de *Jesu Nuovo* ou Maison Professe. Ce qu'il y a de plus beau dans la premiere, est le portrait de l'Alguardi, & les bas-reliefs de la Chapelle de Saint Louis de Gonzague, par Legros. L'architecture est très-belle, mais le *Jesu Nuovo* est une des plus belles & des plus riches de Rome ; rien n'égale la magnificence & la richesse de la Chapelle & de la statue de S. Ignace. Cette figure a dix pieds de haut ; elle est d'argent doré ; elle est couverte d'habits sacerdotaux, tous couverts de pierres précieuses de différentes couleurs ; la niche où elle est placée est garnie de lapis lazuli & d'albâtres antiques, soutenus par des filets de bronze doré ; le fronton, qui couronne l'autel, est soutenu par quatre colonnes, revêtues de la même pierre ; les statues, les bronzes, les marbres & tous les ornemens sont de la même magnificence. On voit dans la chambre du Fondateur une grouppe en porcelaine, représentant saint François-Xavier mourant, entouré d'Espagnols & d'Indiens. Le tableau de l'autel est de Raphaël : le devant des trois principaux autels sont d'argent.

Saint Louis, est la Paroisse de l'Ambassadeur & des Ministres de France, fondée par Catherine de Médicis ;

on y voit une Affomption , de François Baffan ; un S. André & S. Jean-Baptifte , de Lanfranc ; une copie de la Sainte Cecile , de Raphaël , par le Guide ; deux frefques, du Dominiquin ; un Evêque , guériffant un Aveugle , de J. Mielle.

Dans l'Eglife de *faint André d'ella Valle* , la coupole eft peinte par le Dominiquin & Lanfranc ; Coffa le Calabrois a peint en trois tableaux le martyre du Saint. La Chapelle des Strozzi conftruite fur les deffeins de Michel - Ange , renferme quatre ftatues de bronze , & une pietra , auffi de bronze , & quatre grandes urnes de pierre de Parangon.

Dans la petite *Eglife des Camaldules* , eft le beau tableau d'André Sacchi , repréfentant le Fondateur , S. Romuald, expliquant à fes Difciples les raifons qu'il a eu de quitter le monde : c'eft le chef - d'œuvre de Sacchi.

A *faint Jérôme de la Charité*, on voit le tableau de la communion de ce Saint , par le Dominiquin : ce tableau eft très-célebre.

La *Trinita del Monte*, eft l'Eglife des Minimes François. On y admire la defcente de croix , peinte à frefque par Daniel Volterre.

A *faint Onofrio* , au-delà du Tibre , font trois belles peintures à frefque du Dominiquin , dont les fujets font des particularités de la vie de faint Jérôme. C'eft dans cette Eglife qu'eft le tombeau du Taffe.

Sainte Marie au-delà du Tibre , eft une des plus anciennes Eglifes de Rome , bâtie fur les ruines d'un Hôpital militaire , fous l'empire d'Alexandre Sévere , & rebâtie en 340. La grande nef eft foutenue par vingt colonnes de granit ; au plafond eft un beau tableau du Dominiquin.

Sainte Cecile eft bâtie très-anciennement dans l'emplacement de la maifon de la Sainte. On y voit la chambre des bains où elle fut martyrifée : fon corps eft confervé dans une Chapelle fouterraine. Un des plus beaux morceaux de fculpture eft fainte Cecile, en marbre blanc , couverte d'une tunique légere , attachée par une ceinture , dans la même attitude où le corps fut trouvé, appuyée sur le bras gauche, la face tournée vers la terre. Cette représentation est de la plus grande beauté.

On voit à *saint Chrysogon*, Eglise bâtie par S. Sylvestre, de très-belles colonnes de granit qui soutiennent la nef, & celles de porphyre, qui portent la tribune : le tableau du plafond est du Guerchin.

A *san Francisco à ripa*, on admire la statue couchée de Louise Albertoni, dans le goût & le génie antiques, par Bernin.

Dans l'Eglise de *santa Maria in Cosmedin*, bâtie sur les ruines du Temple de la Pudicité conjugale, on voit une pierre rouge, ronde, taillée en Masque colossal, dont le nez, la bouche & les yeux sont percés, trouvée dans le *Foro Romano*, dans l'emplacement où étoit l'Hôtel d'Hercule. On croit que les Témoins, pour affirmer la vérité de leurs dépositions, mettoient la main dans la bouche de ce Masque, & leurs fermens étoient alors sacrés ; ce qui a fait donner à cette Eglise le nom de Bocca della Verita. On l'appelle encore *Scuola Græca*, parce qu'on a prétendu que l'Empereur Adrien y avoit établi une Académie où S. Augustin a enseigné l'Eloquence.

Il n'y a pas d'Eglise à Rome qui n'offre quelque chose de curieux & d'intéressant : mais le détail en seroit trop long. La coupole de Sainte Marie de Lorette, Eglise des Boulangers, est double, comme celle de S. Pierre ; c'est le premier essai qu'on ait fait, & le modèle en fut donné par Bramante Lazari ; il fut perfectionné par Sansovin. Parmi les tableaux de cette Eglise, on distingue une sainte Suzanne, de François Flamand.

Saint Pantaleon est bâti sur l'emplacement du Temple de la Déesse Tellus ; on a trouvé quantité de statues dans des excavations faites aux environs ; elles sont au Palais Farnèse.

A santa Maria Nuova, le tombeau de Sainte Françoise est sur les desseins du Bernin. Dans le Couvent, qui est des Olivetains, il y a deux Salles qu'on croit avoir été deux Temples, l'un du Soleil, l'autre de la

Lune. Il y a quantité de niches, la voute est en plein ceintre & étoit ornée de peintures & de stucs.

Dans l'Eglise de Saint Clément des Dominicains, les peintures qui représentent l'Histoire de Sainte Catherine, sont de *Massaccio*, d'une très-grande ancienneté; tout auprès étoit la maison de Pline le jeune.

A *santa Maria della Navicella*, rebâtie sur les desseins de Raphaël, la frise est peinte par Jules Romain, & P. della Vigna, on y voit dix-huit belles colonnes de marbre verd & deux de porphyre.

La *Scalla santa* est un bâtiment quarré sur la place de Saint Jean-de-Latran. Sixte V y fit placer vingt-huit marches de marbre blanc, qu'on dit être celles du palais de Pilate, transportées de Jérusalem à Rome. On n'y monte qu'à genoux: il y a à droite & à gauche deux escaliers qu'on monte & qu'on descend à l'ordinaire: au haut est une Chapelle où l'on voit une ancienne image de Jesus-Christ, commencée, dit on, par Saint Luc, & finie par les Anges. Il y a encore une partie de la Crêche, de la Colonne de flagellation, de la Lance, du Roseau, de l'Eponge & de la Croix.

A *saint Silvestre in Monte Cavallo*, très-belle Eglise & d'une bonne architecture, on voit des fresques du Dominiquin, des statues de l'Algardi, des tableaux de Poliodore Caravagio, du Cavalier Arpino, de Palma; le mausolée du Cardinal Bentivoglio.

Sainte Marie des Anges, des Chartreux, est bâtie dans les Thermes de Dioclétien. Michel-Ange a profité de cet ancien monument pour en faire une des plus belles Eglises de Rome. Une partie de l'Eglise est formée par la grande salle des Thermes. Elle est ornée de très-belles colonnes de granit entieres & immenses; de beaux tableaux, parmi lesquels on distingue le Baptême de Jesus-Christ, de Carle Maratte; la Punition d'Ananie & de Sophronie, de Romanelli; Saint Basile disant la Messe, par Subleyras; Jesus-Christ donnant les clefs à Saint Pierre, par Maziano, &c. &c. On y voit la célebre Méridienne tracée par Brianchini.

A *Sainte Marie au Cours*, il faut voir la Magdeleine pénitente, du Guerchin, qui est au grand autel. *A la Magdeleine des Infirmes*, le Saint Nicolas du Baccio, Saint Laurent de Jordans, la Chapelle de Sainte Camille, de Sébastien Concha. *A Sainte Trinité des Lazaristes*, des tableaux de M. Vien, de Muratori, de Mazzanti, de Bottari, de Monosilio & du Cav. Conca. *A la Madonna del Popolo*, bâtie sur le tombeau des Domitiens, des stucs & des statues du Bernin, des tableaux de Carle Maratte, de Daniel, de Morandi, de Pinturicchio, de Caravage, d'Annibal Carrache, de Michel-Ange; la Chapelle Chigi, de *Balthazar di Perugia*, de Sebastien del Piombo, des Salviati, des statues de Lorenzetto. *A Sainte Marie des Miracles aux Picpus*, la façade de Fontana, & les statues de Morelli, Carcani, &c. *A Monte Santo des Carmes*, des tableaux de Salvator Rosa, de Carle Maratte, de Braccicio. *A San Giacomo des Incurables*, un beau bas-relief de Legros. A Saint Roch; de belles peintures du Calabrois, de Baccicio, de Peruzzi, de Brandi. Au Collége Clémentin des Somasques, des belles urnes sépulcrales, de Basalte. A Saint Jean-Baptiste des Florentins, des tableaux de Salvator Rosa, de Baccio Ciarpi; le mausolée du Marquis Caponi, par Slodetz. Dans l'Eglise de la Paix, les Sibylles par Raphaël, une Assomption, de l'Albane. Il y a encore un très-grand nombre d'Eglises que nous ne parcourons point, & qui néanmoins renferment des chefs-d'œuvres des arts.

Les Palais qui méritent l'attention des Voyageurs & des Curieux, ne sont pas en moins grand nombre. Les principaux sont, après ceux du Pape, les Palais *Colona*, *Rospigliosi*, *Albani*, *Barberini*, *Chigi*, *Alcorso*, *Pamphili*, *Altieri*, *Borghese*, *Ruspoli*, *Vorospi*, *Farnese*, *Boccapaduli*, *Furieti*, *Santa-Croce*, *Spada*, *Corsini* & le *petit Farnese*. Nous en ferons autant d'articles séparés qu'on peut voir sous les mots Colona, Rospigliosi, &c. Il y en a plusieurs autres qui n'offrent pas des choses moins précieuses, mais qui sont en moins grande quantité, tels sont le Palais *Bernini*, du Cav. Bernin, ce célèbre Sculpteur;

on y voit une statue de la Vérité, nue, plus grande que nature, assise, tenant un soleil à la main, & ayant un pied sur un globe. Cette figure n'est pas finie ; le Tems qui devoit la découvrir, a resté imparfait par la mort de ce célebre article. Il y a dans ce Palais le portrait du Roi Jacques, de Vandick, l'Enfant Prodigue, du Bassan, &c.

La façade du Palais *Bracciano*, autrefois Palais Chigi, est du Bernin. On prétend qu'il y a exécuté ce qu'il avoit projetté pour le Louvre. Le rez-de-chaussée a quatre-vingt-quatre colonnes de marbre, plusieurs bustes d'Empereurs, une statue très-rare de Cléopatre, & une autre aussi très-précieuse de Caligula. Ce Palais offre beaucoup d'Antiques ; Alexandre, Pyrrhus, Antinoüs, Jules César, Auguste, de très-beaux tableaux ; deux Vénus, la Femme adultere, du Titien ; cinq tableaux de l'Histoire de Cyrus, de Rubens ; des morceaux de Vandick, de Paul Véronese, du Corrége ; on y voit le cabinet des Médailles de la Reine Christine de Suede ; un Camée en agate oriental de six pouces de hauteur sur quatre de largeur, représentant en profil la tête d'Alexandre, & celle d'Olympia sa mere ; un buste de la Reine Christine, du Bernin. M. le Duc d'Orléans, Régent, a acheté beaucoup de tableaux de ce palais. On doit voir au palais *Casali* une très-belle tête de Ciceron ; au palais *Sacchetti*, de belles fresques, de Salviati ; au palais *Gabrieli*, des statues de Silene, de Diane d'Ephese, des bustes de Scipion l'Africain & de Trajan ; au palais *Lancelotti*, une Diane d'Ephese, la plus grande qui soit à Rome ; une belle statue de la Pudeur en marbre de Paros ; un Silene porté par deux Faunes, d'Annibal Carrache. Au palais de la Chancellerie, par le Bramante, la façade principale, par Fontana, de belles peintures de Vasari, Salviati, &c. Au palais *Falconieri*, une Sainte Famille, grand & beau tableau de Rubens ; une Sainte Famille, de Poussin ; une Vierge, du Guide, allaitant le Jesus ; la Libéralité, par le même ; le repentir de Pierre, par le Dominiquin ; une Sainte Famille, de Raphaël ; les Bains de Diane, par Carle Maratte. Au palais Pichini, le Méléagre, une grecque de marbre de Paros, Méléagre a d'un côté la hure d'un sanglier de Calydonie, & de l'autre un chien qui le regarde. Au palais des *Conservateurs*, les statues de Jules César & d'Auguste, de Rome triomphante des Daces ; deux Idoles Egyptiennes de granit oriental, dont une Isis, les pieds & la main du colosse d'Apollon, du Pont, qui avoit quarante-un pied de hauteur ; un lion qui déchire un cheval, sculpture grecque ; Uranie & Thalie ; plusieurs bas-relief antiques ; des tableaux tirés de l'Histoire Romaine, par Joseph d'Arpin ; plusieurs statues modernes de Leon X, Urbin VIII, par Bernin ; de la Reine Casimir de Pologne ; une grande quantité de statues, de tableaux, de bronzes ; parmi ceux-ci on remarque la louve qui allaita Remus & Romulus, la même qui, à la mort de César fut frappée de la foudre, à un pied de derriere ; on y voit la marque ; un jeune Homme qui se tire un épine du pied ; un Brutus, premier Consul de Rome ; une statue de Camille ; une tête de Mithridate ; deux Hermès, un vase de bronze singulier ; une statue grecque d'Hercule, en bronze doré ; Isis, Socrate, Arianne, Apollon sous la figure d'un jeune Grec, de Michel-Ange ; la tête de Michel-Ange, par lui-même : elle est de bronze sur un buste de marbre noir, très-ressemblante ; des bustes d'Appius Claudius, de Sergius Galba, de Virgile, de Philippe l'Ancien, de Ciceron & d'Alexandre ; une belle statue d'Hercule, de bronze doré, &c. Il y a d'excellentes peintures d'Annibal Carrache, de Pierre Perugin, de Jules Romain. Cette collection est très-nombreuse, & une des plus précieuses de Rome. Ce n'est encore qu'une partie des statues qui sont au Capitole. *Voyez* MUSÆUM.

Le Palais *Mattei* renferme un grand nombre de statues, de bas-reliefs & d'inscriptions. Il fut construit par Carlo Maderno, dans l'enceinte du Cirque Flaminius. Parmi les bas-reliefs il y a plusieurs Bacchantes ; la célebre table Héliaque. Parmi les statues, on remarque un Apollon Pythien, une muse ; un buste d'Alexandre ; les bustes d'Adrien, d'Antonin, de Marc Aurelle, de L. Verus ; plusieurs autres Antiques, parmi lesquels est le buste de Ciceron, regardé comme son véritable portrait : beaucoup de peintures de l'Albane, de Lanfranc, du Dominiquin, du Caravage, du Bassan & du Guide : ce palais est d'une étendue immense & d'une belle architecture.

Dans le Palais *Costagusti*, de l'architecture de Carlo Lombardi, on voit de belles peintures à fresque de l'Albane, du Dominiquin, du Guerchin, de Lanfranc & de Romanelli ; la plus belle est la Vérité que le Temps découvre, du Dominiquin.

Le Palais *Salviati*, de l'architecture de *Nanni di Baccio Bigio*, Florentin, est enrichi de très-beaux tableaux ; d'un Parnasse & du Lazare ressuscité, du Tintoret ; d'une Magdeleine, d'Annibal Carrache ; d'un autre du Guide ; Jesus-Christ & les trois Maries, de Paul Veronese ; une Vierge de Sébastien del Piombo ; & beaucoup d'autres, de Leonard Vinci, du Bronzin, d'André del Sarto, de Sodoma, de Morandi, qui a peint sur les voutes l'Histoire de Céphale & de l'Aurore, d'Ariane & de Thésée. Il y a plusieurs statues antiques : on y remarque une grue de bronze très-rare, des Satyres, Bacchus, Jupiter, Apollon, les Muses, des Nymphes, des Vestales, &c.

Les maisons de campagne, les vignes, les jardins de Rome, & de ses environs, ne renferment pas moins de beautés que les Eglises & les palais de Rome. Il semble que ce goût de la campagne se soit perpétué en Italie depuis les premiers Romains. Les ruines des anciennes maisons de plaisance de Pouzzols, de Tivoli, attestent leur magnificence. Les Romains modernes ont encore des maisons de campagne ou *ville*, qu'on pourroit comparer à celles des Anciens ; leurs vignes ou jardins n'ont pas l'élégance uniforme des nôtres, mais ils en sont plus agréables, plus commodes, plus adaptés au climat. Ces maisons renferment une infinité de chef-d'œuvres de l'art. Les principales, dont nous donnerons des articles particuliers, sont la Villa *Adriana*, *Aldobrandini*, *Albani*, *Borghese*, *Corsini*, *Estense*, *Farnese*, *Feroni*, *Giraud*, *Ludovisi*, *Medici*, *Mathei*, *Negroni*, *Pamphili*. (*Voyez* JARDINS D'ITALIE.) Les autres, pour être moins considérables, n'en méritent pas moins l'attention des Curieux. Ainsi dans la Villa Casai on voit plusieurs antiques dans l'endroit même près de Saint Etienne-le-Rond, entr'autres les statues de la Pudeur & de Bacchus, fort estimées. Dans la Villa Gustiniani, Jupiter & Esculape; une Bacchanale en bas-relief d'un très-beau vase, une statue d'Aurélius César, une Minerve, un Mercure, des beaux bustes, le tout Antique & fort précieux. Dans le Jardin Strozzi, des statues Anciennes & Modernes dans les allées des Jardins en quantité, parmi les Modernes, deux Vénus & deux Gladiateurs, de Bernin pere. Dans le Jardin ou Bastion de Barberin, des restes de Bains antiques; des Bassins de fayence peints par les Eleves de Raphaël, des Fontaines, &c. Ce Jardin est dans l'emplacement du Palatiolino, ou petit palais de l'Empereur Neron. Dans la Villa *Madama* du Roi de Naples sur le Mont Marius, on voit des stucs & de belles peintures de Jules Romain & de Jean d'Udine. Dans la Villa Mellini sur le même Mont qui domine sur Rome & ses environs, l'architecture della Villa Papa Guilio, par Vignole, est à remarquer. Dans la Villa Mondragone, bâtiment immense, on admire un beau portique ou fond d'un parterre, par Vignole; il est formé de cinq arcades décorées de belles colonnes & de pilastres; on voit dans ce Jardin de très-beaux bassins & quelques statues: dans la maison on remarque une tête colossale de Faustine; un buste colossal d'Antinoüs; les douze Césars par Bernin; un Ciceron Antique; un tableau d'Orphée, de Joseph d'Arpin; des tableaux de Paul Véronese. Il faut voir dans la Villa Falconieri, des tableaux du Titien, de Carle Marate, du Guerchin. Il y a encore de peintures dans la Villa Bracciano; le cours du soleil peint dans un plafond par les Eleves du Dominiquin, une Galerie de Panini,

Panini, &c. Dans la Villa Rufinella des Jésuites, une mosaïque représentant Méduse & le Zodiaque, Antiques, &c.

Plusieurs particuliers ont formé des cabinets dont les collections sont très-curieuses. On voit dans le cabinet de M. Bellori deux statues antiques ; l'une avec une inscription FORTUNA, qui de la main gauche tient une corne d'abondance, & de la droite ce cloud de nécessité dont parle Horace : l'autre avec une inscription FORTUNA PANTEA, Mr. Bellori croit que c'est la fortune Déifiée avec son voile enflé, parsemé d'étoiles ; ces marques sont la beauté de Junon, la mitre d'Isis, le croissant de la lune, le carquois de Diane, les ailes de la Renommée, la corne d'abondance de Cerés, avec deux marmosets qui sont peut-être Isis & Osiris, le serpent d'Esculape, la robe de Minerve, la peau de chevre de Bacchus & le timon de la fortune ; ces deux statues sont extrêmement antiques & de la plus grande beauté. On y remarque encore dans le même cabinet de M. Bellori des vases & des instrumens antiques fins & sonnant comme la porcelaine ; on y voit des instrumens de cette même matiere qui servoient anciennement dans les bains, comme l'istrigil servant pour racler la sueur, & des vaisseaux qu'on nommoit *guttum* pour contenir les liqueurs odoriférantes. Toutes ces pieces sont très-rares & très-antiques.

On ne peut faire un pas à Rome qui ne rappelle aux Savans quelque époque de la grandeur de cette Ville ; il n'y a pas d'endroit où l'on ne foule les débris de quelque monument inestimable : tout y retrace son Histoire. (*Voyez* ENCEINTE DE ROME.) Ses Portes sont pour la plupart d'anciens arcs de triomphe. (*Voyez* PORTES DE ROME.) Ses Promenades, ses Places où l'art des Modernes lutte avec celui des Anciens ; ses Bibliothéques moins estimables peut-être que celles d'Athenes, d'Alexandrie, d'Auguste, de Constantinople, mais plus nombreuses ; ses Egouts, ses Fontaines, ses Théâtres, & tant d'autres Monumens dont nous faisons autant d'articles séparés, semblent confoler l'Univers de ceux dont la barbarie des Deftructeurs de l'Italie l'ont privée.

Les deux rivages du Tibre font joints par quatre Ponts principaux: Ponte *Angelo*, Ponte *Sixto*, Ponte *Quatro-Capi* & Ponte *San Bartholomeo*. Le premier a trois cents pieds de long, formé de cinq arches, fans décoration aux deux extrêmités; il est orné d'une baluftrade de fer formant des lozanges entre les piédeftaux des ftatues placées de diftance en diftance; Clément VII y fit placer à l'entrée celle de Saint Pierre & de Saint Paul. Clément IX y fit ajouter dix autres ftatues d'Anges portant les inftrumens de la Paffion; elles font de Bernin & de fon Ecole; les grilles de fer, & autres ornemens font d'après les deffeins du Bernin: il fut bâti originairement par *Ælius Adrianus*, & il s'eft appellé Pont Ælius, jufqu'à ce que le Maufolée d'Adrien prit le nom de Château Saint-Ange. En 1450 les parapets furent renverfés par la foule, dont il fe trouva trop plein, cent foixante douze perfonnes furent noyées ou étouffées par la foule. Les réparations & les travaux qu'y ont fait faire Clément VII, Urbin VIII, Clément IX, l'ont mis dans l'état où il eft aujourd'hui. Les trois autres font bien inférieurs à celui-là. On voit de la pointe de l'Ifle Saint Bartholemi, les reftes du Pont Triomphal, qu'on appelle *Ponte Rotto*, & les reftes du Ponte Sublicio, fur lequel *Horatius Cocles* arrêta feul l'armée de Porfenna. Plus haut eft le *Ponte Molle*, autrefois Pons Æmilius, & enfuite *Ponte Milvio*.

Rome eft défendue par un Château qu'on appelloit autrefois le Tombeau ou le Môle d'Adrien, aujourd'hui *Caftel-San-Anglo*; il eft très-bien fortifié, & les Papes, en cas de befoin, peuvent s'y retirer par une galerie qui conduit de leur Palais à ce Château.

Il y a deux fortes de Gouvernemens dans Rome; celui de l'Eglife & celui de la Ville. Celui de l'Eglife réfide dans le Pape: il tient ordinairement Confiftoire tous les quinze jours. Il y affemble les Cardinaux, les Evêques & les Docteurs: c'eft-là où les affaires importantes se décident. Outre ces Consistoires, il y a encore le Tribunal de la Rote, qui est le Conseil Souverain du Pape : il juge par appel, des affaires d'un certain genre de la plupart des Pays Catholiques. Il est composé de douze Auditeurs, dont huit sont Italiens, un François, un Allemand & deux Espagnols. Les tarifs pour le prix du pain, du vin & de la viande sont affichés partout, ce qui est très-commode pour les Etrangers. Les impôts à Rome ne sont point exorbitans, & toutes sortes de denrées de bouche ne paient qu'un droit d'entrée très-modique : il est vrai que c'est à cette facilité de vivre commodément à Rome, qu'il faut attribuer la paresse du Peuple, la désertion des campagnes & la langueur du commerce. Les Romains, adonnés à leurs plaisirs, passent la plupart du temps à leurs maisons de plaisance, sur-tout dans le temps des *Villégiatures*. Dans le temps des grandes chaleurs, c'est-à-dire depuis la mi Juillet jusqu'à la fin du mois d'Août, il est d'usage de ne sortir de chez soi qu'à sept heures du soir. Alors les cafés se remplissent jusqu'à neuf heures : l'on y trouve toutes sortes de rafraichissemens : on s'y sert communément de neige au lieu de la glace. Le déjeûner des Romains est ordinairement une tasse de chocolat, qu'ils préparent sur de petits forneaux à l'esprit du vin. On use de thé & de café après le dîner, mais en été on en prend très-peu au lait : la rareté des pâturages & leur sécheresse y rendent le lait peu commun. Les Romains sont peu recherchés dans le luxe des habits. Les Marchands sont ordinairement en habit de couleur avec des perruques courtes ou en bourses ; mais les Avocats, les Procureurs, les Notaires, & tous ceux qui ont des Charges au Palais Pontifical, portent un habit noir de drap ou de soie, avec un manteau de la même couleur, & une perruque d'Abbé : il ne leur manque que la tonsure pour le paroître. C'est ce qui a fait tomber dans l'erreur l'Auteur d'un Voyage d'Italie, qui prit pour des Prêtres un Directeur de Spectacle, & un Prévôt de Salle d'Armes. C'est encore une autre erreur de croire que les Courtisannes publiques soient souffertes à Rome. Dès que le Gouvernement s'apperçoit que quelque fille tient une conduite scandaleuse, il la fait chasser de la Ville, ou enfermer dans une Maison de force. Malgré la sévérité de la Police à cet égard, il y en a quelques-unes; mais il leur est défendu d'aller en carrosse au Cours, de se trouver aux Assemblées publiques, aux Promenades. Si quelqu'un étoit trouvé chez elles pendant l'Avent, le Carême, la Semaine de Pâques, les Fêtes & Dimanches, elles seroient sévèrement punies. Rome est le théâtre de la galanterie. Il seroit dangereux à un amant renvoyé de réclamer ses droits sur une femme, ou d'être indiscret, un coup de stilet de la part de son rival l'auroit bien vengée. Dans tous les états & dans tous les quartiers, il y a des assemblées qu'on appelle Conservations. Quand il est mort une Personne de qualité, tous les Parens & Parentes, quelques éloignés qu'ils soient, sont obligés de s'absenter pendant huit jours des *Conversations*.

La Bourgeoisie est l'état le plus respectable. (*Voyez* BOURGEOISIE.)

Le Peuple est grossier & féroce dans la campagne de Rome. On compte quelquefois dans l'Etat Ecclésiastique, dans le cours d'une année, jusqu'à deux mille assassinats; mais ils sont moins communs à Rome. Le plus grand nombre est l'effet de la jalousie ou de la vengeance. Il est rare qu'on y exécute à mort. Il n'y a point de patrouille à Rome pendant la nuit. Les rues sont larges, nettoyées par les fontaines, mais jamais balayées, elles sont pavées de morceaux de marbre en lozanges, à la manière des Anciens.

Les promenades ne se font guère qu'en carrosses dans la rue du Cours, mais on se rassemble & l'on va se promener la nuit dans les parties les plus élevées: les hommes sont armés d'épées & de pistolets, & accompagnent leurs femmes & leurs filles au son des instrumens & en dansant. Les sérénades ou concerts d'instrumens, de voix, de chœurs, de tambours de basque, sont ordinaires dans les promenades d'été. C'est par goût que les rues ne sont pas éclairées: il y a de petites lanternes derriere les carroffes ; elles ne jettent leur lumiere que d'un côté ; & fi un paffant fe trouve de ce côté, il eft en droit de dire à celui qui la porte : *Volti la lanterna.*

Il n'y a des Spectacles que depuis le 7 Janvier jufqu'au mercredi des Cendres : il n'y a point de femmes, ce font des caftrats qui les remplacent, foit dans le chant, la déclamation, foit dans les ballets. Il y a huit Théâtres à Rome. *Voyez* THÉATRES.

Les Arts, comme nous l'avons dit, font fort déchus en Italie : nous avons à Rome des François qui l'emportent fur les Artiftes Romains actuels pour la Peinture & la Sculpture.

Pour ce qui regarde le Souverain. *Voyez* PAPE, AUDIENCE, ELECTION ET EXALTATION, CHAPELLE PONTIFICALE, CONCLAVE.

RONCAGLIA, plaine fameufe dans l'Hiftoire, du onzieme & douzieme fiecles ; c'eft-là que les Rois d'Allemagne campoient avec toute leur cour, lorfqu'ils alloient à Rome recevoir leur couronne des mains du Pape. Cette belle plaine eft fituée à très-peu de diftance de la Ville de Parme.

RONCIGLIONE, Ville & Capitale d'un petit Etat du même nom, enclavé dans le Patrimoine de S. Pierre. Innocent X prit cet Etat à Rainuce II, & le remit, avec le Duché de *Caftro*, au Domaine de la Chambre Apoftolique. Depuis ce temps, il a appartenu au Pape, & la poffeffion lui en a été confirmée par le Traité de Worms, en 1738. C'eft une Ville fort riche & affez peuplée ; elle eft à cinq lieues S. E. de Viterbe, onze N. O. de Rome. Elle eft bien bâtie, & dans une fituation agréable. La grande rue, qui eft très-belle, fe termine par un arc de triomphe fur le chemin de Rome. L'Eglife Collégiale de Saint Pierre & de Sainte Catherine eft bâtie avec goût ; le Château eft un amas de petites pierres ferrées les unes contre les autres, où l'on ne peut entrer que par un pont fort étroit : il reffemble plus à une prifon qu'à un château. Auprès de *Ronciglione*, dans un vallon, couvert de broussailles, coule un petit ruisseau qui fait aller des forges, des papeteries & d'autres usines.

Ronco Ferrato, petite Ville du Duché de Mantoue, à peu de distance de la Capitale, vers l'orient, sur le Pô.

Rondisson, Village du Montferrat, dans la Province de Trin, au N. du Pô.

Rosagni, petite Ville de la côte orientale de Gênes, dans les Terres.

Rose d'Or (cérémonie de la) Elle doit son origine au Pape Urbin V, qui, en 1366, le quatrieme Dimanche du Carême, envoya une Rose d'or à la Reine Jeanne de Sicile, & fit un décret par lequel il ordonna que dans la suite, tous les ans à pareil jour, les Pontifes ses successeurs consacreroient une semblable Rose. Cette Rose d'or est enrichie de pierreries, & le Pape l'envoie ou à des princesses ou à quelqu'Eglise, qu'il affectionne particuliérement. La bénédiction s'en fait par S. S. au palais du Vatican, dans la Chambre des paremens, en présence de tout le sacré Collége, avant que d'aller entendre la Messe à la Chapelle, & on y emploie l'eau bénite, l'encens, le baume & le musc, mêlés ensemble, avec quelques prieres propres pour cette cérémonie. Aprés la Messe, S. S. dispose de la Rose d'or selon qu'elle l'a décidé; & le jour de cette cérémonie, les Cardinaux assistent à la Chapelle en soutanes de couleur de rose séche.

Rospigliosi, (Palais) à Rome, qui a appartenu aux Mazarins; il est à la Maison Borghese, & on le croit bâti sur les Thermes de Constantin. Il y a de très-belles peintures, entr'autres le tableau de la vie humaine ou les quatre Saisons, que le Temps, jouant de la lyre, fait danser; il est assis par terre contre un piédestal, & l'amour, près de lui, tient un sablier : ce tableau célebre est du Poussin; une galerie au fond du jardin, peinte à fresque par le Guide. Il a représenté l'Aurore dans le plafond; la Poésie a beaucoup servi à la peinture dans ce tableau. L'Aube est représentée par l'Amour, qui tient une torche allumée, figure de l'étoile du matin ; l'Aurore, par une jeune femme dans les nues, dont la tête sort d'un voile, & qui répand des fleurs ; le Matin, par Apollon, dans son char, tiré par des chevaux vifs & ardens, qui chassent les nuages devant eux, & qui font succéder une lumiere éblouissante à la lueur incertaine de l'Aube & de l'Aurore. Deux frises de cette galerie sont de *Tempesta* : c'est le triomphe de l'Amour sur toutes les nations & sur tous les âges ; un Saint Laurent, vendant les vases sacrés pour faire l'aumône ; une belle esquisse, de Pierre de Cortone, de la Vierge, que le Pere Eternel couronne : Samson, renversant les colonnes de la salle du festin des Philistins ; & le triomphe de David, après sa victoire sur Goliath, par le Dominiquin ; Sophonisbe, venant de s'empoisonner pour éviter la honte d'être menée à Rome, du *Calabrese* ; Renaut un miroir, devant lequel Armide se pare, de l'Albane ; Eve, présentant la pomme à Adam, par *Jacques Palma* ; un un troupeau, conduit par des pâtres, de Benedetto Castiglione ; un portrait de Clément IX, de Carle Maratte. Il y a dans ce palais des Antiques très-précieux ; deux fresques antiques, peintes sur un mur, qu'on a enlevées avec la pierre ; une statue de Minerve, Grecque ; une Diane moderne ; mais bien dans le goût antique, &c.

ROSSANO, *Russianum*, Ville au Royaume de Naples, dans la Calabre citérieure, avec un Archevêché & titre de principauté. Elle est fertile en huile, en safran, poix, goudron, &c. on en tire de beaux mâts de navire. À l'O. de *Rossano*, on voit les ruines de Sibaris, cette Ville si fameuse par la mollesse de ses habitans. *Rossano* est située près du golfe de Tarente, & à une lieue de celui de Venise, sur une petite riviere qui se jette dans le *Celano*, & est environnée de rochers, à douze lieues de *Cozenza*.

ROTE ; (la) c'est ainsi qu'on appelle à Rome le Conseil souverain du Pape : c'est le principal Tribunal de Rome. Il juge par appel des affaires d'un certain genre de la plupart des pays Catholiques ; il est composé de douze Auditeurs, dont huit sont Italiens, un François, un Allemand & deux Espagnols. Le nom de Rote, qu'a pris ce Tribunal, vient du pavé de la Chambre où s'assemblent les douze Prélats, qui est de marbre figuré en forme de roue. Cette Jurisdiction fut établie par le Pape Jean XXII. Clément VIII leur accorda de grands privileges, Alexandre VII les fit Soudiacres Apostoliques. Il portent une robe violette, & à leur chapeau un cordon de même couleur ; leurs appointemens sont de cent ducats pour chacun & de deux cens pour le Doyen.

ROTO FREDO, Bourg très-proche de la Ville de Plaisance, remarquable par la bataille qui s'y donna en 1746, & où les Espagnols & les François furent battus & contraints d'évacuer toute l'Italie.

ROVEREDO, *Roboretum*, Ville située dans le Tirol, sur les confins de l'Italie, dans la Vallée de Lagarina, a passé des Comtes de Castelbarco à la République de Venise, qui la fortifia, y envoya un Podestat & un Capitanio, & l'a cédée depuis à l'Empereur. Elle a environ sept mille habitans ; elle est fort commerçante, fort industrieuse ; on y cultive le mûrier, & on y fabrique quantité d'étoffes de soie pour l'Allemagne : les teintures y sont bonnes. Les maisons sont bâties en marbre blanc & rouge ; il y regne beaucoup de luxe dans les habillemens, les équipages & le dedans des maisons. Il s'y est établi depuis 1750, par les soins de Bianca Laura Saibanti, épouse de M. Vaneti, de concert avec plusieurs personnes de Lettres qu'elle rassembloit chez elle, une Académie, qui devient tous les jours plus célebre, sous le titre des *Agiati*, ou n'aimant point la gêne : l'Impératrice Reine s'en est déclarée protectrice. La mort de M. *Tartoretti*, qui a fait naître le goût des Lettres à Roveredo, a fait beaucoup de tort à cette Société naissante.

ROVIGNO, petite Ville dans l'Istrie ; elle est en sûreté par un double port. On tire de ses carrieres de très-belles pierres, & on recueille d'excellent vin ;

mais l'air y est mal sain, comme il est dans presque toute l'Istrie. On voit près de Rovigno le *Monte Auro*, où étoit l'ancienne *Arpinum*, des ruines de laquelle Rovigno s'est agrandie. Cette Ville appartient aux Vénitiens.

Rovigo, Ville & Capitale du Polesin, située sur l'Adigette, à neuf lieues de Padoue & quinze de Venise, appartient aux Vénitiens ; elle est la résidence de l'Évêque d'Adria. Elle n'a rien de bien remarquable ; le palais du Podestat est sur une place, ornée d'une colonne qui supporte le lion de S. Marc ; il y a un corps-de-garde pour la Compagnie d'Infanterie, que la République y entretient. Dans une Chapelle de la Vierge, à l'extrêmité de la Ville, on conserve une image miraculeuse de la Mere de Dieu ; cette Chapelle est ornée de beaucoup d'*ex voto*, peints par des Artistes Vénitiens. Le territoire de Rovigo & du Polesin est d'une grande fertilité, & les Nobles Vénitiens ne laissent échapper aucun des fonds qu'ils trouvent à y acheter.

Rubiera, petite Ville dans le Modénois, assez bien fortifiée, est très-exposée en temps de guerre, étant une des clefs du Modénois ; c'est la patrie d'Antoine Codrus. Elle est sur la Secchia, à trois lieues de Modene.

Rudiano, petite Ville du Bressan, dans l'Etat de l'Eglise, sur l'Oglio.

Rumilli, jolie Ville de Savoie, à deux lieues d'Annecy, dans une plaine élevée, au confluent de Serano & du Nefa. Elle étoit riche & commerçante ; mais depuis que Louis XIII en a fait raser les fortifications, en 1630, elle est bien diminuée de sa splendeur.

Ruonfornello, petite Ville maritime de la Sicile, dans la Valée de Démona ; elle est très-renommée à cause du beau sucre qu'on y fabrique.

Ruspoli, (Palais) à Rome, dans la belle rue du Cours, bâti sur les desseins de l'Ammanati de Florence. Il y a le plus bel escalier qui soit à Rome ; il est à quatre rampes, très-solide & très-hardi en même-temps ; il est tout entier de marbre de Carrare, chaque rampe a trente marches. Il y a dans ce palais une très-belle collection de statues ; les plus belles sont une Omphale, plus grande que nature, coëffée de la dépouille du lion Néméen, & tenant la massue de la main droite ; statues d'Adrien, de Bacchus, d'Apollon, de Mercure, de Claude, d'Esculape, de Faunes Grecs, les trois Graces, de très-beaux-reliefs, parmi lesquels on en remarque un Antique de marbre ; c'est un jeune homme, les jambes & les cuisses nues, vêtu d'un petit manteau, le casque en tête, d'une main il tient une pique, & donne l'autre à une femme assise, entiérement drapée, il paroît être descendu d'un cheval, qui est derriere lui. Il y a auprès un autre cheval, entouré d'un serpent : derriere la femme, est un homme, tenant une pique, un sabre, un bouclier rond sont attachés au mur. Il y a plusieurs autres statues & morceaux antiques.

RUVO, petite Ville au Royaume de Naples, dans la Terre de Bari, avec titre de Comté. Elle appartient à la Maison de Caraffe ; son Evêché est suffragant de Bari. Elle étoit connue des Anciens. Horace en parle dans la Satyre V. du premier livre. *Inde Rubos fassi pervenimus.*

S

SABINE, (la) est une province de l'Etat Ecclésiastique, qui fait partie du pays des Sabins : sa ville principale est Magliano. Les anciens Sabins, dont il est tant parlé dans l'Histoire, étoient situés entre l'Etrurie & le Latium Cures, dont les Romains furent appellés Quirites, fut d'abord la Capitale de la Sabine : ce fut ensuite Rieti, qui est maintenant dans l'Ombrie. La *Terra Sabina* est très-fertile en bled, en huile & en vin ; ses habitans passent pour être fort paresseux & fort adonnés au plaisir. Cette province a neuf lieues de long sur presqu'autant de large, & est bornée au N. par le Duché de Spolette, E. par Naples, & au S. par la Campagne de Rome.

SABIO, petite Ville du Bressan, dans l'Etat de Venise.

SABIONNETA, Ville & Duché, avec une forte citadelle, aux confins de Mantoue, entre le Mantouan & Crémone. Le Duc étoit autrefois de la Maison Caraffe; ce Duché a ensuite appartenu au Prince de Stigliano, dont la mere le tenoit d'Elisabeth de Gonzague, dont elle étoit petite fille. Sabionnete fait aujourd'hui partie du Duché de Guastalla, cédé au Duc de Parme, elle est à cinq lieues de Parme, huit de Crémone, huit S. O. de Mantoue.

SAGONA, ancienne Ville, presque détruite, dans la partie occidentale de l'Isle de Corse. Elle fut ruinée par les Pisans: l'Evêché seul a été conservé, & l'Evêque réside à Calvi.

S. ANDRÉ, petite Ville du Comté de Maurienne, dans la Savoie, dans les montagnes, au pied du Mont-Cénis.

S. ANGELO, Fort de l'Isle de Malte, qui n'est séparée de la Valette que par une partie du Fort. Ce Fort est à la ville Mannuel, bâtie par Dom Antoine *Mannuel Villena*, Portugais, 60e. Grand-Maître.

S. ANTIOGO, Isle de la Sardaigne, appellé *Maliboldes*, par Ptolomée, *Enosina* par Pline, & *Plumbia* par d'autres. La plupart de ces noms désignent les mines de plomb qu'on y trouve. Elle a pris le nom de S. Antiogo, d'un Saint qui y mourut en exil. On trouve dans un endroit de l'Isle les ruines de l'ancienne ville de *Sulcis*.

S. BENEDETTO DE POLVIONNE, dans le Duché de Mantoue, ancienne Abbaye, où la fameuse Comtesse Mathilde fut inhumée en 1115, & dont les restes furent transférés dans l'Eglise de S. Pierre de Rome en 1635.

S. BERNARD, (le petit) dans le Comté de Tarentaise, dans la Savoie; c'est un passage dans les montagnes. Le petit Saint Bernard est un petit village.

S. BONIFACCIO. (*Voyez* PORTO VECCHIO, dans l'Isle de Corse.)

S. CASSIANO, petite Ville dans le Florentin, assez agréable & dans un terrein assez fertile.

S. COLOMBANO, petite Ville du Lodesan, près du *Codogno* ; elle a pris son nom d'une Abbaye de Saint Colomban.

S. DALMARIO, lieu assez considérable du Comté de Nice. Les François s'en étoient emparés lorsqu'ils prirent Nice en 1744 : mais Nice fut rendue par le traité de paix de 1748, avec toutes les villes des environs.

S. DAMASE, Isle de Sardaigne, près du port de *Terra-Nova*, entre l'Or. & le N. appellée aussi *Buciana* ou *Pausania*. Elle a quatre lieues de circuit ; elle est remplie de montagnes. *Voyez* DAMASE.

S. DAMIANO, Bourg du Piémont, dans la Seigneurie de Verceil, dans la province de *Biele*.

S. DONATO, petite Ville qui se trouve au milieu des marais Pontins, dans l'Etat de l'Eglise ; elle est peu peuplée, à cause du mauvais air qu'on y respire.

S. FIORENZO, ville de Corse, sur un golfe du même nom, à l'ouest de Bastia.

S. GENIS, Ville de la partie du Bugey, qui appartient au Duc de Savoie, à l'Or. du Rhône.

S. JA, petite Ville de Savoie, dans la Seigneurie de Verceil, est assez bien peuplée & très-marchande : elle est sur le canal qui va de Verceil à Ivrée.

S. JACQUES, est en grande vénération à Pistoie ; les habitans lui ont dédié une Chapelle superbe dans leur Cathédrale, & ils le regardent comme le premier des Apôtres, ainsi qu'on le voit par cette oraison : *Tu qui primitum tenes inter Apostolos, imò qui eorum primus,* &c. » Toi, qui tiens le premier rang parmi les Apô-
» tres, qui même es le premier. »

S. JEAN DE MAURIENNE. *Voyez* MAURIENNE.

S. JOIRE, Ville du Faussigny, dans le Piémont, avec titre de Baronnie, dont S. Joire est le chef-lieu.

S. LEO, petite Ville assez agréable dans le Duché d'Urbain, dans l'Etat de l'Eglise.

S. MARIN. *Voyez* MARIN, petite République, dont

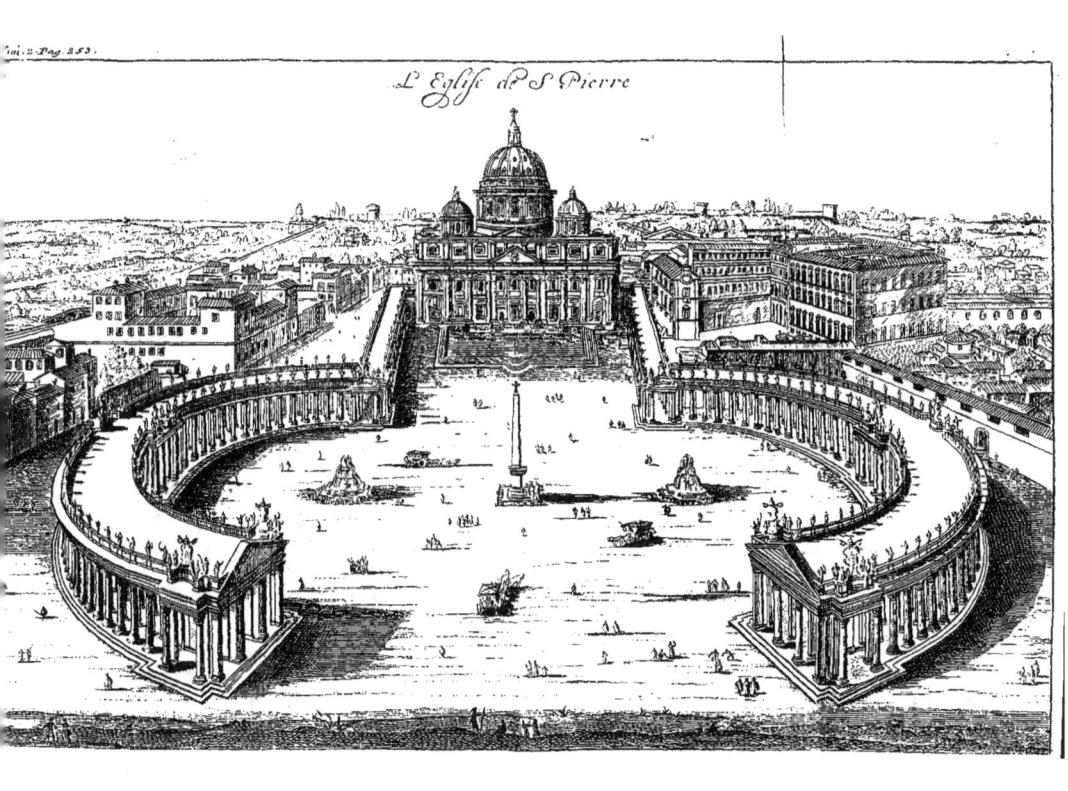

Saint Marin est la seule ville. Elle a douze villages.

S. MARTIN, Bourg du Comté de Tarentaise, dans la Savoie, très-peu considérable.

S. MARTINO, Ville du Comté de Reggio, avec titre de Marquisat, est indépendante du Duché de Modene, & appartient à un Prince particulier qui en porte le nom.

S. MAURICE, dans le Comté de Tarentaise, est un Bourg assez considérable.

S. MICHEL, dans le Comté de Maurienne en Savoie, au pied du Mont-Cénis.

S. MINIATO. *Voyez* SAN-MINIALO, Ville du Florentin, dans le Duché de Toscane, avec Evêché.

S. PIERRE DU VATICAN : la plus grande & la plus belle Eglise du monde, & dont, à moins de l'avoir vue, il est difficile de se former une idée, soit pour l'architecture, soit pour les productions des Arts qui l'embellissent. Cette superbe Basilique est située au pied du Mont Vatican, vers l'endroit où étoient les Jardins de Néron, & sur l'emplacement du Cirque de Caligula, que Constantin fit abattre pour y construire un magnifique Temple en l'honneur des Saints Apôtres. Il avoit trois cens pieds de longueur. Mais au bout de neuf cens ans, cette Eglise menaçant ruine, Nicolas V. forma le dessein de la rétablir jusqu'aux fondemens ; il chargea Bernard Rosellini en 1450 d'en faire les desseins. Il avoit fait démolir le Temple de Probus qui étoit derriere le chevet de l'ancienne Eglise, & fit commencer une nouvelle tribune ou chevet lorsqu'il mourut : Paul II fit continuer : mais on peut dire que ce fut Jules II qui entreprit la Basilique de Saint Pierre ; il en posa la premiere pierre le 18 Avril 1506. Il avoit consulté les meilleurs Architectes ; il préféra le Bramante. Ses desseins étoient pour une Eglise en croix latine divisée en trois nefs, deux clochers aux extrêmités de la façade, & une coupole dans le milieu. Le vestibule ou portique devoit être porté par trente-six colonnes. Cet Artiste en six ans de temps éleva jusqu'à leur entablement, les quatre pilliers sur lesquels devoit porter la coupole, & partie de la branche orientale de la croix. Après la mort du Pape &

de Bramante, Léon X fit venir de Florence *San Gallo*, & lui associa le Frere *Joconde de Véronne*, Dominicain, & *Raphaël*. Ils ne trouverent pas les fondemens ni les piliers de Bramante assez solides ; ils n'eurent que le temps de les fortifier, & bientôt après ils moururent. On leur donna pour successeurs Antoine San Gallo & Peruzzi. Celui-ci réforma le premier plan, & il se borna à une Croix grecque avec quatre petites coupoles, outre la grande, & quatre tribunes égales : il ne fit que continuer la branche commencée par Bramante. La mort de Léon X, le peu de goût d'Adrien VI pour les Arts, le pillage & les malheurs de Rome sous Clément VII, interrompirent les travaux ; Peruzzi acheva seulement la tribune ou branche orientale de la croix. San Gallo resta seul sous Paul III ; il ne fit que le modele en bois qu'on voit encore au Vatican. Après sa mort, arrivée en 1546, le pape fit venir Michel-Ange Buonaroti. Il conserva le plan de Peruzzi, condamna la croix latine de Bramante, comme trop dispendieuse ; donna plus d'étendue à la grande tribune & aux deux lattérales, simplifia le plan de Peruzzi, en retrancha tous les recoins imaginés par San Gallo, renforça les piliers de la coupole, couronna les quatre arcades d'un entablement, fit élever les branches du côté du nord & du midi, donna le dessein de la coupole, revêtit entiérement tous les murs avec la pierre de Tivoli ; il fit le tambour de la coupole avec ses contre-forts ; & comme il étoit fort âgé, il fit un modele de son plan, afin qu'on n'y changeât plus rien, & mourut en 1564. L'exécution de ce plan fut continué par Vignole : on lui associa Petro Ligorio qui perdit sa place pour avoir voulu toucher au plan de Michel-Ange ; mais la guerre du Turc empêcha Pie V de pousser vivement cette entreprise. Grégoire XIII donna pour successeur à Vignole, Jacques d'ella Porta en 1573. Il fit faire la belle Chapelle Grégorienne, avec sa riche coupole & son beau pavé de marbre. Enfin Sixte V, esprit actif, voulut achever cet édifice, auquel il manquoit encore la grande coupole. Il associa Dominique Fontana à Jacques de la Porte, & en vingt-deux mois, en employant six cens ouvriers, l'ouvrage fut achevé. La derniere pierre fut placée par Sixte au bruit de l'artillerie du Château Saint-Ange, le 14 Mai 1590, & au mois de Novembre suivant, le dôme fut au point où il est. Ainsi depuis Jules II, cet édifice immense a été quatre-vingt-quatre ans à construire.

Paul V, qui entreprit de perfectionner ce bel ouvrage, trouva encore beaucoup à faire. Michel Ange qui n'avoit en vue que la belle simplicité antique, n'avoit rien déterminé pour le chœur & la sacristie. Carle Maderne fut nommé Architecte de S. Pierre ; il ne trouva d'autre moyen que de revenir au dessein de Bramante, d'alonger la branche orientale de la croix grecque de trois arcs, & de la changer en croix latine. On refit la façade & le portique, & tout fut fini le 12 Décembre 1614, & les deux parties latérales du portique qui restoient à faire, furent achevées en 1621. Le Cav. Bernin fit placer les clochers sous le pontificat d'Innocent X, qui fit démolir la tour pour plus de sûreté. La dépense pour la construction de l'Eglise de Saint Pierre va au-delà de deux cens soixante millions de notre monnoie. Ce seroit encore peu si l'on vouloit apprécier ce que l'Eglise renferme, & ce qu'a coûté la belle place de S. Pierre.

Cette place est entourée d'une magnifique colonnade qui forme de chaque côté un demi cercle. La place est ovale dans la partie qui fait face à l'Eglise ; les portiques vont le joindre à une certaine hauteur, & prenant alors jusqu'à la façade de l'Eglise une direction oblongue : la colonnade exécutée en pierre très-belle, forme une grande galerie couverte qui tourne autour de la place, soutenue par quatre rangs de grosses colonnes, avec des corps avancés & des frontons aux deux extrémités & au milieu de chaque cercle ; tout l'ouvrage est couronné par une belle balustrade décorée de cent trente-six statues de Martyrs, Fondateurs d'Ordre, & d'espace en espace de trophées d'armes des Souverains Pontifes qui ont fait travailler à l'Eglise de S. Pierre. Les colonnes sont au nombre de deux cens quatre-vingt-six, & ont quarante pieds de hauteur ; elles sont de pierre de Tivoli, & forment trois grandes allées, au moyen desquelles on va à couvert jusqu'à l'Eglise. Cette place a été exécutée sur les desseins du Cav. Bernin. Alexandre VII posa la premiere pierre le 25 Août 1661. Au milieu de la place est le bel Obélisque trouvé dans le Cirque de Néron, où est la Sacristie de S. Pierre : (*voyez* OBÉLISQUES). Il a soixante-quatorze pieds de longueur, & pese six cens soixante-quinze milliers ; il est surmonté d'une croix, au milieu de trois montagnes qui étoient les armes de Sixte V, qui fit ériger cet Obélisque sur un beau piédestal le 10 Septembre 1586. Innocent XIII le décora de quatre lions de bronze, d'aigles, de festons dorés, & d'une balustrade de marbre qui l'environne : la dépense de ces ornemens, en y comprenant celle de l'érection, monte à deux cens trois mille livres de France, sans compter le bronze. Les deux Fontaines qui sont de chaque côté de l'Obélisque, à égale distance, sont revêtues des plus beaux marbres ; elles jettent de l'eau en abondance & sans interruption, chacune par une gerbe épaisse & blanche qui s'éleve à une si grande hauteur, que l'eau paroit se dissiper en tombant ; les bassins qui la reçoivent sont de granit antique d'Egypte : elles ont été construites sur les desseins du Bernin, par Paul V & Innocent X. Ces deux portiques conduisent au vestibule de l'Eglise de S. Pierre. Ce vestibule est de la plus grande magnificence : quant à la décoration, les ornemens de Sculpture sont de l'Algarde & du Bernin. Il est orné de plusieurs colonnes de marbre antique, & le plafond est en stucs dorés à compartimens. Il est élevé sur un vaste perron composé de trois rampes ; les marches sont presque toutes en marbre, faites des débris d'une grande pyramide qu'on appelloit le Tombeau de *Romulus*. Les statues de S. Pierre & de S. Paul, faites par *Mino*, & par l'ordre de Pie II, sont au bas de l'Escalier. La façade, qui se développe en montant cet escalier, a trois cens soixante-six pieds de longueur ; les colonnes, en y comprenant les chapiteaux & les piédestaux, ont quatre-vingt-six pieds &

demi

demi de hauteur ; & ne paroissent point extraordinaires à cause des proportions de la façade, dont la hauteur totale est de 160 pieds, en y comprenant l'entablement qui a 18 pieds, le second ordre qui a 31 & demi, la balustrade cinq & demi, les statues seize. Cette façade a cinq grandes ouvertures, & est ornée de belles niches : au milieu est un bas relief en marbre représentant Jesus-Christ donnant les clefs à Saint Pierre. Le portique supérieur est orné de balcons, de colonnes & de niches. C'est au balcon du milieu qu'est la *Loggia* ou tribune ; où se fait devant le peuple le couronnement du pape : (*voyez* Pape). Il est surmonté d'un Attique supportant les treize statues de Jesus-Christ & des douze Apôtres. A chaque côté du vestibule est une galerie couverte, où sont les statues équestres de Constantin, du *Bernin*, & de Charlemagne, de *Cornaccini*, placées dans de grandes niches en renfoncement : au-dessus de la porte du milieu du vestibule est une mosaïque, du *Giotto*, appellée la barque de S. Pierre.

Maderno, qui a fait cette belle façade, eut pu l'élever davantage pour la mettre en proportion de sa largeur ; mais il auroit masqué le tambour de la coupole qui est au-delà, qui, au coup-d'œil, se lie & fait ornement avec la façade. La coupole commence par un soubassement à pans, sur lequel est un autre soubassement circulaire couronné d'une très forte corniche, d'où s'élève un piédestal surmonté d'un ordre corinthien, qui est encore surmonté d'un attique, sur lequel porte la coupole couronnée d'une lanterne : cette lanterne qui paroît si légere de la place, est une seconde coupole entourée d'une colonnade détachée du mur de construction, autour de laquelle on se promene sans danger ; elle est terminée par une boule de bronze doré qui soutient la croix : cette boule a intérieurement huit pieds de diametre : dix personnes peuvent y être à l'aise. Deux autres petits dômes, très-bien décorés, accompagnent le grand ; ils sont de Vignole, & quelques petits qu'ils paroissent en comparaison, ils sont aussi élevés que le dôme de la Sorbonne à Paris.

Le Périſtile qui conduit à l'Egliſe, eſt formé de cinq grandes portes, & d'une ſixieme appellée la Porte ſainte, qui eſt murée & qui ne s'ouvre que tous les vingt-cinq ans, avec beaucoup de cérémonie au commencement du Jubilé, & qui ſe ferme le dernier jour. Sur le mur de la Porte ſainte eſt une grande croix de bronze doré. Trois de ces portes ſont ornées de colonnes de beau marbre; la porte du milieu eſt de bronze, d'Ant. Filareto & de Simon, faite par ordre d'Eugene IV; au-deſſus eſt un bas-relief du Cavalier Bernin, repréſentant J. C. remettant à Pierre le ſoin de ſon troupeau.

L'Egliſe de S. Pierre, le plus grand vaiſſeau qu'il y ait au monde, le plus majeſtueux, le plus riche, le plus orné, eſt ſi bien proportionné, tout y eſt ſi bien à ſa place, que ſa grandeur n'a rien qui étonne au premier coup-d'œil; on n'eſt pénétré que de reſpect, & ce n'eſt qu'après l'avoir vue pluſieurs fois, qu'on l'admire & qu'on eſt ſaiſi de tant de beautés. Les détails en ſont immenſes. On ne peut pas ſe perſuader en y entrant que cette Egliſe a cinq cens ſoixante-quinze pieds de longueur dans œuvre, & cent quarante-deux pieds de hauteur au-deſſous de la voûte. Les choſes les plus coloſſales y paroiſſent dans leur juſte proportion: les Chapelles grandes comme des Egliſes, n'y paroiſſent que des Chapelles. On cite une preuve de cette harmonie, dans les rapports; les enfans qui ſoutiennent le bénitier, quand on les voit de près & en particulier, étonnent par leur hauteur; de la porte ils ne paroiſſent que de la proportion naturelle. La longueur dans œuvre, de la croiſée, depuis l'Autel *ſanto Proceſſo*, juſqu'à celui de S. Simon, eſt de ſoixante-onze toiſes, & en y comprenant les murs, ſoixante-dix-ſept, ou quatre cens vingt-ſix pieds. La largeur intérieure de la nef, ſans compter les nefs collatérales qui ſe terminent à la grande croix, au-deſſous du dôme, & ſans y comprendre les Chapelles, eſt de treize toiſes & quatre pieds, ou de quatre-vingt-deux pieds; & la hauteur, depuis le pavé juſqu'au ſommet de la croix du dôme, eſt de ſoixante-huit toiſes. Les bas côtés qui accompagnent la nef, ſont couverts de petites coupoles par où ils reçoivent le jour. Toute l'Eglise est décorée de grands pilastres corinthiens, depuis le pavé jusqu'à la voûte, ornée de grands caissons dont les ornemens sont en stucs dorés. Il y a dans les pendentifs quatre figures colossales dans des niches au-dessus desquelles sont quatre tribunes ; le tour du dôme est décoré d'un ordre de pilastres corinthiens. La coupole est de la plus belle forme. Quatre grands arcs séparés par des pilastres accouplés, répondent dans la nef à quatre Chapelles, de chaque côté : entre les pilastres sont des statues & des médaillons de Saints, de Papes & de Fondateurs d'Ordre. Les tableaux des Autels qui étoient des plus grands Maîtres ; mais que l'humidité commençoit à gâter, ont été remplacés par leurs copies en Mosaïque d'un travail superbe. Les médaillons sont de marbre portés par des enfans sculptés en marbre blanc. Ils sont au nombre de plus de cinquante, exécutés sous la direction & les yeux du Bernin, par Nicolas Sale. La coupole qui a plus de quatre cents pieds de tour, ainsi que l'intérieur de la lanterne, est entiérement revêtue de mosaïques d'un fond d'or. Au bas de plusieurs piliers sont des colonnes de marbre blanc entourées de rameaux d'olivier en marbre verd. Le pavé de l'Eglise est de marbres disposés en compartimens ; il a été fait en partie sous le pontificat de Clément VII, par Jacques de la Porte, & sous celui d'Innocent X par le Cavalier Bernin. En entrant dans l'Eglise, ce qui frappe d'abord le plus, est le baldaquin ou dais qui couvre l'Autel de Saint Pierre. Il est soutenu sur quatre colonnes torses de bronze doré, autour desquelles s'élèvent jusqu'aux chapiteaux, des pampres qui serpentent ; elles sont parsemées d'abeilles qui étoient les pieces des armoiries d'Urbain VIII; les clefs, la tiare & les autres attributs des papes, sont soutenus par des groupes d'Anges, d'après les desseins de François Duquesnoy, dit le Flamand ; de grandes figures d'Anges à chaque angle du pavillon, laissent tomber sur le reste de l'ouvrage des guirlandes de fleurs. Ce pavillon fut exécuté par le Bernin, avec les bronzes de la voûte & du péristile du Panthéon. Il y en a, dit on, cent quatre-vingt-six mille trois cens quatre-vingt douze livres pesant. La Chaire de Saint Pierre, qui est au fond de l'Eglise au rond point du chœur, a été exécutée par le Cavalier Bernin. On regarde ce monument comme son chef d'œuvre ; quatre statues de bronze doré hautes de douze pieds, Saint Augustin, Saint Ambroise, Saint Jean Chrysostôme & Saint Athanase, sur des piédestaux fort ornés, soutiennent une chaire de bronze doré qui sert de châsse ou d'enveloppe à celle de Saint Pierre. Au-dessous est la tiare pontificale & les clefs portées par deux génies ; plus haut une gloire entoure le Saint-Esprit avec plusieurs groupes d'Anges, le tout est éclairé par une croisée qui est derriere. La chaire qui est enchâssée, servoit autrefois à porter les papes le jour de leur couronnement ; elle est de bois incrusté d'ivoire, avec quelques ornemens. Rien n'est plus frappant que cette gloire, dont les rayons s'étendent par les côtés, & sont éclatans par la lumiere qui passe au travers de verres jaunes qui font étinceler la dorure du bronze. Les figures colossales de marbre qui sont dans les niches des pendentifs de la coupole, sont Sainte Véronique, de François *Moco*; Sainte *Helene*, d'André *Borgio*, dans le goût de l'Antique; Saint Longin, du *Bernin*, & la quatrieme, qui passe pour la meilleure est de Duquesnoi, ou le *Fiammingo*. Aux deux côtés de la chaire de S. Pierre, sont les tombeaux d'Urbain VIII & de Paul III, celui-ci de Jacques de la Porte, & le premier du Bernin. Dans le beau mausolée d'Alexandre VII, représenté à genoux avec ses habits pontificaux, sur un tapis formé de marbre d'Afrique, qui couvre la Mort, faisant effort pour se montrer au pontife, rassuré par la Charité & par la Vérité, cette derniere statue est si belle, qu'un Espagnol en étant devenu amoureux, Innocent XI la fit couvrir. Ce tombeau est du Bernin.

Au-dessous des quatre autels sont des grands pilastres qui soutiennent la coupole, & des escaliers par lesquels on descend dans les grottes, à l'endroit même où étoit l'ancienne Basilique de S. Pierre ; on y voit des morceaux de mosaïque ancienne, tirés du tombeau d'Othon II; la statue du pape Boniface VIII, & son tombeau; un bas-relief en marbre, représentant Néron, qui ordonne le supplice de S. Pierre & de S. Paul; deux Anges en mosaïque, du Giotto; une urne de granit oriental, où étoient les cendres d'Adrien IV; le tombeau du Vignacourt, Grand Maître de l'Ordre de Malte, celui de la Reine Christine de Suéde; un très-beau bas relief, représentant le Jugement dernier, & plusieurs autres monumens. Ces grottes occupent une partie de la croisée; mais le souterrain le plus précieux, est celui qu'on appelle la confession de S. Pierre; il est au-dessous du grand autel, on y descend par deux escaliers entourés d'une balustrade de marbre, éclairée de cent lampes d'argent toujours allumées. Cette Chapelle est revêtue des plus beaux marbres; les statues de Saint Pierre & de S. Paul, les Anges, des guirlandes de fleurs, sont de bronze doré, & du plus beau travail; on dit que cette chambre souterraine a été bâtie par Saint Anaclet, successeur de S. Pierre, pour les Chrétiens qui y alloient faire leurs exercices de piété; qu'il y déposa les reliques du S. Apôtre; que vers l'an 330, on y fit un tombeau plus riche, qu'on plaça encore dans la Chapelle souterraine, au-dessus de laquelle il y en avoit une seconde, qu'on appelloit la Confession, où les Fideles alloient prier; qu'au-dessus de cette seconde Chapelle étoit élevé le maître-autel de la Basilique, environné de quatre colonnes de porphyre, & surmonté d'un riche tabernacle. Les choses ont été conservées à peu-près dans le même état: la voûte de cette Chapelle est ornée de peintures relatives à l'histoire même de ce lieu.

Parmi les statues des pilastres de la nef, on admire celle de S. Dominique, par le Gros; & celle de S. Bruno, par Slodtz; une statue de bronze de S. Pierre assis, tenant les clefs de l'Eglise, faite à ce que l'on dit, du temps de S. Léon, du bronze même de Jupiter Capitolin: cette statue est en grande vénération parmi les Pélerins. Dans la Chapelle de Notre-Dame de Piété, on va voir la statue de la Vierge, de Michel-Ange, âgé de vingt-cinq ans; cette Chapelle a dans la coupole de belles mosaïques faites sur les desseins de Pierre de Cortonne & de Ciroferri, par Fabio Cristofari. Parmi les peintures à fresque, qui sont de Lanfranc, on distingue le triomphe de la croix. Il y a dans la Chapelle du Crucifix à cause du beau Crucifix de Pietro Cavallini, bâtie par le Bernin, des mosaïques du même Artiste, & le plafond de la coupole des bas côtés, qui est vis-à-vis, est aussi en mosaïque, d'après *Ciroferri*. Dans cette même chapelle, est l'ancien baptistere de l'Eglise ; c'étoit autrefois le tombeau d'Anicius, orné de figures & de bas-reliefs. Sur le beau mausolée de la Reine Christine, on voit un bas-relief, qu'on estime beaucoup, par Théodore, Sculpteur François ; il représente l'abjuration de cette Reine au Luthéranisme ; son portrait en médaillon de bronze, est très-riche, & d'un beau travail. La coupole de la Chapelle de S. Sébastien, est décorée de mosaïques, d'après Pierre de Cortonne, & représente plusieurs traits de l'Histoire sainte ; à l'autel est le martyre du Saint, en mosaïque, de *Cristofari*, qu'on a substitué au tableau du Dominiquin, qui est aux Chartreux ; le plafond est aussi en mosaïque, d'après Pierre de Cortonne ; auprès est le tombeau d'Innocent XII, par Philippe Valle, le Pape est représenté assis, entre la Justice & la Charité ; vis-à-vis, est le tombeau de la Comtesse Mathilde, par le Bernin ; elle est représentée tenant les clefs, & ayant la tiare sous un bras ; son cercueil, qui est au-dessus, est couronné par un bouclier, entouré de lauriers ; sur les côtés sont deux petits Anges, l'un de Louis Bernin, l'autre de Borgio, les deux qui soutiennent les armoiries sont de Bonarelli, dans un bas-relief : l'Empereur Henri IV est au pied de Grégoire VII, seul, nus pieds, & humilié. Dans la Chapelle du S. Sacrement, toute en mosaïques, d'après Pierre de Cortonne, par Guido Ubaldi Abbatini, le tabernacle de bronze doré, orné de lapis, fut dessiné par le Bernin.

Il seroit trop long de détailler tous les objets dignes d'admiration qui sont dans cette Eglise ; nous n'indiquerons qu'en passant le tableau du Bernin, & les belles colonnes de l'autel de Saint Maurice, où, dans l'ancienne Basilique, les Empereurs étoient consacrés ; le tombeau en bronze de Sixte IV, avec ses beaux bas-reliefs, par Pollaïolo ; la belle grille en fer & en bronze, qui termine la petite nef, ajoutée à la croix grecque, elle est sur les desseins de Borromini ; le mausolée de Grégoire XIII, de Camille Rusconi, ce Pape est au-dessus du sarcophage, accompagné de la Force & de la Religion, celle-ci tient les ouvrages de Grégoire, l'autre le bout d'un voile, qui couvre le tombeau, orné d'un bas-relief représentant la correction du Calendrier grégorien. La Chapelle grégorienne est de la plus grande richesse ; on y voit le beau tableau de la communion de Saint Jérôme, du Dominiquin, exécuté en mosaïque par Cristofari, la coupole est couverte de mosaïques ; les quatre Docteurs de l'Eglise sont dans les quatre angles : mais rien n'égale le travail de l'autel, par *della Porta*. A l'autel de S. Basile, est le beau tableau de Subleyras, exécuté en mosaïque, représentant l'Empereur Valens, confondu & saisi jusqu'à s'évanouir, par la terreur & le respect des Saints Mysteres. A l'Autel des Saints Processus & Martinianus, est le beau tableau de leur martyre, mosaïque superbe, par Cristofari, d'après le tableau de Valentin, Peintre François. On voit à l'autel de Saint Erasme le martyre du Saint, belle mosaïque d'après Poussin. A l'autel de la Navicella, une belle mosaïque, de Cristofari, d'après le beau tableau de Lanfranc, représentant la petite barque de Pierre, agitée par les flots, & sur le point d'être submergée. La coupole de l'autel de S. Michel, faite sur les desseins de Michel-Ange, est ornée d'une mosaïque d'Anges & de plusieurs médaillons ; dans les angles sont S. Leon, S. Denis, S. Bernard & S. Flavin, belles mosaïques, par Calandra. Cet Artiste a fait aussi la mosaïque du tableau de Saint Michel, de Joseph d'Arpino ; la mosaïque de l'autel de Sainte Pétronille, est de Cristofari, d'après le tableau du Guerchin, très-bien exécuté ; à l'autel d'*ella Tabita*, S. Pierre ressuscitant Tabita, belle mosaïque, d'après *Placido Corranzi* ; auprès est le beau mausolée de Clément X, sur les desseins du

Rossi ; la statue de la Clémence est de Mazzoli ; celle de la Bonté, de Lazare Marcelli ; & le beau bas-relief, représentant l'ouverture de l'Année-sainte, de Carcani. La tribune du haut de l'Eglise est décorée sur les desseins de Michel-Ange, les ornemens sont de Wanvitelli ; on monte dans cette tribune par un escalier de porphyre ; on voit dans la voûte S. Pierre recevant les clefs, imité de Raphaël, la décolation de S. Paul, d'après l'Algarde, & le crucifiement de S. Pierre, d'après le Guide. Il faut voir les mausolées d'Alexandre VIII, par Angelo Rossi, sur les desseins d'*Arrigo di San Martino*. Un des plus beaux bas-reliefs modernes qu'il y ait à Rome, est dans la Chapelle de la Vierge appellée d'*ella Colonna*, il représente S. Léon, arrêtant Attila ; cette Chapelle est décorée de très-belles mosaïques, par Calandra, sur les desseins de J. B. Romanelli, André Sacchi & Lanfranc, sous Urbain VIII. Nous passons toute la croisée méridionale, décorée par Wanvitelli, ornée de mosaïques, de stucs dorés, d'après Raphaël, Mancini, Ciampelli, Sparadino, Passignani, Subleyras ; c'est-là qu'est la belle Chapelle Clémentine, où l'on admire le tableau de l'autel, d'André Sacchi, représentant S. Grégoire, convaincant un Incrédule, par le miracle d'un corporal ensanglanté ; les mosaïques de la coupole, construite par Michel-Ange, les quatre Docteurs de l'Eglise, qui sont aux angles ; la Visitation, la naissance de S. Jean-Baptiste ; Daniel dans la fosse aux lions, le Prophète Malachie, de Marcello Provenzale, sur les desseins de Roncalli ; auprès est l'autel d'*ella Bugia*, où l'on voit la belle mosaïque d'Ananie & Saphire, tombant morts en présence de S Pierre & de S. André, qu'ils croyoient tromper, par Adami, d'après Roncalli ; auprès est le tombeau de Léon XI, par l'Algarde ; on y voit un bas-relief de l'abjuration de Henri IV, ce tombeau est orné des figures de la Force & de l'Abondance, de Farrata & de Peroni, Disciples de l'Algarde : le mausolée d'Innocent XI, & ses belles statues, sont de Monot, Sculpteur François. La Chapelle Sixtine est aussi grande que bien des Cathédrales, la coupole, les pendentifs, les lunettes, font enrichies de belles mofaïques, d'après Franceschini, Pietro, Bianchi, le buffet d'orgues, de Mofcha. La Chapelle de la Préfentation n'eft pas moins riche en mofaïques, fur les deffeins de *Carlo Maratto*, par Criftofari & Jofeph Conti ; le tableau de l'autel eft une belle mofaïque, d'après Romanelli. Un des plus beaux tombeaux eft celui de Marie Clémentine Sobieski, Reine d'Angleterre, par Barigioni. On ne finiroit point, s'il falloit détailler les richeffes & les chef-d'œuvres des autres Chapelles, de la Sacriftie, où parmi bien de curiofités, on montre un tableau de la Véronique, avec le faint Suaire, qu'elle montre à S. Pierre & à S. Saul, fait fans pinceau.

Il y a encore une infinité de chofes à obferver dans l'intérieur de cette furprenante Bafilique ; les dehors, quant au bâtiment, n'en font pas moins intéreffans, des efcaliers, des corridors, des plates-formes, pratiqués du bas jufqu'au plus haut, mettent les amateurs à portée de voir cet édifice dans tous fes détails ; la coupole feule a de quoi étonner l'efprit humain ; le pantheon paroît un ouvrage immenfe & de la plus grande hardieffe ; la coupole de S. Pierre, élevée fur le plus grand édifice du monde, eft encore plus vafte & plus hardi que le pantheon. *Voyez* PANTHEON. Cette coupole commence à inquiéter les Architectes ; en 1680, on apperçut quelques lézardes ; dès qu'elle fut conftruite, on l'affujettit par deux cercles de fer, l'un en dedans, l'autre en dehors ; on y en a ajouté cinq autres, en 1743 & 1744, depuis le piédeftal des contreforts jufqu'à la naiffance de la lanterne ; le cercle, mais du temps même de Sixte V, autour de la coupole intérieure, rompit en 1747, on le répara : tout cela doit effrayer pour le plus bel édifice qu'il y ait au monde, & dont la ruine entraîneroit la perte des plus belles productions des arts.

S. PIERRE, une des Ifles qui entourent la Sardaigne ; elle s'appelloit l'Ifle des *Açores* : mais une fuperbe Eglife de Saint Pierre qu'on y bâtit lui donna ce nom, & lui fit perdre celui des *Açores*, à caufe de la grande quantité d'oifeaux de cette efpece qu'elle produifoit ;

elle a sept lieues de tour, & un très-bon port, en état de contenir une armée navale très-nombreuse.

S. RAPHAEL, petite Ville de la Province de Trin, au midi, peu considérable.

S. REMO, Bourg très-agréable, sur la côte ou riviere occidentale de Gênes, avec un bon port.

S. SALVADOR, Ville de la Province de Casal, dans le haut Montferrat peu considérable.

S. SEVERINO. *Voyez* SEVERINO, petite Ville dans la Marche d'Ancône, dans une position agréable.

S SORPIER, dans le Comté de Nice, Château qui défend l'entrée du port de Villefranche, situé sur des montagnes entre lesquelles Villefranche, qui est dans un fond, est située.

S. MARIE, petite Ville bâtie sur les débris de l'ancienne Capoue, qui ont servi à bâtir la nouvelle, au Royaume de Naples, à cinq lieues de Naples.

S. MARIE DE LEUCA, au Royaume de Naples, dans la Terre d'Otrante, près d'un Cap qui porte le nom de ce petit lieu.

SALANCES, *Salancia*, petite Ville de Savoie, dans le Faussigny, assez marchande. Elle est située dans un fond, couverte d'un côté par une haute montagne, & arrosée de l'autre par un ruisseau qui se jette dans l'Arve, à cinq lieues de Cluse.

SALERNE, Ville considérable au Royaume de Naples, & Capitale de la principauté Citérieure, avec un Archevêché, un Port & un Château bien fortifié. On fait venir son nom de Salé & Erno, deux petites rivieres qui y coulent ; elle est située au bord de la mer, dans une petite plaine, environnée de collines fertiles & agréables. Son port étoit célebre : celui de Naples l'a fait décheoir. Son Ecole de Médecine a été autrefois très-fameuse, & il en est sorti d'excellens Ouvrages & des Médecins renommés. On met dans ce nombre deux femmes savantes, qui ont laissé des productions estimées, Trotusa & Rebecca Guarna. Il se tient chaque année à Salerne plusieurs foires très-fameuses. Salerne a eu ses Princes particuliers, & c'étoient les Princes héréditaires de Naples, qui portoient ci-devant le titre de Princes de Salerne. Ce qui prouve l'ancienneté de cette Ville, est ce que l'on chante au jour de la fête de Saint Fortunat.

Salernum, civitas nobilis.
Quam fundavit Sem, Noë filius.

SALINI, une des Isles de Lipari, en Sardaigne.

SALO, Ville importante de la République de Venise, au Bressan, est située sur le lac de Garde, à quatre lieues N. O. de la Ville de Garde, qui a donné son nom au lac. En 1706, les Impériaux l'ayant assiégée, furent contraints de l'abandonner après la journée de Calcinato.

SALONA ou SALONIQUI, ancienne Ville sur la côte de la Dalmatie Vénitienne. Elle est d'une grande étendue, mais peu peuplée, & sans fortifications. Les anciens Rois d'Illyrie y faisoient leur résidence.

SALPE, petite Ville maritime au Royaume de Naples, dans la Capitanate, près du lac de S. Antonio. Il y a près de là une bonne saline, & n'est recommandable que par là.

SALUSSES, (Ville & Marquisat de) Province du Piémont, qui, par le Traité de Lyon, en 1601, fut abandonné au Duc de Savoie, en échange de la Bresse & de la partie du Bugey, qui est à l'Oc. du Rhône. C'est l'*Augusta Vagiennorum* des anciens, située sur une colline agréable, avec un beau Château & une Eglise Cathédrale magnifique. *Carmagnole*, une des places les plus importantes du Piémont, dépend du Marquisat de Salusses. C'est dans le Marquisat de Salusses, au Mont Viso, que le Pô prend sa source. Les Marquis de Salusses ont fait creuser dans cette montagne, qu'on regarde comme la plus haute des Alpes, une voûte d'un demi-mille, pour faire passer les bêtes de charge qui portent des marchandises d'Italie en France. Cette province est bornée par le Dauphiné & par la province des Quatre-Vallées. Les autres Villes du Marquisat sont *Bargues*, *Reval*, *Droner*,

Cental, *Roques-Paviere*. Les plus importantes sont *Stafarde*, *Dumont* & *Château-Dauphin*.

SAMOGGIA, Village de l'Etat Ecclésiastique, qui partage le chemin de Modene à Bologne ; on arrive à Bologne qu'après avoir passé un très-beau pont, au bout duquel est la premiere douane de l'Etat Ecclésiastique ; on n'y passe qu'avant la nuit, & dès que la barriere est fermée, on est obligé d'avoir un ordre exprès du Légat ou du Vice-Légat, qui réside à Boulogne. Ce pont est sur le Rheno, & le seul construit sur les rivieres qui coulent de l'Apennin.

SAMOVEN, est un des douze Mandemens ou Jurisdictions qui forment le Faussigni.

SAMPIERRI, (le Palais) à Bologne, mérite l'attention des curieux, par les peintures qu'il renferme. On y remarque entr'autres un plafond représentant Hercule & Jupiter, de Louis Carrache ; la Cananéenne, du même ; la femme adultere, d'Augustin Carrache, le Samaritain d'Annibal Carrache ; un S. Pierre, pleurant son péché, & un autre Apôtre le consolant, c'est le plus beau tableau du Guide ; l'adoration des Rois, de Canuti. On remarque la tapisserie d'une des chambres, parsemée de petits ronds, dans chacun desquels il y a une petite figure croquée, d'un des Carraches.

SANTA AGATHA, petite Ville sur la route de Rome à Naples, entre le Gariglian & Capoue, à quatre lieues de cette derniere, dans la principauté Ultérieure, dans un pays fertile, abondant & bien peuplé, mais la nature du terrein y rend les chemins impraticables après les pluies.

SAN AMBROSIO, gros Village à cinq lieues de Suze. Ce qu'il a de plus remarquable, est une Eglise que le Roi de Sardaigne y a fait bâtir, dans la forme d'un très-grand sallon octogone. Au-dessus de ce Village, sur une montagne escarpée, & très-élevée, est l'Abbaye de S. Michel de la Cluse, de l'Ordre de S. Benoît, à la nomination du Roi de Sardaigne ; ses revenus sont très-considérables, & l'Abbé nomme à une grande quantité de bénéfices, tant en France que dans le Piémont. C'étoit autrefois la retraite des saints Religieux qui fuyoient le commerce du monde ; mais l'Eglise est abandonnée, & l'Abbaye est desservie par un seul Chapelain. Cette Abbaye n'est pas éloignée de Rivoli. *V.* Rivoli.

San Carlo, Village qu'on trouve sur la route de Bologne à Ferrare, depuis San Carlo jusqu'à Ferrare, le chemin, qui depuis Bologne est coupé par des marais & des laissés du Pô, est plus sûr & mieux entretenu ; on commence à trouver des chaussées plus sûres, des ponts, beaucoup de canaux qu'on a creusés.

San Donato, petit Bourg dans la Campagne de Rome ; c'est l'ancien *Forum Appium.*

San Erasmo, une des isles de l'Etat de Venise, produit de très-bon vin & d'excellens légumes.

San Giovanni alla vena, Montagne du Pisan, abondante en mines de cuivre ; on y trouve des glands de plomb presqu'à la superficie de la terre.

San Giuliano, à une lieue & demi au N. de Pise, dans la plaine qui est entre Monte Bianco & Monte di Caldocoli, petite Ville célebre par ses bains les plus fréquentés de l'Italie. Dans les bâtimens qu'on y a construits en 1743, on trouve toute sorte de commodités. Les bains sont pratiqués dans de petites chambres, qui se remplissent avec un robinet ; il y a des douches & des étuves ; celles-ci sont des chambres placées sur la source même, dont le parquet est de planches trouées, au travers de laquelle toute la chaleur de la source se communique au malade. Ceux qui vont y prendre les eaux y trouvent des appartemens complets, une belle cuisine, &c. Au centre de l'édifice, on a pratiqué quatre chambres pour le jeu, & au milieu un salon pour la danse. La Chapelle est située de maniere que tout le monde peut de sa chambre entendre la Messe & voir le Prêtre à l'autel.

San Lazaro, Bourg à peu de distance de la Ville de Plaisance, a appartenu au Cardinal Alberoni ; il est remarquable par un Séminaire que ce digne Prélat y établit pour instruire soixante Ecoliers. Ce Séminaire, qui, en 1740, avoit été transféré à Bologne, à cause des ravages qu'avoient occasionné les dernières guerres, fut rétabli de nouveau en 1752.

SAN-LORENZO ou S. LAURENT DES GROTTES, petite Ville dans les Etats du Pape, bâtie sur le penchant d'une colline, au dessus du lac de Bolsene. On voit aux environs beaucoup de grottes ou cavernes souterraines, d'où il paroît qu'on a tiré autrefois de la pierre.

SAN-MAIOLO, petite Ville du Milanez Savoyard, dans les Vallées de *Sessia*, qui ont été cédées au Roi de Sardaigne.

SAN-MARCO, Bourg dans la Vallée de Démona, au Royaume de Sicile.

SAN-MARINO, Ville & petite République d'Italie, à laquelle les Italiens donnent le nom de Repubiichetta. *V.* MARIN.

SAN-MICHIELE, Bourg à une lieue de Vérone, célebre par une image de la Sainte Vierge, qui attire beaucoup de pélerins.

SAN-MICHIELE IN BOSCO, Eglise des Camaldules, hors la Ville de Bologne, sur une colline, est dans la plus belle situation. Le Couvent des Religieux est grand & beau; on voit dans l'Eglise un beau tableau du Guerchin, représentant S. Tolomei, recevant sa regle de la Vierge, & dans le cloître de belles fresques du Guide & des Carraches, un peu effacées, un tableau du Spada, & une voûte peinte par le Canuti.

SAN-MINIATO AL TEDESCO, petite Ville de Toscane, dans le Florentin, avec Evêché suffragant de Florence, dont elle n'est qu'à huit lieues, sur l'*Arno*. Elle est agréablement bâtie & assez peuplée. Ferdinand II érigea l'Eglise paroissiale en Cathédrale, & pour cela on fit une forte contribution pour l'entretien de l'Evêque & des Chanoines.

SAN-PIETRO D'ARENA, est un magnifique Fauxbourg de Gênes, voisin du Village de Voltri; il est séparé de la Ville par une montagne, qui est sur la gauche du port, & aboutit à un rocher, à la pointe duquel est une tour, qu'on nomme *Torre d'ella Lanterna*, parce qu'on y allume toutes les nuits un fanal pour guider les vaisseaux qui veulent entrer dans le port de Gênes.

SAN-PIETRO IN CASALE, Village entre Bologne & Ferrare, assez désert, quoique dans un pays fertile, mais fort endommagé par les laissées du Pô.

SAN-QUIRICO, très gros Village, avec titre de Marquisat, qui appartient au Prince Chigi, sur la route de Sienne à Rome. Il y a un palais & quelques maisons assez belles.

SAN-REMO, petite Ville sur la côte de Gênes, à cinq lieues de Monaco. Ses environs sont très-fertiles ; ils produisent de très belles oranges & de beaux citrons. Les Anglois la bombarderent en 1744, mais sans aucun dommage pour les habitans.

SAN-SERVOLO ; une des Isles de l'Etat de Venise. Il y a un Hôpital pour les soldats invalides ou blessés, & pour veiller de plus près à leur conservation. Cette Isle est toujours habitée par quantité d'Ecclésiastiques, habiles Chirurgiens, qui en ont soin.

SAN-SEVERINO, petite Ville de l'Etat Ecclésiastique, dans la Marche d'Ancône, avec un Evêché suffragant de Fermo ; c'est la patrie de J. B. Caccialuppi. Elle est située entre deux collines, sur la riviere de Potenza, à trois lieues N. E. de Tolentino. Il ne faut pas la confondre avec un autre San-Severino, qui est sur les frontieres même de la Calabre, au Royaume de Naples, & qui appartient à la Maison de ce nom.

SAN-SEVERINO, petite Ville au Royaume de Naples, dans la Capitanate, avec Evêché & titre de principauté : elle est située au S. E. de Termoli.

SAN-STEPHANO, Bourg du Milanois Savoyard, dans les territoires appellés *feudi imperiali*.

SAN-AGATHA D'ELLE GOTI, (AGATHOPOLIS ou SANCTA AGATHA GOTORUM) Ville du Royaume de Naples, en la principauté ultérieure, dans le voisinage de Capoue. Son Evêché est suffragant de Bénévent. On conserve un doigt de Sainte Agathe dans la Cathédrale. Il y a dans le même Royaume deux autres lieux du même nom.

SAN-ANGELO IN VADO, *Fanum Sancti Angeli* ou *Tiphernum Metaurum*, dans l'Etat Ecclésiastique, au Duché d'Urbin ; son Evêché a été transféré par Urbin VIII à l'Archevêché d'Urbin, sa Métropole. Il faut distinguer ce *San-Angelo* du *San-Angelo di Lombardi* ou *Angelopolis*, au Royaume de Naples, avec Evêché suffragant de Conza.

SANTA-CATHARINA IN ISTRADA GUILLA à Sienne, Eglise assez belle ; c'étoit autrefois la demeure de Sainte Catherine, dont les Siennois font mille récits. Ils disent que J. C. après lui avoir rendu de fréquentes visites, l'épousa. La Chapelle de la Sainte est ornée de belles peintures.

SANTA CROCE, (Palais) à Rome, sur la place de Bianchi. Il renferme de belles peintures, entr'autres six beaux tableaux du Guerchin, dont les plus estimés sont Joseph, s'arrachant aux charmes de la femme de Putiphar, & un S. Jérôme dans le désert ; une femme couchée sur un lit, de grandeur naturelle, & à demi-nue, l'Amour essaie un dard auprès d'elle, par *Constanzi*, les quatre Saisons, de *l'Albane* ; le reniement de Saint Pierre, par l'Espagnolet ; l'Hymen, arrachant le voile dont une femme est converte ; deux petits Amours, écrivant sur une plaque de bronze, du *Correge*, le premier passe pour un chef-d'œuvre dans son genre ; Job, écoutant les reproches de ses amis, de *Salvator Rosa*.

SANTA-HELENA, une des seize petites Isles enclavées dans l'Etat de Venise ; elle est ainsi appellée, parce que le corps de Sainte Hélene, mere de l'Empereur Constantin le Grand, repose dans le Couvent des Peres du Mont des Oliviers. On cuit beaucoup de pain dans cette Isle pour la Milice de Venise.

SANTA-MARIA IN COSMEDIN, Eglise de Rome ; on y fait remarquer un marbre de figure ronde, qui a environ trois pieds de diametre ; on l'appelle la *Bocca*

di

SAN

di verita, & l'on prétend que le trou qui est au milieu servoit à rendre les oracles.

Il y a plusieurs endroits de ce nom en Italie, tels que *Santa-Maria del Dragone*, qui est une principauté du Royaume de Naples, dans la Terre de Labour. *Santa-Maria di Leuca*, Ville & Evêché dans la Terre d'Otrante.

SANTA-MARIA ou l'ancienne PANDATARIA, petite Isle dans la mer de Toscane, fort déserte & très-peu cultivée, où Julie fut reléguée par Auguste, à cause de ses débauches, Agrippine par Néron son fils, Flavia Domitilla par Domitien son neveu.

SANTERNO & la SCALPERIA, petits ruisseaux, dont l'un passe à Fiorensola, & l'autre à la Scalperia, prennent leur source dans l'Apennin, au-dessus de ces deux Villages, & vont se perdre dans les marais du Pô. A les voir, on ne croiroit jamais que dans les temps de pluie ils puissent devenir si dangereux pour les voyageurs; ils grossissent tout d'un coup, & il faut attendre qu'ils deviennent guéables.

SAN-VINCENZO, Village entre Bologne & Ferrare, dans les Terres-Abondantes, mais souvent inondées du Ferrarois.

SAONA, (la) riviere du Royaume de Naples, dans la Terre de Labour, prend sa source près de Tiano, & se jette dans la mer de Naples.

SAORGIO, petite Ville de Savoie au Comté de Nice, assez bien fortifiée, avec un Château, où il y a ordinairement une garnison de cent cinquante hommes. Les François s'en emparerent en 1744.

SARDAIGNE, (le Royaume de) est une Isle au milieu de la Méditerranée; elle comprend plusieurs autres Isles, dont la plus considérable est celle d'Asinara. La Sardaigne est divisée en deux parties par les fleuves Cedro & Tirso; ces deux parties forment deux caps, celui de Cagliari & celui de Sassari ou Lugori, où l'on trouve plusieurs mines d'or & d'argent. La Sardaigne étoit le lieu où les Empereurs Romains, & avant eux la République envoyoit les grands criminels en exil, pour qu'ils y périssent par le mauvais air;

cependant elle a été très-peuplée, & on y a compté juſqu'à dix-huit Villes Epiſcopales. Les Anciens en font remonter l'origine à Sardus, fils d'Hercule, qui y conduiſit une Colonie. Des Carthaginois, elle paſſa aux Romains ; les Sarraſins s'en emparerent ; les Piſans & les Génois la leur enleverent, & ſe diſputerent enſuite leur proie ; pour finir leurs querelles, Boniface VIII permit aux Rois d'Arragon de la prendre, s'ils pouvoient : ainſi la Sardaigne paſſa aux Rois d'Eſpagne, qui l'ont conſervée juſqu'en 1670, qu'elle a eſſuyé d'autres révolutions. La Ville de Cagliari, qui a donné ſon nom au cap, renferme plus de ſoixante mille habitans, & eſt à préſent la Capitale de toute la Sardaigne ; le Vice-Roi y fait ordinairement ſa réſidence. La Ville de Saſſari n'eſt pas peuplée autant que la premiere : mais elle ne lui cede en rien pour toutes les choſes néceſſaires à la vie ; elle eſt ſituée dans une plaine délicieuſe, & couverte en tout temps de fleurs & de verdure ; elle nourrit quantité de beſtiaux & toute eſpece d'animaux. Il y a autour de l'Iſle pluſieurs ports ; les plus ſûrs ſont *porto Conde*, *porto Torre*, *porto Scuſo*, & celui de Cagliari, qui étoit autrefois très-renommé. Outre ces ports, l'Iſle eſt encore à l'abri des incurſions des barbares, par pluſieurs tours placées dans les différentes Iſles qui l'avoiſinent. La Sardaigne eſt entremêlée de collines & de montagnes, qui ne ſont pas moins fertiles que les vallées & les plaines. Si le nombre de ſes habitans, que l'on fait monter environ à un million, ne répond point à la fertilité du pays, qui devroit en nourrir un plus grand nombre, c'eſt que la proximité des eaux croupies, qui rend l'air mal ſain, fait que certains endroits ſont totalement déſerts. Preſque tous les habitans ſont dans le goût Eſpagnol ; peu de magnificence, mais beaucoup de recherche dans les commodités. Quant aux Egliſes & aux couvens, rien n'eſt plus ſomptueux, ſur-tout celles qui appartenoient aux Jéſuites. L'Iſle fait un commerce conſidérable de ton mariné & de corail, qu'elle diſtribue dans preſque toutes les parties de l'Europe. La pêche y eſt abondante, sur-tout celle des sardines, espece de poisson qui tire son nom de cette Isle, autour de laquelle il y en a avec profusion ; ce commerce & celui des laines qu'elle fait aussi, celui des peaux, que lui fournissent ses excellens bestiaux, la rendent une des plus riches de l'Europe. Tous les habitans commercent, & parviennent à un âge très-avancé, malgré l'opinion que les Romains avoient de la mauvaise qualité de l'air. Le sexe y est très-beau : les Arts & les Belles-Lettres y sont également cultivés. Il y regne une politesse admirable, sur-tout dans la Ville d'Algheri, que l'Empereur Charles V ne pouvoit quitter, lorsqu'il s'y arrêta à son retour de Tunis en Italie. Il ne cessoit de vanter les rares qualités de cette Isle. Ses Villes principales, outre Cagliari & Sassari, sont Torre, Terra-Nova, Oristagni, Algheri, Castel-Aragonese, Ampurias, Bosa, Villa d'Iglesias, &c. Comme la Sardaigne est placée dans une égale distance de la France & de l'Afrique, les chaleurs, qui y produisent les vents du midi, s'y trouvent tempérés par ceux qui viennent du côté du nord ; de sorte que la température y est très-douce. Sa distance de l'Italie n'est qu'un petit trajet ; on peut se rendre de Gênes & de Livourne à cette Isle sans se mettre en pleine mer, en côtoyant seulement les bords de la Toscane & ceux des Isles d'Elbe & de Corse, d'où on arrive ordinairement en une heure en Sardaigne, parce que l'Isle de Corse ne la sépare de l'Italie que par le petit détroit de Boniface. Outre Cagliari, Sassari & Oristagni, qui sont trois Villes Archiépiscopales, l'Isle en renferme encore quatre autres, qui ont chacune un Evêché ; ce sont Algheri, Castel-Aragonese, Bosa & Tempi : la derniere est au centre de l'Isle. Le Royaume de Sardaigne est situé entre l'Afrique & l'Italie, au sud de l'Isle de Corse & au nord de la Sicile : il a soixante lieues de long sur trente de large. Après avoir appartenu aux Rois d'Espagne jusqu'en 1706, cette Isle passa à l'Archiduc Charles, depuis Empereur, à qui les Anglois la céderent par le Traité d'Utrecht ; mais en 1720, le Duc de Savoie ayant cédé la Sicile, reçut en échange ce Royaume, qu'il possede avec le Duché de Savoie, & qui lui donne le titre de Roi. Le revenu qu'il en retire n'est pas considérable, parce que la plupart des biens de ce Pays appartiennent à la Noblesse, & que les Ecclésiastiques en possedent aussi une grande partie.

Les Isles voisines de la Sardaigne sont *Asenaria* ou *Asinaria*, Saint Damase, Buciana, San-Antiogo, Saint-Pierre, &c.

SARNO, Ville du Royaume de Naples, dans la principauté citérieure, avec Evêché suffragant de Salerne, & Duché qui appartient à la Maison Barberine. Son nom est tiré de la riviere de Sarno, qu'on appelle aussi Scafati.

SARSINA, petite & ancienne Ville de l'Etat Ecclésiastique, dans la Romagne, avec Evêché suffragant de Ravenne. Elle est située sur les confins de la Toscane, au pied de l'Apennin, près de la riviere de Savio; elle est appellée *Sasseria* par les Latins. La naissance de Plaute, célebre Poëte Comique, a beaucoup contribué à sa célébrité.

SARTENA, petite Ville de l'Isle de Corse, est le lieu où le Roi Théodore I institua, en 1736, l'Ordre de la Rédemption.

SARZANA ou SAREZANA, petite Ville dans l'Etat & sur la côte de Gênes, défendue par une forteresse considérable, bâtie sur une montagne; on appelle ce Château Sazanello. Sarzana est à l'embouchure de la Macra sur les frontieres de la Toscane. Son Evêché, qui fut transféré de Luni par le Pape Nicolas V, & qui étoit suffragant de Milan, l'est aujourd'hui du S. Siege.

SASSARI, Ville de l'Isle de Sardaigne, la principale après Cagliari; son Archevêché y a été transféré de Torré; elle est assez grande, mais peu fortifiée. V. SARDAIGNE. Elle se nomme encore aujourd'hui *Lugodori*, à cause des mines d'or & d'argent que renferme cette contrée. Parmi les choses curieuses que contient cette Ville, on remarque une fontaine nommée la fontaine de Rosello ; on la compare aux plus magnifiques de Rome. Les habitans de l'Isle, qui en font beaucoup de cas, ont coutume de dire : *chi non vede Rosello, non vede mondo*. Sassari contient environ trente mille habitans ; elle est sur la rive de Torré, à six lieues d'Algheri, près le cap auquel elle a donné son nom.

Sasso Ferrato, Bourg de l'Etat Ecclésiastique, dans la Marche d'Ancone, célebre par la naissance de Barthole.

Sassuolo, Ville du Duché de Modene, dans la Province de Carpi, sur la Secchia, a un superbe Château de plaisance, qui a toujours appartenu à la Maison d'*Est*. C'étoit autrefois un Château fort, & l'on voit encore les restes des fortifications. La façade du Palais est réguliere ; quelques peintures effacées, de Bibienna, ornent la cour : le grand jardin a cinq milles de circuit. On trouve au tournant de la rampe du Palais une petite grotte en rocaille, dans laquelle est une Nymphe, un Triton, qui paroît la garder, se cache à demi derriere un rocher, & jette de l'eau aux passans avec sa trompe : ces deux figures sont de nacre de perle. Il y avoit autrefois de très-beaux tableaux, qui ont été transportés dans le Palais Ducal de Modene. Le plus beau de tous, au jugement des connoisseurs, étoit la nuit de Noël, du Correge.

Satriano, petite Ville du Royaume de Naples, dans la *Basilicate*, près de *Marsico vetere*.

Saturnia, vieux Bourg de Toscane, qui est très-ancien.

Savigliano, (Savillano ou Savillan) très-jolie Ville dans le Piémont, Capitale d'une petite Province de même nom, avec une riche Abbaye de Bénédictins. Sa situation est avantageuse ; elle est sur la Maira, au sud de Carignan, à deux lieues O. de Fossano, & trois lieues E. de Saluces. Charles V regardoit cette situation comme très-propre à être fortifiée, & Philibert-Emmanuel avoit envie d'en faire la Capitale de ses Etats.

SAVIGNANO, petite Ville dans l'Etat Ecclésiastique, à huit lieues de Rimini ; c'est le *Compita* de Anciens. Il y a un pont moderne d'une fort belle construction.

SAVOIE, (le Duché de) Souveraineté de la haute Italie, fut autrefois habitée par une partie des Allobroges, ensuite par les Bourguignons, & passa en 1025 par succession à Humbert aux blanches mains. C'est de ce Prince que la Maison de Savoie tire son origine, & ses descendans porterent le titre des Comtes de Savoie jusqu'en 1417, que l'Empereur Sigismont érigea le Comté de Savoie en Duché en faveur d'Amedée VIII. Depuis 1720, le Ducs portent le titre de Rois de Sardaigne, à cause de cette Isle qui leur fut accordée à la place de la Sicile, par le Traité d'Utrecht en 1713. Ils se qualifient aussi Rois de Chypre, quoique cette Isle appartînt autrefois aux Vénitiens, sur qui les Turcs la prirent en 1571 ; mais leur droit est fondé sur la donation que fit en 1487 Charlotte de Lusignan, fille de Jean, dernier Roi légitime de Chypre, à Charles, Duc de Savoie, dont elle avoit épousé le neveu de Louis, Comte de Genevois.

Les Ducs de Savoie sont Vicaires de l'Empire d'Allemagne en Italie, & en cette qualité ils ont le droit de séance aux Diettes : mais ils ne contribuent aux charges qu'en cas de guerre contre les Turcs. La loi salique a lieu dans les Etats de Savoie comme en France, & faute d'enfant mâle, la Souveraineté appartient au plus proche en ligne masculine. Les principaux Etats du Roi de Sardaigne sont le Duché de Savoie, dont le titre appartient au fils aîné, le Piémont, le Duché de Montferrat, la partie du Duché de Milan, qui lui fut cédée à la Paix de Vienne en 1736.

Ce pays est environné de montagnes couvertes de neige ; les Alpes le défendent naturellement contre l'ennemi, & séparent les Etats de France de ceux de Savoie depuis le Traité d'Utrecht. Le Duc de Savoie peut ouvrir & fermer le passage de l'Italie, selon qu'il est ami ou ennemi de la France : & c'est pourquoi ces deux couronnes ont intérêt d'entretenir une intelligence réciproque.

L'air du pays est très-froid, & c'est à la crudité des eaux qu'on attribue cette grosseur qui vient à la gorge des habitans, & qu'on appelle *goître* : beaucoup en sont incommodés. Les trois principales rivieres sont l'Isere, l'Arche & l'Arve. Chambery en est la Capitale : mais le Roi réside à Turin, Capitale du Piémont.

La Religion Catholique est la seule dont on fasse profession dans tous les Etats du Roi de Sardaigne. Le Gouvernement est purement monarchique. La Justice est administrée par trois Parlemens ; le premier pour la Savoie, le second pour le Piémont, & le troisieme pour les Comtés de Nice & ses dépendances. Celui de Savoie réside à Chambery, ainsi que la Chambre des Comptes : le Grand Conseil, où l'on traite de toutes les affaires qui concernent le Prince & ses finances, se tient à Turin.

Le commerce des Savoyards est très-peu étendu ; le pays n'est point fertile, à l'exception de quelques endroits, comme Montmelian & autres, où l'on recueille du bled & du vin, le reste est fort pauvre ; ce n'est pas que les Savoyards soient paresseux, ils sont au contraire très-laborieux ; mais le terrein est si ingrat, qu'ils sont rebutés par les travaux & le froid qu'ils sont obligés d'essuyer. En 1762, leur Prince, qui en sentit les conséquences, & qui craignit que la plupart des terres ne restassent incultes, rendit une ordonnance par laquelle il enjoignit à tous les paysans d'élever leurs enfans au labourage & à la culture des terres, & leur défendit de s'attacher à d'autre profession. Un édit si sage est bien capable de fertiliser les campagnes, & d'empêcher que les paysans, par un abus commun, à d'autres états, ne cherchent à s'éloigner de leurs professions pour se livrer à d'autres auxquelles souvent ils ne sont point propres.

Les mœurs des Savoyards sont douces & agréables ;

ils font fobres, ménagers, & aiment à rendre fervice. La valeur que leur infpire l'exemple de leur Prince belliqueux, les éleve au-deffus du péril; ils marchent au combat avec intrépidité, & lui donnent à l'envi des marques de leur attachement.

La Savoie fe divife en fix pays, trois au N. le *Duché de Genevois*, le *Duché de Chablais*, la *Baronnie de Fauffigni*, & au midi le Duché de Savoie propre, le Comté de Tarentaife, & celui de Maurienne.

SAVONNE, (*Savona*) Ville confidérable & la feconde de l'Etat de Gênes, avec deux Châteaux, & un Evêché fuffragant de Milan. Les édifices en font magnifiques; fon port, qui étoit un des meilleurs, fut ruinés par les Génois, qui craignoient qu'il ne nuifit au commerce de leur Ville, & qui d'ailleurs étoient jaloux de la protection que François I lui accordoit. Le Marquifat de Savonne a long-temps appartenu à la Maifon de Saluces. En 1746, le Roi de Sardaigne s'en étoit rendu maître: mais par le Traité de paix de 1748, cette Ville fut rendue aux Génois. Savonne a vu naître trois Papes, Grégoire VII, Jules II & Sixte IV : c'eft auffi la patrie du célebre Chiabrera, Poëte. Elle eft fur la Méditerranée, à dix lieues S. O. de Gênes. Son commerce confifte en foie, en huile & en excellens fruits. Il y a à Savonne d'affez belles Eglifes, cinq portes, deux forterefles & une citadelle.

SCALA, (*Scalis*) jolie Ville du Royaume de Naples, dans la Principauté Citérieure, à deux lieues d'Amalfi : fon Evêché étoit fuffragant de cette derniere Ville. Elle a été autrefois plus confidérable qu'elle ne l'eft aujourd'hui ; elle a titre de Principauté, & appartient à la Maifon Spinelli. Ses environs font fort renommés par fes excellens vins mufcats & par les riches mines de plomb qu'on y trouve ; fon Evêché a été uni à celui de Ravello.

SCALA SANTA, (la) eft dans une Chapelle très-ancienne de Rome, appellée *Sancta Maria*, qui fait face à l'obélifque placé devant le portail de l'Eglife

S. Jean de Latran. Cette Chapelle fut réparée par Sixte V ; on y monte par cinq escaliers, dont chacun est séparé par un mur ; celui du milieu, qu'on appelle la *scala santa*, est composé de vingt-huit degrés de marbre blanc, par lesquels N. S. monta chez Pilate. Ce fut l'Impératrice Sainte Hélene qui envoya à Rome ces 18 degrés, avec une grosse collection de reliques qu'elle avoit faite à Jérusalem. Sixte V fit placer ces escaliers de maniere qu'on peut monter ou descendre comme on veut par les quatre qui sont sur les côtés ; mais il est défendu de monter la *scala santa* autrement qu'à genoux. Les Papes ont attaché à chaque degré nombre d'indulgences.

SCANDIANO, petite Ville dans le Modénois, près de la Ville de Reggio ; cet endroit, qui a titre de Marquisat, est fameux par ses bains, qui sont très-bons.

SCARDONNA, Ville de la Dalmatie, où, en 1120, fut transporté le Siege Episcopal, qui étoit auparavant à *Zara Vecchia*. Sa situation forme une espece de presqu'Isle, à sept milles de la mer.

SCARICA L'ASINO, Bourg sur les frontieres de la Toscane, entre Pietra Mala & Loïano ; c'est là que sont les limites de Toscane. Les armes du Grand Duc sont sur un côté du poteau, & de l'autre côté celles du Pape.

Ce Village, ainsi que celui de *Pietra-Mala*, situés dans les montagnes, ont autour d'eux des éboulemens de terres considérables, qui ont fait croire qu'ils étoient plutôt l'effet de différentes explosions, occasionnées par une fermentation intérieure, que par les gelées & la chûte des eaux ; & par-là on prétend prouver que la fumée & les flammes qui sortent de Pietra-Mala, sont les restes d'un volcan éteint. *V.* PIETRA MALA.

SCARPERIA, petite Ville dans la montagne de Pietra-Mala, dans la Toscane, est renommée par les bons couteaux & les armes qu'on y fabrique. Ce Village a été très-considérable, & fut détruit en partie en 1642 par un tremblement de terre. Quoique le terrein soit très-bon dans les environs, on néglige sa fertilité, qui fourniroit toute l'année une pâture abondante pour les bestiaux. *Voyez* SANTERNO.

SCATONO, petite Ville dans la Toscane, fameuse par certaines pierres qu'on y trouve dans les environs, à l'épreuve du feu, & qui ne se calcinent point, & qui pourtant paroissent être des pierres calcaires.

SCIATEZZO, petite Ville du Milanois Savoyard dans le pays d'Outre-Pô & de Bobbio.

SCHIO, petite Ville du Vicentin, dans l'Etat de l'Eglise.

SCIGLIO, Cap ou Promontoire; avec une petite Ville du même nom, au Royaume de Naples, dans la Calabre Ultérieure, avec un Evêché suffragant de Reggio, est assez bien peuplé. Ses Habitans sont assez bons Matelots. L'écueil que l'on nomme *Scilla*, est près de ce Promontoire, dans le Détroit de Messine. Sciglio est une Principauté qui appartient à la Maison de Ruffo, la même que celle des Comtes de la Ric de Grenoble.

SCILLA & CARYBDE, écueils plus redoutés autrefois qu'ils ne le sont aujourd'hui, situés à l'entrée septentrionale du Fare de Messine. Le premier qu'on appelle aujourd'hui *Capo Sciglio*, est un rocher de la côte de la Calabre qui s'avance en forme de presqu'Isle, vers le Cap de Faro en Sicile. Ce rocher est très-dangereux. Les vaisseaux qui y sont emportés par la violence du flux, y périssent sans ressource. La Carybde est près du Cap *de Faro* en Sicile; c'est un tournant d'eau qui a environ trente pas de diametre; il est à craindre lorsque d'habiles Matelots n'en savent point éviter le danger.

SEBETO, le seul Fleuve des environs de Naples, qui n'est plus qu'une très-petite riviere. La grande irruption du Vésuve ayant bouleversé son lit avec le terrein des environs en 79, fit disparoître le Sebeto; ce ne fut que long-temps après qu'il se fit un passage à travers les terres bouleversées & qu'il reparut, mais beaucoup plus foible : on menage beaucoup ses eaux , dont une partie est distribuée dans les canaux des fontaines de Naples , & l'autre sert à arroser les campagnes & à faire aller des moulins , des Papeteries , &c.

SECCHIA , Riviere qui coule de l'Apennin , ainsi que le Panaro : elle traverse une partie du Modenois & du Duché de Guastala , & va se jetter dans le Pô , dans le temps des pluies & des fontes de neige , elle grossit considérablement , & devient si dangereuse , que toute communication entre Modene & Guastalla est interrompue , quoiqu'elles ne soient éloignées que de quinze milles l'une de l'autre.

SEGNI , *Signia* , petite Ville dans la Campagne de Rome , avec titre d'Evêché , à trente-deux milles de Rome , vers l'orient , sur une montagne appellée la Montagne de Segni , au S. E. de Tivoli. Alexandre III , Grégoire IX & Alexandre IV , étoient des Comtes de Segni. Le Pape Vitalien naquit dans cette Ville. On dit que les orgues y furent inventées.§ C'est aujourd'hui un Duché qui appartient à la Maison de Sforce. Il est fertile en vins , mais un peu rudes.

SEMINARA , petite Ville au Royaume de Naples , dans la Calabre Ultérieure , avec titre de Duché , appartient à la Maison de Spinelli. C'étoit près de-là que les François défirent les Espagnols en 1503.

SENIGAGLIA , petite mais jolie Ville dans le Duché d'Urbin , sur la côte du Golfe de Venise , & sur la Riviere de Negola , à sept lieues d'Ancône : elle est assez peuplée : elle a un Evêché suffragant de l'Archevêché d'Urbin. On fait venir son nom de *Sena Gallica* , ou *Senogallia* , parce qu'on croit que cette Ville fut fondée par les Gaulois Senonois. Elle a appartenu successivement aux Malatestes & aux Ducs d'Urbin : elle a un bon Port. On appelle le Mont voisin de Senigaglia , Mont Asdrubal , parce que ce Général Carthaginois y fut défait par les Romains. Il y a une foire célèbre tous les ans au mois de Juillet : on voit dans la Ville beaucoup de magasins , pour y serrer les marchandises. La situation de la Ville est gaie, quoiqu'elle foit dans un terrein bas. Elle eſt entourée d'un côté par la mer, & de l'autre par des plaines agréables & fertiles. On voit aux Auguſtins de cette Ville un Chriſt mis au tombeau, peint au dôme par le Barocci, & un Saint Hyacinthe, du même.

Sento, Ville du Ferrarois, dans l'Etat de l'Egliſe avec un Evêché. Elle eſt peu conſidérable.

Seprio, Ville du Duché de Milan propre, ſur l'Olona qui arroſe en partie la Ville de Milan.

Seraglio, petit Bourg ſitué près de Mantoue : c'étoit un ancien parc du temps des Romains. On ſe propoſoit d'en faire uſage en 1734, lorſque les Alliés voulurent aſſiéger la Ville de Mantoue ; mais ils n'oſerent point entreprendre ce ſiege, à cauſe des fortifications de cette Ville.

Seraval, Bourg du Piémont, dans la Province & Seigneurie de Verceil.

Serchio, (le) Riviere qui prend ſa ſource dans la partie méridionale du Modénois, au Mont Apennin, & ſe jette dans la mer de Toſcane.

Sermione, petit Bourg ſitué dans une preſqu'Iſle qu'on voit dans le Lac de Garde, dans le Véronnois, eſt remarquable par l'excellent vin qui y croît, & qu'on appelle *Vino Santo*. C'eſt le lieu où naquit le fameux Poëte Catulle.

Sermoneta, Ville de l'Etat Eccléſiaſtique, & chef-lieu du Duché de ce nom, étoit l'ancienne *Sulmo* des anciens Volſques. Elle a des reſtes de fortifications : elle eſt pauvre & n'offre rien de remarquable. L'Aſture paſſe entre cette Ville & Caſa Fondata. On y voit les ruines d'un vieux Château appartenant aux *Frangipani*, dans lequel Conradin pourſuivi par les troupes de Charles d'Anjou, fut pris & conduit à Rome. Sezze eſt à cinq mille de Sermoneta, ſur la route de Rome à Naples.

Serravalle, petite Ville dans le Tortonnois. C'eſt un paſſage près des frontieres du Milanois & de l'Etat de Gênes. Cette Ville eſt défendue par un Château bien fortifié, devant lequel les Eſpagnols en

1745 demeurerent huit jours sans pouvoir le prendre. *Sarravalle* appartient au Roi de Sardaigne depuis 1735. On trouve dans ses environs de riches mines de fer.

Il y a une autre Ville du même nom dans la marche Trevisane. Il y en a une autre encore dans le Florentin au Duché de Toscane.

SESSIA, (la) riviere dans le Milanois, qui baigne les vallées de son nom, & se jette dans le Pô, au-dessous de Verceil.

SESTO, Ville du Duché de Milan, à la gauche du Tesin, a sa source, qu'il prend dans le lac majeur. Cette Ville, qui a titre de Duché appartient à la Maison de Spinola, originaire de Gênes ; on s'y embarque sur le Tesin, pour aller aux Isles Borromées.

SESTO, Lac à cinq lieues de Pise ; on y cultive beaucoup de riz, qui y vient en abondance.

SESTOLA est encore une Ville d'Italie, Capitale du Frignan, contrée de l'Etat de Modene.

SESTRI DI LEVANTE & SESTRI DI PONENTE, deux Forteresses considérables de l'Etat de Gênes, avec chacune un port assez bien fortifié. La riviere de Sestri di Ponente a sur sa rive des maisons de campagne de la plus grande beauté ; les Palais des *Lomellini*, des *Spinola*, des *Doria*, des *Grimaldi*, offrent le plus bel aspect ; les jardins, très bien distribués, sont plantés d'orangers, de citronniers, de grandes palissades de myrrhes ; les rochers qui s'élevent au-dessus de ces Palais sont couverts de figuiers, qui donnent le meilleur fruit.

SEZANA, Vallée de la Province de Suze, dans le Piémont. Cette Vallée, ainsi que celle d'Oulx, & celle de Bardonanche, a été unie à la Province de Suze ; elles ont été cédées par la France à la Maison de Savoie en 1713.

SEZE, petite Ville de l'Alexandrin, au S. de cette Province du Milanois.

SEZZA ou SUESA, petite Ville au Royaume de Naples, dans la Terre de Labour, étoit autrefois très-considérable, & n'est presque plus rien aujourd'hui ;

elle a un Evêché suffragant de Capoue. Sezza est à six lieues de Capoue; sa situation est très-agréable; on découvre à main gauche la montagne de Falerne, qui produisoit les vins si vantés par Horace. Au bas de la ville de Sezza sont des plaines verdoyantes qui vont jusqu'à la mer. Sezza est arrosée par le Gariglian ou Liris.

SEZZÉ, *Satia*, *Satinum*, Ville de la Campagne de Rome, un peu en deçà des ruines des *Tres tavernæ*, où saint Paul passa en venant de cette Capitale du monde. Sezzé est bâtie sur une hauteur en face des marais Pontins. Cette Ville est très-ancienne; elle étoit une des principales Villes des Volsques; Martial & Juvenal l'ont célébrée à cause de ses vins, qui n'ont plus aujourd'hui la même qualité, soit qu'on n'ait pas l'art de les faire, ou la patience de les attendre, comme faisoient les Romains, qui ne buvoient leurs vins qu'après la quinzieme & quelquefois la vingtieme année. On y voit les restes d'un temple consacré à Saturne fugitif. Il est assez conservé, mais il seroit à désirer qu'on en débouchât l'entrée. Derriere la ville, est la fente d'un rocher, qu'on croit être un précipice sans fond. La montagne des Muses est agréable par l'étendue de la vue sur les marais Pontins. On voit dans l'Eglise des Franciscains, hors de la ville, un tableau de Lanfranc, très-précieux. Il n'y a point de sources à Sezzé, on n'y boit que de l'eau de citerne. On compte à sept à huit mille ame dans cette ville, mais les habitans sont pauvres. La campagne est peu cultivée, il y croît naturellement beaucoup de figuiers d'Inde; il y en a dont le tronc est de la grosseur d'un homme, & qui s'élevent à la hauteur de trente à quarante pieds; on trouve communément dans ses environs des lauriers, des myrthes, des orangers & des aloës. La Chambre Ecclésiastique retire de Sezzé un impôt de dix-sept mille livres, pour lequel elle accorde à la Communauté le droit de pêcher dans les marais Pontins, de faire pâturer dans les montagnes incultes, & lui abandonne tous les droits sur le vin.

SICCHINA, petite riviere fangeuse du Pisan, à une

lieue de Ponte d'Era ; on passe la Sicchina pour aller à Vienne.

SICILE, (le Royaume de) la plus grande & la plus considérable Isle de la Méditerannée, entre l'Afrique & l'Italie, séparée de cette derniere par un petit détroit qu'on appelle le Phare de Messine ; ce détroit est fort dangereux par ses deux gouffres, connus dans l'antiquité sous les noms du Caribde & de Scilla : on l'appelle le Phare de Messine, parce qu'il y a près de Messine un fanal pour éclairer les vaisseaux pendant la nuit. La Sicile a au couchant la mer de Toscane, l'Italie au septentrion, la mer de Sicile au levant, & celle de l'Afrique au midi. On croit qu'elle fut premiérement habitée par les Géans, les Lestrigons & les Cyclopes. Plusieurs dérivent son nom de *Siculus*, qui, ayant d'abord habité le *Latium*, passa en Sicile, & la subjugua ; d'autres du mot Phénicien *Sicaboul*, qui veut dire *parfait*, parce que les Phéniciens la regardoient comme la plus belle & la plus fertile des Isles de la Méditerranée ; elle étoit appellée auparavant Trinacrie, parce qu'à cause de ses trois promontoires qui avancent dans la mer, elle forme un triangle ou comme un Δ ou *delta* grec. Ces promontoires sont le cap *Passaro Pachynum Promontorium*, cap *Boco Lilybæum*, & le Phare *Pelorum*. *Siculus*, chassé de l'Italie, passa dans l'Isle de Trinacrie, qu'il partagea avec les Sicaniens qu'il y trouva établis. Denys se rendit maitre de Syracuse ; mais après l'extinction de la tyrannie, la Sicile fut le théâtre de la guerre entre les Romains & les Carthaginois. Elle resta aux Romains ; Genseric, Roi des Vandales, la leur enleva, & la dévasta en 439. Bélisaire la prit en 535. Les Sarrasins s'en emparerent ; elle fut gouvernée par des Emirs jusqu'en 1070, que les Normands en chasserent les Sarrasins, sous la conduite de Roger & de Guischard. Guillaume I, dit le Mauvais, fils de Roger, la transmit à Constance sa fille, qui la porta en dot à l'Empereur Henri VI. Elle passa à la Maison de France, ensuite aux Aragonois ; enfin, malgré les prétentions des Papes, elle est retournée à la Maison de France, établie en Espagne. Cette Isle a environ soixante lieues de long sur quarante de large ; on la divise en trois Provinces ou Vallées, *Val di Demona*, au N. E. *Val di Noto*, au M. *Val di Mazara*, à l'Oc. Palerme en est la Capitale ; elle a Archevêché, ainsi que Messine & Montreal. Les Evêchés sont *Girgenti*, *Lipari*, *Cefalu*, *Palsi*, *Syracuse*, *Mazara* & *Catane*. Les autres Villes principales sont *Trepane*, *Termi*, *Caronia*, *Naro*, *lo Lindato*, *Xacca* ou *Sacca*, *Melazzo*, *l'Alciata*, *Castro Joanni*, &c. Rien n'est si fertile que ce pays, on l'appelle le grenier de l'Italie. Elle produit du bled en grande abondance ; on y recueille des vins excellens, sur-tout celui qu'ils nomment *muscada* ; il s'y fait un grand commerce de soie, de miel, de sucre, de safran & de laine ; on y trouve aussi des mines d'or, d'argent & de fer, & quantité de pierres précieuses, des agathes, des émeraudes, du porphyre, du jaspe, de l'albâtre : on y pêche de très-beau corail. Les habitans seroient peut-être, avec tous ces avantages, les peuples les plus fortunés, s'ils n'étoient pas sans cesse menacés des plus affreux malheurs par les éruptions du Mont Gibel, autrefois le Mont Ethna. Cette montagne caverneuse, semblable au Mont Vésuve, jette des flammes qui occasionnent des tremblemens de terre, dont les suites sont très-funestes. L'air de la Sicile est très-chaud, & fort sain ; on y compte environ un million d'habitans. Les Siciliens ont de l'esprit, sont industrieux, mais jaloux & vindicatifs. Ils étoient gouvernés par les François, lorsqu'en 1282, un Seigneur Napolitain forma le complot d'égorger les François dans toute la Sicile, à la même heure. On prit pour signal le premier coup de Vêpres : ce qui a fait appeller ce massacre les Vêpres Siciliennes. Après diverses révolutions, le Traité de Vienne en assura la possession à Dom Carlos, Infant d'Espagne, qui le laissa à son fils Ferdinand IV, lorsqu'il monta sur le Trône d'Espagne, en 1759.

SIENNE, *Siena*, *Sena*, *Julia*, *Senæ*, une des principales

principales Villes de la Toscane, à onze lieues de Florence, vers le midi, à quarante-une de Rome, vers le nord. Elle est située dans les montagnes de l'Apennin. On y comptoit plus de cent mille habitans, & présentement elle n'en a pas vingt mille.

Sienne est bâtie sur le penfant d'une montagne, dans laquelle on trouve des souterrains curieux. Cette Ville est très-ancienne, mais on n'y trouve presque point de monumens antiques. Les bâtimens, quoique beaux, n'approchent point ceux de Florence. Il y en a plusieurs qui sont revêtus de marbre; aucune rue n'est allignée, & le sol en est fort inégal; il n'a été possible d'y ménager qu'une seule place; elle est grande, faite en forme de coquilles; on peut l'inonder quand on veut; autour du creux qu'elle forme, regne une terrasse assez large pour laisser passer les équipages. Au milieu de la place, est une fontaine abondante: les Palais du Sénat, des Zondodari, sont autour de la place. Il y a quantité de tours comme à Pise; ces tours étoient autrefois des marques de distinction; les rues aboutissent presque toutes au centre de la Ville. La porte Romaine est un édifice que les étrangers doivent voir

Ce qu'il y a de plus beau, est la Cathédrale, vaisseau vaste & majestueux d'architecture gothique, revêtue en dehors & en dedans de marbre noir & blanc; on croit qu'elle a été bâtie vers 1250; le portail fut reconstruit en 1333; il a trois portes, un bel ordre de colonnes; la partie supérieure est chargée de quantité de statues, de bustes, de campanilles & d'autres ornemens. On estime beaucoup les deux colonnes qui soutiennent le fronton. Les piliers de l'Eglise supportent des statues d'Apôtres, de Papes Siennois, plus grandes que nature: celle d'Alexandre VII est de Bernin. Une galerie, qui regne autour de la nef du milieu, est ornée de cent soixante-dix bustes de Papes. Ce qu'il y a de plus remarquable dans cette Eglise, est la Chapelle des Chigi, incrustée en partie de lapis lazuli, avec des ornemens de bronze doré, sur les desseins du Bernin: la coupole est soutenue par des colonnes de marbre verd. On y voit deux statues du même Artiste, deux beaux tableaux de Carle Maratte. Dans les autres Chapelles & dans l'Eglise, on admire des statues précieuses de Donatelli, de Joseph Mazuoli, de Lorenze Vecchietta, de Michel-Ange; des tableaux du Calabrese, du Trévisan, de Salimbeni, de Pierre Perugin, de Raphaël. Le détail des belles choses qu'il y a à voir dans cette Eglise, seroit trop long; ce qu'on y admire le plus, est le pavé, il représente plusieurs histoires de l'Ancien Testament, exécutées en marbre blanc, gris & noir, en clair-obscur; ce sont des tableaux en mosaïque, dessinés & d'aussi grande maniere que les chef-d'œuvres de Raphaël. L'histoire de Moyse a été dessinée par Beccafumi, & exécutée par Bernardino di Giacomo, Pelegrino di Pietro, Antonio Marinetti & Pietro Gallo: l'histoire de Josué est de Duccio di Buoninsegna. Dans une salle à gauche sont de très-belles fresques, dans lesquelles Pierre Perugin, le Pinturrichio & Raphaël ont employé l'or & l'argent en relief. On y voit un groupe antique, représentant les trois Graces; on l'attribue au Sculpteur Sophronisque, pere de Socrate. La voûte de l'Eglise est en or & en azur.

Quoique la Cathédrale soit une des plus belles Eglises d'Italie, il y en a encore plusieurs à Sienne, qui sont dignes des curieux, & qui renferment des choses très-rares. Telle est l'Eglise de l'Hôpital de Sainte-Marie, pour les malades, les pélerins, les enfans trouvés; on y voit la piscine miraculeuse, très-belle fresque du Chevalier Conca. A S. Augustin, Eglise des Religieux de cet Ordre, on remarque une adoration des Bergers, de Romanelli; d'autres tableaux de Carle Maratte, de Perugin; dans l'Eglise de S. Martin, de l'architecture de Fontana, on y admire des morceaux du Guide, du Guerchin, de la Quercia, des morceaux de grand prix des trois freres Mazuoli. On conserve aux Dominicains un tableau peint sur bois, dessiné de très-bonne maniere par Gui de Sienne, en 1221. Les Siennois prétendent que Gui est le restaurateur de la Peinture. Il est vrai que le Cimabué, qui n'est que de

1240, est inférieur au Gui : mais celui-ci n'a qu'un tableau, & Cimabué en a plusieurs.

On a fait une Chapelle de la maison de Jacques Benincasa, Teinturier, pere de sainte Catherine de Sienne, morte en 1380. Il y a beaucoup de tableaux dans cet Oratoire ; la guérison d'un démoniaque, de Pietro Soris ; la mort de la sainte, de François Vanni. On y voit le crucifix qui imprima les stigmates à la Sainte. Il y a encore plusieurs Eglises dans lesquelles on voit de très-beaux tableaux du Calabrese, de Pierre de Cortonne ; des Peintres de Sienne, Sodoma, Vanni, Sorri, Casolani, Muarino, Pecchiarotti, Salimbeni, Giov. de Siena, Cozzarelli, Franchini, Manetti, Nasini, Martelli ; des statues de Michel-Ange, de Conca, &c. On voit à la Bibliothéque plusieurs morceaux de Raphaël & de Perugin ; au Palais, un beau tableau de Luca Jordano, une voûte peinte par Beccafumi ; dans une maison particuliere, Agar, l'Ange & Ismaël, beau tableau du Guerchin.

Tout le monde convient que les Siennois sont affables, d'une société douce, que les femmes y sont généralement belles. Le climat y est doux, les eaux excellentes, le pays fertile & abondant. Cependant il n'y a presque point de commerce ; peu d'industrie, & la population diminue tous les jours. On y aime les arts, & sur-tout la Poésie. C'est à Sienne sur-tout qu'il y a grand nombre d'Improviseurs. *Voyez* IMPROVISEURS. On y parle l'italien avec plus d'agrément & de pureté qu'à Florence. Sienne a produit plusieurs personnages célebres, beaucoup de Saints, sept Papes, plusieurs savans. Elle a eu l'Académie des Intronati ou frappés de la foudre, elle fut une des premieres d'Italie ; elle subsiste encore, & tient des assemblées. L'Académie des *Rossi* est une Académie dramatique ; ces deux Académies ont chacune un théâtre. Il y a encore à Sienne une Académie des Sciences, une des Botanique, appellée d'*Egli Ardenti*.

Les environs de Sienne sont des campagnes charmantes, fertiles, des montagnes abondantes en mines, carrieres, eaux thermales, &c.

SIENNOIS, (le) est au midi du Florentin; il resta, après bien de révolutions, à Philippe II, Roi d'Espagne, qui le vendit au Grand Duc de Toscane, en se réservant la partie appellée *Stato d'elli Presidii*. Le Siennois est très-fertile en bled, vin & en fruits. On appelle *Maremma* les Terres qui sont près de la mer. Les autres Villes sont, *Monte Alcino*, *Pienza*, *Chiusi*, *Massa*, *Grossetto* & *Suana*, *Saturnia*, *Pitigliano*, *Campagnatico*, *Radicofani*.

SIGISBÉ, ou CICIBEO ou CAVALIERE SERVANTE; c'est ainsi qu'on appelle en Italie certains Galans qui se rendent nécessaires auprès des Dames. C'est un usage établi dans plusieurs parties de l'Italie, & sur-tout à Gênes, que lorsqu'on donne un mari à une fille, on la pourvoit ou elle se pourvoit d'un *Cicisbeo*, qui ne déplaise pas à l'époux. Dès qu'il est choisi, il s'attache à sa Dame, & ne la quitte plus, la suit par-tout, & lui rend tous les services qu'elle exige. Ordinairement le Sigisbé est de l'âge du mari, & de la même condition. Une femme ne paroît nulle part, pas même à confesse, sans son Sigisbé; il aide à l'habiller, & entre chez elle à toute heure & en tout temps. Un Sigisbé n'est souvent pas seul, ils sont quelquefois deux ou trois, & sont obligés de vivre de bon accord, & & de servir leur Dame tour-à-tour. On attribue l'origine de cet usage à la jalousie des Italiens, qui cherchoient parmi leurs parens ou leurs amis un surveillant de la fidélité de leurs épouses, comme on choisissoit autrefois à la Cour de France un Jésuite pour servir d'ôtage & de garant de la conduite des autres. Les Sigisbés ont fait ce que firent les Jésuites, ils se sont rendus nécessaires, & souvent les maîtres de la maison. Si le Sigisbé a le malheur de déplaire à la Dame, tant pis pour elle; elle est obligée de le garder, l'usage ne permet pas d'en changer. Quand les Dames font porter la queue de leurs robes, le Sigisbé offre sa main; si la Dame est dans sa chaise à porteur, le Sigisbé marche à côté; & si les porteurs vont bien vite, il est obligé de courir autant qu'eux: la chaleur, le froid, rien ne dispense le Sigisbé. Comme les carrosses ne sont qu'à deux places ; un tiers n'est point admis entre le Sigisbé & la Dame. A table, il est à côté d'elle ; au jeu, il est derriere sa chaise. Ce n'est pas toujours la galanterie qui est le principe du Sigisbéat, c'est souvent des raisons d'intérêts, ce sont quelquefois des cliens, des parens pauvres, des protégés du mari, des intérêts de famille. Il y a quelquefois des femmes de considération qui font les fonctions de Sigisbés auprès des Nobles Vénitiens ou Génois. Au reste, les Sigisbés n'ont lieu qu'auprès des Dames nobles ; le Peuple, les Bourgeois ne les souffrent point auprès de leurs femmes. Une citadine qui souffriroit un Sigisbé, s'exposeroit au ressentiment de son mari, & le Sigisbé qui s'obstineroit courroit risque de la vie ; les maris citadins qui le permettent, exposent leurs femmes à la critique & aux plaisanteries des autres. Un mari qui veut vivre en liberté, profite de la vanité de sa femme, & lui donne un Sigisbé : alors le Peuple ne manque pas de plaisanter aux dépens de la femme & du mari. Ainsi le Sigisbéat n'est permis qu'aux femmes de condition, comme chez nous le rouge & le blanc n'est permis qu'aux *femmes comme il faut* & aux filles perdues. Une Bourgeoise se distingue en ne se fardant point, du moins une Bourgeoisie honnête, car il y en a que cette espece de luxe a gagné. Quant aux Sigisbés, il est bien étonnant que cet usage se soit introduit parmi les Italiens, qui passent pour le Peuple le plus jaloux de l'Europe. Les François, qui le sont moins, auroient de la peine à s'y accoutumer. Un homme d'esprit, qui a fait un voyage d'Italie, M. le Président d'Orbessan, attribue la tolérance des Italiens à cet égard à l'idée où ils sont de l'amour platonique, dont il dit que le Sigisbéat est une espece de preuve. En Espagne, où les maris ne sont pas moins jaloux, les Religieux ont les mêmes prérogatives que les Sigisbés, & sont plus respectés.

SIGNORIA ; (la Seigneurie) c'est ainsi qu'on appelle la plus haute des Chambres du Conseil, établies à Venise ; elle est composée du Doge & de six Conseillers d'Etat, qui sont toujours à ses côtés. Ces Conseillers, qui sont des Procurateurs, changent tous les ans, & leur habillement est de couleur cramoisi. A Gênes, le Grand Conseil, où le Doge préside avec huit Conseillers, s'appelle aussi la *Signoria*.

SINIGAGLIA. *Voyez* SENIGAGLIA.

SION, Ville & Evêché dans le Valais; son Evêque est suffragant de l'Archevêché de Moustier en Tarentaise.

SIPONTE, (*Sipontum, Sypus, Sepius, Sepus*) Ville au Royaume de Naples, dont les Auteurs anciens parlent fort souvent. Elle est presque ruinée; elle a beaucoup souffert des incursions des Sarrasins, des tremblemens de terre & des guerres civiles. Son Archevêché a été transféré à Manfredonia: on fait remonter sa fondation à Diomede.

SIRACUSE, aujourd'hui SARACOSSA OU SARAGOSSA, Ville de Sicile, dans la Vallée de Noto, autrefois Métropole, aujourd'hui Episcopale, suffragant de Montréal. Cette Ville, qu'on fait remonter à Archias, descendant d'Hercule, devint une des plus belles & des grandes villes de l'Univers, divisée en quatre parties, qui formoient presqu'autant de villes, Acradine, la nouvelle ville, Tycphe & Ortygie. Dans la premiere, étoient le temple de Jupiter, qui étoit très-célebre, un Palais magnifique, & une très-belle place en arcades; dans la nouvelle, l'amphithéatre, deux temples, & une statue magnifique d'Apollon, au milieu d'une belle place. Tycphe renfermoit un College & divers temples. Ortygie est décorée du Palais d'Hieron, de deux temples de Diane & de Minerve, & de la fontaine Arethose. Syracuse étoit défendue par un triple mur, par trois forteresses, & avoit deux ports. Archimede, comme on sait, la défendit & en retarda long-temps la prise, mais il ne put l'éviter; elle tomba au pouvoir des Romains, l'an 542 de la fondation de Rome; elle a été la patrie d'Archimede, d'Antiochus l'Historien, d'Epicharme, d'Aristarque, de Phormion, de Théocrite, &c. Syracuse est encore très-forte, située sur un rocher: mais elle est peu considérable; elle a un port très-commode. On y voit beaucoup de restes de l'antiquité. L'Eglise de saint Luco, qui étoit de Syracuse, est un ancien temple de Diane; la plupart des colonnes, des ornemens, des marbres, des statues qui décoroient Syracuse, ont été transportés à Rome. Cette ville est renommée aujourd'hui par ses excellens vins qui croissent aux environs du Mont Gibel.

SOANA, (*Suana*) petite ville dans la Toscane, avec Evêché suffragant de Sienne; c'est le lieu de la naissance de Grégoire VII. Cette ville est très-peu considérable.

SOLAMBARGO, Bourg de l'Etat de Venise, dans le Frioul, dans un terrein assez fertile.

SOLENTO, petite ville de Sicile, dans la Vallée de Mazara, près de la mer.

SOLFARINO, petite ville du Duché du Mantouan, dans la Principauté de Castiglione : ses Princes étoient de la Maison de Gonzague. Ce village, ainsi que Medole, faisoient partie de cette Principauté; ils ne font presque plus rien aujourd'hui. Le Duché de Mantoue a eu beaucoup à souffrir des guerres de la France & des Impériaux; il s'en ressent encore, & il y a apparence qu'il ne s'en relevera jamais. *V.* MANTOUAN.

SOLFATARE, (la) est une espece de volcan situé sur une montagne fort élevée, aux environs de Pouzols, près de Naples; son aspect présente une petite plaine ou bassin ovale d'environ deux cens cinquante toises de longueur, placée sur une petite hauteur, & environnée de collines, à l'exception de l'ouverture du côté du midi. On l'appelle Solfatare, à cause de la quantité de soufre qu'elle contient, & qu'on y ramasse effectivement. On l'appelloit autrefois *Phlegra*, *forum Vulcani*, ou *colles Leucogæi*. C'étoit le centre des Champs Phlégréens, si célebres dans l'Histoire & la Fable; ils occupoient le terrein de Pouzols à Cumes; c'est dans ces campagnes brûlantes que la Fable a placé les combats d'Hercule & des Géans, espece d'hommes féroces & terribles. (Les habitans des environs tiennent encore de ce caractere.) Les tremblemens de terre & les volcans donnerent

l'idée des efforts des Géans, pour soulever les montagnes dont Jupiter & les Dieux les avoient écrasés, toujours foudroyés, toujours menaçans. Il paroît en effet que des éruptions ont emporté les sommet de plusieurs montagnes. La Solfatare étoit une montagne, & il paroît que son aire a été autrefois le foyer d'un volcan à présent éteint, ou du moins dont il n'y a plus à craindre d'éruption, parce que le soufre ne s'y trouve plus mêlé avec les métaux. L'éruption qui enleva le sommet de la montagne, paroît avoir été du nord au midi ; ce qui semble l'indiquer, sont les ruines des bâtimens antiques qu'on y trouve à une grande profondeur. Les restes de la montagne, qui entourent l'ovale ou bassin, sont en forme d'amphithéatre. Le terrein est chaud, de couleur blanche, ainsi que les pierres sur lesquelles on apperçoit une fleur d'alun. Dans certains endroits, on ne sent la chaleur qu'à trois doigts de profondeur ; dans d'autres, le terrein est brûlant à la surface ; il est doux au tact, & paroît formé de la terre des environs & de pierres calcinées & réduites en poussiere par une chaleur douce & continuelle. Il y a des endroits où il croît des broussailles, qui périssent aux premieres chaleurs de l'été, il sort de plusieurs endroits de cette esplanade de la fumée. On trouve au nord du bassin quelques-unes de ces bouches à fumée mêlée quelquefois d'étincelles brillantes pendant la nuit ; c'est cette fumée chaude & épaisse qui donne du vrai sel ammoniac, & qui monte jusqu'à vingt toises ; elle n'enflamme point le papier, mais elle le seche & le consume, au lieu qu'elle mouille le fer qu'on y met ; elle noircit l'argent, dissout le cuivre & le rouge. On ramasse le sel ammoniac sur les pierres, après les y avoir laissées un mois exposées à la fumée. » Elle
» forme une espece de suie très-fine, qui, lessivée
» avec l'eau même de la Solfatare, & mise à l'éva-
» poration sur les bouches à fumée, que l'on ouvre ex-
» près pour cela, donne un vitriol rouge de très-
» bonne qualité pour la teinture. La terre de la Sol-
» fatare, lessivée avec la même eau, donne, par les
» mêmes moyens, un excellent alun blanc. On y fait

» auſſi toutes ſortes de préparations de ſoufre. La
» main d'œuvre pour tout cela coûte très-peu ; il n'eſt
» beſoin que d'élever de petits appentis, couverts de
» planches, qui garantiſſent des eaux pluviales, les
» vaſes où ſe préparent le vitriol & l'alun. Le ſein de
» la montagne a aſſez de chaleur pour faire bouillir
» & évaporer la leſſive d'où ils doivent ſortir ; de
» ſorte que les vaſes étant poſés ſur les petits four-
» neaux ou bouches à fumée & lutés, afin que l'air
» n'intercepte point l'action de la chaleur ; on les
» laiſſe juſqu'à ce que la matiere ſoit au point de
» cryſtalliſation où elle doit être portée ; elle s'amaſſe
» autour de la partie ſupérieure du vaſe à l'épaiſſeur
» d'environ deux pouces. « Les outils dont ſe ſervent
les ouvriers qui tirent le ſoufre, ſe couvrent de cette
matiere par le moyen de la fumée, qui jointe aux par-
ticule de vitriol, de ſel ammoniac & autres minéraux,
forme une liqueur jaunâtre, dont les Médecins font
très-grand cas ; elle eſt, dit-on, ſouveraine pour le
mal des yeux, pour la gale & autres maladies de cette
nature, pour diſſiper les douleurs de tête & d'eſtomac.
A en juger par le retentiſſement ſourd qu'on entend
ſous ſes pieds, & ſur-tout lorſqu'on jette une pierre
dans un creux qui eſt vers le milieu du baſſin, il paroît que le terrein eſt creuſé par-deſſous, ou peut-être
ce terrein n'eſt-il qu'une croûte formée par les matieres en fermentation. Il y a des endroits où l'on ne
paſſeroit pas ſans danger ; on ne fait point paſſer ſur
tout ce terrein des fardaux lourds, ni des animaux
d'un grand poids. Des Phyſiciens penſent que le feu
interne conſumera peu-à-peu toute la voûte extérieure,
& qu'alors il pourra ſe former un lac ; que c'eſt ainſi
que ſe ſont formés les petits lacs des environs, qui
n'étoient, dans l'origine, que de petits volcans. Les
bords de la Solfarate ſont de trente pieds de hauteur, & ſont couverts de toutes ſortes d'arbuſtes aro-
matiques & odorans.

Il y a aux environs de la Solfatare, vers le midi,
un Couvent de Capucins, où des exhalaiſons ſe font
ſentir. A côté de l'autel, le pavé eſt ſi chaud, que la

vapeur séche le linge; il sort de la muraille d'une des Chapelles une vapeur soufrée; dans une autre Chapelle, où l'on enterre les morts, les cadavres s'y conservent entiers; ce qui donne à beaucoup de morts l'air de Saints. On prétend que saint Janvier fut décollé dans l'endroit où est bâtie cette Eglise, & on y conserve la pierre sur laquelle il appuya sa tête dans sa décollation, une pierre teinte de son sang, & un buste du même Saint.

SOLFATARE DE TIVOLI, à treize milles de Tivoli à Rome, est un lac d'eau sulfureuse, dont les eaux pétrifient les roseaux & les plantes. Cette pétrification se fait très promptement; l'eau, le soufre, la terre & le nitre sont subtilisés par la fermentation au point de pénétrer la racine & le corps même du roseau, sans les faire changer de forme; chaque partie conserve la sienne, racines, fibres, tiges, terre même, jusqu'à la moëlle, rien ne change ni de figure ni de volume, & ne fait qu'aquérir un plus grand poids; c'est à mesure que l'eau se retire que l'air donne aux roseaux & aux plantes la dureté & la solidité de la pierre; on attribue cette fermentation à une Solfatare qui est au-dessous du bassin, d'un tuf léger & poreux. On prétend que la pierre Travestine ou de Tivoli se forme de la même maniere que les joncs se pétrifient. Le terrein des environs est aussi un tuf sulfureux, couvert d'une mousse jaune, de quelques herbes fines, d'épines par intervalles, creux en dessous. A peu de distance, est un autre petit lac, dont l'eau épaisse & blanchâtre, rend une odeur fétide; il est couvert de petites isles flottantes, formées de roseaux, de buissons & de plantes unies par une terre bitumineuse & tenace; l'eau, sans être chaude, bouillonne dans certains endroits; sur ses bords sont *gli Bagni d'ella Regina.* On y voit des ruines, on croit que c'étoit la Maison de *Zénobie*, Reine de Palmire; ce Lac s'écoule avec l'*aqua Albula*, dont il est fort parlé dans les Anciens, par un canal que le Cardinal d'Est fit creuser entre la montagne de Tivoli & le lac des isles flottantes; le terrein est d'une grande fertilité, & très-bien cultivé.

SOMMA, (la) grosse montagne, fort élevée, fort escarpée & fort rude, est à deux lieues de Spolette; elle est couverte de châtaigniers & d'autres arbres. Au sommet est une plate-forme agréable, où l'on trouve des sources très-fraîches & un cabaret pour les voyageurs. Du côté de Spolette, les lits de pierre qui forment la montagne, paroissent avoir été bouleversés par des tremblemens de terre arrivés depuis peu de temps.

SONCINO, Ville dans le Crémonois, bien peuplée, défendue par un Château naturellement fort, par la situation du terrein. Cette ville, qui a titre de Marquisat, appartient à la Maison de Stampa; elle est située sur la riviere droite de l'Oglio, à huit lieues N. O. de Crémone.

SORA, petite Ville au Royaume de Naples, dans le Gaëtan, près du Garigiian, avec titre de Principauté, au N. O. de Naples. Cette ville se prétend pour le spirituel directement soumise au S. Siege, ainsi que *Fondi*, *Gaëte*, *Aquina* & l'Abbaye du *Mont Cassin*.

SORACTE, *Mons Soractes*, aujourd'hui *Mont Saint Sylvestre*, dans la Toscane. Elle etoit consacrée à Apollon; il y avoit un temple, dont les Prêtres étoient de la famille des Hirpiens; dans leurs sacrifices, ils marchoient nus pieds sur des charbons ardens sans se brûler : du moins c'est ce qu'ils persuadoient au Peuple.

SORBETS, (les) SORBETTI, sont les glaces que nous prenons en France; ces sortes de rafraîchissemens sont extrêmemens communs en Italie, & à bon marché, sur-tout à Rome, dans les grandes chaleurs. Depuis sept heures du soir jusqu'à neuf, les cafés sont pleins de monde; comme la glace est assez rare en Italie, on se sert de la neige des montagnes, avec laquelle on glace, & on l'estime plus propre à rafraîchir les liqueurs; presque toutes les glacieres en sont remplies, où elle se conserve parfaitement, étant bien battue & bien entassée.

SORISINO, Bourg dans le Crémonois, célebre par la prodigieuse quantité de poudre à canon qu'on y fabrique.

SORRENTO, Ville au Royaume & sur le golfe de Naples, dans la Terre de Labour, avec Archevêché. Sorrento & Massa sont si voisines, que quoique ce soit à Massa que le Tasse soit né, l'une & l'autre se glorifient également d'être la patrie de ce célebre Poëte. Ces deux villes sont bâties sur la terre & les cendres du Vésuve, qui couvrent Pompéia & Stabia; elles renferment beaucoup de Noblesse, & ont de très-beaux édifices; elles sont situées dans un pays délicieux & d'une très-grande fertilité, à sept lieues S. E. de Naples.

SOSPELLO, petite Ville de Savoie, au Comté de Nice. Les François & les Espagnols s'en rendirent maîtres en 1744, & elle fut rendue au Traité de paix, avec *Dolceaqua* & *Broglio* deux autres petites villes voisines.

SOVERO, Bourg de l'Etat de Venise, dans le Bergamasque; les habitans, comme ceux de la plupart des autres endroits de ce district, sont sujets au goître.

SPADA, (Palais à Rome) dans le voisinage de la place Farnese, d'une belle architecture, décoré par le Borromini, sous Urbain VIII. Il est très-riche en antiques & en tableaux. Le morceau le plus précieux, est la statue de Pompée, l'unique qui soit à Rome, la même, dit-on, au pied de laquelle César fut assassiné, il tient un globe dans sa main, symbole du bien qu'il avoit fait au monde; elle fut trouvée sous un mur qui séparoit deux caves : le propriétaire de chaque cave révendiquoit la statue, il y eut un procès ; le juge, ne sachant comment s'y prendre, ordonna qu'on couperoit la statue, & que chacun prendroit sa moitié. Par bonheur ce jugement barbare fit du bruit; le Cardinal *Capo di Ferro* en parla au Pape Jules III, qui acheta la statue, partagea l'argent aux propriétaires, & en fit présent au Cardinal. Il y a d'autres statues précieuses; un Antisthene, ouvrage grec ; l'Amour couché dans un berceau antique, le berceau est tel que ceux dont on se sert aujourd'hui en Italie ; une Cérès. Parmi les tableaux, est une Charité Romaine, d'un Eleve du Guide ; le Peintre, pour donner plus de piquant à un sujet si souvent traité, a peint un enfant, qui pleure de ce que fa mere donne à tetter à fon grand pere, la mere tâche de l'appaifer; Caïn, qui tue Abel, du même *Pefarefé*; Marc-Antoine & Cléopatre affis à table, de Trévifan; Didon, venant de fe percer le fein avec l'épée d'Enée même, tableau célebre du Guerchin; l'enlévement d'Hélene par Pâris, au moment de l'embarquement, du Guide; le portrait du Cardinal Spada, un des chef-d'œuvres du Guide; le jugement de Pâris, de Jules Romain; Lucrece, retirant le poignard de fon fein, par Saiter, Allemand; le Marché de Naples; par Michel-Ange; le Temps, qui enleve la Jeuneffe, de *Solimene*.

SPALATRO, Ville de la Dalmatie, avec titre d'Archevêché; ce nom, corrompu de *Spalatum*, lui vient de *Palatium*, parce que c'étoit le Palais de Dioclétien. Elle eft affez bien fortifiée; d'ailleurs on ne peut venir de Turquie à Spalatro qu'en paffant fous la fortereffe de Cliffa, qui appartient aux Vénitiens: ce qui fait qu'ils n'ont qu'une petite garnifon dans Spalatro. L'Eglife eft un ancien temple, qui étoit dans le Palais de Dioclétien. Les murs du Palais embraffent les deux tiers de la Ville, & font un quarré jufte avec une porte au milieu de chaque face; ils font très-bien confervés; ce pays eft très fertile.

SPARTIVENTO, Cap célebre au Royaume de Naples, dans la Calabre ultérieure: Brancaleone eft près de ce cap.

SPERLINGA, Ville & Principauté de Sicile, dans la Vallée de Démona, avec un château bien fortifié, c'eft-là que cinq cens François fe retirerent en 1282, lors des *Vêpres Siciliennes*, & ils aimerent mieux mourir de faim que de fe rendre aux Efpagnols.

SPEZZA, petite Ville de la côte orientale de Gênes, avec un port. *Voyez* SPEZZIA.

SPEZZIA, (golfe d'ella) fur les bords de la mer, à vingt lieues de Gênes: ce golfe a cinq quarts de lieue de large, & eft très-profond; il eft dominé de tous côtés par des côteaux verdoyans, dont la vue eft agréable. Il eft d'un grand avantage aux Génois, à qui il appartient; les Anglois en ont offert, dans la derniere guerre, quatre millions; mais les Génois ont toujours refusé, à cause des engagemens qu'ils ont avec la France. La Ville de la Spezzia, qui est auprès, a pris son nom du golfe; elle est voisine de Lerici. On y voit un grand nombre de maisons de plaisance; les environs sont plantés d'oliviers & de figuiers : sa situation est très-agréable. On voit de Spezzia les côtes de Livourne, qui est à vingt lieues, & toute l'étendue du golfe : le havre de la Spezzia est un des plus grands de la Méditerrannée.

SPINO ou SPIGNO, petite Ville de Savoie, dans le Montferrat, près des frontieres de l'Etat de Gênes, avec titre de Marquisat; c'étoit ci-devant un Fief qui relevoit de l'Empire; mais Victor-Amédée II l'acheta en 1724, & le donna à la Duchesse son épouse, en 1730.

SPOLETTE, Ville très-ancienne, & Capitale de l'ancien Duché d'Ombrie, dans l'Etat de l'Eglise, à quatre-vingt-huit milles de Rome. Elle est au sommet d'une montagne, sur un terrein fort inégal : les rues en sont fort étroites. Annibal, vainqueur des Romains à Trasimene, & allant droit à Rome, fut arrêté par les habitans de Spolette, qu'il assiégea inutilement : les Spoletains le forcerent de lever le siege avec une perte considérable. Il y a à Spolette une porte qu'on appelle *di Fuga*, en mémoire du départ d'Annibal, après avoir fait jouer le belier contre cette porte. Ce départ, occasionné par une vigoureuse sortie des habitans, parut une fuite, plutôt qu'une retraite. Cette résistance, de la part d'une simple Colonie, détermina Annibal de ne pas entreprendre encore le siege de Rome. Deux arcs de triomphe, fort délabrés, forment deux portes de Spolette; un pont de six cens pieds de longueur & de trois cens de hauteur, traverse le Maroggia, torrent impétueux qui coule entre la ville & la montagne; il a dix grandes arcades sur neuf piliers; un aqueduc très-considérable, qui sert encore à conduire de l'eau dans la ville de Spolette, du milieu de la montagne de *Monte Luco*, & de la ville à Caprareccia, passe sur un des côtés du pont par des tuyaux. On doute si ces ouvrages étonnans; par leur étendue & par l'élévation du pont, la plus grande qu'il y ait en Europe, sont du temps des Gotths ou des Romains. Il est de la construction la plus hardie & la plus solide, mais différente en tout des constructions semblables des Romains. Ce qui rend ce pont effrayant pour ceux qui ne sont pas accoutumés d'y passer, est que d'un côté il est sans parapet. On voit encore à Spolette, les ruines d'un château des Ducs de Spolette bâti sur celles d'un Palais de Théodoric, Roi des Goths. La Cathédrale est presque toute de marbre ; on y voit une ancienne mosaïque, une image de la Vierge, prétendue de saint Luc, plusieurs peintures de Philippi, victime de l'envie des Peintres, qui l'empoisonerent. Laurent de Médicis le fit enterrer dans un beau Mausolée qu'il lui fit ériger dans cette Eglise ; un tableau de sainte Cecile & de deux Religieux, par le Guerchin, une Vierge, offrant au Jesus de la manne d'or, d'Annibal Carrache. Le sanctuaire de l'Eglise du Crucifix, est, dit-on, pratiqué dans un temple de la Concorde, dont il reste six belles colonnes. A la Chapelle du Palais *Ancaiani*, est un tableau de Raphaël, peint à gouache sur toile. Il y a encore quelques autres monumens.

SQUILLACE ou SQUILLACI, (SQUILLACIO) petite ville au Royaume de Naples, dans la Calabre Ultérieure, avec titre de Principauté, qui appartient aux Princes de Monaco, & un Evêché suffragant de Reggio. C'est une ville très-ancienne, qui a été autrefois une des plus importantes du pays des Brutiens, dans la grande Grece, & une Colonie des Athéniens. Elle est appellée dans les Auteurs. *Scillatium, Scyllaceum, Scyllatium.* C'est la patrie de Cassiodore & du savant Cardinal Sirlet, Bibliothécaire du Vatican. Elle est dans une position très-agréable, sur le torrent de Favellone, à une lieue du golfe de Squillace, douze S. O. de San-Severino, & vingt-cinq N. E. de Reggio.

STABIA, Ville ancienne, possédée successivement par les Osques, les Etrusques, les Pélages & les Samnites, que les Romains en chasserent sous le Consulat de Pompée & de Caton. Sylla la réduisit en un simple village. Elle fut couverte des laves du Vésuve; elle est à une très-petite profondeur, on y fouille; & comme on n'espere pas sans doute d'y faire de grandes découvertes, à mesure que l'on a fouillé un endroit, on le remplit pour en fouiller un autre; tout ce qu'on y trouve d'antique en bronze ou autre matiere, on le place dans le Cabinet du Roi à Portici.

STAFFARDA, (Abbaye de) située près du Pô, dans le Piémont, au Marquisat de Saluces, célebre par la fameuse bataille que le Maréchal de Catinat gagna en 1690, sur le Duc de Savoie.

STAGNO, petite Ville de Dalmatie, avec un Evêché, suffragant de Raguse; elle est située sur la Mer Adriatique, où elle a un port, de la République de Raguse.

STATO D'EGLI PRESIDIO, (le) *Status Præsidii*, petits Etats situés sur les côtes de Florence. Ils renferment six forteresses, destinées à faciliter la communication entre le Milanois & le Royaume de Naples, savoir *Orbitello*, *Porto Hercole*, *Porto San Stefano*, *Monte Filippo*, *Telamone* & *Porto Longone*. Ces forteresses appartenoient ci-devant aux Espagnols, mais par la paix de 1734, elles furent cédées au Roi des deux Siciles.

STORTA, Village à vingt-quatre milles de Ronciglione, dans le Patrimoine de S. Pierre, à un mille d'Isola, Château qui appartenoit à la Maison Farnese, où l'on a cru qu'étoit l'ancienne Veïes. *Voyez* ISOLA.

STRADELLA, Place importante du Duché de Milan, dans le Pavesan. Comme elle est la clef du Milanois, elle est défendue par un fort Château & une bonne Garnison, sur la Riviere de Versa, près du Pô, à quatre lieues S. E. de Pavie.

STROMBOLI, une des Isles de *Lipari*, dépendantes de la Sicile.

STRONGOLI, petite ville au Royaume de Naples, dans la Calabre Citérieure, avec titre de Principauté & un Evêché; elle est près de la mer, sur une montagne entre des rochers, à trois lieues de San Severino.

STUPINGI, est une maison de plaisance du Roi de Sardaigne. Le sallon, dont l'aspect est tout-à-fait théâtral,

ral, est bien décoré. Il y a dans les appartemens plusieurs plafonds à fresque fort estimés, entr'autres un de Carle Vanloo, qui est très-beau : il représente Diane & ses Nymphes. Ce Palais est de l'architecture de *Giuvara*.

STURE, riviere du Piémont, qui prend sa source dans les Alpes, & dont les eaux, ainsi que celles de la Doire, sont très-belles ; elles roulent sur un fond de gros cailloux, dont on se sert pour parer & pour entretenir les chemins.

SUANA. *Voyez* SOANA.

SUBBIACO, SUBLAC, petite Ville dans la Campagne de Rome, aux frontieres de Naples, avec un vieux Château sur le Téveronne ; cette ville est une Abbaye de Bénédictins où saint Benoît jetta au sixieme siecle les fondemens de son Ordre, & dans une grotte que l'on visite avec respect.

SUISSES DE LA GARDE DU PAPE, (les) accompagnent toujours sa Sainteté lorsqu'elle sort : l'habillement en est assez singulier. Leurs pourpoints, leurs culotte larges & par bandes, & leurs bas sont de trois couleurs, jaune, blanche & rouge, & au lieu de fraises, ils portent des cravates à dentelles.

SULCIS. Ville dont il ne reste que des ruines, dans l'Isle de Saint Antioge en Sardaigne.

SULMONA, Ville au Royaume de Naples, dans l'Abruzze Citérieure, avec titre de Principauté. Son Evêché a été uni à celui de Valva. C'est la patrie du Poëte Ovide. Elle est sur la Sota, à neuf lieues S. O. de Chieti.

SUPERGA, (la) Eglise magnifique & Royale bâtie sur une haute montagne à cinq milles de Turin. Pendant le siege de cette Ville par les François en 1706, & après le gain de la bataille de Cassinato & de celle de Cassano par le Duc de Vendôme, le Roi Victor Amedée, qui craignoit avec raison pour la prise de Turin, fit vœu de construire cette Eglise si les François étoient forcés de lever le siege ; ils le furent par les dispositions mal entendues de Chamillard, qui vouloit donner toute la gloire de cette expédition au Duc de la Feuillade

Tome II. V

son gendre, & qui lui fit tout manquer. Ce bâtiment fut commencé en 1715, sur les desseins de Philippe Juvara, & fini en 1731. Sa forme est ronde & décorée d'ordre Corinthien. On y entre par un grand portique orné de colonnes & de deux clochers. Les colonnes & les revêtissemens sont de marbre de carrare, de marbre rouge de Piémont, &c. Le dome qui a environ deux cents pieds de haut, du plan jusqu'à la lanterne, paroît avoir été fait sur le modele de celui des Invalides. Du haut de cette coupole, on découvre toute la plaine & les montagnes du Piémont, & même jusqu'à Milan. L'Eglise est ornée de bas-reliefs au lieu de tableaux. Elle est la sépulture du Roi Victor Amédée. Il y a trois beaux autels de marbre & d'albâtre ; le bas-relief du grand autel qui est dans un enfoncement très-décoré, représente la levée du siege. Tous les ans, le 8 Septembre, le Roi & la Famille Royale vont à cette Eglise rendre à Dieu des actions de grace pour la levée du siege. On prétend que la construction de cette Eglise a coûté deux millions, ce qui ne paroît pas surprenant, si l'on fait artention à ce qu'a dû coûter le transport des matériaux au sommet de la montagne.

SUTRI, ancienne & petite Ville de l'Etat Ecclésiastique dans le Patrimoine, avec un Evêché, qui dépend immédiatement du Pape ; il s'y est tenu plusieurs Conciles. Elle est sur le Pozzolo, à neuf lieues N. O. de Rome.

SUZE, *Susa*, petite Ville & la premiere du Piémont, à dix lieues de Turin, située dans un vallon dont elle défend l'entrée ; elle est environnée de montagnes : on l'appelle la *Porte de la guerre*, à cause de sa situation sur les frontieres de la France. Ce défilé s'appelle aussi le Pas de Suze ; il est gardé par la *Brunette*. (*Voyez* BRUNETTE.) Suze fut fondée, suivant l'opinion commune, sous le regne d'Auguste, après que cet empereur se fut frayé un chemin pour entrer en Dauphiné, par le mont Genevre : il suivit en cela les traces d'Hercule, qui, dit-on, pénétra dans les Gaules par le Pas de Suze, treize cents ans avant Jesus-Christ. Ce fut aussi par-là qu'Annibal pénétra dans l'Italie mil quatre-vingt-un ans après Hercule.

Suze s'appelloit autrefois *Segusium*, suivant plusieurs inscriptions. Elle devint florissante jusqu'au temps de Constantin qu'elle fut réduite en cendres. Elle fut rétablie par les Marquis de Suze, descendans de Charlemagne, qui en firent leur capitale. Elle passa dans le sixieme siecle à la Maison Royale de Savoie, par le mariage d'Adélaïde, fille de Mainfroi, Marquis de Suze, avec Odon, frere d'Amédée I. Cette Ville fut encore dévastée par l'Empereur Frédéric Barberousse, qui n'avoit évité la fin que lui réservoient les Habitans, qu'en se déguisant & faisant mettre dans son lit un Esclave que les Assassins ne tuerent pas, lorsqu'ils le reconnurent.

On trouve hors de la Ville, près des gorges des montagnes, un arc de triomphe qui fut érigé en l'honneur d'Auguste, à côté de l'ancien Château des Marquis de Suze. Il est très-dégradé; ce qui en reste est formé de gros blocs de marbre, orné de colonnes corinthiennes; on en distingue encore les bas-reliefs.

Suze, après avoir essuyé plusieurs sieges, est restée au Duc de Savoie. Elle est située sur la Doria, à douze lieues N. O. de Turin, & neuf N. O. de Pignerol. Le beau marbre qu'on appelle Verd de Suze, vient de la montagne de Fausse-Magne, près du Village de Boussolin, sur le chemin de Suze à Turin.

T

TAGLIA-COZZO, Ville au Royaume de Naples dans l'Abruzze Citérieure, avec titre de Duché, appartient à la Maison *Colonna*.

TALOIRE, Bourg assez considérable du Genevois.

Tamasso, (Borgi di) Tamassus ou Tamasa; ville de Cypre, vers Famagouste, étoit fort fréquenté à cause de ses mines & de son bel étain, qui la rendoient fort commerçante ; elle a aujourd'hui très-peu de commerce.

Tanaro, (le) Fleuve d'Italie. Il prend sa source entre le Mont Apennin & les Alpes Liguriennes, & après avoir traversé une grande partie du Piémont, baigné les murs d'Alexandrie qu'elle sépare de la Citadelle, elle va se jetter dans le Pô, à Bassignano.

Taminge, Bourg du Faussigny, dans la Savoie, sur l'Arva.

Tano, Bourg de la Sicile dans la Vallée de *Noto*.

Taormina, *Naxos*, jolie Ville dans la Vallée de Demona, au Royaume de Sicile, avec un port fortifié : elle est bâtie sur un rocher au sud de Messine. Les Naxiens sont des Peuples fort anciens. Sept cens vingt-huit ans avant Jesus-Christ, ils avoient bâti la ville de Catania en Sicile.

Tara, (le Val de) petite Province près des frontieres de Gênes ; sa principale ville, qui est *Bardi*, appartient à la Maison de Doria, originaire de Gênes.

Taramont, Village du Chablais, près du Lac de Geneve.

Tarantaise, (la) *Tarantasia*, Province de Savoie, avec titre de Comté, bornée au N. par le Duché de Savoie & le Faussigny ; E. par le Duché d'Aoste & par le Comté de Maurienne. Sa ville capitale est Moustiers : les autres sont Saint-Jacques Ayme, le Bourg, Saint-Maurice & Conflans. Moustiers étoit appellé autrefois Tarantaise, & aujourd'hui *Monasterium* ; il est situé sur l'Isere, avec Archevêché, qui a pour suffragans Sion & Aoste. Avant qu'elle ne fût Métropole, c'est-à-dire avant le septieme siecle, l'Eglise de Moustiers étoit soumise à celle de Vienne. C'est un pays de montagnes, pauvre & peu agréable. C'est en grande partie de cette Province que viennent ces hordes de Savoyards qui se

répandent dans les Royaumes circonvoifins. Mouſtiers, outre le nom de Tarantafia, a encore chez les Anciens, celui de *Forum Neronis Centronum*. Les principaux lieux de cette Province fous les Bourgs de *Saint Maurice*, *Eſme*, *Bonneval*, *Saint-Martin*, *Fournaux*, *le Fort de Briançonnet*, *Col de Griſance* & *le petit Saint-Bernard*.

TARENTE, Ville très-ancienne au Royaume de Naples, dans la Terre d'Otrante, avec un Archevêché. Cette ville, quoiqu'un peu ruinée, eſt aſſez bien peuplée. Elle eſt fort ancienne. Pyrrhus ne ſe détermina à faire la guerre aux Romains, qu'à la ſollicitation des Tarentins. Il y a encore un Château aſſez fort, mais le Port eſt preſque comblé, & ne reçoit que des barques. C'étoit la plus conſidérable des villes de la grande Grece; elle ſe donna à Annibal, & elle fut repriſe par Q. Fabius. Maximus en 545 de Rome. Elle eſt bien déchue de ſon ancien éclat: néanmoins elle fait un grand commerce de laines: la plupart des Habitans ſont Pêcheurs. C'eſt du nom de cette ville qu'on a nommé Tarentule, une groſſe araignée dont la morſure eſt dangereuſe. *Voyez* TARENTULE. Tarente a été la Patrie de grands Hommes; d'Architas, grand Philoſophe & Mathématicien. Elle eſt au midi ſur le Golfe de ſon nom, à ſeize lieues S. E. de Bari, & vingt-trois N. O. d'Otrante.

TARENTOLA, ou TARANTOLA, eſpece de lezard qu'on trouve en Toſcane, & qui fait la chaſſe aux araignées. C'eſt ce que les Naturaliſtes appellent Lezard étoilé ou Stellion.

TARENTULE, eſpece de groſſe araignée, dont la morſure a donné le nom à la maladie appellée Tarantiſme; on la trouve dans pluſieurs Province d'Italie, particuliérement au Royaume de Naples, & ſur-tout à Tarente, qui lui a donné ſon nom. Les Naturaliſtes l'appellent l'araignée enragée. On a beaucoup de préjugés ſur cet animal: on a dit qu'elle avoit huit yeux & huit pattes; que ceux qui en étoient mordus ne reſſentoient d'abord aucune douleur de la morſure, mais que peu-à-peu le venin s'inſinuant dans le sang, le Malade, ou tomboit dans un assoupissement mortel, ou pleuroit, ou avoit d'autres symptômes qui le conduisoient à la mort ; qu'il n'y avoit alors d'autres remedes que de faire entendre le son des instrumens, & de faire jouer des airs jusqu'à ce qu'on en eût trouvé un qui plût au Malade, alors il sautoit hors du lit, & se mettoit à danser jusqu'à ce qu'il fut en nage & hors d'haleine, & que le venin sortoit avec cette transpiration. Les Physiciens se sont donnés beaucoup de peine pour expliquer ce fait, avant de s'assurer de son existence. Misson rapporte une lettre de *Dominico San Geneto*, qui ne laisse rien à desirer sur la Tarentule & les effets de son poison ; mais malgré la prévention générale, plusieurs Savans qui ont voyagé en Italie, & entr'autres l'Abbé Nollet, se sont assurés que ce fait passoit pour être fabuleux, même dans la Pouille. On ne craint point la Tarentule à Rome, parce qu'il n'y a point d'exemple qu'elle ait incommodé. Il peut se faire qu'à Naples, dans la Pouille, à Tarente, sa piqûre cause quelque gonflement ou quelque démangeaison dans l'état le plus chaud de l'été. La Tarentule a le port & la figure à-peu-près de nos araignées domestiques ; elle est seulement dans toutes ses parties beaucoup plus robuste. Elle a les jambes & le ventre tachetés de noir & de blanc ; le dos & toute la partie antérieure sont noirs, ses yeux sont couverts d'une cornée humide & tendre, qui se flétrit après la mort de l'insecte. Ils sont d'un jaune doré & étincelant comme ceux des chiens & des chats, quand on les voit dans l'obscurité.

TARO, Riviere qui traverse une partie des Etats du Duc de Parme. La partie qu'on appelle *Val-di-Taro*, entre cette Riviere & Parme, est un des endroits les plus agréables de l'Italie, & d'une très-grande population, à cause de la fertilité du climat. L'air d'aisance se fait remarquer à la propreté des Habitans. Les Paysannes y sont coëffées d'un petit chapeau de paille, orné d'un nœud de rubans. Cette coëffure va à leur taille légere & à leur figure charmante. C'est à la tête du Val de Taro, qu'est Fornue, célebre par la victoire que Charles VIII remporta contre les Puissances alliées d'Italie, avec tout au plus huit mille hommes de troupes fatiguées, contre quarante mille. Le Taro & le Reno sortent l'un & l'autre de l'Apennin & se jettent dans le Pô après avoir passé à Bologne.

TAVERNA, Ville du Royaume de Naples, dans la Calabre ultérieure. Son Evêché étoit autrefois suffragant de Reggio; cet Evêché n'existe plus, & la ville est dans celui de Cantazaro: elle est peu peuplée, & très-peu considérable.

TAVIGNANO, riviere de l'Isle de Corse. V. GRADACCIO.

TAUREAU FARNESE, le plus beau & le plus grand morceau de sculpture antique qui soit à Rome; il est appellé Farnese, parce qu'il est placé dans le Palais Farnese, & qu'il a toujours appartenu à la Maison de ce nom; c'est un grouppe de six figures, de grandeur naturelle, qui ont été prises & taillées admirablement bien dans un seul bloc de marbre, qui a huit pieds de hauteur sur sept de largeur. Le taureau est représenté dans une attitude furieuse, & ayant la tête baissée & ses pieds de devant élevés au-dessus de la tête d'une femme, assise & attachée à ses cornes; deux hommes font leurs efforts pour pousser cet animal dans la mer de dessus le rocher où sont placées toutes ces figures; une autre femme & un petit garçon, accompagnés d'un chien, considerent cette action. Ce morceau admirable fut transporté de Rhodes à Rome, & Antonin Caracalla le fit placer dans ses thermes, dont on voit encore de grandes masures, & il y fut trouvé, il y a deux cens ans, sous le Pontificat de Paul III.

TÉLAMONE, petite Ville maritime, faisant partie d'*ello Stato de gli Presidii*, & des mieux fortifiée; son port est très-avantageux, & appartient au Roi des deux Siciles depuis 1735; elle est à quatre lieues N. d'Orbitello.

TELESE, Ville & Principauté au Royaume de Naples, dans la Terre de Labour; elle fut ruinée en

1668 par un tremblement de terre, & depuis cette époque, cette ville est presqu'abandonnée.

TEMPIO DI BACCHO. *V.* L'ÉGLISE DE SAINTE CONSTANCE.

TENDE, (*Tenda*) Ville peu considérable dans le Piémont, Capitale du Comté du même nom ; elle est sur la rive droite de la Roya, à huit lieues S. O. de Coni, onze N. p. E. de Nice. Le Comté de Tende & celui de Boglio sont très-anciens, & on les joint ordinairement à celui de Nice. Le Comté de Tende a été possédé par la Maison de Lascaris, issue des Empereurs de Constantinople, du côté maternel ; elle passa ensuite par alliance dans une branche naturelle de la Maison de Savoie, que le Duc Emmanuel Philibert déclara, en 1563, capable de succéder à ses Etats, si la ligne directe venoit à manquer. Henriette de Villars, derniere héritiere, échangea le Comté de Tende, en 1579, contre diverses Seigneuries de Bresse, avec Emmanuel-Philibert. Tende est plutôt un Bourg qu'une Ville, dans l'Apennin, sur les confins de l'Etat de Gênes ; les autres lieux sont plus considérables.

TÉRAMO, (*inter amnia*) petite Ville au Royaume de Naples, dans l'Abruzze ultérieure, avec un Evêché qui ne releve que du Pape. Elle appartenoit autrefois aux Samnites ; son nom d'*inter amnia* vient de sa position au confluent des rivieres de Viciola & de Tordino, à dix lieues N. E. d'Aquila, quatre N. O. d'Atri ; elle a titre de Principauté, & appartient à la Maison d'*Aquaviva*.

TERMES, étoient originairement des pierres, dont chacune marquoit les bornes de son champ. La considération que Numa leur donna, en les mettant sous la protection de Jupiter, & en ordonnant peine de mort contre quiconque seroit convaincu de les avoir dérangées, en permettant même au propriétaire de tuer celui qui les porteroit plus près ou plus loin ; les fêtes qu'il institua, & qu'on célébroit tous les ans, sous le nom de fêtes terminales, la forme de divinités champêtres qu'on donna à ces pierres, qui représentoient par le haut le buste de la divinité, & qui finissoient par une gaine ou pyramide renversée & plantée dans la terre; tout cela fit autant de dieux des Termes. Plus la vénération augmenta, & plus on perfectionna ces statues, dont on trouve tous les jours dans le Royaume de Naples sur-tout, des restes précieux.

TERMIGNON, Village de Savoie, près du Mont-Cénis.

TERMOLI, TERMINI ou TERMULA, petite Ville maritime au Royaume de Naples, dans la Capitanate, avec une Forteresse & un Evêché. Elle a titre de Duché, & appartient à la Maison de Cutanco.

Il y a encore une Ville appellée *Termini*, dans la Vallée de Démona, au Royaume de Sicile, près de *Milazzo*.

TERNI, Ville dans l'Etat de l'Eglise, au Duché de Spolette, avec un Evêché, sur la Néra, est l'*inter amna* des Anciens, ainsi appellée, parce qu'elle est dans une Isle formée par la *Néra*; on la croit aussi ancienne que Rome : elle fut Colonie Romaine l'an 458 de la République : elle a donné naissance à l'Historien & à l'Empereur Tacite. On trouve dans le jardin de l'Evêché un reste d'amphithéatre, des vestiges d'un temple du Soleil à saint Sauveur. A la Cathédrale, on conserve du sang de J. C. La forme du gouvernement de Terni lui est particuliere. Le Conseil général est composé de soixante-dix Nobles, dont la noblesse est héréditaire : ce Conseil choisit douze Députés, lesquels choisissent tous les ans six Nobles; c'est parmi eux qu'on prend tous les deux mois les trois Prieurs, qui gouvernent la ville. On compte à Terni sept mille habitans. Le commerce le plus considérable de Terni, est en huile; mais ce que ses environs offrent de remarquable, est la cascade. *V.* CASCADE.

TERNIER, un des cinq Bailliages qui composent la Province de Chablais. Ternier est un endroit agréable.

TERRACINA, appellée ANXUR chez les Anciens, fut bâtie autrefois par les Volsques, à qui les Romains l'enleverent ; c'est aujourd'hui une petite ville dans la Campagne de Rome, à vingt-une lieues de cette Capitale, & à vingt-deux de Naples, sur la Voie Apienne ; c'est la derniere ville de l'Etat Ecclésiastique, en partant de Rome, pour Naples. La tour des bornes, *torre di confini*, sépare le Royaume de Naples du Patrimoine de S. Pierre. On voit de fort loin la ville de Terracine, située, comme au temps d'Horace, sur des rochers.

Impositum latè saxis candentibus Anxur.

La montagne est en effet d'une pierre blanche, séparée de l'Apennin par la Vallée du Mont Cassin, d'où sortent les eaux qui forment en partie les marais Pontins ; le voisinage de ces marais rend l'air de Terracine très-mal sain ; ce qui rend cette Ville déserte. Il falloit qu'on y jouît autrefois d'une meilleure température : les Romains y avoient quantité de maisons de plaisance : on en voit encore les ruines. On voit aux environs de la ville une suite d'arcades, d'anciennes grottes creusées dans le rocher, qu'on croit être des restes d'un Palais de l'Empereur Galba. On fait remarquer sur le haut de la montagne les ruines du Palais de Théodoric, Roi des Ostrogoths, premier Roi d'Italie, en 489 ; on voit les vestiges du port de Terracine, les anneaux auxquels on amarroit les vaisseaux, y sont encore : mais ce port est comblé. Les paysans des environs de Terracine ont conservé le brodequin, ancienne chaussure des Romains.

TERRA NUOVA, ancienne & petite Ville de l'Isle de Sardaigne, au fond d'un golfe de même nom ; il ne faut pas la confondre avec une autre Terra Nuova, située dans la Vallée de Noto, en Sicile, & qui a titre de Duché.

TERRE DE LABOUR, Province considérable du Royaume de Naples, sur la côte de la mer de Toscane ; elle a l'Abruzze au N. le Comté de Molisse & la Principauté citérieure au M. la mer de Toscane & la Campagne de Rome à l'Oc. Son nom lui vient de sa fertilité & de la qualité du pays, qui le rend très-propre au labourage : elle a été appellée Campagne heureuse. Capoue fut long-temps sa Capitale, aujourd'hui c'est Naples, qui l'est de tout le Royaume. Cette Province renferme vingt-deux Villes, cent soixante-dix Villages, cent soixante-six Châteaux, *Cumes, Sorrento, Calvi, Caserta, Carinola, Caïazzo, Telese, Triano, Cessa, Alisi, Venafre, Fondi, Gaëte, Aquino, Mola, Pouzzols, Baies, Aversa, Acerra, Nole, Massa, Vico, Castello à Mare*, &c. Elle est très-abondante en bleds, vins, huiles & toutes sortes de fruits ; elle a beaucoup d'eaux minérales, des mines de soufre, d'alun : le Vésuve, l'Averne, le Cap de Misene sont dans la Terre de Labour. On appelloit cette Province la Campagne heureuse, à cause de son climat, de sa fertilité & de tant d'autres agrémens.

TERSATO, petit Bourg des l'Istrie, à quatre lieues de Trieste. Il y a un Couvent de l'Ordre de saint François, situé sur une montagne, où il croit quantité de sauge, dont les Religieux se servent en guise de thé.

TÉSIN, (le) une des plus belles rivieres d'Italie ; elle prend sa source près du Mont Saint Gothard ou Mont Adula, sur les frontieres de Suisse, traverse le Lac Majeur, & après avoir arrosé Pavie, dont le pont, revêtu de marbre, est très-beau, se jette dans le Pô ; il se divise en deux branches, à cinq milles au-dessous de Novarre ; c'est-là que commence le canal qui va du Tésin à Milan. Les bords de cette riviere sont infestés de Brigands, par la facilité qu'ils ont de passer des Etats de l'Empereur dans ceux du Roi de Sardaigne. C'est à Pavie que le Tésin est le plus large & le plus profond ; on y voit quantité de barques de mer qui y remontent.

TÉVÉRONE, fleuve d'Italie, que les Romains appelloient *Anius* ou *Anio*, & que les Poëtes, qui ont chanté les délices de Tibur, que l'*Anio* arrose, ont rendu fort célebre. Le Tévérone prend sa source a la montagne de Trévi, vers les frontieres de l'Abruzze ou de l'ancien pays des Herniques, & coule entre la Sabine & la Campagne de Rome. Il forme la belle cascade de Tibur ou *Tivoli*, & va se jetter dans le Tibre ; ses eaux ont la propriété singuliere d'incruster tout ce qu'elles arrosent ; elles pétrifient les racines des arbres à un demi-pied de profondeur, sans que pour cela l'arbre en souffre, parce que les racines principales, qui sont au-dessous d'un demi pied, suffisent pour le nourrir.

THÉANO petite Ville au Royaume de Naples, dans la Terre de Labour, a titre de Principauté, & appartient aux Comtes de Dauhn, originaires d'Autriche. Il y a dans cette Ville un fameux Couvent des Bénédictins, & tout auprès une fontaine d'eaux minérales très-salutaires aux personnes qui ont la pierre. Elle est à six lieues N. O. de Capoue.

THÉATRE D'HERCULANUM. (*Voyez* aux mots *Herculanum Musæum Herculanum, Portici.*) Le monument le plus considérable qu'on ait découvert à *Herculanum*, en 1750, est le théatre. Il étoit situé au N. de la Ville, dans sa partie supérieure, sous Résina, près du Château du Roi ; il étoit recouvert partout de cendres & de laves à la hauteur de quarante pieds, les corridors, les escaliers, les galeries, les souterreins même en étoient remplis. Ce théatre étoit de forme ovale, beaucoup plus large que long, & comme dans tous les théatres, une moitié étoit destinée aux spectateurs, & l'autre à la scene & aux acteurs. Les gradins des spectateurs sont disposés dans une demi-ellipse, qui a cent soixante pieds de diamettre, coupée sur sa longueur, & le théatre proprement dit ou le *Proscenium*, qui est la partie avancées du théatre, sur laquelle les acteurs récitent les drames, avoit soixante-quinze pieds d'ouverture sur trente de profondeur, orné d'une façade d'architecture & de belles colonnes de marbre, dans le goût du théatre de Palladio à Vicence. L'orchestre, ce que nous appellons parterre, a environ cinquante pieds de longueur depuis le devant de la scene jusqu'aux premiers sieges : les vingt-un rangs de gradins occupent le reste de profondeur, que l'on peut estimer à soixante-dix pieds ; ce qu'il y a de découvert, est une portion de l'orchestre, pavé de grands carreaux de marbres de différentes couleurs, & les degrés, aussi de marbre, au nombre de seize, dans le premier étage, disposés en demi-cercle pour y placer les spectateurs. Entre le premier étage des gradins & le second, est une esplanade ou espace que les Anciens appellent *præcinctio*, qui tournoit également en demi-cercle, & auquel aboutissoit un second rang ou étage de gradins, en même nombre que les premiers, mais moins larges ; le massif du théatre ou le fond de construction étoit de briques, ainsi qu'on peut le voir dans les galeries intérieures & dans l'enceinte extérieure, revêtues de grands pilastres de briques à égale distance, qui portoient une corniche de marbre ; quelques restes de stucs brillans, de différentes couleurs, semblent annoncer que tout cet ouvrage extérieur en avoit été revêtu. Les galeries intérieures sont voûtées avec des pilastres de distance en distance, ornées de corniches de marbre, avec des dentelures & des modillons, qui restent encore dans ce qui a été découvert ; les murs de côté étoient revêtus de carreaux de marbre de différentes couleurs, & les voûtes de stucs, dont il reste encore quelques parties, les rouges sont les mieux conservés. Il paroit que tout l'ouvrage étoit couronné d'un colonnade en galerie, qui occupoit la seconde *précinction* ou esplanade, à en juger par la quantité de colonnes & de chapiteaux corinthiens, que l'on a trouvés, tant dans les environs du théatre, que dans l'orchestre même, & que cette partie fut renversée dans les tremblemens de terre qui accompagnerent l'éruption. Il n'y a que cette partie de l'édifice qui ait été détruite ; tout le reste, à en juger par ce qui a été découvert, est dans son entier & sur son point d'appui perpendiculaire. Les escaliers, au moins ceux qu'on a débarrassés, sont bien conservés. On a pratiqué quelques canaux souterreins pour aller dans les diverses parties de ce théatre, qui ont été fouillées & qu'on voit les unes après les autres, mais trop imparfaitement pour se faire une idée de l'ensemble, qui devoit avoir de la magnificence, à en juger par la beauté des détails. Un puits, ouvert par le dessus, permet de voir l'orchestre ou parterre & une partie des gradins : on voit le côté où devoit être la scene. Les marbres, les colonnes, les statues, les bronzes que l'on a retirés de ce théatre & des environs, ce qui reste encore en place, prouvent que cet édifice étoit d'une très-belle architecture d'ordre corinthien, & que dans la décoration, on n'avoit rien épargné pour le rendre aussi riche que magnifique. M. l'Abbé Richard, de qui nous avons tiré cette description, regrette avec raison que le Roi des deux Siciles n'ait pas fait découvrir le théatre en entier par le dessus ; il assure qu'il eût été aisé de le restaurer avec ses matériaux même. Ce monument unique eût été d'une grande ressource pour la construction de semblables édifices.

THÉATRE DE PARME, (le) est situé dans le vieux Palais, & peut-être regardé comme le plus beau qu'il y ait en Europe ; cet ouvrage, qui est du Cavalier Bernin, est magnifique, tant pour sa grandeur, que pour son architecture. L'amphithéatre forme un vaste demi-cercle comme celui du théatre olympique à Vicence ; toute la partie d'en-bas est en gradins à l'antique jusqu'à la hauteur à peu-près des secondes loges des salles de théatres ordinaires. Il n'y a qu'un rang de loges, & ce rang est une galerie ornées de colonnes simples à distances égales, qui soutiennent des arcs ; au-dessus est un paradis à plusieurs rangs de bancs. Ce théatre est disposé de façon que d'un bout à l'autre on peut entendre le son le plus bas, & si haut qu'on éleve la voix, il n'y a point d'écho qui puisse causer de la confusion. Le parterre est uni & pavé de grands carreaux, on peut le remplir d'eau à la hauteur de trois pieds pour y représenter un combat naval. Comme ce théatre coute trop en illumination, on ne s'en sert plus ; il y a plus de cent ans qu'on n'y a représenté ; on en a construit à côté un moins étendu & plus proportionné à la population de Parme, où l'on fait quelquefois des représentations ; le plus occupé est un troisieme, que l'on a construit dans le Palais neuf : c'est dans celui-là que l'on représente tous les jours.

THÉATRE DE TURIN, (le grand) tient au Château Royal ; c'est l'un des beaux & des plus grands qu'il y ait en Europe, il a été exécuté sur les desseins du Comte Alfieri. La salle des spectateurs a la forme d'un œuf tronqué : vis-à-vis du théatre, au second rang, est la loge du Roi, qui a environ trente pieds de largeur sur quinze de hauteur ; les autres loges n'ont gueres plus de cinq pieds d'ouverture, mais elles sont profondes, & peuvent contenir huit personnes ; on y reçoit des visites comme dans les autres théatres d'Italie ; on parle haut au parterre, & l'on n'est attentif qu'aux ariettes. Le théatre est d'une profondeur dont on ne se fait pas d'idée en France. (*V.* TURIN) Les assemblées du Sénat ou du Peuple, les campemens d'armée, les batailles, tout s'y déploie avec la plus grande aisance ; mais il n'y a ni vols, ni descentes des dieux, ni enlevemens ; la partie des machines y est fort négligée, on glisse les décorations par des coulisses les unes devant les autres, quand on en change. Cette salle est placée vis-à-vis d'un double portique, sous lequel les carrosses peuvent aborder à couvert ; moins grande que celle de S. Charles à Naples, elle est plus ornée par les sculptures, les peintures & les dorures ; les six rangs de loges sont en balustrades comme le couronnement d'un édifice, les corridors, les escaliers de dégagement, les passages d'un étage à l'autre sont larges & commodes, & il y a plusieurs issues.

THÉATRE DE ROME. Quoiqu'il n'y ait de spectacle à Rome que depuis le lendemain des Rois jusqu'au Mercredi des Cendres, il y a néanmoins huit théatres, dont les principaux sont 1°. celui d'Argentina ; c'est le plus vaste & celui où se représentent les opéra ; c'est un ovale tronqué, quarré d'un bout & rond de l'autre ; il a six rangs de trente-trois loges, séparées l'une de l'autre par une cloison ou petit mur, chaque loge peut contenir huit personnes ; il n'y a point d'amphithéatre, & le parterre est très-vaste, on y est assis ; le théatre est assez grand pour toute espece de représentations, la salle est éclairée par un seul lustre de quinze torches. 2°. Le théatre d'Aliberti est plus grand que le précédent, il a six rangs de trente-six loges, la forme intérieure est un triangle, dont les deux angles sont coupés, & dont le troisieme fait l'ouverture du théatre ; on y joue, comme sur le premier, des opéra, mais dans l'un & l'autre, les décorations & les machines sont bien au-dessous de celles de l'opéra de Paris. 3°. Le théatre de Tordione, bâti par les ordres de Benoît XIII, a cinq rangs de vingt-six loges, il est à peu près dans la forme de celui d'*Argentina* ; il n'y a que ce théatre qui appartienne à la Chambre des finances du Pape, les autres appartiennent à différens particuliers. 4°. Le théatre de *Capranica* a six rangs de vingt-huit loges, on y représente les pieces & intermedes & les opéras bouffons; dans les autres théatres, l'on joue des farces, des jeux de marionnettes, spectacle mêlé de déclamation, de musique & de danses. Sur aucun de ces théatres, on ne voit des femmes ; les spectacles ne sont interdits ni aux Ecclésiastiques, ni aux Moines, ni même aux Prélats, les femmes vont au parterre ; les loges & le parterre sont dans l'obscurité, il n'y a que la scene qui soit éclairée ; le lustre qui éclaire la salle avant que le spectacle ne commence, est ôté dès qu'il est commencé. Les acteurs sur-tout les castrats, sont payés fort chérement, & châtiés rigoureusement, lorsqu'ils se donnent des tons avec le public, quelque réputation qu'ils aient. Le peuple de Rome est fort avide des jeux du théatre ; les mendians même aiment mieux se priver de pain que de spectacle. La populace se place dans les sixiemes loges, les uns sur les autres, ou dans le parterre.

THEATRO REALE ou DI SAN CARLO, c'est le théatre de Naples, le plus vaste & le plus magnifique après celui

celui de **Parme** ; il a six rangs de loges, cent soixante-seize en tout ; son plan est demi circulaire, un peu alongé & bombé insensiblement du côté du théatre, dont la profondeur est surprenante ; les décorations, en perspective, en relief, en pieces détachées & fuyantes, forment des points de vue qui font une illusion parfaite. L'orchestre est rempli de quatre-vingts à cent instrumens, mais le spectacle n'a lieu que pendant quelques mois de l'année ; c'est un entrepreneur qui s'engage pour le temps du Carnaval ; l'entreprise dure environ deux mois ; l'entrepreneur, pour gagner beaucoup, ne doit rien épargner ; il donne au premier acteur jusqu'à vingt mille sequins, ainsi des autres. Les loges sont louées pour tout le temps de l'entreprise ; le parterre est toujours rempli : le prix n'en est point fixé.

THÉATRE OLIMPIQUE, (le) est un très beau théatre, que l'on admire à Vicence, dans l'Académie Olympique ; ce fut le Cavalier *Valerio Chioregato*, Gouverneur de toute la Milice du Royaume de Candie, qui le fit construire, il y a deux cents ans, d'après le dessein de *Palladio*. Ce théatre, quoique d'un goût ancien, est magnifique pour l'architecture ; toute la salle, qui est presque quarrée, n'est guere plus grande que celle de la Comédie Françoise à Paris ; l'amphi-théatre, qui est dans le même goût que celui de Parme, est en forme de gradins disposés dans un grand demi-cercle, couronné par un ordre corinthien, qui forme une galerie couverte. Le parterre n'est point en pente, & il est, comme tous ceux d'Italie, fait ainsi pour y mettre des bancs ; on dit que toute la salle peut contenir cinq mille spectateurs. Ce théatre ne sert que dans les occasions extraordinaires, & elles arrivent rarement : on y représenta pour la premiere fois, en 1585, une tragédie.

THERMES, *Termini* ; on appelloit ainsi de vastes Palais qui servoient de bains publics ; ils étoient assez en usage en Italie, sur-tout à Rome ; les Empereurs étoient fort jaloux de ces sortes d'édifices ; leur magnificence n'a pas peu contribué à leur ruine ; presque tous ont été pillés : on voit autour de Rome les restes de quelques-uns.

TERMES DE CARACALLA, (les) aux environs de Rome, devoient être autrefois un Palais magnifique, à en juger par une infinité de salles d'une grandeur & d'une hauteur surprenantes qui composoient ce Palais. Ce ne sont plus aujourd'hui que des masures, & la plupart sont remplies de ruines, d'arbres & d'herbages qui croissent en dedans, les colonnes de marbre & les statues en ont été enlevées pour orner les Palais de Rome.

THERMES DE DIOCLÉTIEN, (les) dans la place de Termini, passent pour les plus vastes qui aient jamais été faits à Rome. Cet Empereur y fit travailler pendant l'espace de sept ans, quarante mille Chrétiens esclaves, dont trente mille périrent de fatigue & de misere pendant le cours de cet ouvrage. Il n'en reste plus que de grandes masures ; on s'est servi des salles les plus vastes pour en former d'abord une superbe Eglise de Chartreux, qu'on appelle Sainte Marie des Anges, & ensuite de greniers immenses pour y conserver le bled : ces greniers appartiennent au Pape.

THIE, petite Ville du Faussigni, dans la Savoie.

THIENNE, petite Ville du Vicentin, dans l'Etat de Venise.

THONON, *Tununium*, Ville de Savoie & Capitale du Chablais. Il y a des choses très curieuses dans cette Ville, sur-tout les Palais & quelques Couvens. Ce fut en 1598 que cette Ville passa sous la domination du Duc de Savoie, & qu'alors y finit la prétendue réforme ; c'est le lieu de la naissance du bienheureux Amédée IX. Thonon est située sur le bord oriental du lac de Geneve, près de l'embouchure de la riviere de Drance : ses habitans sont presque tous riches

THRASIMÉNE, (lac de) dans l'Etrurie, appellé aujourd'hui le lac de Pérouse, à sept milles de cette ville, sur les frontieres de la Toscane, est célebre par la victoire qu'Annibal y remporta sur les Romains, sous la conduite de Flaminius. Il est connu des Italiens sous les noms de *lago di Perugia*, *lago di Castiglione*, *lago di Passignano*.

TIBRE, (*Tiberis*) *Tevere*, fleuve principal d'Italie, qui prend sa source dans le mont Apennin ou mont Fatterota, près de Camaldoli & de monte Corvajo, entre l'Etat de Florence & la Romandiole; il reçoit la *Chiana*, la *Nera*, le *Teverone*, &c. passe près de Pérouse, Orviette, vient à Rome, se jette dans la mer de Toscane à Ostie par deux embouchures, dont la moins grande forme un port, que les anciens Empereurs Romains ont construit, & que les Papes ont conservé, tant qu'ils ont pu le garantir des attérissemens.

TIDONE, riviere du Piémont, qui, ainsi que le *Tanaro* & la *Scrivia*, prend sa source dans les Alpes; elles sont grossies dans leurs cours par des ruisseaux d'une eau bourbeuse qui viennent des collines : le *Tanaro* & la *Versa* en reçoivent une grande partie. Ces rivieres arrosent *Villanova*, *Asti*, *Alexandrie*, *Tortone*, *Vogherra*, &c.

TIPHATINI, (*Monti*) collines des environs de Capoue & de Caserte. (*Voyez* CAPOUE) Ils bornent Naples du côté du Nord avec la Colline appellée *Monte Virgine*, & qui portoit autrefois le nom de Virgile. Ces monts s'appellent aussi *Monti Tifata*.

TIVOLI ou TIBUR, sur le *Teverone* ou *Anio*, Ville très-ancienne & assez considérable, dans la Campagne de Rome; elle existoit du temps qu'Enée aborda en Italie, elle résista pendant quatre siecles à la puissance des Romains, qui la subjuguerent enfin vers l'an 401. Tivoli a été fort célébrée par les Poëtes du siecle d'Auguste; la fraîcheur & l'abondance de ses eaux, sa situation agréable, avoient engagé plusieurs Romains, riches ou voluptueux, de bâtir des maisons de campagnes à Tibur. Auguste y venoit souvent, & y rendoit la justice sous les portiques d'Hercule, où il y avoit une belle bibliothéque. Il suffisoit qu'Auguste distinguât Tivoli, pour que les Poëtes s'attachassent à le célébrer. Virgile, Horace en parlent comme d'une ville fondée par une Colonie Grecque & une des principales du *Latium* : Mecenas, Brutus, Cassius, Saluste, Horace, Properce, C. Aronius, Manlius, Vopiscus,

Quintilius Plancus y avoient leurs maisons de campagne. Il paroît que la ville de Tivoli étoit fort habitée. Totila, Roi des Goths, la saccagea, & passa les habitans au fil de l'épée. L'Empereur Fréderic Barberousse la rebâtit, & Pie II y fit construire le Château. Elle est aujourd'hui ville Épiscopale, & de la domination du Pape. Ses bâtimens ne sont pas en général magnifiques : mais il y a une grande quantité de maisons de plaisance qui appartiennent à des Cardinaux ou à de riches particuliers : la plus considérable est la *Villa Estense*. Le seul inconvénient sont les vents du nord, qui refroidissent l'air tout-à-coup, & y causent souvent des maladies. Tivoli est située sur une petite montagne, sur le penchant de laquelle on voit un petit temple antique, rond, d'une architecture très-simple. Les uns disent que c'étoit le temple de la Sibylle Tiburtine ; les autres, qu'il étoit dédié à la Déesse Tussis : ce qui s'accorde avec le physique du lieu, assez sujet aux rhumes. Vis-à-vis de ce temple, est la cascade de Tivoli formée naturellement par le Téveronne. (*Voyez* CASCADE). Cet aspect rend ce temple, qui est fort agréable par lui même, plus riant encore, il est un des mieux conservés de Rome, mais on le laisse dégrader. On voit sur la place de la Cathédrale deux belles statues égyptiennes, du plus beau granit d'Egypte, on les croit du temps d'Adrien. Les environs de Tivoli sont plus remarquables que Tivoli même. Outre le temple de la Sibyle Albunea, la cascade & les cascadelles, on voit les ruines de la maison de Mécene ; dont les écuries & un appartement au-dessus sont entiers ; ce sont de très-grandes pieces voûtées aboutissant sur une grande galerie, dans laquelle coule, dans un aqueduc ouvert, une branche du *Téveronne*. Ces restes sont d'une très-grande solidité, & ne servent qu'à retirer des bœufs en hiver. Dans la montagne qui est vis-à-vis, est un grand souterrain voûté, composé de trois corridors, séparés par douze pilliers ; c'étoit, dit-on, un réservoir pour les maisons de campagne des Romains, située de ce côté-là. On trouve d'un côté & d'autre des restes de murs de brique, que les Tiburtins assurent avoir été les maisons de campagne d'Horace, & de Properce. Ce qu'il y a aujourd'hui de plus magnifique dans les environs de Tivoli, est la *Villa Estense. Voyez* Est.

Au bas de la montagne sont les ruines de la maison de campagne d'Adrien, qu'avoit trois milles de longueur sur un peu plus d'un mille de largeur ; on y a trouvé une grande quantité de statues de mosaïque, quoique l'Empereur Caracalla en eût fait enlever beaucoup pour en orner ses bains du Mont Celius, & que plusieurs Empereurs y eussent pris beaucoup d'autres ornemens. On y voit encore le logement des *Centocellés* ou Gardes Prétoriennes, qui est très-bien conservé. La salle où Adrien donnoit ses audiences, au-dessous de laquelle est une galerie voûtée, où il reste encore quelques vestiges de peintures à fresque. Il y a encore plusieurs autres pieces ; mais la plus conservée de toutes, est une galerie tournante autour d'un temple, couverte & voûtée, la voûte est peinte par Compartimens. *Voyez* ADRIANNI VILLA.

TODI, *Tudero* ou *Tudertum*, Ville dans le Duché de Spolette, sur le Tibre, avec Evêché ; elle est presque entiérement ruinée. Le Pape S. Martin I étoit de Todi.

TOLENTINO, petite Ville de l'Etat Ecclésiastique, dans la Marche d'Ancône, à 4 lieues S. O. de Marcerata, sur la Chienta. On y voit la belle Eglise de S. Nicolas de Tolentin, Moine Augustin, dont une partie du corps est conservée sous le maître-autel ; le portrait du Saint, qui est dans une Chapelle, est accompagné d'une inscription latine, qui marque qu'il sua extraordinairement lors de la mort du Pape Eugene III. Il n'y a rien de remarquable dans la ville de Tolentin ; on y conserve le buste de François Philadelphe, homme de Lettres célebre, dans le quinzieme siecle ; c'est à Tolentin que finit l'Apennin. Depuis Tolentino jusqu'à Foligno, on marche toujours dans les montagnes pendant quarante milles. Dans certains endroits, il faut passer dans des chemins étroits, taillés en dehors du roc & bordés de précipices. Dans un de ces endroits, appellé *Cariere di Foligno*, parce qu'il y a plusieurs manufactures de papiers, le chemin est étroit & sans parapet, & le précipice est effrayant & célebre par des événemens funestes. C'est sur la route de Foligno à Tolentino qu'on trouve le village de *Case Nuove*, dans une plaine stérile & déserte, & dont les habitans n'ont d'autre ressource que la charité des passans. Après avoir passé le chemin creusé dans le roc ou corniche de *Colfiorito*, qui forme un demi-cercle de deux milles d'étendue, où deux voitures qui se rencontrent sont dans le plus grand danger, & dont une est obligée de rétrograder, en attachant les chevaux & leur faisant tirer la voiture par derriere, on va à Serravalle, gros Village resserré entre deux montagnes, éloignées d'environ cent cinquante toises de distance, où l'on trouve des vestiges de portes de murailles & d'un Château, bâti par les Goths.

Malgré les dangers & l'espece d'horreur dont on est saisi à travers ces montagnes de l'Apennin, on y trouve des arbustes, des plantes, des fleurs de toute espece, & d'autres curiosités que la nature offre à ceux qui font des recherches sur ses productions & ses phénomenes.

TOLMESO, petite Ville du Frioul, dans l'Etat de Venise.

TOMBEAU D'ANTENOR, (le) monument que l'on regarde comme très-précieux à Padoue. *V.* PADOUE.

TOMES, Ville du Genevois, un des onze Mandemens qui forment l'Etat de Geneve.

TONNON, un des cinq Bailliages qui forment la Province du Chablais. Tonnon est sur le lac de Geneve. Le séjour en est fort agréable, & c'est un grand passage.

TORCELLO, petite Ville dans la Marche de Trévisane. Sa Cathédrale fut bâtie en 1679 : le Siege Episcopal a été transféré à Marano, à cause du mauvais air qu'on y respire. Cet Evêché y avoit été tranféré d'Altino, ville ruinée par les Huns. Torcello est encore le nom d'une Isle du Dogado, dans l'Etat de Venise, avec un Evêché.

TORIGLIA, un des territoires appellés *Feudi Impe-*

riali, cédés au Roi de Sardaigne par l'Archiduchesse.

TORNAFORT, petite ville du Comté de Beuil, dans le Piémont.

TORRE D'ASTURA. L'Asture est une riviere qui traverse les marais Pontins ; elle a son embouchure à l'extrêmité d'un cap qui fait la partie la plus occidentale des marais, une tour auprès de laquelle étoit le petit port, où Cicéron s'étoit embarqué pour aller vers sa maison de Formies le jour qu'il fut assassiné. Le jeune Conradin, Roi de Naples, fut arrêté dans cet endroit par un Franchipani, Seigneur d'Astura, chez qui il avoit choisi un asyle.

TORRE DI PATRIA, ancienne tour à l'embouchure du Literno ou Clarico, à une lieue au N. de Cumes, ainsi appellée, parce qu'on y voit en gros caracteres le mot *Patria*. On prétend que c'est-là qu'étoit le tombeau de Scipion ; que ce grand homme, indigné de l'accusation de peculat, que Caton intenta contre lui, se retira à sa maison de campagne près de Linterne, qu'il y mourut cent quatre-vingt sept ans avant Jesus-Christ, & y fut enterré avec le Poëte *Eunius* son ami, & qu'on avoit gravé sur son tombeau cette inscription : *ingrata Patria, non habebis ossa mea*, dont il n'étoit resté que le mot *Patria*.

TORRE DI MEZZA VIA, est la premiere poste de Naples à Rome ; on y passe sous de très-beaux aqueducs antiques, soutenus dans les plaines & les terreins bas, à une hauteur considérable par de grandes arcades ouvertes, dont les ceintres & les montans sont en pierre de taille ; le reste est en briques jointes avec la poussolane ; elles portent les canaux formés de la pietra travestina ou pierre tendre, qui se conserve à l'air. Ces canaux, qui servent encore à conduire de l'eau à Rome, sont du temps de la République même, & ont deux mille ans d'antiquité. On voit auprès les restes d'un camp prétorien, qu'on prendroit pour les ruines d'une très-grande ville.

TORINIERI, petite ville de la Toscane, dans le Sienois, située entre Buonconvento & Radicofano ; ses environs produisent d'excellens vins.

TORTONNE, ancienne ville au Duché de Milan, Capitale du Tortonese, avec un Evêché. C'étoit une Colonie Romaine. Elle étoit beaucoup plus considérable & plus peuplée : mais l'Empereur Fréderic II la dévasta. Elle passa des Milanois aux Espagnols, qui la céderent au Duc de Savoie ; elle est défendue par un Château assez bien fortifié, sur la Scrivia. Le voisinage de Gênes y entretient le commerce. La ville est peu peuplée ; les habitans en sont pauvres, quoique fort près de leurs intérêts. Elle est à neuf lieues S. E. de Casal, à quinze S. E. de Milan, treize N. de Gênes, long. 26. 27. lat. 44. 53. Le Tortonnois est à l'Orient de l'Alexandrin, & confine à l'Etat de Gênes du côté du midi : il a été cédé à la maison de Savoie en 1735 & 1738 par les Traités de Vienne. Le Tortonnois comprend, outre Tortonne, *Castel Novo, Serravallo, Arqua* & *Pietra Bissara*.

TOSAFOR, ville de la Vallée de Démona, en Sicile.

TOSCANE, (le grand Duché de) ou l'ancienne Etrurie, ou Pays des Etrusques, nom qui signifioit dans leur langue Montagnards. Les Romains envoyoient leurs enfans chez les Etrusques, pour y apprendre la science des Augures, dans laquelle ils excelloient ; les vases, statues, instrumens des sacrifices dont M. le Comte de Caylus a fait un si beau recueil, prouvent que ce peuple connoissoit les arts ; l'architecture lui doit l'ordre toscan ; il étoit originairement asiatique ; avant les Romains, il possédoit le grand Duché de Toscane ; ce qui compose aujourd'hui le Patrimoine de S. Pierre, le Duché de Castro, l'Orvietan, Pérouse, plusieurs établissemens le long du Pô, Cortone, Viterbe, Volterre, Arezzo. L'Etrurie devint l'objet des conquêtes des Romains, dès l'an 321 de la fondation de Rome. Les Etrusques appellerent les Gaulois ; mais ce secours leur ayant manqué, ils furent subjugués par les Romains. Les soldats de Scylla bâtirent une ville sur les bords de l'Arno, qu'ils appellerent d'abord *Floentia*, & qui changea ce nom en celui de *Florentia*, l'an de Rome 645. Les Triumvirs, Auguste, Antoine & Lépide l'embellirent & l'érigerent en Colonie Romaine. Elle fut détruite par Totila, Roi des Goths rebâtie par Charlemagne, qui y transféra les habitans de *Fiefoli*. Florence devint peu à peu la Capitale d'une République puissante ; elle fut défolée successivement par les factions des Guelfes & des Gibelins ; elle étoit gouvernée par quelques familles principales, qui, pour le bonheur de ce pays, furent obligées de céder à la fortune des Médicis.

Le grand Duché de Toscane renferme le Florentin, le Pisan & le Siennois, qui étoient autrefois des Républiques très fameuses. C'est un des plus beaux pays & des plus féconds de l'Italie. Il est borné au N. par la Romagne, le Bolonois, le Modénois & le Parmesan, au S par la Méditerranée, à l'Est par le Duché d'Urbain, le Perusin, l'Orvietan, le Patrimoine de Saint Pierre & le Duché de Castro, à l'O. par la mer, l'Etat de Lucques & la République de Gênes. Il a quarante-cinq lieues de longueur sur trente-six de large. Cet état fut érigé en Souveraineté par Charles-Quint, en faveur d'Alexandre de Médicis, qu'il créa Duc de Florence. Le Pape Pie V créa Cosme de Médicis, fils d'Alexandre le Grand, Duc de Toscane : la Maison de Médicis a régné l'espace de deux cents ans. Jean Gaston, né le 24 Mai 1671, étant mort en 1737, sans postérité, cet Etat, par l'accord fait en 1736 entre la France, l'Espagne & l'Empereur, a passé à François, Duc de Lorraine, Empereur d'Allemagne, époux de l'héritiere de la Maison d'Autriche, & auquel Elisabeth de Farnese, Reine d'Espagne, le céda, comme plus proche héritiere de la Maison de Médicis.

La Toscane abonde en fruits excellens ; ses montagnes renferment des riches mines d'alun, de fer & même d'argent. On y trouve des carrieres d'albâtre, de porphyre & des marbres de toute espece. Les plaines sont fertiles en grains, en légumes de tous les genres, en vins exquis, en safrans ; les plantations de mûriers & d'oliviers y sont très-belles : la soie y est de la meilleure qualité, & les huiles y sont un objet de commerce très-considérable. Comme à la Chine, on y fait éclore les vers à soie deux fois l'année, quelquefois trois, lorsque la premiere & seconde ont manqué, & qu'on veut profiter de la troisieme feuille, & que le gouvernement empêche souvent, pour ne pas priver les bestiaux de cette troisieme, qui supplée au pâturage, qui est rare. On estime beaucoup les cédrats de Florence & les melons d'eau de Pistoie. Quoique les vins de Toscane soient très-bons, on fait plus de cas de ceux de Florence & de Livourne, & sur-tout de ceux de Monte Pulciano, espece de muscat rouge, que de tout le reste. Les arbres les plus communs sont les cyprès & les pins. Les paysans se servent de la pomme de pin à en manger, ou à vendre les amendes, & à faire du feu de l'enveloppe. Encore un grand objet de commerce, est la grande quantité de fleurs d'orange, de jasmin, d'œillet dont on tire la quintessence. L'Arno facilite beaucoup le commerce de Florence; on y fabrique de très-belles étoffes de soie; les denrées de consommation, le bétail, la volaille, le gibier y sont à très-grand marché; le poisson y abonde par la proximité de la mer & par le nombre de rivieres. Tout le pays qui avoisine l'Arno jusqu'à la mer, est riche & fertile; mais les montagnes pourroient être plus peuplées: elles produiroient sans peine des herbages, & pourroient nourrir de nombreux troupeaux. On fait à Florence une très-grande quantité de confitures; ce commerce, ainsi que celui des pommades & des essences, se fait sur-tout dans les Maisons Religieuses, à cause de la quantité de fleurs & de fruits de leurs jardins; mais il n'est permis aux Communautés, soit d'hommes & de femmes, de commercer qu'autant qu'elles n'importent ni n'exportent les matieres chez l'étranger.

Le sang est beau en Toscane, les hommes & les femmes y sont grands & bien faits, les femmes y sont belles; c'est chez elles qu'on trouve ce que nous appellons en France la beauté romaine; elles ont quelque chose de grand & de noble, des agrémens qui leur sont particuliers, tempérent cette majesté, & leur donnent en même-temps une physionomie qui en impose, qui plaît, & qui intéresse en même-temps.

Il n'y a dans la Toscane que trois mois d'hiver, depuis le premier Décembre jusqu'au premier Mars. Il y a très-peu de cheminées dans les maisons ; les terres rapportent ordinairement huit ou dix pour un de la semence ; on les laboure trois fois, on y met peu de fumier ; on seme ordinairement du froment trois ans de suite dans la même terre ; la quatrieme on y seme du seigle ou bien du fourrage. Les bœufs sont gris, & d'une grande espece ; les moutons y produisent de très-bonne laine ; la feuille de mûrier s'y vend à la livre, & coûte environ 3 liv. 10 s. le quintal, les cocons depuis 24 jusqu'à 36 sols la livre : il faut dix ou douze livres pour une livre de soie. On conserve à Florence, avec de grandes précautions, le *campione* ou le modele du poids de Florence, qu'on assure être la livre des anciens Romains ; on ne s'en sert que pour vérifier, lorsqu'on le croit nécessaire, l'étalon destiné à régler les autres poids.

On cultive beaucoup de lin dans les environs de Florence ; l'agriculture y est sur un bon pied ; les cultivateurs n'épargnent point leurs peines : ils viennent dans les villes acheter les fosses d'aisance, qu'ils nettoient, & dont ils vont eux-mêmes répandre les matieres sur les terres. Les impôts y sont considérables ; le Grand Duc entretient six mille hommes de troupes sur pied ; il peut, en cas de besoin, en lever trente mille dans ses Etats.

Quant aux mœurs, le peuple y tient beaucoup moins aux pratiques minutieuses de la Religion que dans le reste de l'Italie : les Ecclésiastiques y jouissent de beaucoup moins de considération ; le luxe & les plaisirs régnent à Florence. Les habitans de cette Capitale ont de l'esprit, de l'agrément & de la politesse ; ils sont affables : mais malgré leur luxe extérieur ; ils menent une vie fort resserrée. Les femmes y vivent avec une liberté entiere : elles sont polies & aimables dans la conversation, & reçoivent les étrangers avec les attentions les plus prévenantes. Les Cigisbés sont fort en usage à Florence, & c'est sur-tout parmi les Anglois qu'on les choisit. Les Anglois & les Angloises même viennent en grand nombre vivre à Florence, attirés les uns & les autres par la galanterie & par la beauté du climat.

Le commerce de la Librairie est très florissant à Florence; la Peinture & la Sculpture n'y produisent que de bons Copistes ; on fait des statues, des vases & des ornemens de toute espece de marbres qu'on tire des carrieres qui sont entre Florence & la mer. Ils copient l'antique avec beaucoup de fidélité ; une copie de la Vénus de Médicis, de même grandeur que l'original, ne s'y vend pas plus de cent pistoles. La Gravure y produit d'excellens Artistes ; le *Musæum Florentinum*, recueil qui contient les chef-d'œuvres de la Galerie, est une excellente collection.

L'Architecture s'y conserve, depuis Michel-Ange, dans toute sa majesté ; mais elle n'a pas l'élégance de l'Architecture Grecque ; les bâtimens les plus modernes tiennent encore au bon goût : la solidité & la force sont les caracteres principaux de ces constructions.

L'usage des lanternes pendant la nuit n'est pas connu dans la Toscane ; mais ce qui y supplée; c'est la quantité de lumiere qu'on allume dans les rues devant des images de la Vierge, & de grosses lanternes à reverbere, que les particuliers font allumer devant leurs portes, ou aux angles de leurs palais.

Les théatres de Florence n'ont rien de bien remarquable pour la construction ; les acteurs sont quelquefois des Marchands, de petits Bourgeois de la ville, ou des Artisans, qui représentent au défaut des acteurs ordinaires, pour une petite retribution ; ils ne se donnent point la peine d'étudier leurs rôles, ils sont naturellement acteurs ; & pourvu qu'ils aient une idée de la piece, cela leur suffit. Ce qui soutient leur spectacle, c'est que dans les entr'actes on joue des intermedes bouffons, & qu'on y mêle des ballets. Il n'est pas surprenant, dit M. l'Abbé Richard, de voir à Florence un Marchand fort grave & fort sérieux dans sa boutique, remplir avec la gaieté la plus plaisante & la plus bouffonne le rôle d'Arlequin sur le théatre, & un homme de la piété la plus exemplaire, être un comique excellent. Les loges sont comme les lieux d'assemblée générale, où l'on fait la conversation. En général, en Italie on va peu au théatre pour suivre & entendre la piece, il n'y a que le parterre & quelques sixiemes loges qui y fassent attention.

Parmi les Négocians, il y a beaucoup de Juifs : mais dans toute la Toscane ils ne sont pas assujettis comme dans le reste de l'Italie, à porter la marque flétrissante qui les distingue ; quoiqu'ils soient privés du droit de bourgeoisie, ils n'en sont pas moins la richesse de Livourne & une partie de celle de Florence. Un des fléaux du commerce entre ces deux Villes, est la crue soudaine de l'Arno, qui coupe entr'elle toute communication. *Voyez* ARNO.

Le commerce de Livourne est immense ; on en juge par la grande quantité de vaisseaux de toutes les Nations qui abordent à son port, par ses magasins, par les boutiques remplies de marchandises de toute espece, & par la quantité de Marchands de toutes les Nations & de toutes les parties de l'Europe établis dans cette ville, qui fournit au luxe de Florence. Il s'en faut bien que le commerce ait la même activité à Pise.

Les Toscans ont l'avantage de parler avec plus de pureté la langue Italienne qu'on ne la parle par-tout ailleurs ; mais leur prononciation n'est pas aussi belle que celle des Romains, soit que cela vienne d'un défaut d'organisation, soit de l'habitude : aussi est-il passé en proverbe, *lingua Toscana in bocca Romana*. Les Florentins parlent presque tous de la gorge, & si vîte, qu'il est difficile aux étrangers de les suivre dans leur conversation. Les Siennois parlent encore plus correctement que les Florentins ; c'est Sienne que les étrangers doivent préférer pour bien apprendre la langue Italienne.

Les chemins sont généralement beaux dans le Duché, à l'exception de ceux qui vont depuis Sienne jusqu'à l'extrêmité du Duché ; mais il faut choisir les belles saisons, à cause du passage des rivieres que l'on est obligé de faire très-souvent à gué, & qui, étant au pied des montagnes, grossissent si subitement après les pluies, qu'il y a de grands dangers à courir pour les voyageurs.

La situation de Florence est admirable, l'aspect de ses environs est séduisant. Florence est située dans un vallon resserré, couvert au nord & au midi par des montagnes; la ville est traversée par l'*Arno* du levant au couchant; les côteaux qui l'entourent sont habités par un peuple nombreux, couronnés de vignes, d'oliviers, de belles maisons de campagne, arrosés par quantité de sources d'eau vive. Le climat de Florence est plus tempéré que celui de Rome & de Gênes, & l'été y est délicieux; la fin de l'automne & l'hiver y sont très-mal-sain; les plus grandes précautions n'y garantissent pas toujours de la malignité de l'air & des brouillards; cette intempérie ne cesse que lorsque les gelées prennent : aussi les Nobles & les Bourgeois vont-ils dans les montagnes à la fin d'Octobre, & ne reviennent qu'au mois de Janvier.

Nous ajouterons à ce que nous avons dit du commerce de Florence, que les Florentins nobles, ainsi que les Génois & les Vénitiens, s'appliquent à cette profession, & ils ne dérogent point à leur noblesse; ils négocient beaucoup en gros & en détail; le préjugé contre le commerce, qui rend la Noblesse Françoise si pauvre, la tient dans un assujettissement qui n'est onéreux qu'à elle-même, & qui concourt parfaitement aux vues politiques de Richelieu & de ses successeurs.

Les Florentins sont regardés comme les meilleurs économes d'Italie; ils s'habillent ordinairement de noir à la françoise; ils portent plus d'attention à se parer dans les fêtes & réjouissances publiques; ils ont une pénétration naturelle & une finesse d'esprit qui les rend supérieurs aux autres peuples d'Italie.

L'Académie de la Crusca, établie à Florence, jouit dans l'Italie de la même réputation que l'Académie Françoise parmi nous. Les Florentins ont encore d'autres Académies célebres; le Jardin des simples ou Académie de Botanique, est sous les ordres du Gouvernement de la Province, & sous l'inspection d'un

Professeur en Médecine, Démonstrateur de Botanique.

La justice civile est très-bien & promptement administrée à Florence ; la criminelle y est peu occupée, il n'y a d'exécution que fort rarement. L'Inquisition y est très modérée, parce que dans toutes ses délibérations, il y a trois Commissaires du Souverain, qui sont les maîtres de les arrêter, en se retirant, si les choses ne vont pas à leur gré. L'Inquisition n'a ni prisons ni Sbirres à Florence.

TOSCANELLA, Ville dans le Patrimoine de S. Pierre, appellée successivement *Salembronia*, *Tyrrhenia*, *Tuscia* & *Tuscania*. Elle est dans la Toscane, & n'est plus aussi considérable qu'elle l'a été autrefois ; elle a souffert seize sieges. Les Papes Eutychien, Pascal I, Léon I, Jean I, Luce III, Léon VI, Boniface VI & Paul III étoient originaires de cette ville.

TOUR DE BOECE, est un édifice très-ancien, mais curieux, bâti à Pavie ; c'est dans cette tour que Boëce mourut, après y avoir été gardé l'espace de six mois, & y avoir composé son beau Traité *de Consolatione*, en prose & en vers. Ce fut Théodoric, Roi des Goths, qui lui fit couper la tête, sur le simple soupçon qu'étant Consul, il avoit été en liaison avec l'Empereur Justin.

TRABIA, ville de la Vallée de Mazara, dans la Sicile.

TRAETTA, petite ville au Royaume de Naples, située sur la montagne où commençoit l'aqueduc dont il reste encore plusieurs arcades, & qui portoit l'eau à l'ancienne ville de Minturnes, bâtie autrefois sur les frontieres du Latium & de la Campanie. On y voit les restes d'un amphithéatre, & plusieurs arcades du grand aqueduc ; on y voit encore les marais formés par le Gariglian ou Liris, dans lesquels Marius se cacha inutilement aux recherches de Scylla, qui déterra ce grand homme dans ce bourbier, d'où ses satellites n'oserent l'arracher qu'en tremblant.

TRAGONARA ou DRAGONARA, petite ville au

Royaume de Naples, dans la Capitanate, & est située au N. O. de Ferrantino, avec un Evêché suffragant de Bénévent.

TRAINA ou TRONIA, ville de Sicile, presque ruinée, mais qui a eu un Evêché du temps de saint Grégoire : on croit que c'est la même ville que Trajanopolis en Sicile. Il y a encore Trajanopolis en Thrace, appellée Zernis avant Trajan, & une autre Trajanopolis en Cilicie, où cet Empereur mourut, & qui étoit l'ancienne *Selinunte*.

TRANI, *Tranium* ou *Tranum*, ville au Royaume de Naples, dans la Province de Bari, avec un Château fortifié, & un Archevêché ; son port n'est plus si considérable, à cause du limon qui le gâte tous les jours. Cette ville est grande, mais mal peuplée, dans une campagne très-fertile ; elle est le lieu de la résidence ordinaire du Gouverneur de la Province de Bari. Il y a de très-belles maisons : elle est sur le golfe de Venise, à huit lieues O. de Bari.

TRANSTEVERINS ; on appelle ainsi les habitans de cette partie de Rome, qui sont au delà du Tibre, presque tous jardiniers, paysans & cultivant la terre ; ils prétendent être les véritables descendans des anciens Romains, & font remonter leurs prétentions jusqu'au temps de Cincinnatus, des Sabins, & ne veulent avoir rien de commun avec le peuple de l'autre partie de Rome, assemblage de gens de toutes les parties de l'Italie, & dont la plus ancienne famille ne remonte pas à la troisieme génération. Les Transteverins sont forts, robustes, fiers, se piquant de valeur, & le prouvant fort souvent aux Sbirres, qui ne se chargent qu'avec peine des commissions que le Gouverneur ou le Barigel leur donne pour quelqu'un du quartier de Transteverone. C'est un des plus grands de Rome, entre le Tibre & le Janicule ; il est traversé par la *Strada Longara* ; les maisons en sont médiocres ; c'est dans ce quartier que *Porsenna*, Roi de Toscane, vint camper, & où *Mutius Scevola*, voulant se punir lui-même de s'être trompé de victime, se brûla la main en présence de ce Roi.

TRAPANO,

TRAPANO, ville considérable dans la Vallée de Mazara, au Royaume de Sicile ; on y trouve beaucoup de Noblesse ; son commerce consiste dans ses salines & dans la pêche du thon & du corail qui se fait sur la côte, cette ville, qui est défendue par une citadelle bien fortifiée & un port avantageux, est située sur une langue de terre qui avance dans la mer, à dix lieues N. E. de Mazara, & dix-huit S. O. de Palerme. Son nom lui vient du mot grec *drepane*, qui signifie une faulx, parce que sa situation en avoit la forme. Elle est bâtie au pied du mont Eryx, à présent Mont *Trapani*. On voit assez près les ruines de la ville d'Eryx, appellée à présent *Trapanno Vecchio*. On pêche dans le port de très beau corail.

TREBIA. La Trébie, riviere célebre par la bataille qu'Annibal remporta sur ses bords contre les Romains, l'an 534 de la fondation de Rome, ou deux cens dix-huit ans avant J. C. Elle prend sa source dans l'Apennin, à quinze milles au-dessus de Gênes ; elle traverse une partie de la Lombardie, & va se jetter dans le Pô, un peu au-dessus de Plaisance ; on la passe quelquefois à gué, souvent elle est à sec ; mais vers la fin de l'automne, & dans le temps de la fonte des neiges, elle grossit si considérablement, qu'elle a plus d'un mille de largeur, & coule avec la rapidité & la fureur d'un torrent furieux. Elle est grossie par les pluies qui tombent dans l'Apennin, & le plus souvent rien n'annonce ses crues, qui surprennent quelquefois les voyageurs qui vont de Turin à Parme, Boulogne, Florence, &c. On ne trouve le long de la Trébie ni barques, ni ponts, ni bateaux : ce qui rend ces crues plus dangereuses ; il faut attendre que les eaux qui inondent un terrein immense se soient écoulées pour la traverser.

TREBULA, Ville, aujourd'hui MONTE LEONE, dans la Sabine, Province de l'État Ecclésiastique ; elle est célebre par la bonté de ses fromages dont elle fait un commerce considérable. Il y a un Châteaux assez fort ; il paroît qu'elle étoit considérable, au temps des Romains, par les inscriptions qu'on voit encore vers l'Eglise de saint Victoire, & par les débris d'un théatre.

TRECOATE ; petite Ville de Savoie dans le Comté de Verceil, & dont l'Evêque de Novare est Souverain.

TREMITI ; (les Isles de) *Insulæ Diomedeæ*, situées dans le golfe de Venise, dépendent du Royaume de Naples, & particuliérement du Gouvernement de l'*Abruzzo Citra* ; elle sont au nombre de trois, 1°. San-Dominico, 2°. San-Nicolo, 3°. la Caprara. Dans la premiere, il y a un Couvent de Chanoines, & les habitans du pays les reconnoissent pour leurs Juges. Il s'y trouve l'oiseau Diomédéen. *Voyez* DIOMEDÉEN.

TRENTE, *Tridentum*, Ville & Capitale du Trentin ou de l'Evêché de Trente, sur les limites du Comté de Tirol, entre l'Italie & l'Allemagne. Elle étoit autrefois Ville Impériale, mais maintenant elle dépend de son Evêque, qui a titre de Prince de l'Empire ; c'est le Chapitre qui l'élit ; on le prend toujours d'entre les Chanoines, qui sont tous nobles. L'Adige, que l'on passe sur un beau pont de cent quarante pas de longueur, baigne les murs de cette Ville, & est souvent nuisible à ses habitans par son débordement. Les Eglises les plus remarquables sont la Cathédrale, dédiée à S. Virgile, celle de S. Pierre, où l'on voit le chapeau du petit S. Simon, & celle de *Sainte Marie Majeure*, qui est toute de marbre ; c'est dans cette derniere que s'est tenu le dernier Concile Ecuménique contre les Protestans, qui commença l'an 1545, sous le Pontificat de Paul III, & finit en 1563, ayant été continué sous cinq Papes, savoir, Paul III, Jules III, Marcel II, Paul IV & Pie IV. Le Palais de l'Evêque, qui est hors de la Ville, est magnifiquement bâti, & fortifié en forme de citadelle. Les habitans sont exposés à de grandes chaleurs pendant l'été, & à un grand froid pendant l'hiver. Souvent les fortes gelées les empêchent d'avoir de l'eau, tous les ruisseaux sont alors glacés. Ce pays est situé dans les montagnes ou Alpes, dites *Tridentines* ; & la ville est située dans une plaine d'autant plus agréable, que les collines qui l'environnent sont extrêmement fertiles & arrosées par les eaux de divers ruisseaux qui coulent de tous côtés Le commerce du pays consiste en huile, il est abondant en gibier, il est borné N. par le Tirol & par le Feltrin & le Bellunese, S. par le lac de Garde & le Bressan, à vingt-sept lieues N. O. de Venise.

Tres Tabernæ, ancienne Ville dans l'Etat Ecclésiastique, qui n'offre plus que quelques ruines; elle fut, dit-on, bâtie en même temps que la Voie Appienne. Il est dit dans les actes des Apôtres, que S. Paul, revenant de Rome, passa aux *Tres Tabernæ*, & que quelques Chrétiens y vinrent au-devant de lui. Il en est encore parlé dans l'Histoire des premiers siecles de l'Eglise. L'Evêché de *Tres Tabernæ*, a été réuni à celui de Velletri.

Trevi, (fontaine de) un des plus beaux morceaux de Rome moderne; cette fontaine est située au bas de *Monte Cavallo*, près de la *Strada del Corso* à Rome; elle est formée de l'*Aqua Virgin*, la meilleure qu'on puisse boire à Rome. (*Voyez* AQUEDUCS) Agrippa la fit venir à Rome de huit milles; le bassin principal étoit à la tête du Champ de Mars, au pied du Quirinal, où il est encore; cette eau vierge formoit & forme encore une autre fontaine par un autre aqueduc qui se séparoit du premier; c'est aujourd'hui la fontaine de la place d'Espagne. Ces aqueducs sont l'un & l'autre du temps d'Agrippa; l'aqueduc principal fournissoit de l'eau dans tout le quartier du Champ de Mars; on trouva le château d'eau ou le point de partage de l'eau qui venoit du grand aqueduc, & se distribuoit dans les deux fontaines. Ce beau monument fut dégradé par les Barbares, & les engorgemens empêchoient l'eau de couler. Nicolas V & Sixte IV travaillerent à le rétablir; cet ouvrage fut consommé par Pie IV en 1560; l'eau sortoit comme anciennement par trois bouches sans ornement, à travers un rocher formé de gros quartiers de pierres entassées, tomboit dans un grand bassin. Clément XII y ajouta les beaux ornemens qu'on y voit, & qui font une des plus belles fontaines de Rome; le dessein en est de François *Salvi*, Architecte. C'est une façade majestueuse, formée de trois corps d'Architecture, portés sur un soubassement partie brut & partie d'ordre rustique, d'où sortent continuellement plusieurs nappes d'eau ; du soubassement s'élevent quatre grandes colonnes d'ordre corinthien, portant un Attique, couronné d'une balustrade ; entre les colonnes sont trois niches ; dans celle du milieu est un Neptune sur une Conque, tirée par deux chevaux marins, conduits par des tritons ; dans les deux niches qui sont de chaque côté, sont deux figures représentant l'une la Salubrité, l'autre la Fécondité, par Philippe *Valle*. Au-dessus de ces deux statues sont deux bas-reliefs, où sont représentés Agrippa, faisant conduire l'eau vierge à Rome, & l'autre la jeune fille, indiquant la source de cette eau à des soldats. Au-dessus de la corniche sont quatre statues allégoriques, représentant la Déesse des Fleurs, par *Corsini* ; la Fertilité des campagnes, par *Ludovisi* ; l'Automne & la Fécondité, par *Queiroli*, & le Charme des prairies émaillées ou le Printemps, par *Picelloti* ; les armes de Clément XII sont soutenues par deux belles Renommées, de Paul *Benaglia* : la conque de Neptune jette une grande quantité d'eau ; on trouve que les rochers ne sont pas assez grands : mais le défaut le plus réel, est que ce grand & magnifique monument est placé dans un carrefour trop étroit.

TREVICO ou VICO D'ELLA BARONIA, en latin *Trivicus*, Ville du Royaume de Naples, dans la Principauté ultérieure, avec Evêché suffragant de Bénévent ; c'est une Ville peu peuplée & peu commerçante.

TREVIGLIO ; on appelle ainsi trois endroits qui ne sont qu'à une portée de fusil l'un de l'autre, savoir, *Cusarola*, *Pisnana* & *Portoli* ; ils sont situés près de l'Adda, à quatre lieues de Lodi, au Duché de Milan : il s'y tient beaucoup de foires.

TREVISA, TREVIGIO, TREVISE, Ville & Capitale de la Marche Trévisane, dans l'Etat de Venise, bien peuplée & bien fortifiée. Ce fut en 1388, qu'elle tomba sous la domination des Vénitiens ; il y a beaucoup de nobleſſe dans cette ville ; ſon Univerſité a été transférée à Padoue : ſon Evêché eſt ſuffragant d'Aquilée. Elle a donné naiſſance à Crotila, Roi des Goths, & à Benoît XI. Treviſe donna ſon nom à la Marche Tréviſane ou Tréviſan, une des Provinces de l'Etat de Veniſe, bornée E. par le Frioul & le golfe de Veniſe, S. par la mer & le Padouan, O. par le Vicentin, N. par le Feltrino & le Belluneſe. Elle a environ treize lieues de longueur ſur autant de largeur : cette Province comprend le Tréviſano, le Feltrino & le Belluneſe. Ses habitans tirent de groſſes ſommes de leur bétail, & font un gros commerce de ſoie, de draps & de laines. Le terroir eſt très-fertile, & fournit quantité de grains. La riviere de Piava arroſe cette Province ; ſon air tempéré, ſes champs ſont agréables & fertiles en toutes ſortes de grains & de fruits ; ſes pâturages ſont abondans : elle avoit autrefois pour Capitale la ville de Veniſe.

TRICARIO, *Tricaricum*, Ville du Royaume de Naples, dans la Baſilicate, avec Evêché ſuffragant de Matera.

TRIESTE, *Tergaſte* ou *Tergaſtum*, Ville très-ancienne ; dans l'Iſtrie, avec un Evêché & un port de mer, ſur le golfe de Trieſte : l'Evêque, ſuffragant de celui d'Aquilée, eſt Prince d'Empire. Cette ville, qui eſt à trois lieues de *Capo d'Iſtria*, n'eſt pas d'une grande étendue ; les rues ſont fort étroites, & il n'y a qu'une grande place, qui eſt celle du Marché. Ses habitans ſont fort laborieux, & tous occupés à la navigation ou à la culture des vignes, qui fourniſſent de très bon vin. Il ſe tient tous les ans une foire dans cette ville, les vingt premiers jours du mois d'Août. La proximité du lac fait que l'air y eſt mal ſain. La Cathédrale, qui eſt dédiée à S. Juſte, Martyr, eſt ce qu'il y a de plus beau à voir, avec celle des Jéſuites. Cette Ville appartient à la Maiſon d'Autriche, & la Reine d'Hongrie y a toujours un Gouverneur.

TRINITÉ, (la) Abbaye célèbre pour ſes Archives, dans le Comté de Policaſtro, au Royaume de Naples.

TRINO, Ville dans le Montferrat, assez bien fortifiée, appartenoit au Duc de Mantoue, qui la céda, en 1631, au Duc de Savoie, par le Traité de Quierasque. Elle est près du Pô, à trois lieues N. E. de Casal ; c'est la Capitale d'une petite Province qui renferme au N. du Pô Luceda & Rondisson, au M. S. Raphaël, Cinzano & Gasso.

TRIFEGOLE, gros Bourg, qui étoit entre le lac Lucri & la mer ; il y avoit un Hôpital pour les pauvres & les étrangers qui venoient prendre les bains chauds de Tritoli, & trois Hôtelleries très-belles pour les gens riches, avec toutes les commodités & tous les médicamens nécessaires. Dans l'endroit même où étoit l'Hôpital, au bord de la mer, il s'ouvrit, la nuit du 29 au 30 Septembre 1538, un gouffre d'où sortit une flamme mêlée d'une épaisse fumée, qui fit voler dans les airs de sables & des pierres ardentes ; les tremblemens de terre, les tonnerres, les éclairs, les pluies de cendres & de feu durerent vingt-quatre heures ; le *Monte Cinere* couvrit le lac Lucrin, & Tripegole fut englouti par les eaux de la mer.

TRITOLI ou TRITOLA, (Etuves de) auprès de Baies ; on les appelle aussi *Bains de Neron* ; *Bagni di Nerone*. Voyez ETUVES DE NÉRON.

TRIVENTO, petite Ville dans le Comté de Molise, au Royaume de Naples, avec un Evêché & titre de Comté ; elle est sur la riviere de Trigno, à quatre lieues N. E. de Molise.

TRIVIN, petite Ville du Piémont, dans la Seigneurie de Verceil & la Province de Biele.

TRIVOLZO, petite Ville, avec titre de Principauté, dans le Pavesan, à sept lieues de Pavie, est l'endroit d'où la Maison de Trivulce tire son nom.

TROIA, Ville forte au Royaume de Naples, dans la Capitanate, avec un Evêché, dont l'Evêque dépend du Pape immédiatement. Elle a titre de Comté, & appartient à la Maison de Guevara, originaire d'Espagne. Cette ville fut bâtie vers l'an 1008 ; elle est au pied de l'Apennin, sur la riviere de Chilaro, à treize lieues N. E. de Bénévent. Il s'y est tenu trois

Conciles, l'un en 1095, composé de plus de soixante-dix Évêques; on y fit plusieurs réglemens, & entr'autres au sujet des mariages entre parens. Il y en eut un second bientôt après, composé de cent Prélats, sur les affaires les plus pressantes de l'Eglise. On fixe le troisieme en 1115, au sujet de la guerre que les Normands faisoient en Sicile.

Tronzan, Bourg du Piémont, dans la Province de Verceil, peu considérable.

Tropea, (Postropea, Tropia, Tropas) Ville au Royaume de Naples, dans la Calabre ultérieure, avec un Evêché suffragant de Reggio; elle est très-bien bâtie, & dans une position très-agréable, au haut d'un rocher, près de la mer : la vue en est séduisante.

Turin, Ville & Capitale du Piémont, avec Archevêché, résidence de la Cour du Roi de Sardaigne, sur le bord du Pô, 45.d 4″. 15′. lat. Cette ville l'emporte sur presque toutes celles de l'Italie par la beauté de ses édifices, l'alignement de ses rues & les agrémens de la vie. On fait remonter Turin à un Fetonte, Prince Egyptien, frere d'Osiris, dont le fils, appellé Ligur, donna son nom à la Ligurie. Fetonte s'arrêta au confluent du Pô & de la Doire, où il fonda Turin, 1529 ans avant J. C. Son fils Eridan donna son nom au fleuve que les Gaulois appellerent le Pô. Le nom de Turin vient du taureau, symbole du Dieu Apis. Quoi qu'il en soit de cette fable, Turin, selon Pline, est la plus ancienne Ville de la Ligurie. Il est situé vers l'endroit où les Alpes se séparent de l'Apennin, vers le sommet du triangle que forme la vaste plaine de Lombardie; il est arrosé par le Pô, le roi des fleuves, comme l'appelle Virgile.

Cette Ville est divisée en Ville nouvelle & Ville ancienne; la nouvelle est de la plus grande beauté, & l'ancienne sera aussi magnifique, parce qu'à mesure que l'on y rebâtit, on élargit les rues. Turin est entouré d'un rempart en terrasses, revêtu de bonnes murailles, avec un large fossé, défendu par de bons bastions. Cette ville a environ une lieue de tour, neuf cens toises de largeur depuis la porte de Suse au couchant jusqu'à la Porte du Pô au levant, & six cens toises depuis la porte du Palais au nord jusqu'à la porte Neuve au midi. Les deux plus belles rues sont la rue Neuve & la rue du Pô, elles aboutissent à des places superbes. La place S. Charles est entourée de beaux portiques, comme la Place Royale à Paris. Il y a dix places, trente deux rues, qui se croisent à angles égaux, partagent la ville en cent quarante-cinq quartiers. Les quatres portes sont d'une très-belle architecture; les revêtissemens de celle du Pô sont de marbre, quatre grosses colonnes soutiennent le fronton où sont les armes de la Maison de Savoie; celle du midi est aussi revêtue de marbre, ornée de colonnes & des statues des Princes de cette Maison.

On compte à Turin cent dix Eglises ou Chapelles, la plupart enrichies de marbre, bâties dans le goût moderne, & très-bien éclairées; les principales sont Saint Jean-Baptiste, Cathédrale, fondée en 602 par Agilus, Roi d'Italie, & par la Reine Théodelinde, rétablie par le Cardinal de la Rovere, alors Evêque de Turin, érigée en Archevêché par Léon X en 1515. Le portail est d'une belle pierre & d'une mauvaise architecture; à côté du portail est le clocher, séparé de l'Eglise, suivant l'usage d'Italie, pour que les Eglises ne soient point ébranlées par le bruit des cloches, ni écrasées par la chûte des aiguilles & des tours. L'Eglise est ornée de très-beaux tableaux des plus grands Maîtres; derriere le maître-autel, qui est de marbre, est la Chapelle du S. Suaire, qui forme comme une autre Eglise la plus belle de Turin; l'intérieur est revêtu de marbres, des colonnes grouppées de marbre noir poli, dont les bases & les chapiteaux sont de bronze poli, supportent de très-belles arcades qui forment les fenêtres, séparées par des niches, ornées encore de colonnes de marbre; une quantité d'exagones, posés les uns sur les autres en forme de voûtes percées à jour, forment la coupole de cette Chapelle, éclairée par cette multitude de fenêtres triangulaires, qui diminuent jusqu'au sommet de la coupole, terminée par une étoile de marbre, qui semble être portée en l'air, & qui n'est soutenue que par ses rayons; l'autel, de marbre noir, est à deux faces, & porte une urne quarrée de marbre, qui renferme la relique du S. Suaire; au-dessus est un grouppe d'anges, qui soutiennent une croix de cristal, ornée de rayons de bronze doré: le pavé est de marbre bleuâtre, dans lequel sont incrustées des étoiles de bronze doré. Cette Chapelle est contiguë au Palais du Roi. La relique du S. Suaire avoit, dit-on, été déposée à Liré en Champagne, par Godefroy de Charny, qui l'avoit prise sur les Infideles; la petite fille de Godefroy, veuve du Comte de la Roche de Villers-Seiffel, la porta en 1452 à Chamberi, & en fit présent à Anne de Chypre Lusignan, Duchesse de Savoie; de Chamberi, cette relique passa à Verceil, fut rapportée à Chamberi, & enfin transférée à Turin par ordre d'Emmanuel-Philibert. La ville de Cadouin en Perigord se vante d'avoir le véritable S. Suaire. La Musique du Roi exécute dans cette Chapelle les chef-d'œuvres des meilleurs Maîtres: Somis & Farinelly y ont brillé long-temps.

Les autres Eglises les plus remarquables sont la *Consolata* des Feuillans, où l'on révere une image miraculeuse de la Vierge; l'Eglise de S. Laurent, près du Château, est presque toute de marbre, le dôme en est superbe; les ornemens & les richesses sont prodigués dans celle du Saint Sacrement. A Sainte Thérese des Carmes déchaussés, on voit une petite coupole, soutenue par six colonnes de marbres de différentes couleurs, sous laquelle est une très-belle statue d'albâtre, de Saint Joseph; les jours de cette coupole sont si bien ménagés, que dans les jours les plus sombres, elle paroît éclairée par le soleil. Dans l'Eglise de Sainte Christine des Carmélites déchaussées, sont deux belles statues, de M. Legros, Sculpteur François, l'une de Sainte Thérese, qui est un chef d'œuvre. A Saint Philippe de Neri, bâti sur les desseins de Guevara, le maître autel est orné de six colonnes torses de marbre, entourées de pampres de bronze doré; le tableau de l'autel est de Carle Maratte ; celui de S. Philippe de Neri est de Solimene ; celui de l'Oratoire est de Sebastien Concha.

Les plus beaux Palais sont dans la rue Neuve & dans celle du Pô ; celui du Roi n'a rien de surprenant au dehors ; c'est un grand édifice qui forme la face septentrionale de la grande place appellée Piazza Castello ; les appartemens en sont vastes & commodes ; la grande galerie est enrichie des ouvrages des plus grands Peintres ; c'est une des plus belles collections de tableaux qu'il y ait en Italie ; les principaux sont la Reine de Saba devant Salomon, de Paul Veronese ; l'enlévement des Sabines, de Bassan ; l'Enfant Prodigue, du Guerchin ; plusieurs petits tableaux de l'Annonciation, de Pierre de Cortone ; les originaux des Saisons, de l'Albane ; une tête de la Magdeleine, qui pleure, de Rubens ; un portrait en pied, de Charles I, d'Angleterre, par un Eleve de Vandyck ; l'Hydropique, & plusieurs tableaux, de Gerard Dow ; la bataille de S. Quentin, perdue par les François contre les troupes impériales, de Vandyck ; une femme, par Gentileski ; un vieillard, de Rembrant, un jeune homme, qui caresse un chien, par le Cimiani ; un S. Jean, du Guide ; le portrait du Prince Thomas, à cheval, par Vandyck, le portrait de Vandyck, par lui même ; & plusieurs tableaux du même ; Notre-Seigneur au tombeau, du Bassan ; une Vierge, de l'Albane ; Porbus, mesurant son crâne, par lui-même ; plusieurs autres tableaux du Berghem, de Teniers, de Vouwermans, de Breughel, de Claude le Lorrain, de Jean Paul Panimi, de Vanderwerff, de Solimene, de Carlo Vanloo, &c. Le plafond est de Daniel de Volterre ; les appartemens sont meublés avec magnificence, & disposés de maniere que le Roi peut voir les quatre principales portes de la ville. Au pied du grand escalier, dans une niche, est la figure équestre de Victor Amédée I, la figure est en bronze, & le cheval de marbre, en sautant il culbute des esclaves : le cheval est médiocre. Il y a encore dans les appartemens des tableaux précieux ; quatre de Solimene, sujets pris de l'ancien Testament ; une vierge, du Trevisan ; un cabinet, peint par Carle Vanloo ; deux tableaux de fleurs, de Vanusen ; quatre paysages ; du Brughel, &c. Un des morceaux les plus rares, est la table isiaque, qui est dans les archives.

Le Palais des Ducs de Savoie l'emporte pour l'architecture ; il est dans le goût du pérystile du Louvre ; la façade en est considérable, les décorations très-belles, les plafonds des appartemens sont de Solimene.

Les jardins du Palais du Roi sont resserrés par les fortifications de la ville ; Lenostre, qui les a dessiné, en a fait disparoître les irrégularités & les a distribués de maniere que quoique le terrein soit petit, le jardin paroît très-vaste. Derriere le Palais, est le beau Manege, couvert, du Comte Alfieri. (*Voyez* ACADEMIE A MONTER A CHEVAL.) Le grand théatre tient au Château, sur les desseins du même ; c'est un des plus beaux & des plus grands d'Europe ; la salle, proprement dite, a douze toises & demie dans œuvre, & cinquante-un pieds & demi de hauteur, six rangs de loges, dont vingt-six à chaque étage, sans compter celle du Roi & celles des entre-colonnes du théatre, chaque loge a six pieds de large, six & demi de haut ; leur disposition est oblique ou convergente vers le théatre, on conserve, on reçoit même des visites dans sa loge ; on auroit, sans cela, de la peine à tenir à la longueur des représentations, qui durent cinq heures, pendant lesquelles ce n'est qu'un récitatif monotone, mêlé de quelques ariettes très-rares ; l'avant-scene est de sept toises d'ouverture, la profondeur du théatre de dix sept & demi, ou cent cinq pieds, sans compter une cour de vingt-quatre pieds, qui est derriere, & sur laquelle, au besoin, on peut jetter un pont levis, d'où l'on peut faire monter des carrosses & des chevaux jusques sur le théatre, ainsi que le Chevalier Servandoni l'avoit pratiqué au théatre des Tuileries à Paris : théatre qu'on a mieux aimé sacrifier à la mesquinerie du goût des acteurs, que de le perfectionner.

Après ces deux Palais, celui du Prince de Carignan est le plus remarquable ; il est du Guarini, Théatin : l'architecture est irréguliere. Le grand escalier & le sallon méritent attention, le théatre de Carignan est situé sur la place de ce nom, précédé d'un grand vestibule, soutenu par des colonnes : on y représente des opéra bouffons & des comédies françoises pendant l'été.

Dans la rue du Pô, qui est la plus belle & la plus large, est l'Académie Royale ou Ecole Militaire pour l'éducation de la jeune Noblesse ; le bâtiment, le cours & le manege sont analogues à cette institution. L'Université, qu'on dit avoir été fondée en 1405 par l'Empereur Sigismond, est composée de quatre Professeurs pour la Théologie & l'Hébreu, cinq pour le Droit Civil & Canonique, cinq pour la Médecine, Botanique, Anatomie, deux pour la Chirurgie, trois pour la Philosophie, deux pour les Mathématiques, & deux pour l'Eloquence latine & italienne ; elle a trois Colleges de Docteurs en Théologie, en Droit & en Médecine, qui assistent aux examens & aux theses. Le bâtiment de l'Université est remarquable ; la cour est grande, entourée de portiques, soutenus par des colonnes, & ornés de bas-reliefs, d'inscriptions grecques & latines, & d'autres monumens antiques ; la bibliotheque est de trente à quarante mille volumes ; il y a un cabinet d'Histoire naturelle & un cabinet d'Antiques.

Toutes les rues de cette partie de la Ville sont belles & larges, tirées à ligne droite ; les bâtimens sont de même hauteur, & d'une richesse frappante ; chaque maison a un grand vestibule couvert sur la rue, décoré de colonnes & de pilastres, auquel aboutit le grand escalier : le fond de la cour répond au vestibule.

La promenade, appellée du Valentin, à cause du petit Château Royal du Valentin, est la plus belle qui soit en Italie. La principale maison de plaisance du Roi de Sardaigne, est la *Venerie*, dont les appartemens sont magnifiques, & bien meublés. (*V.* VE‑ NERIE.)

Les revenus du Roi ne vont pas à trente millions; mais ils font si bien administrés, qu'il est dans l'abondance de tout; la Sardaigne ne lui rapporte rien, & est pour lui un sujet de dépense.

La Justice est administrée par le Sénat, composé de trois Présidens & de vingt-un Sénateurs, deux Avocats Généraux & leurs Substituts, deux Secrétaires ou Greffiers, un Procureur & un Avocat Généraux pour les pauvres hors d'état de fournir aux procédures. Il y a une Chambre des Comptes; la Justice pour les affaires de police se rend à l'Hôtel-de-Ville.

La citadelle est une des plus fortes places d'Italie; on célebre tous les ans une fête en mémoire de la levée du siege, à laquelle le Prince Eugene força les François en 1706. Outre la force & la beauté de la citadelle, on y remarque un puits très-profond, dans l'intérieur duquel on a pratiqué un escalier à rampe, dont la pente est si douce, que plusieurs chevaux descendent jusqu'au fond, & remontent sans peine.

Le grand commerce de Turin est en soie; c'est dans cette ville que se façonne la belle soie du Piémont, qui passe pour la meilleure d'Italie: on en fait des ouvrages admirables.

Il y a plusieurs beaux établissemens dont on n'a point parlé, non plus que de la cour. (*Voyez* SUPERGA, MONT DE PIÉTÉ.) On y compte soixante seize mille habitans; ils sont gais, laborieux, grands, les femmes bien faites. Il y a eu & il y a des Savans très-celebres, M. de la Grange, le Marquis Beccaria, MM. Michelotti, les PP. Gerdil, Castinocente, Ansaldi, Pasini, MM. le Comte Alfieri, Antoni, Allioni, Gaber, Cigna, Caccia, Bartoli, le Comte de Saluces, l'Abbé Barta, &c.

TURSI, petite Ville du Royaume de Naples, dans la Basilicate, avec titre de Duché, & un Evêché suffragant de *Cirenza*; elle est située vers le golfe de Tarente, & appartient à une branche de la Maison de *Doria*.

Tyndaro, *Tindarus*, petite Ville de Sicile, dans la Vallée de Démona, entre Patri & Milasso ; on y remarque la tour & l'Eglise dédiée à Notre dame : c'étoit autrefois une ville Episcopale, dont la Métropole étoit Syracuse ou Saragossa.

V

Valcimara, petit & mauvais Village dans la Marche d'Ancône, près de Tolentino, vers la fin des Apennins, est entouré dans tous ses environs de bosquets d'arbres de Judée ; les haies vives, toutes les plantations sont de ce bois : on le multiplie de toutes façons.

Val d'Arno di Sopra, vallon très-agréable & fertile, arrosé par l'Arno ; dans lequel on trouve Figline, S. Giovanni, Incisa. A *Rignano*, l'Arno semble s'être ouvert un passage à travers la montagne ; on trouve dans ce vallon quantité d'os d'éléphans pétrifiés. Il y en a qui prétendent que ce sont les éléphans qu'Annibal amena en Italie ; d'autre disent que lorsque le climat étoit plus chaud, les éléphans se sont multipliés dans l'Europe. Mais pourquoi ne trouve-t-on que bien rarement des os d'éléphans pétrifiés dans le reste de l'Europe, & qu'on en trouve beaucoup dans le *Val d'Arno* ? Il est vrai que dans quelques pays les os de géant qu'on a cru trouver ne sont que des pétrifications d'os d'éléphant : mais ces découvertes sont fort rares.

Val-di-Cheseri, petit district qui dépendoit autrefois du Genevois, au-delà du Rhône, & que le Roi de Sardaigne s'étoit réservé, lorsqu'il céda la Bresse & le pays de Gex à la France, en 1602; mais ce Prince l'a échangé en 1760, contre d'autres petits Bourgs & Villages.

Val-di-Gargano, petit vallon au Royaume de Naples, entre Avelino & Bénévent. Cet endroit est ce qu'on appelloit les *Fourches Caudines*, célebre par l'humiliation des Romains, dont les Samnites, leurs vainqueurs, forcerent l'armée de passer sous le joug avec les deux Consuls qui la commandoient.

VAL-DI-MAGIA, est un Fief particulier de l'Empire, au N. O. de la Toscane, entre les Etats de Genes, de Parme & de Modene, qui appartient en grande partie au Grand Duc de Toscane.

VAL-OMBROSA, VAL-OMBRE, ou VALOMBREUSE, Abbaye & Monastere célebre dans la Toscane, au Mont Apennin, à six lieues de Florence ; c'est le Chef d'un Ordre fondé par Saint Jean Gualbert, sous la regle de Saint Benoît, en 1040 ; on l'appelle *Vallis Ombrosa*, à cause de sa situation agréable.

VAL-TELINE, (la) appartient aux Grisons ; c'est une partie de l'ancienne Rhétie, entre l'Etat de Venise, le Milanois, le Tirol & les Grisons, au pied des Alpes. Teline, qui en est la Capitale, a donné son nom à ce pays. Il est divisé en trois parties, *Terzero di Sopra*, *Terzero di Mezzo* & *Terzero di Sotto* ; ses Villes sont *Tirano*, *Sandrio*, *Morbendo* & *Bormio*. Les Espagnols enleverent la Val-Teline aux Grisons, & la leur rendirent ensuite : elle a essuyé quelques autres révolutions.

VALANA, petite ville du Ferrarois, près des embouchures du Pô.

VALENCE, *Valentia*, ville au Duché de Milan, Capitale de la Laumeline, qui fait une partie des territoires cédés aux Ducs de Savoie par la Maison d'Autriche, en 1707 ; elle est défendue par un Château très-fortifié, sur une montagne, près le Pô, sur les frontieres du Montferrat, à cinq lieues S. E. de Casal, quatorze S. O. de Milan. Laumello, ancienne ville, peu considérable, aujourd'hui au N. de Valence, étoit autrefois la Capitale de la Laumeline ; les autres villes de cette contrée sont *Mortara*, *Orno* & *Pieva del Cacio*.

VALENTIN, Château Royal, à demi-lieue au midi de Turin, assez près de celui de Millefleurs, bâti par Madame Royale, sœur de Louis XIII. Les avenues du Valentin font très-belles, & servent de promenade aux habitans de Turin, qui y jouissent d'un air excellent, d'une très-belle vue, & de l'aspect du Pô, sur les bords duquel le Valentin est bâti.

VALETTE, (la) Capitale de l'Isle de Malte, fondée par Jean de la Valette Parisot, Languedocien, neuvieme Grand-Maître, mort en 1568; c'est peut-être la ville la mieux fortifiée de l'Univers; elle est située sur un rocher, à l'orient de l'Isle. Il y a un Evêché & un Hôpital, qui passe pour le plus beau de l'Europe. Les Turcs l'assiegerent vainement, avec toutes leurs forces, en 1565; c'est un des sieges les plus mémorables.

VALLÉES DE LA SESSIA, (les) au N. de la Seigneurie de Verceil, font partie des territoires sur lesquels les Ducs de Savoie avoient des prétentions, & qui leur ont été cédées en différens temps par la Maison d'Autriche : Varallo en est la Capitale. Ces vallées sont plusieurs en nombre, elles tirent leur nom d'une petite riviere qui prend sa source dans les hautes Alpes, & qui va se jetter dans le Pô, au-dessous de Casal. On remarque dans ces Vallées *Borgo di Sessia* & *San Maiolo*.

VALLÉES, (les quatre) *voyez* PIGNEROL.

VALVA, petite ville au Royaume de Naples, près de *Sulmone*, dans l'Abruzze Citérieure.

VAR, (le) fleuve qui sépare la France de l'Italie, a sa source au Mont Cemilione, dans les Alpes maritimes. Il passe près de Nice, & va se jetter dans la mer de Gênes. Les François & les Espagnols passerent ce fleuve en 1744, & pénétrerent en Piémont.

VARALLO : *voyez* VALLÉES DE SESSIA, dont Varallo fait partie.

VARESE, petit Bourg, à quelque distance du lac de Lugano, dans le Duché de Milan, est sur-tout remarquable par la quantité de soie qu'on y file.

VARZI, petit Bourg du Comté de Bobbio, un des territoires cédés au Roi de Sardaigne par l'Archiduchesse Reine de Hongrie. Varzi & Organasca sont au midi de ce Comté.

VATICAN.

VATICAN. (le Palais du) Quoique les Papes aient d'abord habité le Palais près l'Église de S. Jean de Latran, le Vatican est néanmoins le véritable Palais des Papes. Il fut donné par Constantin à l'Evêque de Rome ; on prétend que c'étoit un des Palais même de Néron ; depuis l'an 500, que S. Symmaque commença d'y faire travailler, jusqu'en 1625, qu'Urbain VIII fit construire l'arsenal, il ne s'est point passé de siecle sans que les Souverains Pontifes n'y aient fait des réparations ou des constructions ; on compare son étendue à celle d'une grande ville ; on y compte quatre mille quatre cent vingt-deux chambres, salles ou galeries, & vingt-deux cours : ses jardins sont immenses. Il est bâti sur la colline ou mont Vatican, ainsi appellé du mot *vaticinari*, deviner, prédire, parce que c'étoit l'habitation des Prêtres ou Devins d'Etrurie, & ensuite des Augures des Romains. On prétend que l'air y a toujours été mal sain, & que c'est pour cela que les Papes l'ont abandonné pour *Monte Cavallo* : cependant Néron y avoit ses jardins. Les plus grands Architectes ont contribué à la beauté de cet immense Palais, le Bramante, Raphaël, San Gallo, Pirro Ligorio, Fontana, Carlo Maderno, Ferra Bosco & le Bernin. La description de ce Palais, & de tout ce qu'il contient de rare & de précieux, formeroit de volumes ; on ne le parcourra ici qu'en général. On y arrive par la grande & magnifique place de la Basilique de S. Pierre ; après avoir monté le grand escalier du Vatican, par le Bernin, on parvient à la cour des Suisses, ou des loges, formée de trois rangs d'arcades l'un sur l'autre, & d'une derniere galerie en colonnes ou péryftile, ou, comme disent les Romains, *loggia*, on parvient à la grande salle qui sert de vestibule aux Chapelles Sixtine & Pauline. Parmi les tableaux dont cette salle est ornée, il y en trois du Vasari, que les François observent, mais qu'ils ne voient pas avec plaisir, l'un est le massacre de la S. Barthelemi, l'autre la mort de l'Amiral de Coligny, & le troisieme Charles IX, voyant ces funestes exécutions. En mémoire de ce Massacre le Pape Grégoire XIII, fit frapper des médailles où l'on voit son image & sur le revers un ange exterminateur. Dans la Chapelle Sixtine, où les Cardinaux du Conclave vont au scrutin, bâtie par Sixte IV, est le célebre tableau du Jugement dernier, par Michel-Ange, fresque immense pour la composition, pour les détails & pour la grandeur, mais encore plus par le génie & par l'imagination exaltée par les idées du Dante : le plafond est du même Artiste. La Chapelle, bâtie par Paul III, appellée Pauline, est décorée de deux tableaux, du même, dont l'un représente la conversion de S. Paul, & l'autre le martyre de S. Pierre, les derniers ouvrages de ce grand Maître, il les fit à l'âge de soixante-quinze ans. Il y a beaucoup d'autres tableaux & ornemens dans ces deux salles, un combat de Diable & du Saint Michel pour le corps de Moïse, la chûte de Simon le Magicien, de Zuccheri. La sacristie renferme des richesses immenses. Dans les galeries de la cour, qu'on trouve en sortant de ces appartemens, on admire celle qui est au second rang, peinte par Raphaël, ou du moins sur ses desseins, par ses meilleurs Eleves, tels que *Jules Romain, Perrin del Vagna, Penni* & *Jean de Udine* : les sujets en sont pris de l'ancien Testament : ce qui fait donner à cette galerie le nom de Bible de Raphaël. Le premier morceau est le plus admiré, parce qu'il est tout entier de ce grand Peintre ; c'est Dieu, porté dans les airs au-dessus des eaux ; il semble avoir saisi le caractere de la Divinité au moment de la création ; ce tableau paroît d'autant plus sublime, qu'il est relevé par les graces & l'innocence d'Eve, qui sort des mains du Créateur, & dont Adam admire la beauté, sujet du second tableau ; les autres ont tous de quoi fixer l'attention d'un connoisseur. Il y a dans les plafonds de cette galerie un très-grand nombre de bas-reliefs antiques, des trophées, des grotesques ; plusieurs de ces ornemens ont été tirés du Colisée, des Thermes de Caracalla, de la *Villa Adriani*. Il y en a de modernes, qui peuvent soutenir le parallele avec les anciens. Il y a un autre appartement entiérement peint par Raphaël ; il est composé des quatre grandes pieces ou salles en enfilade, appellées les salles de Raphaël, & de plusieurs autres. Ce qu'il y a de bien déplorable, c'est le dégât qu'on fait à ces peintures les soldats Allemands du Connétable de Bourbon, qui y établit un corps-de-garde: la barbarie militaire en établiroit sous les portiques du Paradis, si la férocité des hommes pouvoit aller jusques-là. Ces soldats ne trouvant point de cheminées, faisoient leur feu au milieu de ces salles. Celle où est peint le célebre tableau de l'Ecole d'Athenes, a beaucoup souffert. Le plus étonnant de ces tableaux, est la prison de Saint Pierre, à trois lumieres différentes, celle de la lune, qui éclaire l'escalier, où dorment les gardes de la prison, celle du flambeau, qu'un garde, frappé de la lumiere céleste qu'il a vu dans la prison, vient d'allumer, & de cette lumiere, qui perce à travers les barreaux de la prison, qui se mêle aux autres lumieres, en les dominant sans les éteindre, qui frappe certains objets d'un côté, que la lune ou le flambeau éclaire de l'autre. S. Pierre, conduit par l'Ange, qui verse autour de lui ce torrent de lumiere céleste, ces gardes à demi-éveillés, & soulageant, par l'interception de leurs mains, leur vue offusquée. Il est impossible de détailler non-seulement les beautés de chaque tableau, mais même d'entrer dans l'indication historique des sujets. La bataille de Constantin contre le tyran Maxence, est un des morceaux qu'on range dans la premiere classe des grands tableaux; l'incendie du bourg S. Pierre, arrêtée par les prieres de S. Léon, qu'on met à côté de la bataille. Un tableau bien sublime encore, est Héliodore, battu des verges par des Anges, qui le chatient du Temple; ils le poursuivent avec tant de rapidité, qu'Héliodore paroît voler. La solitude où paroît être le Temple, derriere les Anges, ajoute encore à leur action. C'est bien dommage que Jules II ait eu l'envie de se faire représenter dans ce tableau. Les autres de cette belle collection sont la Messe ou le miracle de Bolsene, qui représente un Prêtre incrédule, convaincu de la présence réelle de J. C. par le sang qui coule de l'hostie; Attila, qui voit S. Pierre & S. Paul dans le ciel, qui s'avancent pour combattre contre lui : Jules II s'eſt fait peindre dans ces tableaux ; la diſpute ſur le S. Sacrement ; le Parnaſſe. Il y a encore une infinité de tableaux, de freſques, de bas-reliefs, par le Perugin, Romanelli, de Balthaſar Peruzzi ; on a exécuté en tapiſſeries, à la Manufacture des Gobelins de Paris, les plus beaux tableaux de Raphaël.

Quand le Pape, les veilles de certaines Fêtes, va au Vatican, il loge au Palais neuf ; la ſalle clémentine eſt décorée par les peintures des deux Alberti, de Balthaſar de Bologna, de Paul Brilli, de Viviani & Cati, de Romanelli. Aux loges du troiſieme étage, on voit des freſques admirables, du *Pomerance*, de *J. B. d'ella Marca* & de Paris Nogari, d'Ant. Tempeſta, du Cav. d'Arpino ; dans la Chapelle de Pie V, Notre-Seigneur au tombeau, de Pierre de Cortonne ; dans un autre Chapelle le combat des Démons contre les Anges, de Zuccheri ; l'adoration des Bergers, de Carle Maratte ; carton. Le plafond du Conſiſtoire eſt peint par le Guide ; il eſt en trois tableaux ; dont l'un eſt la deſcente du S. Eſprit, l'autre la transfiguration, & le troiſieme l'Aſcenſion. Dans la galerie ou ſuite de galerie qui conduit au Belvedere, & qui a cinq cents pas de long, il y a une très-grande quantité de peintures auxquelles on fait moins d'attention, à cauſe de la ſupériorité des chef d'œuvres qu'on vient de voir. On a peint dans certaines parties des cartes géographiques de l'Etat Eccléſiaſtique.

Enfin, on parvient au Belvedere, qu'on appelle auſſi la tour des vents, parce qu'il eſt plus élevé que tout le reſte du Vatican. Au fond du corridor ou galerie qui y conduit, eſt la fameuſe ſtatue de Cléopatre mourante, elle eſt coloſſale, trois fois grande comme nature, elle a une vipere ou aſpic autour du bras ; de la baſe partoit une nappe d'eau qui tomboit dans un baſſin, mais heureuſement elle eſt tarie. Cette ſtatue ſi belle n'étoit point faite pour orner une fontaine ; c'eſt du pied de cette fontaine qu'on monte à la cour des ſtatues du *Belvedere*, la plus belle collection de l'univers. C'eſt-là qu'on voit l'Apollon, le Laocoon, l'Antinoüs, Commode, le Torse ou tronc d'Hercule, &c. L'Apollon est du plus beau marbre de Paros, trouvé à Nettuno sous le pontificat de Sixte V ; il est de la plus grande taille naturelle ; ses bras sont dans l'attitude du Dieu, qui vient de décocher sa flèche contre le Serpent Pithon ; un reste d'arc est dans sa main gauche ; il porte son carquois sur ses épaules, & une légere draperie s'étend de l'épaule au bras gauche, le reste du corps est nu ; les jambes ont été mal restaurées, il n'a qu'un seul doigt à la main gauche ; malgré ces accidens, l'Apollon passe pour la statue la plus parfaite qu'il y ait à Rome ; on croit que c'est la même qui étoit au Temple de Delphes, qui rendoit des oracles, & qu'Auguste fit transporter à Rome. Le Laocoon, qu'on regarde comme le chef d'œuvre de la sculpture antique, fut trouvé dans les Thermes de Titus, sous le pontificat de Jules II : Michel-Ange le regardoit comme un miracle de l'art ; Laocoon implore le secours du ciel en faveur de ses deux fils, déchirés comme lui par les serpens qui les serrent tous les trois ; on attribue ce beau grouppe à trois Sculpteurs de Rhodes, Agesandre, Athenodore & Polydore : Michel-Ange a restauré un des bras en stuc. L'Antinoüs, que sa beauté engagea Adrien de faire regarder comme un Dieu après sa mort par les stupides Romains. Cette statue, qui avoit beaucoup souffert, a été réparée des morceaux même de la statue ; on le met au-dessus de l'Antinoüs du Capitole. Le Commode, sous la figure d'Hercule, est revêtu de la peau de lion, & tient le petit Hylas dans ses bras ; c'est ainsi que Commode aimoit à se faire représenter. Deux Vénus, une statue colossale du Nil, de marbre d'Egypte, est entourée d'enfans, dont un est monté sur la corne d'abondance, pour marquer la hauteur à laquelle il falloit que les eaux du Nil s'élevassent pour la produire. On y voit encore deux urnes antiques, chargées de bas-reliefs : ces ouvrages sont grecs, plusieurs masques antiques ; & le fameux torse ou tronc d'Hercule, par Apollonius d'Athenes, si parfait, que Michel-Ange en a fait l'objet continuel de ses études. On voit dans un des appartemens les modeles des principaux bâtimens de Rome. Un des objets les plus curieux du Vatican eſt la fameuſe Bibliotheque. (*V.* BIBLIOTHEQUES).

Il y a deux jardins au Vatican ; l'un qu'on appelle le jardin ſecret, dépend du Belvedere, le parterre eſt environné d'une galerie en arcades, par le Bramante ; dans des niches ſont une pomme de pin de bronze, de onze pieds de hauteur ſur cinq & demi de large, & deux paons, auſſi de bronze ; on croit que c'étoient des ornemens du tombeau d'Adrien. On deſcend du parterre ſur une terraſſe qui domine Rome, ornée d'une caſcade, qui tombe d'un rocher dans un baſſin, où l'on voit un petit vaiſſeau de bronze avec tous ſes agrêts, d'où partent une infinité de jets d'eau, qui forment une nouvelle caſcade : il ſort des canons des ſources d'eau dont le bruit imite en petit celui de l'artillerie. Le grand jardin eſt formé d'une grande quantité d'allées, couvertes de boſquets, de perſpectives & de fontaines, & ſur-tout de belles plantations d'orangers, de lauriers, de myrthes, de jaſmins. On voit au milieu de ce jardin un caſin ou petit édifice, bâti ſous le pontificat de Pie IV, par Pirro Ligorio, ſur le modele antique d'un bâtiment qui avoit été fait ſur le bord du lac Gabinius ; il eſt quarré, il eſt précédé d'une petite cour ovale, avec deux portes aux extrêmités ; vis-à-vis du bâtiment, eſt une petite loge, avec huit colonnes de granit oriental ; au milieu de la cour, eſt un baſſin dans lequel tombent les jets d'eau croiſés d'enfans qui piſſent continuellement ; ſous la colonade qui eſt au-devant du caſin, où l'on plaçoit les images des Dieux Lares, eſt une très belle ſtatue antique de Cybele, aſſiſe & couronnée de tours. Cette ſtatue eſt très-belle. Il y a dans ce jardin quelques autres objets dignes de l'attention des curieux.

UDINE, *Utinum*, ville Capitale du Frioul, bâtie, ſelon les uns, par les Ducs d'Autriche, ſelon les autres, par les *Huns*. Les Barbares l'ont ravagée pluſieurs fois ; elle a eſſuyé beaucoup de révolutions, & a eu beaucoup de maîtres. Après la ruine d'Aquilée, le Siege du Patriarche y fut transporté ; c'eſt une place très-forte, qui appartient aujourd'hui à la Maison d'Autriche. Udine est très-fertile, produit quantité de vin, de soie, beaucoup de fruits excellens, & assez bien peuplée; elle est située sur le Taglimento & le Lisonzo; c'est la patrie de *Léonard Mathei & de Jean de Udine*. Les autres villes du Frioul sont *Ciudad di Friuli, Venzone, Marano, Palma-nuova, Concordia, Porto Gruero, Ponte à Fetta, Coloredo, Castel-Nuovo, Tolmezzo, Monte Regale, Solambergo, Polemigo & Maran, Monte Folcone*.

VEDANA & ROMAGNO, sont, après Feltri, les lieux les plus distingués du Feltrin, petite Province de l'Etat de Venise.

VEGLIA, est une des Isles de la Dalmatie, qui appartient aux Vénitiens. Il y a dans cette Isle une ville assez considérable, dont l'Evêché est suffragant de Zara, avec un Fort Château & un bon Port. Les chevaux y sont très-bons, & ils ont la corne du pied si dure, qu'on peut se passer de les ferrer.

VEILLANO, petite ville du Piémont, dans le Marquisat de Suze, commandée par un vieux fort, qui tombe en ruine; elle est entre S. Michel de la Cluse & Rivoli. S. Michel, qui est à demi-lieue, est une fameuse Abbaye de Bénédictins, le Bénéfice le plus considérable du Piémont, par ses revenus & par la quantité de Bénéfices qui sont à la collation de l'Abbaye. Quant à *Rivoli*: voyez ce mot. Veillane est située sur une hauteur, arrosée par la Doire, à six lieues N. E. de Turin. Cette ville est fameuse par la bataille que les François y gagnerent contre les Piémontois en 1630.

VELINO, riviere qui a sa source dans les montagnes de l'Abruzze ultérieure, passe à Rierti, va se jetter dans le lac Luco, en sort, forme la célebre cascade de Terni, & va à quelque distance de sa chûte, se joindre à la riviere de *Néra*, dont il prend le nom, quoiqu'il soit beaucoup plus considérable. Le Velino est conduit à la grande cascade par un canal fort ancien, creusé par *Curius Dentatus*, l'an 671 de Rome. Cette riviere a une propriété singuliere; c'est de pétrifier à une certaine profondeur de la terre les racines des arbres, qui ne changent point de forme, & qui prennent seulement la couleur du sable gris qui les environne; l'arbre n'en est ni moins frais ni moins beau, toute la montagne en est couverte; la pétrification ne s'étend qu'à un demi-pied environ de profondeur. Les racines plus profondes n'en souffrent point. Dans les campagnes arrosées par le Velino, les hommes & les animaux sont fort sujets à la pierre. Les Chirurgiens y sont très experts à en faire l'extirpation.

VELLEIA; (les ruines de) on les voit à sept lieues de Plaisance, vers le midi, au pied du *Moria* & du *Rovinasso*, hautes montagnes de l'Apennin, dont l'écroulement de quelques rochers détachés de ces montagnes, écrasa, dit-on, *Velleia*. L'Infant Duc de Parme, a fait fouiller depuis 1760 dans ces ruines. On a conjecturé du grand nombre d'ossemens, de médailles & de monnoies qu'on y a trouvées, que les habitans furent surpris & engloutis avec toutes leurs richesses; une matiere bitumineuse, & qui s'enflamme à l'approche du feu, deux fontaines qui sont aux environs, dont l'une bouillonne sans que l'eau soit chaude, & l'autre s'enflamme à sa surface, quand on en approche un flambeau allumé, des médailles fondues, & quelques matieres noires, ont fait croire que le renversement de cette ville avoit été occasionné par un volcan. On ignore le temps & la maniere de la destruction de cette ville; on y trouve des monumens postérieurs à Constantin. Les rochers qui couvrent les ruines à plus de vingt pieds, rendent la fouille très difficile & presqu'infructueuse, parce que tout est écrasé; on apperçoit seulement quelle étoit l'étendue de la ville, qu'elle étoit bâtie sur le penchant de la colline, que les maisons étoient séparées en forme d'Isle, & formoient différens étages, qui se communiquoient par des degrés, que les appartemens inférieurs des maisons étoient placés sur un faux plancher, soutenus par des piliers de terre cuite, où l'eau pouvoit circuler & garantir les maisons de l'humidité; quelques-unes étoient pavées en marbre, d'autres en mosaïques; on y a trouvé des peintures, des bustes en marbre, des vases de bronze, incrustés en argent, &c.

Vers le milieu de l'endroit qui a été fouillé, est une place publique très-ornée; une inscription, en lettres de bronze, qui traverse la place, apprend qu'elle fut pavée de grosses pierres; elle étoit environnée de colonnes de marbre, dont quelques-unes y sont encore, avec un canal tout autour pour l'écoulement des eaux; il y avoit de très beaux sieges de marbre, soutenus par des lions: au milieu étoit un autel consacré à l'Empereur Auguste. On peut voir dans la Gazette Littéraire d'Europe un long détail des autres antiquités trouvées à Velleia; c'est de-là que nous avons pris la plus grande partie de ce que nous avons dit. Il reste encore une grande partie de la ville à fouiller.

VELLETRI, *Velitræ*, dans la Campagne de Rome, ville très-ancienne, située sur une colline agréable, à vingt-trois milles de Rome. C'étoit la Capitale des Volsques. Les Romains s'en emparerent sous le regne d'Ancus Martius; elle secoua leur joug, & ne la reprirent que trois cens quatre-vingt-seize ans avant J. C. par le secours de Camille, alors âgé de quatre-vingts ans, qui chassa les Gaulois du bord du Téverone, où ils s'étoient avancés. Cette Ville a souffert beaucoup de révolutions. On y trouve quantité de ruines; elle est très-grande & bien bâtie, avec plusieurs fontaines. Une des plus belles places de Velletri, est celle où l'on voit la statue d'Urbain VIII, en bronze, & représenté assis dans un fauteuil, posé sur un piédestal: elle est du Cavalier Bernin. On admire le Palais Ginetti, bâti par Martin Lunghi, célebre Architecte; l'escalier est de la plus grande beauté; on voit à l'une des façades trois étages de portiques, ornés de bas-reliefs, &c. On dit que les jardins ont deux lieues de tour; ils sont ornés de jets d'eau, de fontaines & de quantité de pieces d'eau. En 1744, pendant la guerre de l'Empire & de l'Espagne, un des Généraux de la Reine d'Hongrie surprit Velletri. Le Commandant ne se déconcerta pas, alla au-devant du Général, lui offrit le café, & l'amusa jusqu'à ce que le quatre mille homme de troupes Napolitaines, qui étoient en marche pour venir au secours de Velletri, fussent arrivées; elles forcerent la porte & la garde Allemande, & firent prisonnier le Général Autrichien avec ses troupes. Cet événement se passa dans la nuit, sans presque effusion de sang, & en moins de trois ou quatre heures. L'entreprise de Velletri manquée obligea les Autrichiens de se retirer, & la guerre finit de ce côté-là. Velletri est à cinq lieues de la mer, à neuf S. E. de Rome. Cette ville est célebre par la naissance d'Auguste.

VENAFRO, Ville & Principauté au Royaume de Naples, dans la Terre de Labour, près de Volturno, à onze lieues O. de Capoue & à quatre du Mont-Cassin. Cette Principauté appartient à la Maison Savelli; ses environs sont plantés d'oliviers; le territoire de Venafre étoit estimé par les Anciens, à cause de ses bains chauds. Hor. Od. IV, L. II.

VENERIE ROYALE, (la) belle maison de Plaisance du Roi de Sardaigne, à une lieue de Turin, entre le Pô, la Sture & la Doire. Les appartemens en sont très-beaux; on y voit quelques tableaux de Daniel Michieli, représentant plusieurs momens de chasse. La plupart des Tableaux furent enlevés de ce Château par les François en 1706. L'Eglise est d'une belle architecture; l'orangerie passe pour un morceau très-curieux; elle a cinq cens pieds de long sur quatre-vingt-dix de large: les jardins répondent à la magnificence du lieu. Ce Palais magnifique est de Giuvara. On remarque parmi les tableaux un S. Augustin & un S. Sébastien, de Sébastien Ricci, & un S. François de Sales, de Sébastien *Concha*.

VENISE, une des plus belles villes de l'Europe, & des plus singulieres du monde, subsiste depuis près de mille trois cens ans, sans qu'aucun ennemi ait jamais pénétré dans son sein, ni lui ait fait craindre les horreurs d'un siege. Elle est située dans les Lagunes, espece de lac séparé de la mer par des bancs de sable, & formée de cent cinquante isles unies par plus de quatre cens ponts, dont plusieurs sont très beaux. Ceux qui la connoissent, & qui l'ont habitée, prétendent qu'on ne peut s'en faire une idée qu'après l'avoir vue ; elle est toute bâtie sur pilotis, & coupée par un nombre infini de canaux remplis des eaux de la mer, qui la divisent en isles ; les ponts sont à une seule arche, sans parapet : ce qui est dangereux pour les étrangers ; exposés à se laisser tomber dans les canaux ; ils y trouvent encore un autre inconvénient, c'est que les différens détours qu'il faut faire dans un si grand nombre de rues étroites, quoique propres & pavées de pierres, font de Venise un vrai labyrinthe, qu'il faut étudier, & qui leur en rend le séjour désagréable ; aussi disent les Italiens :

Venezia la Ricca,
Chi pocco la vede, la prezza ;
Chi la vede troppo, la sprezza.

Un autre inconvénient encore, c'est que comme le plein pied de toute la ville est tout au plus à six pieds au-dessus du niveau de l'eau, en traversant les ponts, il faut monter quelques degrés, qui sont presque tous d'une certaine pierre blanche, dure & glissante, qui a donné lieu à ce proverbe ancien, qui avertit de se méfier des quatre P. de Venise : *Pietra Bianca, Putana, Prate, Pantalone* ; c'est ainsi que le Peuple appelle les Nobles. Les rues sont comme celles de Gênes, pavées de grands carreaux de pierre dure ; mais comme elles sont étroites, les appartemens du premier étage & les boutiques sont fort sombres ; les quais ne sont pas en grand nombre, le plus beau & le plus long est celui qui va vers l'isle de Murano. La promenade en est belle ; les plus agréables, après celui-là, sont les quais de la *Zecca*, de la *Dogana* & du *Porto*, où aboutit la place de S. Marc. Malgré ces défauts, cette ville, qui paroit sortir du milieu des eaux, a quelque chose d'imposant. C'est ce que Sannazar a bien exprimé dans ces vers, qui engagerent le Sénat à remercier le Poëte par un décret, & à lui donner une gratification de six cens écus d'or.

Viderat Adriacis, Venetam, Neptunus in undis,
Stare Urbem, & toto ponere jura mari.
Nunc mihi Tarpeias, quantumvis Jupiter arces,
Objice & illa tui mœnia Martis, ait.
Si Pelago Tyberim præfers, Urbem aspice utramque,
Illam Homines dices, hanc posuisse Deos.

» Lorsque Neptune eut vu Venise s'élever du milieu
» des eaux, & donner des loix à la mer, Jupiter,
» s'écria-t-il, vante-moi maintenant les forteresses du
» rocher Tarpéien, & ces murs que ton Mars a bâtis;
» si tu préferes le Tibre à l'Océan, contemple l'une
» & l'autre ville, & tu diras : celle-là fut construite
» par les Hommes, celle-ci est l'ouvrage des Dieux. »

Les deux plus beaux canaux de Venise sont le canal de *Reggio*, où est le quartier des Juifs, & celui qu'on nomme *Canal Grande*. Le grand canal partage la ville en deux parties presqu'égales ; il forme une très-belle riviere, & c'est au milieu qu'est le fameux pont de Rialte : il commence à la place de S. Marc. L'inégalité des ponts & la sûreté de la ville font qu'il n'y entre point de voitures ; tout le service, les transports des marchandises & de tous les fardeaux, se font par le moyen des canaux, sur lesquels on voit continuellement une immense quantité de gondoles, qui abordent tout près des maisons : (*voyez* GONDOLES). Les canaux, qui sont bordés de quais, forment des rues très-agréables, & la plupart très riches, par la quantité & l'opulence des marchands. Ce canal est bordé de chaque côté d'assez beaux Palais ; les plus considérables sont ceux de Pezaro, Morosini, Loredano, Pizani, Rosini, Foscarini, Vendromino, Grimani, Cornaro, &c. La plupart de ces édifices ont été construits par Palladio, un des plus grands Architectes ; ce n'est pas l'immensité des bâtimens qui se fait admirer, mais la régularité. Chaque étage est soutenu par des colonnes, d'un ordre différent ; & suivant les connoisseurs, rien n'approche plus du goût des monumens de l'Architecture grecque antique. Une des sin-

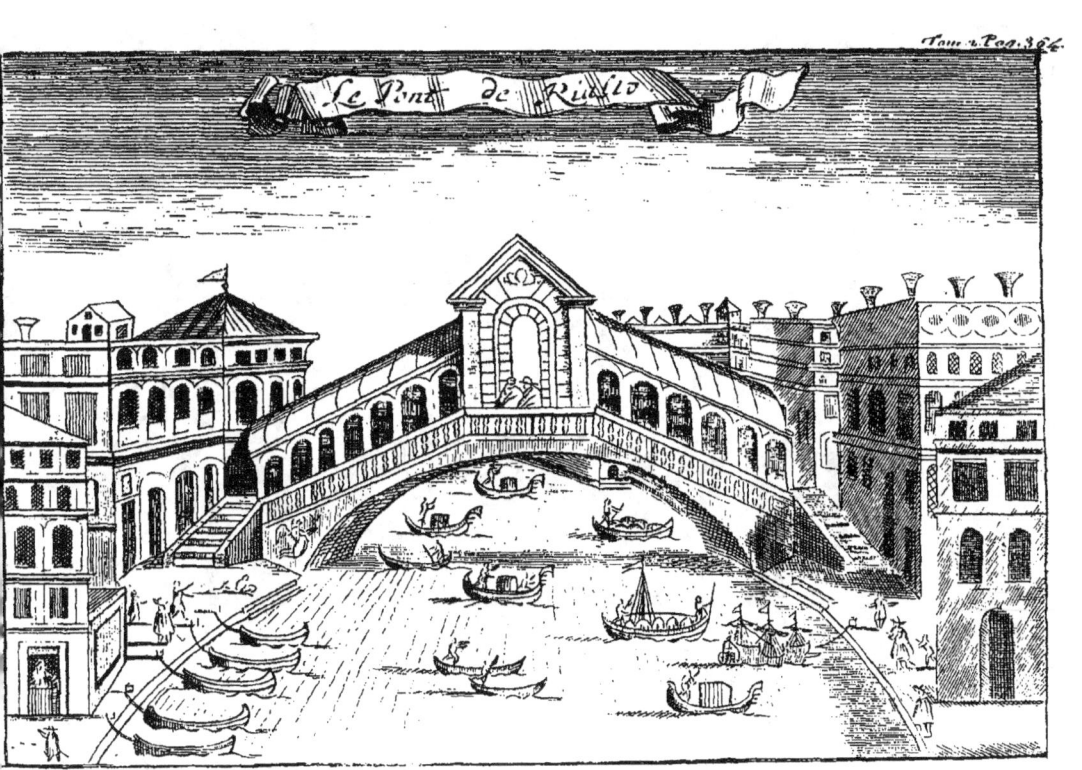

gularités les plus remarquables, c'est que tous ces édifices sortent de l'eau, & sont fondés sur pilotis, néanmoins ils sont de la plus grande solidité ; il y a plusieurs de ces Palais qui sont construits depuis plus de huit cens ans, sans qu'il y ait jamais été fait la moindre réparation, ce qu'on attribue aux fondations profondes des pilotis, qui ne prennent jamais le jour, & à une croûte ou enduit extérieur très-tenace & épais, formée par le dépôt de l'eau des canaux, chargée de matieres étrangeres, unies par une espece de bitume. Au milieu de chaque Palais, regne une galerie qui se coupe en travers, & qui communique aux autres appartemens ; les plus beaux appartemens sont pavés d'une espece de stuc ou mastic, formant différens desseins, & représentant le marbre ; les matériaux, dont les Palais & les édifices sont bâtis, sont de grands quartiers de pierre d'Istrie, qui est blanche & fort dure, ou de marbre.

Venise est divisée en six quartiers ; on y compte soixante-douze Paroisses, cinquante quatre Maisons Religieuses d'hommes, dont dix Abbayes, vingt-six Communautés Religieuses de femmes, dix sept Hôpitaux ou Conservatoires, dix-huit Chapelles pour les Confrairies. Cette ville, qui, par sa situation, devroit craindre d'être submergée par les eaux de la mer qui l'environnent, est garantie des inondations par des isles longues & étroites que forme un grand banc de sable, que les Vénitiens appellent *il lido*, situé à quelque distance de la ville, du nord au sud dans la grande mer ; ces bancs de sable, les lagunes, le peu de profondeur des canaux, font la sûreté de Venise, par l'impossibilité où sont les vaisseaux de guerre d'y aborder, & par la difficulté qu'auroient les moindres barques d'entrer dans les canaux, si elles n'étoient conduites par des matelots du pays même.

On regarde comme le premier quartier celui de S. Marc ; la place de Saint-Marc est très-belle (*voyez* Piazza di San-Marco) ; l'Eglise de S. Marc n'est ni la plus grande ni la plus belle : mais elle est la plus ornée & regardée comme la premiere, parce que l'Eglise Métropolitaine est trop écartée, & que d'ailleurs c'est à S. Marc que la Seigneurie assiste à toutes les cérémonies qui se font au nom de la République, elle fut construite telle qu'on la voit encore, au dixieme siecle par le Doge Pietro Orseolo, elle porte partout un lion, symbole de S. Marc ; ce bâtiment est d'une architecture gothique, peu exhaussée, formée de cinq dômes, dont celui du milieu est plus grand & plus élevé que les autres ; elle porte par-tout les marques des usages grecs, qui s'y observoient autrefois ; d'ailleurs les ornemens y sont prodigués, les marbres, les mosaïques, l'albâtre couvrent les murs, les coupoles, mais l'humidité en a terni l'éclat ; des galeries ou corridors tournent autour de l'Eglise, & traversent d'un arc à l'autre ; soutenues par des colonnes de marbre antique, apportées de Constantinople & de la Grece, de Palestine & de Syrie. A l'extérieur, sont deux petits ordres de colonnes, qui ne vont qu'environ à la naissance des arcs ; ces colonnes sont très précieuses, mais la matiere a fait négliger le goût ; une galerie découverte & ornée d'une colonnade de marbre à hauteur d'appui, entoure l'Eglise de trois côtés. Au-dessus des cinq portiques qui forment le vestibule, s'élevent cinq grands arcs, couronnés d'ornemens de marbre ; travaillés dans un goût grec, qui tient beaucoup du gothique, séparés par des niches à trois étages, dans lesquelles sont des statues de marbre ; une large fenêtre, dans le grand arc du milieu, est surmontée d'un lion de cuivre doré ; au-devant de la fenêtre sont quatre chevaux de bronze antique, attribués à Lisippe, & qui avoient décoré l'arc de Néron, celui de Trajan & celui de Constantin. On admire dans l'intérieur le grand autel, placé sous un pavillon de pierre serpentine, soutenu par quatre colonnes de marbre blanc, le tabernacle formé de lames d'or, avec des figures encadrées dans des niches de pierres précieuses ; on voit à l'autel du Saint Sacrement quatre colonnes d'albâtre transparent comme du crystal ; dans la Chapelle ducale,

quatorze statues, la Sainte Vierge, S. Marc, & les douze Apôtres, la plupart de Sansovino ; les portes de l'Eglise sont de bronze, ornées de beaux bas-reliefs.

Le tréfor de Saint Marc est un des plus riches qu'il y ait en Italie ; on y conserve l'Evangile manuscrit de Saint Marc, qu'on prétend avoir été écrit par lui-même ; une fiole remplie du sang qui coula de l'image de J. C. que des Juifs crucifierent ; une partie de la vraie croix ; un des clous de la passion, une épine de la couronne de J. C. un morceau de la colonne de la flagellation ; des lambeaux du manteau de la Vierge ; le bras de S. Luc ; le doigt de la Magdeleine ; le crâne de Saint Jean-Baptiste ; un missel, rempli de miniatures, par Clovio, Disciple de Jules Romain ; des diamans, des pierres précieuses, des ouvrages les plus beaux en or & en pierreries, des couronnes, des reliquaires d'une richesse immense, & une très-grande quantité de morceaux uniques, exigeroient une description particuliere. Le corps de Saint Marc est un secret qui n'est connu que du Doge & des Procurateurs ; il n'y a qu'eux qui sachent où il est déposé. Le bonnet du Doge, qui sert à son couronnement, n'est pas la piece la moins riche de ce tréfor, dont les Procurateurs sont chargés ; le clocher vis-à-vis de S. Marc, dans l'angle saillant des Procuraties, est isolé ; on a lieu d'être étonné quand on considere qu'une masse si lourde & si haute est élevée sur des pilotis, & dans un aussi petit espace ; elle a trois cens seize pieds de hauteur, en y comprenant l'ange d'or, qui lui sert de girouette ; l'escalier de cette tour, qui est quarrée, est sans degrés ; c'est une muraille en pente douce qui sert de marches, & faite en forme de limaçon, la structure en est si commode, qu'on pourroit y monter à cheval jusqu'au haut.

Le Palais de S. Marc, où demeure le Doge, est de la plus grande magnificence, quoique gothique ; on y entre par huit portes, dont quatre sont sur le canal, deux dans l'Eglise, une sur la grande place, & une autre sur la petite ; il est environné de portiques ouverts, soutenus par des colonnes de marbre, dont les bases se trouvent sous le pavé à cause de l'exhaussement du terrein. On trouve dans la cour deux citernes à bouches de bronze, avec de beaux bas-reliefs, & plusieurs statues antiques de marbre ; les plus belles sont celles de Ciceron & de Marc - Aurele, quatre statues allégoriques, l'Abondance, Pallas, la Fortune & Venise : elles ont été apportées de la Grece.

Au bas de l'escalier sous les statues d'Adam & Eve, au-dessus desquelles sont Mars & Neptune ; de figure colossale : ce qui a fait appeller cet endroit l'escalier des Géans, au dessus duquel se fait le couronnement du Doge : ces deux statues sont de Sansovino. On entre dans de vastes galeries, autour desquelles sont plusieurs Tribunaux particuliers. On voit dans ces galeries, de distance en distance, des musles de lion à gueules ouvertes, & c'est dans ces gueules que les dénonciateurs jettent leurs mémoires. On parvient à la salle de quatre portes ; il y a dans le plafond un tableau allégorique du Tintoret, représentant la Justice, offrant une épée au Doge Priuli : l'architecture de cette salle est de Palladio. On y voit J. C. au Jardin des Olives, de Paul Veronese, S. Jean Ev. de François Bassan ; la Vierge & un Doge qui l'invoque, par Contarini ; l'entrée de Henri III à Venise, de Vicentino ; une Foi, portant une croix, S. Marc qui l'admire, & Ant. Grimani qui l'invoque, tableau du Titien. Il y a encore de beaux morceaux du Tintoret. Dans l'avant-salle du College, le plafond à fresque, représentant la ville de Venise sur son trône, est de Paul Veronese ; quatre tableaux du Tintoret, 1°. Vulcain & les Cyclopes, 2°. Mercure, apportant la pomme aux Grâces, 3°. Arianne, couronnée d'étoiles par Vénus, en présence de Bacchus ; 4°. Mars, arraché des bras de la Volupté, par Pallas. On y voit l'enlevement d'Europe, par Paul Veronese, & un grand tableau du Bassan, représentant le départ d'un Villageois, & Moyse sauvé des eaux, de Paul Veronese.

nese. Dans le College ou salle où s'assemblent les Sénateurs qui le composent, sont des tableaux de Paul Veronese, fort estimés, dont l'un représente J. C. la Foi & la Justice, & au bas Sebastien Veniero, fameux Général d'armée : le plafond est du même Peintre, ainsi que toutes les peintures de cette salle. Celle où s'assemble le Sénat ou Pregadi, renferme des morceaux uniques du Tintoret, de Jacques Palma, du Titien. Dans la salle du Conseil des dix, on voit l'adoration des Mages, par Ant. Alcinse ; le plafond est de Paul Veronese, représentant Jupiter, foudroyant les Vices ; c'est un des plus grands morceaux de ce Peintre sublime. Dans la salle de l'armement du Conseil des Dix, où sont les armes en assez grande quantité pour armer quinze cens Nobles, en cas de quelque révolte, on voit un tableau de Palma, le médailler, donné par le Sénateur Morosini à la République ; un buste antique d'Antinoüs ; trouvé à Smyrne ; un buste d'Antonin-le-Pieux ; une statue de Lucius Vérus ; les statues de Carrara & d'Albert, de Corregio. Les principaux événemens de l'histoire de Venise sont peints dans la magnifique salle du Grand Conseil, qui a cent cinquante pieds de longeur & soixante-quatorze de largeur. Tous les portraits des Doges sont dans la frise qui regne autour de la salle : les peintures sont de Pierre Veronese, du Tintoret, de Palma. & sont autant de chef-d'œuvres ; toutes les autres salles sont par les mêmes Peintres, & par quelques autres de la même Ecole, tels que Dominique, Tintoret, Bassan fils, Palma. Liberi, Bellini, Vicentini, &c.

La plus grande partie du Palais Ducal est couverte de cuivre ou de plomb ; c'est sous cette couverture, qui forme en été une fournaise, que sont les prisons de la République ; il y en a d'autres au-dessous du Palais, également terribles par l'humidité, le manque d'air & les ténebres.

La place de S. Marc en forme deux, qui ont ensemble cent quatre-vingts toises de longeur ; elle est très-vivante, couverte de nouvellistes, de bateleurs, de nobles, d'étrangers & d'une foule de gens de toute espece. On y voit deux colonnes de granit, apportées de Grece vers 1175, furmontées l'une d'un lion ailé, de bronze, l'autre de la ftatue de S. Théodore; c'eft entre ces deux colonnes que fe font les exécutions publiques. Dans un des côtés & fous les portiques du Palais, eft le Broglio; où s'affemblent les Nobles, pour parler de leurs affaires. Tous les édifices qui entourent cette place font très-beaux, les principaux font, au nord la façade de l'Eglife de S. Marc, au levant les Procuraties neuves, au midi le portail de San-Geminiano, & au couchant les Procuraties vieilles; ces bâtimens magnifiques donnent un air impofant & riant en même temps à cette place. Vis-à-vis le Broglio, eft la bibliotheque de la République, dans un bâtiment fuperbe de Sanfovino, qui comprend auffi la Zucca ou la Monnoie, dans le veftibule de la bibliotheque, font des antiques des plus beaux temps de la Sculpture, la Leda, l'Abondance, Sylene, Agrippine, plufieurs buftes, deux autels antiques triangulaires, &c. le plafond eft du Titien; la Bibliotheque a été formée de celle de Pétrarque & de celle du Cardinal Baffarion; les plafonds font des plus grands Maîtres; à la bibliotheque font attachées trois chaires, l'une pour enfeigner la Philofophie, les autres le Droit & la Médecine. L'architecture des Procuraties neuves eft de Sanfovino & de Scamozzi; un portique à arcades ouvertes, foutenu par le premier ordre des colonnes des deux Procuraties, & fous lefquelles font des boutiques de marchands & des cafés, entoure la place. Dans l'Eglife de San Geminiano, ornée d'excellens tableaux de l'Ecole de Venife, eft le tombeau de Sanfovino, Peintre, Sculpteur & Architecte: fon fils, Sculpteur & Auteur célebre, eft vis-à-vis du tombeau de fon pere. Au-deffus de la place eft la tour de l'horloge; le cadran eft au premier ordre, au-deffus de l'arc qui porte la tour; il marque les heures, le mouvement du foleil & de la lune; au fecond ordre, eft une ftatue dorée de la Vierge, au-devant d'elle, dans un demi-cercle, paffe un Ange, qui porte une trompette; il eft fuivi des trois Mages, qui adorent l'Enfant, sortant d'un côté & rentrant par l'autre ; ces portes s'ouvrent & se ferment d'elles-mêmes par des ressorts cachés ; au troisieme ordre, est un grand lion de Saint Marc, & un Doge à genoux, le tout est surmonté d'une grosse cloche sur laquelle deux Negres frappent les heures.

Il faudroit faire un ouvrage exprès si l'on vouloit donner une simple notice de chaque chef-d'œuvre que renferme Venise. Les Eglises en offrent en très-grande quantité ; on admire à S. Moyse, petite Eglise paroissiale, une grouppe de marbre blanc de Notre-Dame de Pitié, & d'excellens tableaux de Palma & du Tintoret. Santa Maria Zobenigo, Eglise de la fondation de Venise, est décorée d'une très-belle façade moderne ; on y voit une Conversion de S. Paul, du Tintoret. On voit à *San Vital* un tableau de l'Ange Raphaël, de Piazzeta. Près de San Vital est le Palais Pisani, où parmi un grand nombre de beaux tableaux on admire la famille de Darius aux pieds d'Alexandre, de Paul Véronese ; la mort d'Adonis, par le Tintoret ; Alexandre indigné de la mort de Darius, en voyant le cadavre de ce Roi. A S. Stephano des Augustins, plusieurs tombeaux de Doges, la Statue équestre d'Alviano. A S. Luca, le tableau de S. Luc assis sur le bœuf, tenant le portrait de la Vierge qu'il vient de finir, par Paul Véronese ; les tombeaux de l'Aretin, de Ludovico Dolce, d'Alphonse Ulloa. Dans l'Eglise de l'Ecole ou Confrairie de S. Fantin, le plafond est de Palma ; une statue de S. Jérôme, d'Alessandro Vittoria. A S. Salvadore, Eglise bâtie par le Lombardi, dont l'Architecture est très belle, plusieurs beaux tableaux du Titien, les Pélerins d'Emaüs, de Bellini pere ; plusieurs Mausolées des plus grands Maîtres A S. Zaccharia, Eglise des Bénédictins, la statue du Saint par Vittoria ; le tombeau de cet habile Artiste, Peintre, Architecte & Sculpteur ; d'excellens morceaux de Belin, de Paul Véronese. A l'Hôpital de la Piété, la Circoncision, du Palma. Au S. Sépulcre, la représentation du Sépulcre de Jérusalem, sous une espece de montagne de marbre. La maison où habitoit le Titien est auprès de l'Eglise de Miracoli, dans laquelle on voit deux enfans en marbre qu'on dit être de Praxitelle. La seule Statue équestre en bronze qu'il y ait à Venise, est sur la place de S. Jean & de S. Paul, c'est la statue de Barthélemi Colléone de Bergame, Général des troupes de Venise, par André Verochio, Florentin. Au pied de sa statue sont ses armes, d'après son nom. On voit dans l'Eglise de Santi Giovanni & Paolo, des Dominiquains, le plus beau tableau du Titien, représentant le martyre de Saint Pierre, Bénédictin, & plusieurs tableaux de Palma, du Tintoret, de Jean Bali; plusieurs mausolées de Doges, & des statues de plusieurs grands Hommes. On ne tentera point de parcourir les autres Eglises, un volume ne suffiroit pas pour en indiquer les richesses. Les Palais renferment encore un nombre prodigieux de Peintures & de Sculptures de toutes les Ecoles.

L'Arsénal que les Vénitiens regardent comme le boulevard de l'Italie, & même de l'Europe, est fermé de hautes murailles où l'on n'entre que par une seule porte; son enceinte est à-peu-près de deux milles d'étendue; on y conserve l'artillerie & les vaisseaux de la République, deux mille ouvriers y sont sans cesse occupés à la construction & aux ouvrages relatifs à la marine. On y trouve des fonderies, des forges, des loges couvertes pour les galeres & les galéaces, le bucentaure, &c. Il y a une porte sur la mer pour les vaisseaux, défendue par deux tours. Dans l'enceinte est aussi une haute tour, dont les sentinelles sont obligés à toutes les heures de la nuit d'appeller les gardes des autres tours pour savoir si elles veillent; tous se correspondent en cas d'incendie; la corderie; la voilerie, la fonderie des canons, les magasins, forment des édifices immenses. On y compte six mille canons, dont deux cens de vingt à trente livres de balle. Les salles d'armes sont garnies du haut en bas de fusils, d'épées, de pistolets, de cuirasses pour une armée nombreuse. On rafine le salpêtre dans l'arsenal; mais on fait la poudre loin de Venise. C'est à l'arsenal que sont les magasins de biscuits & de viandes salées pour l'approvisionnement des vaisseaux. Une des salles les plus curieuses est celle où sont en relief les plans des places principales de la République. On regarde comme des chef-d'œuvres d'architecture militaire, la forteresse de Palma Nova, & la citadelle de Corfou. Les précautions que les Vénitiens ont prises pour prévenir tout accident, mettroient en défaut les mauvaises intentions de l'ennemi le plus adroit. L'arsénal est une des principales curiosités de Venise.

Sur le grand canal est le pont de Rialto qui unit les deux parties de la Ville divisées par le canal. Ce pont est regardé comme un des plus beaux ouvrages d'architecture. Il n'a qu'un seul arc qui a quatre-vingt-neuf pieds d'ouverture, & est tout de marbre ou pierre d'Istrie. Il a vingt-deux pieds de hauteur dans œuvre, & quarante-trois pieds de large : ce pont est chargé de boutiques, qui en cachent la beauté, quoiqu'elles soient aussi de marbre ; elles forment trois rues, une au milieu & une entre chaque rang de boutiques & les parapets ; on monte à ces rues par de beaux escaliers ; au milieu du pont, est un grand arc, orné de quatre statues, de Campana, la Vierge, l'Ange Gabriël, S. Marc & S. Théodore. En 1264, on bâtit un pont de bois à l'endroit même où est le pont de Rialto, qui fut commencé en 1588 ; sous le Doge Pascal Ciconia, il fut achevé en 1591 ; il est décoré d'une corniche, d'un bon porfil & d'une balustrade.

Le Ghetto est le quartier habité par les Juifs depuis qu'ils ont quitté la Giudecca, isle à laquelle ils ont laissé leur nom ; on en compte à peu près deux mille, quelques-unes très-riches ; ils portent tous, le chapeau couvert d'écarlate, ont entr'eux une petite jurisdiction, pour terminer leurs différends particuliers, & lorsqu'ils sont de peu d'importance. On compte sept Synagogues, celles des Portugais & des Espagnols sont les plus considérables, les plus riches & les mieux bâties ; leur quartier est toujours fermé pendant la nuit : leur commerce est fort étendu.

La bourſe, la douane de mer ſont des édifices qui méritent l'attention des particuliers. A la *dogana da mare*, on voit une tour élevée ſur un arc, ſoutenu par des colonnes à boſſages de marbre, terminée par une ſtatue de la Fortune, de bronze, poſée ſur un globe de même matiere, la ſtatue tourne à tout vent, & ſert de girouette ; au pied & au devant de la tour, eſt un portique couvert, avec des colonnes du même ordre.

Il y a aux environs de Veniſe une grande quantité d'iſles qui ſont parties de différens quartiers, mais ſéparées de la ville par des canaux ou des lagunes ; telles ſont la *Giudecca*, appellée, avant que les Juiſs ne l'habitaſſent, *Spina longa*, à cauſe de la figure terminée en pointe par les deux bouts ; elle renferme les Converties, Maiſon de refuge, S. Giacomo des Servites, il Redemptore des Capucins, le Gitetto, où l'on reçoit les jeunes filles que leur beauté pourroit expoſer à la ſéduction, dans une de ces iſles eſt le Monaſtere de Saint George des Bénédictins du Mont Caſſin : l'Egliſe renferme de beaux tableaux de Tintoret, de Baſſan, de Sebaſtien Ricci, &c. des tombeaux de Doges ; le maitre-autel eſt de la plus belle ſculpture, & de Campagna, le célebre tableau des noces de Cana, de Paul Veroneſe ; dans l'iſle du Lidio eſt la Chartreuſe, Sainte Hélene, Saint Nicolas. Les autres iſles principales ſont *Lazaretto Vecchio*, *Lazaretto Nuovo*, occupés par ces deux bâtimens, *Torcello*, *Murano*, *Mazorbo* & *Barano*, la *Chiozza* ; elles forment autant de petites villes fondées par les habitans d'Altino & de Concordia, qui s'y retirerent pour éviter les Barbares du Nord.

Les Palais ſont remplis des plus beaux monumens des arts, & ſur-tout le Palais Barbarigo, appellé Scuola del Titiano à cauſe de la grande quantité de tableaux de ce grand Maître.

L'Inquiſition eſt établie à Veniſe ; mais elle ne peut rien faire ſans la préſence & le conſentement de trois Sénateurs : le Sénat dirige toutes ſes opérations. Les Vénitiens marquent d'autant plus de reſpect pour la

Religion, qu'ils ont toujours opposé les plus fortes barrieres aux prétentions du Pape.

Les Courtisannes sont sous la protection du Gouvernement, on va chez elles à toute heure du jour, lorsqu'un étranger demande leur demeure, le peuple même l'y conduit fort honnêtement, les Moines & les Ecclésiastiques y vont sans qu'on s'en formalise. On peut voir de détails plus particuliers dans Misson, dans les Mémoires d'Italie de M. Richard, & dans le Voyage d'Italie de M. de la Lande.

VENISE. (Etat & République de) On peut regarder la République de Venise comme une des plus belles contrées d'Italie, outre une partie très-considérable de l'Italie, elle jouit encore de la Dalmatie, de plusieurs places sur les côtes d'Albanie & de Morée, & de quelques isles de l'Archipel. Les Vénitiens font remonter leur origine aux Venetes ou Hénetes, peuple de l'Illyrie, qui, dans le temps que les Nations dispersées & barbares cherchoient les lieux les plus commodes pour y former des établissemens; s'empara de la contrée qui se trouve située au nord du Pô. Les autres font venir les Venetes de Vannes en Bretagne, & leur font conserver leur nom en Italie, où ils se réfugierent, dans le cinquieme siecle, & le donnerent à la Ville, qu'ils fonderent dans les Lagunes. D'autres attribuent son premier établissement aux Padouans, qui la fonderent avant ce même siecle, pour se soustraire aux fureurs d'Attila. Il est certain que les Magistrats de Padoue peuplerent l'isle de Rialto, & lui accorderent des privileges en 421. Les Venetes ou les Padouans, dit-on, s'étant rendus maîtres des Lagunes, l'invasion des Lombards en Italie, engagea le Patriarche d'Aquilée de se réfugier avec ses Ecclésiastiques & ses citoyens dans l'isle de Grado; la Venetie & la Ligurie se dépeuplerent au profit des isles qui étoient au-delà de l'embouchure du Pô, & la réunion de ces isles forma Venise. Suivant le plus grand nombre des Historiens, ce fut à Rialto que les Vénetes fugitifs fixerent leur résidence; quoiqu'il en soit, les premiers habitans de Venise se nommerent des Tribuns & des Consuls, qui les gouvernerent pendant environ quatre cens ans ; mais indignés ensuite par la tyrannie de ces derniers, ils s'adresserent à l'Empereur Leon, à Paul & Jean V, & en obtinrent la permission de s'élire un Prince à qui ils donnerent le titre de Duc ou de Doge. Ceux qui furent revêtus de cette dignité, en abuserent : & le pouvoir absolu qu'ils exercerent jusqu'en 1172, fit naître à la République le projet de se soustraire à leur autorité, ou du moins de faire dépendre le pouvoir de ces chefs d'un Conseil suprême. Ils créerent le Sénat ou grand Conseil, composé de dix Sénateurs, tirés des plus nobles familles de Venise. Jusques-là les Doges avoient exercé une souveraineté indépendante. Le Dogat remonte à l'année 697, que Paolo-Luccio-Anafesto fut élu par les soixante-douze isles qui forment aujourd'hui les soixante-douze Paroisses de Venise. On dit que Pepin-le-Bref, Roi de France, leur remit le tribut qu'ils lui payoient, donna une nouvelle forme à leur Etat naissant, & fut le premier qui donna le nom de *Venetiæ* à la réunion de Rialto & des isles voisines. En 1289 ou 1290, le Conseil fixé à perpétuité eut la souveraine administration des affaires de l'Etat ; chaque Tribunat prit connoissance de différentes matieres, & fit les rapports au Sénat. Le Doge, qui avoit joui de l'autorité monarchique, n'en eut plus que l'ombre ; il fut établi à vie, mais sans aucun pouvoir que celui que le Sénat veut bien lui accorder. *Voyez* DOGE. Ce fut le Doge Pierre Gradenigo, qui, révolté de l'abus de l'autorité de ses prédécesseurs, rendit le gouvernement purement aristocratique. Quoique toutes les affaires se traitent au nom du Doge, il ne délibere point qu'il n'ait auparavant traité avec le Sénat. Ce Sénat, si grand & si auguste, fait aujourd'hui toute la force de la République, qui plus d'une fois a fait trembler ses plus puissans ennemis ; ses richesses, jointes à une grande politique, combinée par une extrême sagesse, l'ont mise plus d'une fois à l'abri des malheurs de la guerre. La premiere époque de son indépendance est vers l'an 800, qu'elle profita des divisions de Charlemagne,

Empereur d'Occident, & de Nicephore, Empereur d'Orient. Les Vénitiens, situés au milieu des eaux, s'adonnerent à la navigation & au commerce ; l'une & l'autre furent la source de leurs richesses, sur-tout avant que les Espagnols n'eussent trouvé le chemin des Indes par le Cap de Bonne-Espérance. Ils possé-derent long-temps le Royaume de Chypre, qu'ils ob-tinrent par ruse, la Morée, l'Isle de Chypre, l'Isle de Candie, une partie de l'Archipel ; ils se sont vus maîtres de Constantinople, de Naples, de la Sicile, & d'une grande partie de l'Italie. Les Croisades, si funeste aux Souverains de l'Europe, furent pour les Vénitiens une source de puissance, de richesses & de considération. Ils ont eu à soutenir de grandes guerres contre les Grecs, les Sarrasins, les Pizans, les Génois, les Anglois, les Ducs de Milan, les Turcs, les Hongrois, &c. Ils vainquirent tous ces peuples. La découverte des Indes par les Espagnols nuisit à leur commerce, leur navigation s'en ressentit ; & ces deux nerfs de leur puissance s'étant affoiblis, les Turcs pro-fiterent de cette circonstance pour les attaquer, & lui enleverent Candie & la Morée.

En 1508, la grandeur de la République portoit om-brage aux Puissances de l'Europe. Jules II profita de cette jalousie pour recouvrer plusieurs villes qu'il re-gardoit comme du Patrimoine de l'Eglise ; il suscita l'Empereur, le Roi de France, le Roi de Naples, le Duc de Savoie & le Duc de Ferrare. La République se vit attaquée de tous côtés ; elle perdit, avec les batailles d'Agnadel & celles de Vicence, tous ses Etats de Terre-ferme. C'est cette Ligue de Jules II qu'on appelle dans l'Histoire la Ligue de Cambray, parce qu'elle fut conclue dans cette ville. Malgré ses pertes, cette République possede quatorze Provinces, sept au Midi, le Bergamasque, le Crémare, le Bressan, le Véronnois, le Polesin de Rovigo, le Padouan & le Dogado, cinq au N. O. du golfe, le Vénitien, le Trévisan, le Feltrin, le Bellunese, le Cadorin, une au N. du même golfe, le Friul, une au N. E. du même golfe, l'Istrie; elle possede encore une partie de la Dalmatie, & plusieurs Isles.

Les revenus de la République sont évalués à vingt millions, provenans des droits d'entrée & de sortie de la ville, & autres droits perçus dans la ville même, & dans les Etats de Terre-ferme. Elle a en outre trois millions de ses salines de Corfou & de Chiozza, &c. En temps de guerre, elle trouve des ressources dans de nouveaux impôts, la vente de la noblesse & les taxes sur les Juifs.

Elle n'entretient que cinq à six mille hommes en temps de paix. L'état militaire y est absolument négligé, & n'a nulle connoissance de la tactique ni de la discipline.

Les Nobles Vénitiens se regardent comme autant de Souverains; les premieres Maisons sont les douze familles électorales qui descendent des douze Tribuns qui élurent le premier Doge en 697; ces familles sont Badoer, Contarini, Morosini, Tiepolo, Michieli, Falier, Dandolo, Sanudo, Barozzi, Menco, Gradenico. La plus ancienne est celle de Badoer; les Zustiniani, les Cornaro, les Bembo, les Bragadins, les Querini, Soranzo, Dolfini, Sagredo, Marcello, Salomon, Zorzi, Zane, toutes ces familles sont de la premiere classe, & remontent long-temps avant la fixation de la noblesse & du Conseil. Voyez NOBLES VÉNITIENS.

La jeune Noblesse reçoit une très-bonne éducation, & s'instruit de bonne heure dans l'art de gouverner jusqu'à vingt cinq ans, qu'ils prennent l'habit de Sénateur; ils s'assemblent chez un ancien, pour apprendre les loix du pays, pour s'exercer à parler en public, & pour se mettre en état de répondre sur le champ aux dépêches.

Les Vénitiens sont peu communicatifs; on y vit fort retiré; on ne voit les femmes que dans les Eglises, ou quand on les rencontre dans les gondoles. Ils donnent rarement à manger; il n'y a que les étrangers connus qui y soient invités, ainsi qu'au bal, où les étrangers ne peuvent entrer masqués. Du reste, les

Vénitiens sont très-sobres, boivent peu de vin, aiment sur-tout le chocolat & les glaces.

Les Vénitiennes sont belles ; les Dames sont suivies, lorsqu'elles sortent, d'un Cavaliere Servante ; les Vénitiens ne se font jamais suivre par des Laquais, les femmes n'en ont point dans les gondoles ; il n'est permis qu'à celles de qualité d'avoir des Cavaliers servans ou Cigisbés, de se réunir dans les cafés & les casins, qui sont des équivalens de nos petites maisons, à cela près que les maris vont aux casins ou du moins sont les maîtres d'y aller.

La liberté vénitienne s'étend sur tout ce qui est étranger au gouvernement ; celle dont jouissent les femmes, qu'on appelle en France *comme il faut*, a fait tomber la considération qu'on y avoit pour les courtisannes. Le luxe des femmes y est réprimé par les loix somptuaires ; il n'est permis qu'aux étrangers, aux femmes d'ambassadeurs, aux Princesses, aux femmes de la famille du Doge régnant, de porter les étoffes riches, d'avoir des galons d'or & d'argent sur leur livrée, & une portiere à leur gondole. Les citadines sont habillées à-peu près comme en France, & se couvrent la tête d'un grand voile de taffetas ; les paysannes ou contadines portent de grands chapeaux de paille. Les hommes sont habillés à la françoise, & portent un manteau appellé *tabaro*, de camelot rouge ou gris. Les perruques des Magistrats sont d'une grandeur énorme & très-longues ; ils sont presque toujours en robe, & ne sont habillés richement qu'à la campagne ; leurs robes sont comme celles de nos Magistrats ; celles du Conseil des Sages sont de soie violette, celles des Sénateurs sont rouges.

Les Vénitiens ne sont point jaloux en général ; cependant l'histoire de Venise offre plusieurs exemples des effets de ce vice. Ils sont fins, rusés, adroits, braves, vindicatifs, dissimulés, adonnés au commerce, mais intéressés, plus sensibles aux injures qu'aux bienfaits ; ils ne donnent guere à manger aux étrangers que ceux-ci n'en fassent les frais. Le peuple est doux, tranquille, & facile à contenir ; quoique la ville soit mal gardée, on n'y entend presque jamais parler de meurtres ni d'affaffinats; il y a cependant deux partis qui subfiftent depuis plufieurs fiecles. (*Voyez* Caftellans & Nicolottes); elle eft éclairée pendant la nuit par trois mille lanternes. Le peuple y eft fuperftitieufement religieux ; perfuadés que l'abfolution remet tous les péchés ; ils les commettent fans fcrupule. Les Religieufes font plus libres dans leurs Couvens que dans leurs familles. Il femble que les plaifirs & les fêtes foient continuels à Venife : *voyez* CARNAVAL. Après le carnaval, la fête du Bucentaure eft la principale : *voyez* BUCENTAURE.

La Mufique & les fpectacles font fort du goût des Vénitiens; la mufique d'Eglife y eft d'une gaieté qui convient mieux au Théatre qu'à la dignité des Temples : on l'exécute derriere la grille, à travers de laquelle on voit les Muficiens. Il y a des Concerts dans plufieurs maifons pour lefquels plufieurs familles fe cotifent : Galuppi & Scarlatti font connus de toute l'Europe. On fe fouvient encore du Duo de Scarlatti dans l'Opéra de Titus ; il tranfporta les fpectateurs au point de leur faire jetter des cris. Paris a été long-temps dans l'enthoufiafme pour les bouffons qui venoient de Venife ; c'eft à eux qu'on peut attribuer la révolution arrivée dans notre Mufique : révolution préparée de longue main par le célebre Rameau.

Il y a à Venife plufieurs théatres ; ceux de S. Benedetto, de S. Samulle, S. Caffano & S. Moyfe font deftinés à l'opéra ; ceux de S. Luca, S. Angelo, S. Chryfoftomo font pour la comédie, & les plus fréquentés. Tout le monde connoît les comédies du célebre Goldoni; ce font celles qu'on y joue actuellement, quoique les Vénitiens aiment de préférence le bouffon & le burlefque ; cet Auteur a jetté beaucoup de pathétique dans ces pieces. Les Pantalons fortent ordinairement de Venife, ainfi que les Arlequins de Bergame, les Docteurs de Bologne, & les Scapins de Naples. Les anciennes pieces imprimées ne s'y jouent point ; on y joue en impromptu fur des canevas donnés, comme à notre théatre de la Comédie Italienne à Paris. Leur jeu eft fimple & naturel & très-propre à l'illufion théatrale ; la vivacité italienne ajoute beaucoup à la vérité de l'action ; il faut les voir jouer, & ne pas lire leurs canavas qui ne font rien. Les Italiens en général ont peu de bonnes tragédies ; les Vénitiens abondent en Farceurs, Bateleurs, Joueurs de gobelets. Ils ont produit aussi de très-grands hommes dans les sciences & dans les arts, le P. Cornelli, Cordelier, grand Géographe, Historien, Auteur d'une Bibliothéque universelle fort estimée, le célebre Voyageur Marc-Paul, en 1288, le Cardinal Bessarion, Alde Manuce, Fra-Paolo Sarpi, Ant. Franç. Gori, Apostolo Zeno, rival de Métastase, Goldoni, Bandeilo, Lasca, Bastiano Erizzo, Francesco Sansovino, Cinthio Giraldi, Carlo Gualteruzzi, Niccolo Granucci, Straparole, Malespini, Chiari, Cornero, le Comte Baretti, Cornaro, &c. Il sort une immense quantité de livres des Presses vénitiennes ; on y traduit beaucoup de nos livres françois ; outre le Journal Encyclopédique de MM. Rousseau & Castilhon ; qu'on y réimprime chaque mois, ils ont encore cinq autres Journaux, la Minerve ou le Journal des Gens de Lettres d'Italie, la Pazzella *Medica*, le Courrier Littéraire, le Journal d'Italie, concernant les Sciences naturelles, & principalement l'Agriculture, les Arts & le Commerce, la Bibliothéque moderne ou extraits des Livres nouveaux & Mémoires historico-littéraires.

L'Ecole vénitienne l'emporte sur celle d'Italie par le coloris & la force de l'imagination ; les chefs de cette Ecole sont le Titien, le plus grand Coloriste d'Italie, le Tintoret, étonnant par l'enthousiasme de son génie ; Paul Véronese, remarquable par la belle ordonnance des tableaux, l'enchaînement ingénieux de ses groupes, la distribution de la lumiere & l'intelligence de ses reflets. Au-dessous de ceux-là sont le Giorgion, le Palma, le Padouanimo, les Bassans, le Ricci. Parmi les Peintres modernes sont le *Tiepolo* & le *Piazzetta*, & la célebre Rozalba. On regrette que cette Artiste si célebre ait peint en pastel : elle le dispute aux plus grands Maîtres d'Italie.

Le commerce des Vénitiens étoit souvent troublé par les Barbaresques ; il a été assuré par le traité entre ces Pyrates & la République en 1764. Ce commerce consiste en vins de Chypre ; de Marasquin, de Corfou, riz, soie, toiles, armes, bled, glaces de Venise ; ouvrages de verrerie, de Crystal, crême de tartre, sublimé corrosif ; blanc de céreuse, caracteres d'imprimerie.

Le climat de Venise est doux & tempéré ; l'eau douce y est rare, & on n'en boit que de celle des cent soixante citernes publiques. La souveraineté du Golfe appartient à la République pour la navigation ; les Dalmates, les Génois, les Pisans, la lui ont vainement disputée. Ce Golfe a cent quatre-vingt-dix lieues de longueur du levant au couchant ; il a au midi le Royaume de Naples, l'Etat Ecclésiastique & le Duché de Venise, au couchant le Padouan & le Frioul, au nord la Carniole, l'Istrie, la Dalmatie & les côtes d'Albanie, au levant son embouchure dans l'Archipel, défendu par les Isles de Corfou, de Paschu, d'Antipaschu & de Céphalonie, regardées comme les clefs du Golfe.

VENOSA, petite ville au Royaume de Naples, dans la Basilicate, avec un Evêché suffragant de Cirensa, depuis que celui de Materea a été réuni à ce dernier. Cette ville a titre de Principauté ; elle est située au pied de l'Apennin, sur le Brandano, dans une plaine fertile, à cinq lieues N. de Cirenza, & trente-deux N. E. de Naples ; elle est appellée en latin *Venusia* ou *Venusium*, & est le lieu de la naissance d'Horace. Cette Principauté appartient à la Maison *Ludovisio* ; la ville est dans une plaine, & entourée de bois d'oliviers.

VENZONE, petite ville dans le Frioul : *voyez* UDINE.

VERCEIL ou VERCELLI, *Vercelliæ*, grande & belle ville dans le Piémont, Capitale de la Seigneurie de son nom, avec un Evêché ; elle est dans une situation agréable, sur la *Sessia*. On y voit d'assez beaux édifices ; les ruines des fortifications, qui furent rasées en 1709 par M. de Vendôme, en rendent le premier coup d'œil triste. On y remarque la voûte de Sainte Marie Majeure, soutenue par quarante colonnes de marbre fort belles. L'histoire de Judith & d'Holopherne est représentée en mosaïque sur le pavé, qui est aussi de marbre. La Cathédrale est sous le nom & l'invocation de S. Eusebe, l'un de ses Evêques, qui fut martyrisé l'an 371. L'Empereur Othon donna à cette Eglise le Domaine & la Souveraineté de Verceil. On montre dans le trésor de la Cathédrale un manuscrit écrit dit-on, de la main même de S. Marc, des Evangiles de ce Saint & de S. Matthieu, il fut donné à cette Eglise par Beranger Roi d'Italie : on montre aussi dans l'Eglise de S. André, assez bel édifice, surmonté de quatre clochers, & revêtu de marbre, un Crucifix dont on ne connoît point la matiere. Il y a plus de trente Eglises dans cette ville. On montre aux curieux, à l'Hôpital le cadavre d'un Pélerin d'Anjou, appellé André Valla, qui y mourut d'une éthysie, en 1685, n'ayant plus que la peau collée sur les os ; son corps paroit tel qu'il étoit au moment de sa mort, n'ayant souffert aucune altération, même dans les rougeurs qui colorent le visage des éthyques. Verceil est à quatre lieues N. E. de Turin, à quatorze S. O. de Milan ; c'est la premiere ville du Piémont, du côté du Milanois. La Seigneurie de Verceil est au S. E. d'Aouste. Ce pays dépendoit autrefois des Ducs de Milan, & est fertile ; il formoit les deux Provinces qui appartiennent au Roi de Sardaigne, celle de Biele, à l'occident, & celle de Verceil, à l'orient, la Principauté de Masserano, & le Marquisat de Crevecœur. Les principaux lieux de la Province de Biele sont : *Pie de Cavallo, Trister, Andorno, S. Damiano, Caveglia* & *Livorno* ; celles de Verceil sont : *Serravalle, Gattinara, Buronzo, S. Ja, Tronzan, Disana*.

VERGATO, petite ville du *Bolonois*. V. BOLONOIS.

VEROLI, petite ville Episcopale, dans la Campagne de Rome, sur les frontieres de Naples, au pied de l'Apennin. On y voit d'assez jolies prairies. Le pays est agréable, & l'air fort sain, quoique Veroli soit dans le voisinage des marais Pontins.

VERONE, *Verona*, une des plus belles & des plus grandes villes d'Italie, située sur l'Adige, dans une plaine agréable & fertile qu'arrose ce fleuve majestueux & rapide, est la Capitale du Véronese, dans l'Etat de

Venise, avec Evêché. On n'est pas d'accord sur sa fondation, qu'on attribue aux Euganéens, Gaulois d'au-delà du Pô. Les Gaulois Senonois s'en emparerent en 392, avant J. C. Après avoir appartenu aux Barbares, dont les Rois Théodoric & Alboin y fixerent leur résidence, elle reprit sa liberté, fut usurpée par les Ezzelins & les Scaligers, & se donna enfin aux Vénitiens. L'Adige la sépare en deux, trois ponts la réunissent, le plus considérable est *ponte di Castello Vecchio*; il n'est ouvert qu'une fois de l'année, de crainte de le fatiguer; il a trois arches, dont la plus grande est de cent quarante cinq pieds d'ouverture, c'est-à-dire, cinquante-six pieds de plus que celle du pont de Rialto, & tout le pont a trois cent cinquante-neuf pieds de long.

Vérone conserve beaucoup de monumens antiques; le plus beau est l'amphithéâtre; c'est le seul morceau entier qui soit resté des Romains; c'est un morceau curieux: Voyez AMPHITHEATRE. Dans l'état où il est, il peut contenir vingt-deux mille spectateurs. Il y au bas de Castel Saint Piettro des restes d'anciennes constructions; mais on ne peut dire si elles appartenoient à un édifice public ou à un Palais. On y voit encore trois arcs de triomphe antiques; l'un d'ordre corinthien, construit, suivant une inscription, l'an 252 de J. C. il a été un peu maltraité par le temps: on l'appelle *porta di Bosari*; le second est mieux conservé, il est d'ordre composite, & s'appelle *porta del foro judiciale*; le troisieme, près de *Castel Vecchio*, est de Vitruve même, & son plus grand avantage est d'avoir été élevé par ce grand Artiste. Ce *Castel Vecchio*, situé sur l'Adige, paroît avoir été le Palais des anciens Seigneurs de Vérone, & n'a rien de remarquable.

Une des choses les plus curieuses de cette ville, est le *Musæum*; on y a recueilli toutes les inscriptions, & une grande quantité de monumens antiques; on y trouve de beaux bas-reliefs, des autels de marbre, des colonnes milliaires, des tombeaux, des inscriptions orientales, grecques, étrusques, latines sur le bronze, le marbre & le porphyre; la cour est environnée formée d'un portique qui sert d'entrée au théatre ; le célebre Maffei a lui-même distribué & numéroté les antiques du Musœum, pour la description qu'il devoit en publier ; son buste avoit été placé de son vivant sur le pérystille de six colonnes, qui est en avant du portique. Le Marquis de Maffei le fit ôter ; mais il a été replacé après sa mort. L'édifice du Musœum est très-beau ; c'est dans un de ses appartemens que se rassemble la bonne compagnie ; il est meublé aux dépens du public. Ces especes de Ridotti publics, en usage dans quelques villes d'Italie, sont plus agréables & plus commodes que les particuliers ; du Ridotto, on est à portée du théatre ; la salle est presque circulaire, & a cinq rangs de vingt-sept loges.

La ville de Vérone a de quarante à cinquante mille ames, & plus de six milles de tour. Les édifices qui méritent le plus l'attention des Voyageurs, sont les Palais de l'Evêque & du Gouverneur, l'Hôtel-de-Ville, le Château Saint Pierre, qui domine la ville. La *Strada del Corso* est la plus belle rue, & celle où se fait la course des chevaux.

La Cathédrale, *il Duomo*, sous l'invocation de la Vierge, est un très ancien édifice gothique ; on y voit le tombeau du Pape Lucius III. On y lit cette épitaphe : *Les os de Luce III, chassé de Rome par envie.* Elle est décorée d'une Assomption, du Titien. Sur le portail, sont les statues de Roland, sur l'épée duquel on lit ce mot, *Durindarda*. On peut voir à S. Giorgio un Saint Jean-Baptiste, du Tintoret ; deux beaux tableaux de Paul Véronese, l'un est S. George, refusant d'adorer les idoles, l'autre S. Barnabé, guérissant des malades avec le signe de la croix ; à S. Procule, une table précieuse, de verd antique ; aux Capucins, un S. Antoine de Padoue, du Guerchin ; à Santa Maria Antica, les tombeaux des Scaliger ; à San Zeno, un groupe en sculpture de deux coqs qui portent sur leurs épaules un renard attaché par les pieds à un bâton, & quatre colonnes de marbre tressées comme des cordes nouées par le milieu. A Saint Bernardin, on admire une Chappelle construite par Michel San Michieli ; à S. Procule, on conserve un ancien tombeau, qu'on prétend être celui de Pepin, fils de Charlemagne.

Les fortifications ont été dirigées par Michel San Michieli, Architecte célebre, dont on admire la porte del Pallio, qu'on regarde comme un des meilleurs morceaux d'architecture : elles sont très bonnes, & bien entretenues. Il y a plusieurs morceaux de San Michieli, & tous fort estimés. Les matériaux dont on se sert pour les bâtimens, sont le marbre & une pierre blanche comme celle dont on se sert à Venise. On compte dans les carrieres de Véronne trente-cinq especes différentes de marbres. La plupart des Palais sont bâtis de ces marbres. On trouve dans ces Palais de très-belles collections d'antiques & de tableaux de Paul Véronese, du Tintoret, du Comte Rothario, &c.

Le cabinet de Comte Mascardo mériteroit une ample description ; on y trouve une galerie à six chambres remplies de ce qu'il y a de plus merveilleux dans la nature & l'antiquité, en tableau, en livres, en animaux, en plantes, en fruits, en métaux & autres productions de l'art & de la nature ; en un mot tout ce qui peut être recherché des curieux ; entr'autres il y a plusieurs instruments & ustensiles qui servoient aux sacrifices des payens ; plusieurs figures de bronze représentant des Dieux ; & d'autres servants aux augures & aux auspices ; nous en donnons ici l'estampe avec un détail raccourci.

Véronne est très-bien bâtie, les rues y sont plus belles & mieux pavées qu'à Padoue. Parmi les places publiques, il faut distinguer la Piazza d'Armi & le Campo di Marzo ; dans la premiere, on voit la belle statue de marbre, qui représente la République de Venise ; le champ de Mars sert à exercer les troupes, & tous les ans il s'y tient une grande foire. Il y a aussi la *Piazza di Signori* ; c'est le quartier le plus marchand & le mieux peuplé. En 1738, l'Empereur & la Reine d'Hongrie vinrent dans cette ville : les Vénitiens dépenferent deux mille ducats d'or pour les recevoir. Son commerce consiste principalement en soie, en bled, en olives ; elle a donné naissance à quantité d'hommes célebres, aux Empereurs, Titus, Vespasien, Domitien, à Pline, à Catulle, Vitruve, Cornelius-Nepos,

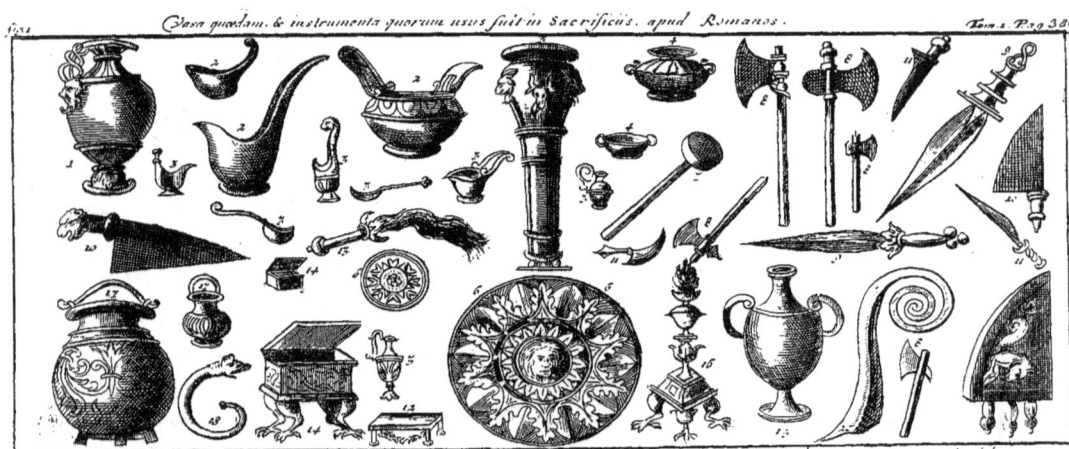

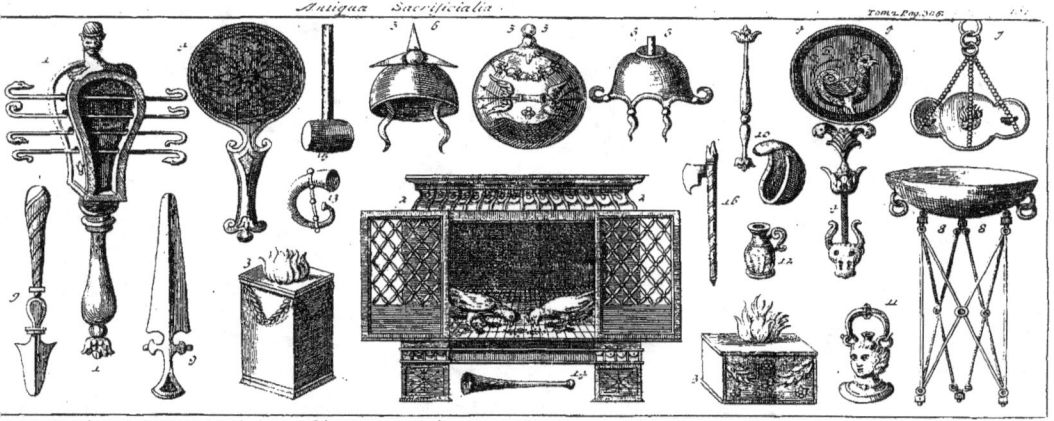

VER

Emilius, Macer, Cassius-Severus, Pomponi...
dus; parmi les modernes, à Fracastor, à J...
Scaliger, Philosophe, Poëte & Médecin, au...
Norris, M. Bianchini, Astronome célebre. L...
& les Gens de Lettres qui vivent actuelleme...
ont donné des productions estimées, sont...
renzi, Improvisateur, le Marquis Pindemont...
Jacques Dionisi, Antiquaire, Antoine Monta...
losophe, Everard Zeviani & Jean d'ella Bon...
cins, le Comte Neuselli, Antiquaire, le P....
le P. Toderini, Antiquaires, Margaglia, Tor...
gana, Mathématiciens. Le savant Scipion Maf...
Poëte, savant Antiquaire, Ecrivain célebr...
des hommes qui font le plus d'honneur à Véro...
ville a donné naissance à Paul Véronese, à Sa...

    La ville est gouvernée par un Podestat,...
véditeurs, & un Vicaire des Marchands & d...
Les Véronnois sont doux, respectent la reli...
mœurs; le sexe y est beau. Le carnaval de...
fort agréable; on y aime beaucoup le plaisi...
l'air y est pur & fort vif. Le pays fournit...
vin & de bons fruits. La terre verte de Véro...
dans la peinture à l'huile, sert sur-tout po...
ture, & donne une couleur d'un vert foncé...
duit des poissons singuliers. V. BOLDA. Vé...
Académie des Arts, sous le titre de *gli P*...
V. VÉRONOIS.

    VERONOIS, (le) est situé à l'est du lac...
ses principales productions sont le vin,...
d'excellentes huiles & du bétail. Il se fait...
commerce d'étoffes de soie à Vérone. Les li...
remarquables du pays sont *Pisquiara*, forte...
*sena & Guarda, Croara & la Chiusa, Zevi...
Sermione, Cerca, Leguano & San Bonifacio*...

    VEROSPI, (Palais) à Rome. Il y en a...
à côté du Palais Pamphili, & l'autre vis-à...
Sainte Madeleine. L'un & l'autre renferme...
belles statues antiques, parmi lesquelles o...
le premier un petit Sylene. Il y a plus...
dans le second; on y voit au-dessus d'une...
Jupiter, tenant la foudre, à côté une M...
cour est remplie de statues d'Antonin, d

rele, d'Adrien, de Diane, d'Apollon, &c. Il y a de très-belles peintures dans le Palais, & sur-tout un plafond, peint à fresque par l'Albano; il est divisé en plusieurs tableaux; dans l'un, l'Aurore seme des fleurs, elle est précédée de l'Amour, qui, une torche à la main, répand les premiers rayons de la lumiere; dans l'autre, un petit Amour verse la rosée sur la terre; dans un autre, Apollon, au milieu de sa course, préside aux quatre saisons, désignées par Flore, Cèrès, Bacchus & Vulcain; dans le quatrieme, l'Amour laisse tomber ses traits sur la terre, échauffée des feux que le soleil a répandus pendant la journée : ce qui prépare au dernier tableau, qui est la nuit, mais où l'Albane a manqué son sujet. On remarque parmi les antiques de cette galerie une statue de marbre, représentant Ganimede; la Déesse Nœnia, statue qu'on regarde comme unique; un buste de Macrin, très-rare; une machine harmonique, dont le clavier fait aller un clavecin; une orgue, deux épinettes, une viole, un violon, & d'autres instrumens. Ces sortes de machines compliquées sont si sujettes à se déranger & à discorder, qu'elles n'ont ordinairement aucun des avantages qu'on s'en promettoit; celles dont il s'agit a coûté quarante ans de travail à Michel Todini, & ne joue plus; le corps du clavecin est peint par le Poussin, & c'est ce qu'il y a de plus précieux.

VERRUCOLA, Montagne du Pisan, où l'on trouve de très-beau crystal de roche, ainsi que dans les montagnes voisines.

VERUE, *Verua*, ville du Piémont, dans le Comté d'Ast, sur les frontieres du Montferrat, & sur les bords du Pô, avec un Château si fort, qu'il passoit autrefois pour imprenable; mais en 1705, les fortifications en furent démolies par le Gouvernement, qui se vit sur le point de le rendre aux François, commandés par le Duc de Vendôme.

VESCOVATO, Bourg à trois lieues de Crémone, entre les rivieres d'Oglion & de Démona; c'est un petit Marquisat qui appartenoit à la Maison de Gonzague; il dépend du Duché de Mantoue, quoiqu'il soit situé dans le Milanez.

VESUVE, (le mont) est situé à huit milles à l'Orde la ville de Naples, à deux lieues de Portici, à l'extrêmité de la Terre de Labour. Ce terrible volcan est séparé du reste de l'Apennin, il a trois lieues de tour à sa base, & huit cent cinquante toises à son sommet. Cette montagne étoit formée de trois sommets : la *Somma*, au nord de cette partie, est à moitié détruite dans toute sa hauteur, le Véfuve, au midi, & par derriere entre les deux hauteurs appellées montagnes d'Ottaiano, qui sont fort abaissées : on croit que toute la partie qui regarde Naples, a été emportée par quelque éruption. La plus ancienne dont on ait connoissance, arriva l'an 79 de l'ere chrétienne, qui ensevelit sous les cendres & les laves la ville d'Herculée, celle de Pompeia, de Stabia. Ces matieres calcinées & brûlantes furent portées jusqu'à Misene, à plus de dix-huit milles du Véfuve. Pline le Naturaliste fut étouffé pour s'être approché un peu trop près. Strabon, qui parle du sommet du Mont Véfuve comme d'une plaine, fait présumer que les trois sommités se joignoient ; d'où M. l'Abbé Richard pense que si cette montagne, divisée par le feu, a beaucoup perdu de sa masse, dispersée par les éruptions, on peut conjecturer que le Véfuve se consumera lui-même, & qu'enfin ce volcan s'éteindra ou prendra un état de consistance tranquille, qui ne laissera plus à craindre aucune révolution pour le pays qui l'environne. La lave ou torrent enflammé qui coula lors de l'éruption de 79 fut si considérable, qu'on la trouve dans les fouilles d'Héraclée, & vers la mer, à quatre-vingt-cinq pieds au-dessus de la surface. La plupart des éruptions sont précédées de tremblemens de terre, qui renversent les villes & font sortir les rivieres de leurs lits. Depuis 79, on compte vingt-sept éruptions ou incendies, en y comprenant celle de 1767. Les plus terribles ont été celles de 79, de 1036 ; elle eut ceci de remarquable, qu'outre l'éruption des matieres enflammées, le Véfuve s'ouvrit par les côtés, & qu'il en sortit des torrens de feu, qui coulerent jusqu'à la mer. Celle du 13 Décembre 1631, qui dura jusqu'au 25 Février 1632 : la montagne s'ouvrit environ au milieu de sa hauteur ; le torrent enflammé qui en sortit se divisa en sept branches, qui dévasterent tout le territoire qui est entre la montagne & la mer, couvert des plus belles plantations; une des branches alla jusqu'à Portici; Resina fut détruit; *Tor. del Greco* & l'*Annonziata* furent presque ruinées. L'éruption fut précédée par des tremblemens de terre, qui durerent trois mois consécutifs; le Mont vomit avec ses cendres & ses sables des torrens d'eau bouillante; on vit sortir de la bouche du volcan une colonne de fumée noire & épaisse, qui, s'étendant ensuite, prenoit la figure d'un pin, d'où sortoient des nuages épais, chargés de cendres, mêlés de traits de feu, qui s'entassant les uns sur les autres, faisoient disparoître le jour, s'entrechoquoient avec tant de bruit, qu'ils sembloient devoir former un nouveau volcan dans les airs. Les éruptions du 12 Mars 1694, de 1701, du 14 Mai 1737, au sujet de laquelle le *Docteur D. François Serrao*, célebre Médecin, calcula qu'il sortit cette année du Vésuve 319, 658, 161 pieds cubes de laves, qui se répandirent en différentes directions. De 1767, cette éruption étoit annoncée depuis le 13 Décembre 1765, & peut-être depuis 1760 : car depuis ce temps-là le Vésuve n'avoit presque pas cessé d'être dans une fermentation effroyable. Le 23 Décembre de cette année 1760, après deux jours de secousses & de tremblemens de terre presque continuels dans le lieu de *Monticello*, au pied du Vésuve, du côté de la mer, vers midi, il s'ouvrit douze bouches à feu avec un fracas semblable à celui d'une batterie de gros canons, qui jetterent en l'air une quantité considérable de pierres & de sables enflammés, & plusieurs colonnes de fumée épaisse, mêlée de cendres & de traits de feu. Le torrent de laves qui couloit de ces bouches, après avoir parcouru un demi-mille dans une largeur plus ou moins grande, il s'ouvrit à cette distance trois nouvelles bouches avec un fracas aussi considérable que les premieres; la lave reprit son cours, & le lendemain elle étoit à deux milles des premieres ouvertures. Son cours fut de quatre milles dans une largeur inégale, & fit un grand dommage dans tout cet espace qui étoit cultivé. L'effervescence continua dans l'intérieur du

Véfuve jufqu'au 23 Décembre, que la colonne de fumée, chaffée par un vent du midi fort impétueux, couvrit tout le ciel au-deffus de Nole, à dix milles du Véfuve. Le 27, la campagne fut couverte de cendres à la hauteur d'un pouce & demi, le vent ayant tourné, porta les cendres & la fumée au-delà de l'Ifle de *Capri*, à trente milles du Véfuve. Du côté de Salerne, elles furent portées à cinquante milles. Le 4 Janvier 1761, après des bruits & des fecouffes de la montagne, l'arbre de fumée s'élevât au deffus de la montagne, on s'apperçut le lendemain qu'une partie de la cime de la montagne avoit été emportée. Dans l'année 1762, il y eut des fecouffes & des tremblemens de terre au Royaume de Naples. Le Véfuve fut affez tranquille jufqu'à la fin de Décembre 1765, que l'incendie s'annonça par une colonne de fumée fort épaiffe; le volcan commença à jetter du feu le 24; l'éruption continua en diminuant jufqu'au 15 Janvier; elle recommença cinq à fix jours après, & dura par intervalle jufqu'au 27 de Mars; la lave fortit alors avec un grand bruit, prit fon cours vers *Ottaïano*. Le lendemain, elle changea de direction, & menaça Portici; elle s'étendit pendant douze jours à plus de deux milles; pendant ce temps, le Véfuve lançoit à une très-grande hauteur & avec un bruit éclatant de gros quartiers de pierre. Ces explofions étoient toujours accompagnées de fecouffes violentes; la matiere enflammée ne ceffa de couler que le 15 de Mai. Les cendres ardentes que vomit le Véfuve par l'ouverture principale, brûlerent les fleurs des arbres & toutes les autres productions de la terre. Toutes ces irruptions ne font rien en comparaifon de celle de 1767; le bruit du volcan jetta l'épouvante dans tous les environs; il fut fuivi d'une pluie abondante de feu, de cendres, de pierres calcinées, qui partoient d'un nuage épais de fumée; la lave coula affez lentement jufqu'au 19 Octobre dans la direction de Refina, entre Naples & Portici. Ce même jour un nuage de fumée noire & épaiffe s'éleva de la montagne, & couvrit l'horizon; le lendemain une lave abondante s'étendit à fept milles de longueur fur une largeur inégale, & combla le vallon ; on a estimé sa hauteur à soixante toises ; sa rapidité fut si effrayante, qu'en une heure elle parcourut près de sept milles. Vers minuit, on entendit dans les entrailles de la montagne des mugissemens & un bruit semblable à celui de la plus forte canonade ; il se termina par l'éruption d'une lave, qui se précipita dans le vallon qui sépare l'Hermitage de *San Salvador* du Vésuve. Le Roi, qui craignoit pour *Portici*, se retira à Naples avec une partie des habitans ; le torrent principal cessa de couler la nuit du 21 au 22. Le lendemain, à onze heures de matin, après un fracas aussi effrayant que le premier, la grêle, plus effrayante encore, de feu, de cendres & de matieres embrasées, recommença avec plus de fureur, & dura trois heures ; après quoi la lave reprit son cours ; les cendres qui en sortirent le 25 furent poussées jusqu'à Gayette, à une distance d'environ trente milles de la montagne ; l'éruption cessa entierement le 26 : les tremblemens de terre ont été presque continuels. Nous ne parlerons point des matieres qui forment la lave ; il nous suffit de dire avec M. l'Abbé Richard, de qui nous avons emprunté les détails que nous avons rapportés, que la lave est un courant de matieres enflammées & fondues, qui prend sa direction dans les terreins bas qui environnent le Vésuve, tant qu'il est échauffé pour conserver le mouvement ; car une fois refroidi, il s'arrête, se condense, & acquiert la solidité d'une pierre dure & noirâtre : l'épaisseur est plus ou moins grande, suivant les terreins qu'il a coulé, le degré d'inflammation qu'il a reçu & l'espace qu'il a occupé. Mais d'où peut venir une si grande quantité de matiere ? Quelles sont les différentes matieres qui composent la lave ? Par quel art se préparent dans les entrailles de la montagne ces lames de terre rouge & grise qui prennent la forme de briques de différentes longueur & largeur, sur un ou deux pouces d'épaisseur, cuites à un degré de perfection ? Comment s'y forment & s'y divisent ce sable, ces ponces, ces écumes ou scories, ces pirites, ces sels, ces soufres & ces talcs que vomit le Vésuve ? Par quelle puissance lance-t-il au-delà de la portée du mortier ces énormes quartiers de pierre que le feu n'a pas eu le temps de pénétrer ? D'où viennent ces eaux qui se sont quelquefois échappées en torrens de la bouche du volcan ? Quelles sont les causes du bruit effroyable qui se fait entendre au sein de la montagne, & qui ne peut être comparé qu'à la canonade la plus violente ? On peut voir les éclaircissemens que donne sur ces questions M. l'Abbé Richard. Il estime la hauteur du Vésuve, à la prendre de *l'Atrio del Cavallo*, au pied du Pic même, vis-à-vis de Resina & de Naples, à environ quinze cents pieds. En 1755, au mois de Janvier, on apperçut à la cime du Vésuve une nouvelle montagne, qui paroissoit sortir du *crater* même ou bassin, & qui, en moins de cinq mois de temps, prit la hauteur qu'elle conserve aujourd'hui, & qui peut avoir d'élévation perpendiculaire environ le cinquieme du Pic ou montagne du Vésuve, c'est-à-dire, trois cens pieds. M. l'Abbé Richard croit qu'elle existoit, cachée dans le fond, & qu'elle a été élevée & posée à la hauteur où elle est par le soulévement du fond du crater même : ce qui paroît bien incompréhensible. Cette montagne fut détruite par un tremblement de terre en 1758. Quand on gravit sur le Vésuve, on ne s'apperçoit de la chaleur du sable que lorsqu'on arrive sur le crater même, où l'on trouve des crevasses.

UFFENTE, riviere qui descend de la partie orientale des marais Pontins, & dans laquelle se jette l'Amaseno. Sur les bords de l'Uffente, on trouve un grand nombre de buffles, qui pâturent les herbes aquatiques, qui sont très-abondantes dans son lit. L'*Uffente* s'appelle aujourd'hui *il Portatore*; on s'y embarque pour *Terracine*, auprès de laquelle l'Uffente a son embouchure dans la mer.

UGENTO ou OGENTI, *Uxentum*, Ville dans la Terre d'Otrante, avec Evêché suffragant d'Otrante. Cette ville est peu considérable ; elle est située à cinq lieues S. E. de Gallipoli, & huit S. O. d'Otrante.

VIA-REGIO, Port considérable, & le seul qui appartienne à la République de Lucques : il est a trois lieues de la ville. La partie de la plaine de Lucques, du côté de *Via-Regio*, est marécageuse, mal-saine

& ſtérile ; cependant au moyen des digues qui empêchent l'eau de la mer, dont le niveau excede celui des terres, de ſe mêler avec l'eau douce, au moyen des défrichemens, on rend tous les jours cette partie de la République beaucoup meilleure. On y envoie des marchandiſes de Lucques, & ſur-tout des huiles qu'on exporte par Livourne & par *Via-Regio*.

VIADANA, Bourg au midi de Mantoue, ainſi que Dololo. *Voyez* MANTOUAN.

VICENCE, VICENZA, *Vicentia*, dépendante des Etats de Veniſe, qui en nomme le Podeſtat, & dont le conſeil des dix confirme ou infirme tous les Jugemens à mort, a néanmoins le privilege d'être gouvernée par la Nobleſſe du pays. Elle eſt ſituée à quinze lieues au couchant de Veniſe. Elle fut fondée par les Gaulois Sénonois trois cent quatre-vingt-douze ans avant Jeſus-Chriſt. Les Goths la ſaccagerent. Elle paſſa des Lombards aux Rois d'Italie ; forma enſuite une République particuliere ; fut brûlée par Fréderic II en 1240 ; eut pour Seigneurs les Carrares, les Scaligers, les Galeas, l'Empereur Maximilien qui la céda aux Vénitiens en 1516. Les fonctions du Podeſtat ne durent que ſeize mois. Elle eſt traverſée & ſouvent inondée par le Bachiglione qui reçoit le Rerone au-deſſous de la ville. Le Palladio qui étoit né à Vicence, y a laiſſé de très-beaux morceaux d'architecture ; un des trois ponts qui traverſent le Bachiglione, appellé le Pont Saint-Michel, eſt de cet Artiſte ; il eſt à une ſeule arcade, fort grand, dans le goût du Pont de Rialto, & bordé d'une baluſtrade de marbre. Le Palais public, appellé la Ragione, où ſe rend la Juſtice, eſt auſſi de Palladio. Il eſt ſitué ſur la place, orné de deux portiques l'un ſur l'autre, décorés d'ordres dorique & ïonique. Il y a de beaux tableaux dans ce Palais, le Jugement dernier, du Titien ; la Sortie hors de l'arche, du Bourdon ; un autre tableau du Baſſan, &c. Il y a encore un très grand nombre de Palais décorés par Palladio, qui ruina autant de Particuliers par le goût qu'il leur donna pour les bâtimens ; auſſi y a-t-il quelques-uns de ces Palais qui ſont reſtés imparfaits, &

d'autres qui font habités par des Marchands qui en font leurs magafins. Le Palazzo Vecchio, hors des murs, eft un des plus agréables de Vicence, par la décoration extérieure & la diftribution intérieure. Il eft enrichi de belles peintures, de quatre tableaux de Jordans, d'un plafond de Tiepolo, de deux payfages de Salvator Roza.

Le plus beau monument des talens de Palladio, eft le Théâtro Olympico, du nom de l'ancienne Académie de Vicence. Ce beau Théatre, fitué vers l'Ifola, eft un ovale coupé fur fa longueur, & dans la forme des Théatres anciens. La moitié de l'ovale eft deftinée à placer les Spectateurs, l'autre moitié à la fcene. Plufieurs rangs de gradins s'élevent du parterre qu'ils entourent jufqu'au tiers de la falle : au-deffus de ces gradins eft un rang de loges ou plutôt une tribune coupée par une colonade de quatorze pieds & demi, y compris l'entablement ; elle eft couronnée d'une baluftrade & de plufieurs ftatues des Poëtes fameux, & autres grands Hommes de la Grece. Le parterre a cinquante fix pieds de large fur dix-huit de profondeur ; la hauteur de la falle eft de cinquante-deux pieds au-deffus du pavé. Outre les ftatues qui font au-deffus de la baluftrade, il y en a plufieurs autres répandues dans la falle. Au-deffus des loges font encore plufieurs gradins qui s'élevent jufqu'à la corniche du plafond, l'orcheftre eft placé fur les côtés : cinq rues ornées de belles maifons, aboutiffent à la place fur laquelle le théatre eft conftruit. On y fait rarement des repréfentations, & cette magnifique falle, le chef-d'œuvre du goût & du génie, ne fert qu'aux bals qu'on y donne dans le temps des fameufes Foires qui s'y tiennent deux fois l'année.

Il y a à Vicence un Mont de Piété. On y prête pour treize mois à quatre & un fixieme pour cent. Il s'y fait des grandes aumônes ; il y a une Bibliotheque publique qui en dépend. Outre la place de l'Ifola fur laquelle eft le Théatre Olympique, & qui fert de promenade, il y a encore hors des murs une autre place magnifique fermée de murs & entourée d'un grand foffé appellé le *Champ de Mars*, deftiné autrefois aux exercices militaires. On y entre par un bel arc de triomphe de Palladio.

Les Eglises renferment moins de chef-d'œuvres & de choses précieuses que les Eglises du reste de l'Italie. La Cathédrale doit quelques décorations au projet qu'on avoit d'y assembler le Concile tenu à Trente. Dans l'Eglise Saint Laurent, on voit le Mausolée de Léonard Porto, du Palladio. A Santa Corona, Eglise des Dominicains, on voit l'Adoration des Mages, de Paul Véronese; un Saint Antoine de Florence distribuant l'aumône aux Pauvres, de Leandre Bassan. L'Eglise qui est aux Dominicains, porte le nom de Santa Corona, à cause d'une épine dont Saint Louis fit présent à l'Evêque de Vicence. On trouve encore dans l'Eglise de Saint-Michel, un Saint Augustin guérissant des pestiférés, du Tintoret. Une des plus belles antiques qu'il y ait à Vicence, est une Iphigénie en marbre.

Le Gouvernement de Vicence est composé d'un Podestat; les Particuliers sont les maîtres de porter leurs causes devant ce Magistrat ou devant les Magistrats ordinaires; d'un Capitano qui a dans son département le militaire & l'administration économique.

Le Pays est beau, riche, fertile en toute espece de productions de la terre. Il est assez couvert quoiqu'il n'y ait point de forêts; il fournit un gros revenu à la République, quoiqu'il n'y ait presque point de dépense à faire, comme à Padoue. Le Vicentin entretient trois mille hommes de troupes. Le Peuple y passe pour être vindicatif & peu sociable. Les Italiens appellent les Vicentins *gli assassini di Vicenza*. Les assassinats y sont très-communs; le sexe y est beau & habillé d'une maniere plus propre & plus leste que somptueuse. La population y est assez considérable & ne suffit pas pour consommer le bled que produit le Vicentin. On y fait beaucoup de soie; les machines à eau pour la filer & la tordre sont un objet du curiosité; quatre mille bobines qui tournent en même-temps, sont mises en mouvement par une seule roue, & deux hommes suffisent pour veiller à l'ouvrage, renouer les fils cassés, & changer les bobines.

Les environs de Vicence font très-agréables, & offrent de très-beaux monumens, tel que le jardin du Comte *Valmara*, où l'on voit un petit périftile de Palladio, décoré de fix colonnes d'ordre dorique, & précédés de quelques chambres qui forment un cafin. Un autre arc à l'ouverture de l'efcalier qui conduit à la Madona del Monte. *Voyez*, MADONA, &c. Une rotonde, qui eft un cafino du Marquis Capra, par Palladio ; ce bâtiment rempli de goût, eft très fingulier. Quatre efcaliers conduifent aux quatre faces différentes, formées par autant de peryftiles de fix colonnes ïoniques ; au milieu eft un fallon de forme ronde, avec quatre efpeces de galeries qui conduifent aux quatre périftiles, avec une coupole ornée de peintures de Fiamengo.

Il y a encore de très-belles Maifons de campagne des Comtes Caldagno, Triffino, Poianio, Gualdi, dont quelques-unes de Palladio. On y voit la grotte de Covoli. Il y a des Eaux minérales & fulfureufes à Ricovaro, qui eft à huit lieues de Vicence. Les collines Euganées au nord de Vicence, font remplies de coquilles, de pétrifications & de corps marins, de pierres ponces & autres débris de volcans, de faphirs, de jacintes, de topafes & de terres colorées, & autres minéraux.

Le pays des environs, depuis Vicence jufqu'à Véronne, eft parfemé d'un très grand nombre de mûriers entrelacés de feps de vignes qui s'élevent le long des troncs, & qui s'attachent d'un mûrier à l'autre, ce qui forme de tous côtés des portiques de verdure.

Vicence a produit très-peu de Gens de Lettres. Palladio eft le grand Artifte qui fait le plus d'honneur à cette ville. Elle a beaucoup de Manufactures de foie ; on y fabrique beaucoup d'étoffes de cette matiere. Quelques Couvens de Religieufes y font des fleurs artificielles qui font un objet confidérable de commerce.

On compte à Vicence trente mille Habitans.

VICENTIN, (le) eft au Nord du Véronois & du Padouan ; on l'appelle le jardin de Venife, par la quantité des fruits qu'il produit. Il nourrit quantité de bestiaux ; on y cultive des mûriers, qui donnent beaucoup de soie, par la grande abondance de vers qu'on y éleve. Sa capitale est Vicence ; les autres villes sont *Marostica*, *Valdagno*, *Thieno*, *Schio*, *Arsignano*, *Camisano*, *Monticheo*, *Lonigo*, *Origliano*, *Brendola*.

VICO, petite Ville Maritime, au Royaume de Naples, dans la Terre de Labour, avec un Evêché suffragant de Sorento. Elle fut bâtie par Charles II, Roi de Naples, sur les ruines d'Egua. Un tremblement de terre la ruina presqu'entiérement en 1694.

VICO, (Lac) sur le chemin de Rome à Viterbe, en descendant le Monte Cimio du côté du nord, après avoir passé une forêt de chênes. Ce Lac a environ une lieue de diametre. Ses bords sont de laye, & le bassin du Vico a la forme d'un entonnoir de volcans. On croit que la montagne de Viterbe est de la même matiere. On dit dans le pays, qu'à l'endroit où est le Lac, il y avoit une ville qui fut abymée sous les flots.

VICOVARO, petite Ville dans la Sabine, Province au nord de la Campagne de Rome, dans le Royaume de Naples. *Voyez* SABINE.

VIESSA, petite Ville dans la Marche d'Ancône, peu remarquable.

VIESTE, petite Ville au Royaume de Naples, dans la Capitanate, avec un Evêché suffragant de Manfredonia ; est fort mal peuplée, & située près de la Mer Adriatique, dans l'endroit qu'on appelle communément l'Eperon de la Botte de l'Italie.

VIETRI, Duché du Royaume de Naples, proche Salerne.

VIEU, Bourg du bas-Faussigni en Savoie, dans la Baronie de *S. Jorre*.

VIGEVANO ou VIGERE, Ville dans le Duché de Milan, & Capitale du petit Territoire du Vigevanese, qui fut cédé aux Ducs de Savoie, par la Maison d'Autriche, en 1707. Sa situation est agréable, quoique dans un endroit stérile. Elle est défendue par un

VIE

fort Château, bâti sur un rocher, près du Tesin, à cinq lieues S. E. de Novarre, six S. O. de Milan. Vigevano étoit autrefois le séjour des Ducs de Milan.

VIGNALE, Bourg du haut Montferrat, dans la Province de Casal.

VIGNES DE ROME. *Voyez* VILLA.

VIGNE DE LA DUCHESSE, (la) est aussi une Maison de plaisance du Duc de Savoie ; mais elle est très-peu fréquentée, quoique sa situation soit des plus agréables, proche de Turin.

VIGNE DE MADAME LA ROYALE, (la) étoit autrefois une Maison de plaisance du Duc de Savoie. Elle appartient aujourd'hui à l'Hôpital de Saint-Jean de Turin. Elle est située à peu de distance de cette Ville. La vue y est très-agréable & fort étendue.

VILLA. C'est ainsi que les Italiens appellent une maison de campagne, une maison de plaisance.

VILLA FRANCA, petite Ville située sur l'Adige, à trois lieues de Vérone. On y fait beaucoup de soie ; tous ses environs sont plantés de mûriers.

VILLA D'IGLESIAS, Ville de l'Isle de *Cagliari*, très-bien fortifiée, & le Siege d'un Evêque. *V.* CAGLIARI.

VILLANOVA, gros Bourg du Montferrat, entouré d'un fossé & d'un terre-plein, dans une plaine fertile. Son commerce consiste en soies, du crû du pays, qui produit une grande quantité de mûriers ; ses autres productions sont des bleds & des vins blancs assez estimés. Ce qu'il y a de plus remarquable dans ce Bourg, est un gros Couvent de Cordeliers.

Il y a encore une autre *Villanova d'Asti*, près de Cerisoles ; c'est un Village peu considérable de la Province de *Quiers*.

VILLAR, (le) Bourg du Comté de Beuil, dans le Piémont, près du Var, qui forme de ce côté-là les frontieres de la France & de la Savoie.

VILLEFALLE, Bourg de la Province de Coni, dans le Piémont.

VILLEFRANCHE, *Villafranca*, dans les Etats du Roi de Sardaigne, au Comté de Nice ; deux Châteaux considérables la défendent, l'un du côté de la mer, & l'autre du côté de la montagne; elle est à une lieue N. E. de Nice, deux S. O. de Monaco, vingt-huit S. E. d'Embrum, long. 25. 3. lat. 43.

Il y a une autre *Villefranche*, beaucoup moins considérable, dans le Duché d'*Aouste*.

VILLEGIATURE, du mot *Villa*, maison de campagne; c'est le temps où les Italiens, qui ont des lieux de plaisance, vont les habiter & se rendre visite.

VILLE-MANUEL, Ville de l'Isle de Malte, bâtie par Dom Antoine Manuel *Villena*, Portugais, LXVIe Grand Maître, vis à-vis la Valette.

VILLENINOR, petite Ville du Bergamasque, dans l'Etat de Venise, sur le lac Iseo.

VINDOLO ou PORTO RE, est un lieu qui consiste en un Port, mais si considérable & si large, que trente-six vaisseaux de guerre peuvent y entrer sur la même ligne. En 1717, il fut déclaré Port franc. Il appartient à la Reine d'Hongrie, & est situé à peu de distance de Trieste, dans l'Istrie, près de la Mer Adriatique.

VINTIMIGLIA, petite Ville, avec quelques fortification, & un Evêché suffragant de Milan: à trois lieues N. E. de Monaco.

VIRGILIANA, petit Bourg aux environs de Mantoue, étoit autrefois une Ménagerie des Ducs; on prétend que c'étoit en cet endroit qu'étoit la maison de Virgile, dont on fait voir encore quelques restes bien délabrés. Cette Terre appartient au Marquis Zanardi.

VITERBE, *Viterbo*, Capitale du Patrimoine de S. Pierre, petite ville, mais agréable, à quinze lieues de Rome, sur la route de Sienne, bâtie ou restaurée par Didier, Roi des Lombards, en 773; sur le terrein même où étoit, dit-on, l'ancienne ville d'*Etruria*, Capitale de la Toscane, au pied d'une haute montagne. Cette ville est très-bien bâtie; les rues en sont belles, pavée en pierre de taille; elle est entourée de murs & de jardins, ornée de belles fontaines, de grandes tours quarrées, qui servoient d'asyles dans les factions

factions des Guelfes & des Gibelins. La Cathédrale renferme les tombeaux des Papes Jean XXI, Alexandre IV, Adrien V & Clément VI. On a beaucoup de vénération à Viterbe pour le corps de Sainte Rose, qu'on conserve tout entier dans l'Eglise des Religieuses Claristes, où l'on voit quelques bons tableaux. La place principale est entourée de portiques & de maisons peintes.

Viterbe est célèbre par ses eaux minérales ; deux sources, dont l'une purgative & diurétique, a un goût de vitriol, & l'autre est acide, sont dans un endroit bas & mal sain ; elles sont voisines d'un lac d'eau sulfureuse. *Voyez* BULLICANI. Une des plus belles Eglises de Viterbe, est celle des Dominicains ; le Couvent est célèbre par la demeure d'Annius de Viterbe, Dominicain, Maître du sacré Palais, qui a si souvent trompé les Savans par ses antiques contrefaites ou supposées. Ce qu'on appelle la Montagne de Viterbe, est le Monte Cimino, qu'on trouve en sortant de cette ville, arrosée de quatre petites rivieres. On ne compte pas plus de dix mille ames dans Viterbe.

UMAGO, petite Ville de l'Istrie Vénitienne, sur la mer.

UMBRIATICO, *Brustacia*, *Umbriaticum*, petite ville du Royaume de Naples, dans la Calabre Citérieure, avec Evêché : elle est très-peuplée.

VOGHERA, petite Ville fort agréable & bien fortifiée, au Duché de Milan, dans le territoire de Pavie, connue dans l'Itinéraire d'Antonin, sous le nom d'Iria : le Prince de Cisterna se dit Marquis de Voghera. Cette ville appartient au Roi de Sardaigne ; c'est la derniere place de ses Etats, qui confine avec le Duché de Plaisance.

Depuis Turin jusqu'à Voghera, en passant par Asti, Alexandrie, Tortone, &c. le Titon, le Tanaro, la Scrivia arrosent les villes & les campagnes ; leurs rives sont agréables & fertiles, mais les eaux n'en sont point belles, & grossissent considérablement dans les temps de pluie.

VOLTERA, Ville de Toscane, au S. E. de Livour-

Tome II. Cc

ne, dans le Pisan, avec Evêché, suffragant de Florence, située sur une montagne, près du ruisseau de Zambra, à treize lieues S. E. de Pise, douze S. O. de Florence : cette Ville est ancienne. On y voit plusieurs statues, qui attestent son ancienneté. Le terroir est fertile & abondant en eaux minérales : on y trouve plusieurs carrieres de pierre fort recherchée. Volterre est le lieu de la naissance du Poëte A. *Persius*, de Raphaël Valateran, Peintre, & du Pape S. Lin.

VOLTO SANTO, fameux Crucifix, placé dans une des Chapelles de la Cathédrale de la République de Lucques. Les Lucquois racontent que Nicomede ayant entrepris de peindre un Crucifix, & n'ayant jamais pu en venir à bout, les Anges, qui le regardoient travailler, lui prirent le pinceau de la main, & acheverent eux-mêmes le tableau. Ce Crucifix est en grande vénération dans tout le pays.

VOLTO SANTO du *Vatican*, (le) est un linge qu'on dit avoir été marqué de la face de Notre-Seigneur, lorsque portant sa croix sur le Calvaire pour y être crucifié, & suant du sang à grosses gouttes, une des femmes dévotes, qui marchoient à ses côtés, lui essuya le visage avec ce linge, où la face divine resta empreinte. On le conserve précieusement dans l'Eglise de Saint Pierre de Rome.

VOLTURARA ou VULTURARA, petite Ville au Royaume de Naples, dans la Capitanate, avec un Evêché suffragant de Benevent, au pied de l'Apennin, au S. E. de Dragonara. *Voyez* CAPITANATE.

URAGO & ISOLETTA, sont deux Bourgs peu considérables du Bressan, dans l'Etat de Venise.

URBAIN, Fort, Citadelle à un mille du Panaro, bâtie dans le commencement du dix-septieme siecle, par les ordres du Pape Urbain VIII ; elle est composée de quatre bastions revêtus, avec leurs courtines, fossé & chemin couvert ; elle est munie de beaucoup d'artillerie, & défendue par une garnison qui fait le service de la place. Les fortifications sont très-bien entretenues ; elle n'est dominée d'aucun endroit des environs.

URBANEA, petite ville agréablement située, du Duché d'Urbain, dans l'Etat de l'Eglise.

URBINO, URBAIN, ville capitale du Duché de ce nom, dans les Etats du Pape, avec un Archevêché & un beau Palais, où les Ducs d'Urbain faisoient autrefois leur résidence. Le pays est appellé par les habitans *lo Stato*. Il a la Romandiole & la Mer Adriatique au septentrion, la Marche d'Ancône au levant, l'Ombrie au midi, & la Toscane au couchant : il comprend le Duché d'Urbain, le Comté de Monte Feltro, le Comté & Territoire de Gubio, la Seigneurie de Pezaro & le Vicariat de Sinigaglia. La Capitale est Urbino. Les maisons y sont bien bâties. Elle est sur une montagne, entre les rivieres de Metro & de la Foglia, à huit lieues S. de Rimini. Cette Province est dans un terrein très-mal sain, mais assez fertile, sur-tout en gibier : la pêche y est très-abondante. On y fabrique beaucoup de poterie ; elle a dix-sept lieues de large sur vingt-deux de long.

X

XACCA, Bourg de la Vallée de *Mazara*, en Sicile, près de *Monte Virgine* : il est situé sur la mer, & n'a rien de considérable.

Y

YESI, petite ville assez agréable dans la Marche d'Ancône, avec un Evêché suffragant de Fermo.

YVOIRE, petite ville du Chablais, sur le lac de Geneve, assez près d'Hermana.

Z

ZAGURCIO, petite ville de l'Etat Ecclésiastique, dans la Campagne de Rome, a titre de Duché, & appartient à la Maison de Colonna.

ZELO, Bourg de la *Polesine de Roviggo*, dans l'Etat de Venise, près de *Lendenara* & de *Loreda*.

ZEVIO, petite ville du Véronois, près de Porto; l'une & l'autre sont près du lac de *Guarda*, au-dessous de *Vérone*.

ZUECCA, une des Isles de Venise, à un quart de lieue de cette ville; quoiqu'elle en paroisse entiérement détachée, elle en fait cependant partie; il semble que ce soit une grande demi-lune & une contre-garde qui couvre plus de la moitié de la ville du côté du midi. Elle est d'une largeur égale par-tout d'environ trois cents pas. Elle a un quai fort spacieux du côté qui regarde la ville, bordé de plusieurs Eglises & de très-belles maisons; elle est coupée par sept à huit canaux qui la traversent. C'est à la Zuecca qu'est la belle Eglise du Rédempteur, appellée *Chiesa del Redemptor*. Cette Eglise appartient aux Capucins. L'architecture est de Palladio. On voit encore de superbes Eglises & de beaux jardins à la Zuecca.

ZACCARELLO, petite ville dans l'Etat de Gênes, avec titre de Marquisat, sur le bord de la Méditerranée.

F I N.

www.ingramcontent.com/pod-product-compliance
Lightning Source LLC
Chambersburg PA
CBHW070924230426
43666CB00011B/2296